평생 읽는 이야기

論語해설

上篇

유순근 해설

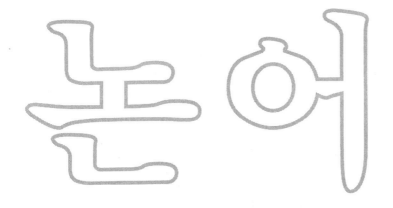

진리를 찾다.
정의를 찾다.
조화를 찾다.
창의를 찾다.
기회를 찾다.

박문사

서 문

썩은 나무는 조각을 할 수 없고 썩은 흙은 담장을 손질할 수 없다.

공자 시대는 진실, 정의와 도덕이 무너진 혼란의 시대였다. 우리가 살고 있는 시대는 과연 진실, 정의와 도덕이 살아있는가? 진실을 진실이라 하고 거짓을 거짓이라 하지 못하는 시대는 영혼이 혼란한 시대이다. 진실, 정의와 도덕이 무너진 시대를 살아있는 영혼의 시대로 한 걸음 옮길 수 있는 기회를 다행히도 논어에서 찾을 수 있을 것이다.

인간의 정도(正道)를 안내해 주는 논어(論語)는 철학, 문학, 역사와 논리를 제시한 삶의 지혜로 시대를 초월한 인류의 교훈서이다. 논어는 일생 동안 읽는 동양의 고전인데, 번역된 논어만을 읽는다면 공자(孔子)의 심오한 교훈을 놓치기 쉽다. 본문에 등장하는 역사적, 정치적, 사회적, 문화적 배경을 알고 논어를 읽을 때 논어의 오묘한 진리까지 터득할 수 있다. 그래서 본「평생 읽는 이야기 論語 해설」은 논어의 문장을 해석하고, 시대적 배경을 설명하고, 단문과 비유를 풀이하고, 특히 생략된 표현을 본문에 적합하게 보충하여 논어의 완벽한 이해를 돕는 이야기 있는 유일한 논어 해설서이다.

본「평생 읽는 이야기 論語 해설」은 기존 번역본에서 자주 볼 수 있었던 논어의 오류를 많이 바로 잡았고, 특히 번역 위주의 책을 탈피하여 배경 이야기, 심오한 은유와 비유를 해설하였다. 예를 들면, 요임금, 순임금과 우임금 간의 왕위 선양, 과외, 남자와 출공 간의 왕위 찬탈 과정의 배경 이야기가 있다. 또한, 얼룩소의 새끼는 출신 성분이 미천한 사람, 옥은 학문과 도, 궤에 넣어 보관한다는 것은 출사하지 않는다는 것, 천리마의 힘은 사람의 외모, 물과 불은 소인들이 바라는 재물과 이익, 조롱박은 쓸모 없는 사람으로 비유하였다.

본「평생 읽는 이야기 論語 해설」은 논어의 편집 순서대로 편성하되, 편은 다섯 줄, 장은 한 줄 개괄, 본문 해석, 논어 원문, 역사적 배경 설명과 해설, 단문 해석과 문법 설명의 순서로 구성된다. 각 편을 다섯 줄로 요약하고, 각 절은 한 문장으로 개괄하여 편과 절을 읽기 전에 미리 내용을 파악하고 이해할 수 있게 편집하였다. 또한 본「평생 읽는 이야기 論語 해설」은 상하 두 편으로 나누어 일 편에서 십 편까지는 상편, 나머지는 하편으로 편집하였다.

학습 방법은 독자의 학습 목적과 수준에 따라서 다를 것이다. 본「평생 읽는 이야기 論語 해설」은 두 가지 독서 방법을 상정하고 집필한 것이다. 입문 학습자는 논어의 한글 해석과 배경설명을 독서하면 좋을 것이다. 한편 심화 학습자는 해석, 원문, 배경 설명, 단문 해석과 문법 설명까지 독서한다면 훌륭한 독서가 될 것으로 본다. 초기에 입문 학습자는 논어에 담긴 공자의 사상과 철학을 이해하고, 심화 학습자로 발전하면 충분한 독서가 될 것이다. 특히 상편 부록에 게재한 한문 문법은 한문을 이해하는데 유용할 것이다.

공자의 사상은 한 마디로 개괄하면 인(仁)인데 인(仁)은 사람에 대한 사랑으로 이것은 부모에 대한 효(孝)와 형제에 대한 우애(弟)를 널리 하여 천하를 다스리는 덕치주의(德治主義)이다. 공자는 대부가 제후를, 제후가 천자를 위협하는 하극상을 목격하고 군주와 신하가 명목과 실제가 일치하는 세상, 즉 이름과 실제가 일치해야 한다는 正名論을 주장하였다.

인(仁)과 예(禮)에 근거한 논어(論語)는 제자들이 질문하고 공자가 대답한 것을 제자들이 기록한 언행록이다. 논어는 노론(魯論), 제론(齊論)과 고론(古論)이 있었으나 원본은 전한말(前漢末)에 이미 유실되어 현재의 논어는 전한말(前漢末) 안창후(安昌侯)·장우(張禹) 등이 노론과 제론을 비교하여 이십 편(篇)을 선택하여 편집한 것이다.

논어를 편찬한 이후에 논어를 주해한 훌륭한 논어 주해서들이 많이 등장하였다. 위나라 하안(何晏)은 논어집해를 편집하였고, 송나라 형병(邢昺)은 논어집해에 주석을 추가하여 논어주소를 편집하였다. 특히 주자(朱子)는 송유십일가(宋儒十一家)의 주석에서 좋은 점을 추출하고, 이를 해설하여 논어집주(論語集註)를 편찬하였다. 이 논어집주는 해박한 자구 해석으로 논어의 대표적인 주석서이다. 주자(朱子)의 제자인 진순(陳淳)은 문장이 분명하고 간결하며 해석이 친절하고, 이치는 풍부하고 의미가 심장하다고 논어집주를 평하였다. 본「평생 읽는 이야기 論語해설」은 주자(朱子)의 논어집주(論語集註)와 정약용(丁若鏞)의 논어고금주(論語古今註)를 참고하였고, 저자의 해석과 해설을 곁들여 편집한 논어 해설서이다.

본「평생 읽는 이야기 論語 해설」은 정의와 신뢰가 상실된 사회와 창의성을 요구하는 현대사회에서 논어를 통하여 정의, 아이디어, 배움, 지혜를 찾을 수 있는 지침서가 될 것으로 기대한다. 앞으로도 저자는 동양 고전의 정확한 번역과 해설을 통하여 독자들에게 삶의 가치와 성공적인 학습 지침서를 소개할 것이며, 아울러 독자제현들의 많은 조언과 충고를 부탁드린다. 끝으로 평생 어진 벗으로 지혜와 격려를 아끼지 않았던 이민석 사장님과 유홍준 사장님, 그리고 본서를 출판해주신 도서출판 박문사의 모든 선생님들께 감사를 드린다.

2023년 7월
유순근

목 차

上篇

下篇

第一篇

學而(학이)

배우고 제때 복습하고 벗이 찾아오니 기쁨이라.

論語의 편명은 각 편 제1장의 첫 문장에서 뽑은 것이다. 學而篇(학이편)은 學而時習之(학이시습지)에서 두 글자를 따서 편집한 논어의 첫 편으로 학문의 기본 자세와 군자의 덕성에 관한 것이다. 주요 내용으로는 학습, 교육, 자세, 언어, 생활, 인격, 행동, 인물, 수행, 효도, 충성, 조화, 신의나 인성이다. 내가 남을 알아보지 못하는 것을 걱정하고, 어떤 일을 도모할 때는 근본에 힘쓰고, 근본이 확립되면 성과가 생기는 법이다.

1. 배우고 제때 복습하고 벗이 찾아오니 기쁨이라.
2. 근본에 힘쓰고, 근본이 확립되면 도가 생기는 법이다.
3. 교묘한 말과 아첨하는 얼굴을 하는 사람 중에는 어진 사람이 적다.
4. 성실, 신의, 복습에 대해 매일 반성한다.
5. 정사(政事)의 원칙은 경건, 신의, 절약, 사랑과 적시(適時)니라.
6. 행동은 삼가고 말은 성실해야 한다.
7. 벗을 사귀는 데에는 말에 신의가 있어야 한다.
8. 잘못이 있으면 고치기를 꺼리지 말아야 한다.
9. 부모와 조상의 제례가 덕으로 이어진다.
10. 아마 다른 사람이 구한 것과 다른 것입니까?
11. 아버지께서 하시던 방식을 바꾸지 말아야 효도이다.
12. 조화를 예로써 절제하지 않으면 행할 수 없다.
13. 신의가 의에 가까우면 약속한 말은 실천할 수 있다.
14. 잘못을 바로잡는다면 배우기를 좋아한다고 할 수 있다.
15. 지나간 것을 알려주니 앞으로 올 것을 아는구나!
16. 내가 남을 알지 못하는 것을 걱정해야 한다.

1. **배우고 제때 복습하고 벗이 찾아오니 기쁨이라.**

[해석 본문]

공자께서 말씀하셨다. "배우고 제때에 배운 것을 복습하면 또한 기쁘지 아니한가? 벗이 먼 곳에서 찾아오면 또한 기쁘지 아니한가? 남이 (나를) 알아주지 않더라도 성내지 아니하면 또한 군자답지 아니한가?"

자왈 학 이 시 습 지　불 역 열 호　　유 붕　자 원 방 래　불 역 락 호
子曰 學而時習之면 不亦說乎아? 有朋이 自遠方來면 不亦樂乎아?
인 부 지 이 불 온　　불 역 군 자 호
人不知而不慍이면 不亦君子乎아?

[배경 설명]

배우는 사람이 갖추어야 할 학문, 교우와 자기 성찰에 관한 교훈이다. 而(이)는 그리고, 時(시)는 제때에, 習(습)은 복습하다, 說(열)은 기쁘다, 遠(원)은 멀다, 樂(락)은 즐겁다, 人(인)은 남, 사람, 知(지)는 알아주다, 慍(온)은 성내다, 君子(군자)는 군자답다를 뜻한다.

육예(六藝)는 예(禮)·악(樂)·사(射)·어(御)·서(書)·수(數)이다. 예(禮)는 예의, 악(樂)은 음악, 사(射)는 활쏘기, 어(御)는 말타기, 서(書)는 글쓰기, 수(數)는 산수인데, 이러한 것을 배우는 것이 학(學)이다. 學(학)이란 본받는다는 뜻으로 "지식을 본받아[효: 效] 깨닫다[각: 覺]"와 지식 자체인 "학문"을 뜻한다. 뒤늦게 깨닫는 후각자(後覺者)는 먼저 깨달은 선각자(先覺者)가 깨달은 바를 본받아야 배움이 어리석지 않고 위태롭지 않다.

學(학)은 배우는 것, 習(습)은 스스로 익히는 것, 時(시)는 제때에, 時習(시습)은 제때에 익힌다를 뜻한다. 배운 것을 잊기 전에 제때에 복습하는 것이 時習(시습)이다. 학습한 내용을 한 시간, 하루, 한 달이 지나면 조금씩 망각한다. 망각하기 전에 제때에[時] 복습하는 것[習]이 효과적인 학습이다. 習(습)은 깃 우(羽) 밑에 흰 백(白)이 형성된 문자로 어린 새가 자주 날갯짓을 하여 나는 것을 배우는 것처럼 배운 것을 다시 생각하고 복습하는 것이다.

같은 스승에게 배운 벗을 朋(붕), 뜻을 같이 하는 벗을 友(우)라 한다. 배움을 같이 하거나 뜻을 같이 하는 벗들이 멀리서 찾아오면 즐거운 일이다. 說(열)은 탐구에서 오는 내면적 기쁨이나 樂(락)은 관계에서 오는 외면적 기쁨이다. 說(열)은 마음 속에 있는 기쁨으로 자신만이 향유할

수 있으나 락(樂)은 외부에서 오는 기쁨으로 다른 사람들과 함께 할 수 있는 공감의 기쁨이다. 배우는 것은 내면적인 기쁨이요 벗과 함께 하는 것은 관계적인 기쁨이다.

공자는 학문과 사상의 위업에도 군주들의 외면으로 여러 나라를 돌아다니다 끝내 고향으로 돌아와 제자들을 가르치며 멀리서 찾아오는 벗들과 즐겁게 교류하면서, "남이 나를 알아주지 않는 것을 근심하지 말고, 내가 남을 알아보지 못하는 것을 근심하라."고 말씀하셨다. 학문적, 사회적 인정은 타인들의 판단이니, 노여워할 것이 아니라 배우고, 남의 말을 이해하고, 내면의 성찰을 계속해 학문의 경지에 도달하면 군자인 것이다.

子(자)는 덕을 갖춘 사람으로 공자(孔子)를 가리킨다. 君子(군자)는 학식과 덕행이 높아 도덕적으로 완성된 인격자이다. 다른 사람이 나를 알아주지 않아도 덕행을 끊임없이 수행할 수 있다면 바로 올바른 삶을 살아가는 군자인 것이다. 따라서 배움을 올바르게 하고, 그것을 제때에 복습하여 익히고, 멀리 있는 친구가 찾아오고, 남이 알아주지 않더라도 기뻐하니, 이 역시 군자다운 것이라고 공자께서 교훈하신다.

[단문 설명]

▸ **學而時習之** 학이시습지 배우고 제때에 배운 것을 복습하면. 學: 배우다. 而: 순접접속사, 그리고. 時: 제때에, 때 맞추어, 적당한 때, 알맞은 때에. 習: 복습하다. 之: 그것(學).

▸ **不亦說乎?** 불역열호? 또한 기쁘지 아니한가? 不: 아니하다. 說(열): 기쁘다. 乎: 반어종결사.

▸ **有朋自遠方來** 유붕자원방래 친구가 먼 곳으로부터 찾아오면. 有: 단음절 명사 앞에 붙어서 어조를 고르는 접두사. 自: 전치사, ~부터. 遠: 멀다. 方: 곳. 來: 오다.

▸ **不亦樂乎?** 불역락호? 또한 기쁘지 아니한가? 亦: 또한. 樂: 즐겁다. 乎: 반어종결사.

▸ **人不知而不慍** 인부지이불온 남이 (나를) 알아주지 않더라도 성내지 아니하면. 人: 남, 사람. 不知: 알아주지 아니하다. 而: 역접접속사, 그러나, 그런데도. 慍: 성내다.

▸ **君子** 군자 군자답다, 명사에서 온 전성형용사.

▸ **說·樂·君子** 설·락·군자 형용사에서 온 전성동사.

☞ 종결사(終結詞): 절이나 문장이 끝났음을 나타내는 품사

• 서술: 서술, 판단, 단정, 해석, 의지 → 야(也), 의(矣), 언(焉)
• 의문: 시비, 선택, 추측 → 호(乎), 여(與), 재(哉), 야(耶), 저(諸)

- 반어: 사실 확인, 강조 → 호(乎), 여(與), 재(哉), 야(耶), 저(諸)
- 감탄: 감탄 → 호(乎), 재(哉), 부(夫), 여(與), 의호(矣乎), 야재(也哉)
- 명령: 동작이나 행위 요구 → 야(也), 호(乎)
- 한정: 정도나 분량 한정 → 이(已), 이(耳), 이(爾), 이이의(而已矣), 이이(而已)

---

 2. 근본에 힘쓰고, 근본이 확립되면 도가 생기는 법이다.

[해석 본문]

유자가 말하였다. "사람됨은 (부모에게) 효도하고 (형제에게) 우애가 있으면서 윗사람의 (뜻을) 어기기를 좋아하는 자는 드물다. 윗사람의 (뜻을) 어기기를 싫어하면서 난을 일으키는 것을 좋아하는 자는 아직 없었다. 군자는 근본에 힘쓰고, 근본이 서야 도가 생긴다. 효도와 우애라는 것은 아마도 인을 실천하는 근본이니라!"

유자왈 기위인야 효제　　이호범상자 선의　　불호범상　　이호작란자
有子曰 其爲人也 孝弟요 而好犯上者 鮮矣니라 不好犯上이요 而好作亂者
미지유야　　　군자 무본　　본립이도생　　　효제야자　　기위인지본여
未之有也니라 君子는 務本이니 本立而道生하니라 孝弟也者는 其爲仁之本與이니라!

[배경 설명]

효(孝), 제(弟), 도(道)에 힘쓰는 것이 군자의 근본이라는 교훈이다. 근본에 힘쓰고, 근본이 서야 도가 생긴다. 爲(위)는 되다, 이다, 실천하다, 好(호)는 좋아하다, 犯(범)은 어기다, 鮮(선)은 드물다, 作(작)은 일으키다, 務(무)는 힘쓰다, 本(본)은 근본, 원리를 뜻한다.

유자(有子)는 노(魯)나라 사람으로 공문칠십이현(孔門七十二賢) 중의 한 사람이며 이름은 약(若)이다. 그는 용모가 공자를 닮았고, 덕망이 높아 존경받았으며, 恭敬(공경)은 예(禮)의 근본, 효제(孝悌)는 인(仁)의 근본으로 여겼다. 공자의 제자 중에서 증삼(曾參), 유약(有若), 염유(冉有)와 민자건(閔子騫)에게 子를 붙여, 이들을 각각 증자(曾子), 유자(有子), 염자(有子)와 민자(閔子)로 일컬었다. 論語(논어)에서 공자(孔子)를 子, 夫子, 先生이나 仲尼(중니)로 칭한다.

부모를 섬기는 것은 효(孝), 형과 어른을 섬기는 것은 제(弟)이다. 弟(제)는 悌(제)와 같다. 犯

上(범상)이란 윗사람에게 도리에 어긋난 행동을 하는 것이며, 作亂(작란)은 난을 일으키는 것으로 법을 어기고 사회를 어지럽힌다. 사람들이 부모에게 효도하고 형제 간에 우애가 있으면 화목하고, 이러한 사람들은 법을 어기거나 사회를 혼란스럽게 하지 않는다. 따라서 효와 제는 사회 혼란을 극복하는 근본적인 방법이다.

務(무)는 자신의 역할이나 책임에 힘쓰는 전념이며, 本(본)은 근본이다. 인(仁)은 남을 사랑하고 어질게 행동하는 것으로 어진 사람은 관대하고, 착하고, 현명하고, 덕스럽다(寬善賢德). 사랑은 부모에게는 효(孝), 형제에게는 우(友), 자녀에게는 자(慈), 남의 부모에게는 제(弟), 나라에는 충(忠)이다(孝友慈弟忠). 孝弟(효제)란 인을 행하는 근본이고, 군자가 근본에 힘쓰면 근본이 확립되어 도가 저절로 생겨난다. 道(도)란 사람들이 마땅히 지켜야 할 도리이다. 따라서 공자께서 孝弟(효제)를 인의 근본이라고 말씀하셨다.

[단문 설명]

▶ 其爲人也 孝弟 기위인야 효제 사람됨은 (부모에게) 효도하고 (형제에게) 우애가 있다. 爲: 되다. 爲人: 사람됨. 也: 주격후치사, 은. 孝: 효도. 弟: 우애.

▶ 而好犯上者 이호범상자 ~면서 윗사람의 (뜻을) 어기기를 좋아하는 자. 而: 순접접속사, ~면서. 好: 좋아하다. 者: ~하는 사람. 犯: 어기다. 上: 윗사람의 뜻.

▶ 鮮矣 선의 드물다. 鮮: 드물다, 적다. 矣: 서술종결사, ~이다.

▶ 不好犯上 불호범상 윗사람의 (뜻을) 어기기를 싫어하면서. 上: 윗사람의 뜻.

▶ 好作亂者 호작란자 난을 일으키는 것을 좋아하는 자. 作亂: 난을 일으키다.

▶ 未之有也 미지유야 아직 없었다. 未: 아직까지 ~아니하다. 未之有: 未有之의 도치. 之: 不好犯上而好作亂者. 也: 서술종결사, ~이다.

▶ 君子務本 군자무본 군자는 근본에 힘쓰고. 務: 힘쓰다. 本: 근본, 원리.

▶ 本立而道生 본립이도생 근본이 서야 도가 생긴다. 立: 확립되다, 서다. 而: ~하여. 生: 생기다.

▶ 孝弟也者 효제야자 효도와 우애라는 것은. 也者: 주격후치사, ~라는 것은.

▶ 其爲仁之本與! 기위인지본예 아마도 인을 실천하는 근본이니라! 其: 추측부사, 아마. 爲: 실천하다. 之: 관형격 후치사, ~하는. 與: 감탄종결사.

※ 주격후치사(後置詞): 주어 뒤에 오는 품사로 之, 也, 乎, 者, 也者가 있다.

3. 교묘한 말과 아첨하는 얼굴을 하는 사람 중에는 어진 사람이 적다.

[해석 본문]

공자께서 말씀하셨다. "말을 교묘하게 잘하고 얼굴빛을 좋게 꾸미는 자는 어진 자가 드물다."

자 왈 교 언 영 색   선 의 인
子曰 巧言令色이 鮮矣仁이니라

[배경 설명]

말과 표정을 지나치게 꾸민 사람은 어질지 아니한 사람으로 경계하라는 교훈이다. 巧(교)는 교묘하다, 令(영)은 잘하다, 色(색)은 얼굴빛, 鮮(선)은 드물다를 뜻한다.

巧言(교언)은 남의 환심을 얻기 위해 교묘히 꾸미는 말로 「시경(詩經)」 소아(小雅) 우무정(雨無正)의 교언여류(巧言如流)에 있다. 令色(영색)은 아첨하기 위해 좋게 꾸민 얼굴빛으로 「시경(詩經)」 대아(大雅) 증민(烝民)의 영의영색(令儀令色)에 있다. 교언영색은 남에게 좋은 인상을 보이는 것으로 죄는 되지 않지만 어진 자는 거의 없다는 뜻이다.

仁(인)은 남과 나를 구별하지 않고 강직하고 의연하고 소박하고 어눌하고, 이러한 사람은 仁(인)에 가깝다. 말을 아름답게 잘 하여 아첨하고, 좋게 보이기 위해 안색을 꾸미는 것은 仁(인)이 아니다. 교묘한 말과 아첨하는 얼굴을 하는 사람 중에는 어진 사람이 적다. 따라서 임기응변과 아첨을 잘 꾸미는 사람은 어진 자가 아니므로 그를 항상 조심하고 경계하라는 공자의 교훈이다.

[단문 설명]

▶ 巧言 교언 말을 교묘하게 하고. 巧: 교묘하게 하다.
▶ 令色 영색 얼굴빛을 좋게 꾸미는 자는. 令: 아름답다. 色: 얼굴빛.
▶ 鮮矣仁 선의인 어진 자가 드물다. 鮮矣仁: 仁鮮矣 도치. 仁: 어진 자. 鮮: 드물다.

☞ 而의 다양한 용법

• 순접접속사: ~하고, ~하여, ~하면서, ~이면서
• 역접접속사: 그러나, 그런데도
• 가정접속사: ~이면

13

- 접미사: 시간부사 뒤에 붙는다.
- 자격, 신분 후치사: ~로서
- 2인칭 대명사: 너, 당신
- 한정종결사: 뿐

 ### 4. 성실, 신의, 복습에 대해 매일 반성한다.

[해석 본문]

증자가 말하였다. "나는 하루 세 가지로 나를 반성한다. 남을 위하여 일을 도모하면서 성실하지 않았는가? 벗들과 함께 사귀면서 신의를 잃었는가? (스승에게) 전수받은 것을 제대로 익히지 못했는가?"

<ruby>曾<rt>증</rt></ruby><ruby>子<rt>자</rt></ruby><ruby>曰<rt>왈</rt></ruby> <ruby>吾<rt>오</rt></ruby><ruby>日<rt>일</rt></ruby><ruby>三<rt>삼</rt></ruby><ruby>省<rt>성</rt></ruby><ruby>吾<rt>오</rt></ruby><ruby>身<rt>신</rt></ruby>하니라 <ruby>爲<rt>위</rt></ruby><ruby>人<rt>인</rt></ruby><ruby>謀<rt>모</rt></ruby><ruby>而<rt>이</rt></ruby><ruby>不<rt>불</rt></ruby><ruby>忠<rt>충</rt></ruby><ruby>乎<rt>호</rt></ruby>아? <ruby>與<rt>여</rt></ruby><ruby>朋<rt>붕</rt></ruby><ruby>友<rt>우</rt></ruby><ruby>交<rt>교</rt></ruby><ruby>而<rt>이</rt></ruby><ruby>不<rt>불</rt></ruby><ruby>信<rt>신</rt></ruby><ruby>乎<rt>호</rt></ruby>아?
<ruby>傳<rt>전</rt></ruby><ruby>不<rt>불</rt></ruby><ruby>習<rt>습</rt></ruby><ruby>乎<rt>호</rt></ruby>아?

[배경 설명]

타인에 대한 성실, 교우 간의 신의, 학업 성취에 대한 평가를 통해 잘못이 있는지를 반성하여 개선하라는 교훈이다. 吾(오)는 나, 省(성)은 반성하다, 謀(모)는 일을 도모하다, 而(이)는 ~하면서, 忠(충)은 성실, 交(교)는 사귀다, 傳(전)은 전수받다, 習(습)은 제대로 익히다를 뜻한다.

증자(曾子)는 노(魯)나라 사람으로 효경(孝經)을 지은 공자의 제자이고, 성은 曾(증), 이름은 參(삼), 자는 자여(子與)이다. 그의 아버지 증점(曾點)도 공자의 제자였다.

성실이나 정성은 자신이 할 수 있는 것을 다하는 것이다. 벗이나 다른 사람들과 교제할 때 신의가 있고, 자신의 이익을 위하여 남을 속이지 않는다. 스승에게 전수받은 것을 제때에 복습하여 익힌다. 증자는 날마다 반성하여 잘못이 있으면 고치고, 없으면 학문에 더욱 힘쓰라고 교훈을 준다. 증자의 학문은 마땅히 내면에서 마음을 다스리는 것이다. 따라서 일일삼성(一日三省)은 충신습(忠信習)으로 군자가 실천해야 하는 학문의 근본이다.

[단문 설명]

▶ 日三省吾身 일삼성오신 하루 세 가지로 나를 반성하다. 日: 하루, 날마다. 三: 세 가지. 省: 반성한다. 吾身: 나.

▶ 爲人謀 而不忠乎? 위인모 이불충호? 남을 위해서 일을 도모하는데 성실하지 않았는가? 爲人: 남을 위해서. 謀: 일을 도모하다. 而: 순접접속사, ~하면서. 忠: 성실이나 충실.

▶ 與朋友交 而不信乎? 여붕우교 이불신호? 벗들과 함께 사귀면서 신의를 잃지 않았는가? 與: 함께. 朋: 같은 스승에게 글을 배운 벗. 友: 사회에서 뜻을 같이 하는 벗. 交: 사귀다. 而: 순접접속사, ~하면서. 不信: 신의를 잃다. 乎: 의문종결사.

▶ 傳不習乎? 전불습호? (스승에게) 전수받은 것을 제대로 익히지 못했는가? 傳: 스승에게 전수받은 것, 習: 제대로 익히는 것, 乎: 의문종결사.

 5. 정사(政事)의 원칙은 경건, 신의, 절약, 사랑과 적시(適時)니라.

[해석 본문]

공자께서 말씀하셨다. "천승의 나라를 다스리려면 국사를 경건히 하고 (백성의) 신의를 얻어야 하며, 경비를 절약하고 (백성을) 사랑하며, 백성을 알맞은 때에 부려야 한다."

　　　자　왈　도　천　승　지　국　　　　경　사　이　신　　　　절　용　이　애　인　　　사　민　이　시
　　　子曰 道千乘之國하면 敬事而信하며 節用而愛人하며 使民以時니라

[배경 설명]

경신절애시(敬信節愛時)는 정치를 할 때 지켜야 할 국가 통치의 원리이다. 즉, 국사의 경건, 국가와 백성 간의 신의, 재정의 절약, 애민과 백성의 경제를 제시한 것이다. 道(도)는 다스리다, 敬(경)은 경건히 하다, 事(사)는 국사, 節(절)은 절약하다, 用(비)는 비용, 愛(애)는 사랑하다, 人(인)은 백성, 使(사)는 부리다, 時(시)는 알맞은 때를 뜻한다.

춘추시대는 봉건제도가 시행되던 시대로 신분이 존재했고 농업사회였다. 지배계급은 天子(천자), 公(공), 卿(경), 大夫(대부)가 있었고, 행정관리는 士(사), 하층관리는 人(인), 노동력 신분은 民(민)이 있었다. 천자는 천하를 지배하는 황제, 제후는 국가를 다스리는 왕, 대부는 제후

의 가신이다. 당시는 농업사회였기에 백성은 대부분 농민이었다.

千乘之國(천승지국)은 전시에 전차를 천 대를 낼 수 있는 제후의 나라이다. 군주는 국사를 전념하고 공경하게 처리하여 백성들이 믿게 하고, 농사짓지 않는 농한기(農閑期)에 백성을 부려야 한다. 농번기를 피해 백성을 부역시켜야 백성들이 원망하지 않는다. 주역(周易)에서 말하기를 절약하여 법도를 따르면 재물은 낭비되지 않고 백성을 어렵게 하지 않는다. 따라서 국사를 공경하게 처리하여 백성이 나라를 믿게 하고, 경비를 절약하고, 백성을 사랑하고, 알맞은 때에 백성을 부리는 것이 나라를 다스리는 원리이다.

[단문 설명]

▶ **道千乘之國** 도천승지국 천승의 나라를 다스리려면. 道: 다스리다. 乘: 말 네 마리가 끄는 전차.
▶ **敬事而信** 경사이신 국사를 경건히 하고 (백성의) 신의를 얻어야 하며. 敬: 경건히 하다. 事: 국사.
▶ **節用而愛人** 절용이애인 경비를 절약하고 (백성을) 사랑하며. 節: 절약하다. 用: 비용. 而: 순접 접속사, ~하고. 愛: 사랑하다, 아끼다. 人: 백성, 인재.
▶ **使民以時** 사민이시 백성을 알맞은 때에 부려야 한다. 使: 부리다. 民: 백성. 以: ~에. 時: 알맞은 때, 제때, 농한기.

 6. **행동은 삼가고 말은 성실해야 한다.**

[해석 본문]

공자께서 말씀하셨다. "젊은이는 (집에) 들어와서는 (부모님께) 효도하고, (집을) 나가서는 (어른들을) 공경하고, (행동은) 삼가고 (말은) 믿음이 있어야 한다. 널리 사람들을 사랑하되 어진 사람과 가까이 할 것이며, (그렇게) 행하고도 남은 힘이 있으면 글을 배워야 한다."

_{자 왈 제 자 입 즉 효 출 즉 제 근 이 신 범 애 중 이 친 인}
子曰 弟子入則孝하고 出則弟하고 謹而信하니라 汎愛衆하되 而親仁이니
_{행 유 여 력 즉 이 학 문}
行有餘力이면 則以學文이니라

[배경 설명]

　젊은이에게 인을 실천하고 학문하여 참된 인간이 되라는 교훈이다. 弟子(제자)는 젊은이, 제자, 자식, 入(입)은 들어오다, 孝(효)는 효도하다, 出(출)은 나가다, 弟(제)는 형과 어른을 공경하다, 謹(근)은 삼가다, 汎(범)은 널리, 衆(중)은 사람들, 親(친)은 가까이하다, 仁(인)은 어진 사람, 餘力(여력)은 남은 힘을 뜻한다.

　젊은이는 글을 배우기 전에 집안에서는 부모님께 효도하고, 밖에서는 어른을 공경하고, 언행이 신중하고 신의가 있고, 사람을 사랑하고, 어진 사람과 가까이 한 후에 학문을 하는 것이 仁을 실행하는 것이다. 文(문)은 詩書六藝(시서육예)이다. 學文(학문)은 글을 배우는 것이다.

　덕행을 쌓지 않고 먼저 글을 공부하는 것은 자신을 위한 학문이 아니며, 여력이 없는데도 학문을 한다면 학문의 질이 떨어질 것이다. 따라서 공자께서 仁(인)을 실천하고 학문하는 선행후문(先行後文)을 가르치셨다.

[단문 설명]

▶ 入則孝 입즉효 (집에) 들어와서는 (부모님께) 효도하고. 入: 들어오다. 則(즉): 접속사, ~하고. 孝: 효도하다. A則B: A이면 B이다, A하면 B하다.
▶ 出則弟 출즉제 (집을) 나가서는 (어른들을) 공경하고. 出: 나가다. 弟: 형과 어른을 공경하다.
▶ 謹而信 근이신 (행동은) 삼가고 (말은) 믿음이 있어야 한다. 謹: 삼가다. 信: 믿다.
▶ 汎愛衆 범애중 널리 사람들을 사랑하되. 汎: 널리. 衆: 사람들.
▶ 而親仁 이친인 어진 사람과 가까이 할 것이며. 親: 가까이하다. 仁: 어진 사람.
▶ 行有餘力 행유여력 (그렇게) 행하고도 남은 힘이 있으면. 餘力: 남은 힘.
▶ 以學文 이학문 그것(여력)으로써 글을 배워야 한다. 之: 그것, 여력. 以: 以之.

 7. 벗을 사귀는 데에는 말에 신의가 있어야 한다.

[해석 본문]

　자하가 말하였다. "어진 사람을 존경하고 색을 경시하며, 부모를 섬기는 데에는 그 힘을 다하며, 임금을 섬기는 데에는 그 몸을 바치며, 벗과 더불어 사귀는 데에는 말을 하면 신의가 있어야 한다. 비록 (이러한 사람이) 배우지 못했다고 말하더라도 나는 반드시 그를 배운 사람이라고 말할 것이다."

<ruby>子夏曰<rt>자 하 왈</rt></ruby> <ruby>賢賢<rt>현 현</rt></ruby>하고 <ruby>易色<rt>이 색</rt></ruby>하며 <ruby>事父母<rt>사 부 모</rt></ruby>하되 <ruby>能竭其力<rt>능 갈 기 력</rt></ruby>하며 <ruby>事君<rt>사 군</rt></ruby>하되 <ruby>能致其身<rt>능 치 기 신</rt></ruby>하며
<ruby>與朋友交<rt>여 붕 우 교</rt></ruby>하되 <ruby>言而有信<rt>언 이 유 신</rt></ruby>이면 <ruby>雖曰未學<rt>수 왈 미 학</rt></ruby>이라도 <ruby>吾必謂之學矣<rt>오 필 위 지 학 의</rt></ruby>니라

[배경 설명]

자신, 부모, 국가, 교우 간의 관계와 역할을 다하라는 교훈이다. 賢(현)은 존경하다, 어진 사람, 易(이)는 경시하다, 色(색)은 여색, 事(사)는 섬기다, 能(능)은 할 수 있다, 竭(갈)은 다하다, 致(치)는 바치다, 曰(왈)은 ~라고 말하다, 謂(위)는 말하다, 學(학)은 배운 사람을 뜻한다.

자하(子夏)는 공문십철(孔門十哲)의 한 사람으로 성은 복(卜), 이름은 상(商)이다. 그는 문학이 뛰어나 후세에까지 가장 많은 영향을 끼친 공자의 제자이다. 또한 그는 예(禮)의 객관적 형식을 존중했고, 군주는 색을 멀리 하고, 신하는 충성으로 군주를 모시고, 친구는 신의로 사귀라고 주장했다. 그러나 공자는 자하가 예를 지키는데 엄격하지 못하다고 비판했다.

성현의 가르침과 행동을 존중하고, 색(色)을 좋아하는 마음을 경시하거나 색을 좋아하는 마음을 바꾼다면 성실에 이르게 된다. 학문하는 사람은 부모나 나라를 섬기는 데는 자신의 능력을 다하고, 붕우 관계에서는 신의를 다한다.

존경하고, 효도하고, 충성하고, 신의가 있는 사람은 타고난 자질이 아름답지 않더라도 이는 반드시 학문에 지극히 힘쓰고 인을 실천하는 데 지극하다. 비록 일찍이 학문을 하지 않았더라도 반드시 이미 배운 사람이다. 따라서 학문은 어진 사람을 존경하고, 여색을 경시하고, 충효를 실천하고, 벗과 신의가 있는 것을 찾고 행하는 일이다.

[단문 설명]

▷ **賢賢** 현현 어진 사람을 존경하고. 賢賢: 앞은 "존경하다"는 동사이고, 뒤는 동사의 목적어로 "어진 사람"이란 뜻이다.

▷ **易色** 이색 색을 경시하며. 易: 경시하다(이), 바꾸다(역). 色: 여색.

▷ **事父母** 사부모 부모를 섬기는 데에는. 事: 섬기다.

▷ **能竭其力** 능갈기력 그 힘을 다하며. 能: 할 수 있다. 竭: 다하다. 其: 그, 자신.

▶ **能致其身** 능치기신 그 몸을 바치며. 致: 바치다.

▶ **與朋友交 言而有信** 여붕우교 언이유신 벗과 더불어 사귀는 데에는 말을 하면 신의가 있어야 한다. 與: 더불어. 朋友: 벗. 交: 사귀다. 而: 가정접속사, ~하면.

▶ **雖曰未學** 수왈미학 비록 (이러한 사람이) 배우지 못했다고 말하더라도. 雖: 비록. 曰(왈): ~라고 말하다. 未: 아니다, 못하다, 아직 ~하지 못하다.

▶ **必謂之學矣** 필위지학의 반드시 그를 배운 사람이라고 말할 것이다. 謂: 말하다, 평하다. 學: 배운 사람. 之: 그, **賢賢易色 言而有信**을 한 사람. 矣: 서술종결사.

 8. 잘못이 있으면 고치기를 꺼리지 말아야 한다.

[해석 본문]

공자께서 말씀하셨다. "군자가 (언행이) 신중하지 않으면 위엄이 없고, 학문을 하여도 견고하지 못하다. 충성과 신의를 주로 하고, 자기보다 못한 사람을 사귀지 말라. 잘못이 있으면 고치기를 꺼리지 말라."

자 왈 군 자 부 중 즉 불 위　　학 즉 불 고　　주 충 신　　무 우 불 여 기 자
子曰 君子 不重則不威하니 **學則不固**니라 **主忠信**하며 **無友不如己者**요
과 즉 물 탄 개
過則勿憚改니라

[배경 설명]

언행이 신중하지 아니하면 위엄이 없고 배움도 견고하지 못하다는 군자의 덕목에 관한 교훈이다. 군자(君子)는 덕과 학식이 높은 사람으로 언행이 신중하고, 충성과 신의가 있는 사람이다. 重(중)은 신중하다, 固(고)는 견고하다, 主(주)는 주로 하다, 不如(불여)는 ~만 못하다, 過(과)는 잘못, 勿(물)은 말다, 憚(탄)은 꺼리다, 改(개)는 고치다를 뜻한다.

충성과 신의는 사람들이 지켜야 할 기본적인 덕목이다. 외면이 가벼운 자는 반드시 내면이 견고하지 못하고, 신중하지 않으면 위엄도 없어서 학문도 견고하지 못하다. 충성과 신의가 없으면 악은 행하기 쉬우나 선은 행하기 어렵다. 벗이 자기보다 못하다면 유익이 없고 손해만 있

을 것이다. 자신을 다스리지 못하면 잘못은 더 커지니 잘못이 있으면 마땅히 속히 고쳐야 한다. 허물이 있으면 두렵게 여기지 말고 선을 따른다. 따라서 언행이 신중하고, 충성과 신의를 지키고, 자기보다 나은 사람과 벗하며, 잘못을 알면 속히 고쳐서 선을 따라야 한다는 교훈이다.

[단문 설명]

▶ **不重則不威** 부중즉불위 (언행이) 신중하지 않으면 위엄이 없고. 重: 신중하다. 則: 가정접속사, ~으면, ~하면. 威: 위엄이 있다. 不(부/불): ㄷ, ㅈ음 앞에서 부, 이외는 불.

▶ **學則不固** 학즉불고 학문을 하여도 견고하지 못하다. 固: 견고하다.

▶ **主忠信** 주충신 충성과 신의를 주로 하다. 主: 주로 하다, 주로 삼다.

▶ **無友 不如己者** 무우 불여기자 자기보다 못한 사람을 사귀지 말다. 不如: ~만 못하다. 如: 같다.

▶ **過則勿憚改** 과즉물탄개 잘못이 있으면 고치기를 꺼리지 말라. 過: 잘못, 허물. 勿: 말다, 아니다. 憚: 꺼리다. 改: 고치다.

 9. 부모와 조상의 제례가 덕으로 이어진다.

[해석 본문]

증자가 말하였다. "부모의 초상을 정성껏 모시고 먼 조상을 추모하면 백성의 덕은 두터워질 것이다."

증 자 왈 신 종 추 원　　　　민 덕　　귀 후 의
曾子曰 愼終追遠이면 **民德**이 **歸厚矣**니라

[배경 설명]

부모와 조상의 제례가 덕으로 이어진다는 교훈이다. 愼(신)은 정성껏 모시다. 終(종)은 부모의 초상, 追(추)는 추모하다, 遠(원)은 먼 조상, 歸(귀)는 돌아오다, 厚(후)는 후하다를 뜻한다.

신종(愼終)이란 부모의 초상(初喪)을 정성껏 모시는 것이나 추원(追遠)은 돌아가신 조상의 제사에 정성을 다하는 것이다. 신종과 추원을 히는 것은 부모나 조부가 살아계실 때 효도하는 것을 연장하는 것이다. 사람들은 멀리 돌아가신 분을 잊기 쉬우나 이를 추모하면 백성들은 교

화되어 백성들의 덕은 두터워 질 것이다.

신종과 추원의 제례 의식은 도덕적인 의례를 넘어서 주왕실과 각 제후국을 유지시켜 주는 중요한 정치적 행사였다. 부모나 조상에 대한 제례는 효의 연장이며, 국가는 가정을 확대한 개념이다. 따라서 가정에서 효가 실천되면 백성들은 교화되어 국가에 충성한다는 교훈이다.

[단문 설명]

▶ **愼終** 신종 부모의 초상을 정성껏 모시고. 愼: 정성껏 모시다. 終: 부모의 초상(初喪).
▶ **追遠** 추원 먼 조상을 추모하면. 追: 추모하다. 遠: 먼 조상.
▶ **民德 歸厚矣** 민덕 귀후의 백성의 덕은 두터워질 것이다. 歸: 돌아오다. 厚: 후하다.

10. 아마 다른 사람이 구한 것과 다른 것입니까?

[해석 본문]

자금이 자공에게 물었다. "선생님이 어느 나라에 이르시든 반드시 그 (나라의) 정사(政事)를 들으시니, (선생님이) 그것을 (스스로) 구하신 것입니까? 아니면 (군주가 선생님께) 정사에 관한 것을 제공한 것입니까?"

자금 문어자공왈 부자지어시방야   필문기정   구지여   억여지여
子禽 問於子貢曰 夫子至於是邦也하시든 必聞其政하시니 求之與아? 抑與之與아?

이에 자공이 말하였다. "선생님은 온화하고, 어질고, 공손하고, 검약하고, 겸손하시므로 정사를 들으신 것입니다. 선생님께서 구하신 것은 아마 다른 사람이 구한 것과 다른 것입니까?"

자공왈 부자온량공검양이득지   부자지구지야   기저이호인지구지여
子貢曰 夫子溫良恭儉讓以得之시니 夫子之求之也는 其諸異乎人之求之與리오?

[배경 설명]

공자가 군주들에게 직접 정사에 관한 것을 들어 다른 사람들이 구한 것과는 다르다는 것을 설명한다. 間(문)은 묻다, 듣다, 於(어)는 ~에게, 政(정)은 정사, 행정, 正(바를 정)과 攴(칠 복)을

더하여 바르게 하는 행동으로 나라를 다스리는 일, 抑(억)은 아니면, 良(량)은 어질다. 恭(공)은 공손하다, 儉(검)은 검약하다, 讓(양)은 겸손하다, 以(이)는 ~하여를 뜻한다.

子禽(자금)은 진(陳)나라 사람으로 성이 진(陳), 이름이 항(亢)이고, 자가 자금(子禽)이고, 공자의 제자이다. 夫子(부자)는 학문과 인격이 높아 존경할 만한 사람으로 공자를 말한다.

자공은 공자가 덕을 갖춰 임금이 자발적으로 공자에게 정사를 이야기하고, 고민을 말하고, 해법을 구하는 과정을 말한 것이다. 공자는 어느 나라를 방문하면 군주가 공자에게 정사를 자발적으로 들려주고, 공자는 군주에게 정사를 자문해 주었다. 공자가 청하여 그 정사를 들었더라도 그것은 다른 사람이 정사를 청하여 듣는 것과는 다를 것이라고 자금이 말한다.

공자는 온화하고, 어질고, 공손하고, 검소하고, 겸손하여 덕이 빛났다. 공자는 온량공검양(溫良恭儉讓)의 덕으로 인해 군주들은 공자의 덕을 숭상하고 정사에 대해 문의했다. 따라서 공자가 政事(정사)에 관한 것을 요구하지 않아도 군주가 직접 제공한 것이어서 다른 사람들이 구한 것과는 다른 것이다.

[단문 설명]

▶ 問於子貢 문어자공 자공에게 물었다. 問: 묻다, 듣다. 於: ~에게.

▶ 夫子 부자 선생님이. 夫子: 대부 경칭, 공자가 한때 노나라 대부였으므로 공자를 호칭하였으나 나중에는 스승에 대한 존칭이 되었다.

▶ 至於是邦也 지어시방야 어느 나라에 이르시든. 至: 이르다. 於: ~에. 是: 이.

▶ 必聞其政 필문기정 반드시 그 (나라의) 정사를 들으시니. 必: 반드시. 聞: 듣다. 其: 그. 政: 정사.

▶ 求之與? 구지여? 그것을 (스스로) 구한 것입니까? 求: 구하다. 之: 其政. 與: 의문종결사.

▶ 抑與之與? 억여지여? 아니면 (군주가 선생님께) 정사에 관한 것을 제공한 것입니까? 抑: 아니면, 그렇지 않으면. 與: 앞은 '제공하다'라는 동사이고, 뒤는 의문종결사. 之: 정사.

▶ 溫良恭儉讓以 得之 온량공검양이 득지 온화하고, 어질고, 공손하고, 검약하고, 겸손하시므로 정사를 들으신 것입니다. 溫: 온화하다. 良: 어질다. 恭: 공손하다. 儉: 검약하다. 讓: 겸손하다. 以: ~하여. 得: 얻다, 듣다. 之: 정사.

▶ 求之也 구지야 구하신 것은. 求: 구하다. 之: 정사. 也: 주격후치사.

▶ 其諸異乎 人之求之與? 기저이호 인지구지여? 아마 다른 사람이 구한 것과 다른 것입니까? 其諸: 아마. 諸: 其의 어기 조절 허사. 乎(於): 비교전치사. 與: 의문종결사.

11. 아버지께서 하시던 방식을 바꾸지 말아야 효도이다.

[해석 본문]

공자께서 말씀하셨다. "아버지가 살아계실 때에는 그의 뜻을 살피고, 아버지가 돌아가셨을 때에는 그의 행적을 살필 것이니, 삼년상 동안 아버지께서 하시던 방식을 바꾸지 않는다면 효라고 말할 수 있다."

자왈 부재 관기지 부몰 관기행 삼년 무개어부지도 가위효의
子曰 父在에 觀其志요 父沒에 觀其行이니 三年을 無改於父之道라야 可謂孝矣니라

[배경 설명]

자식의 효를 판단하기 위한 세 가지 기준, 즉 생전에는 아버지의 뜻, 사후에는 아버지의 행적과 삼년상 기간에는 아버지의 방식에 대한 훈계이다. 在(재)는 살아계시다, 沒(몰)은 돌아가시다, 行(행)은 행적, 改(개)는 바꾸다, 道(도)는 방식을 뜻한다.

아버지가 살아계실 때에는 자식이 마음대로 할 수 없으니 아버지의 뜻을 살피고, 아버지가 돌아가셨을 때에는 아버지의 과거 행적을 받든다. 아버지께서 돌아가신 후 마음대로 하는 것은 아버지를 그리워하는 자식의 태도가 아니다. 아버지께서 사용하시던 소품, 평소에 하시던 생활 방식이나 친한 친구 관계를 통하여 아버지를 생각하는 것이다. 삼년상을 지내는 동안 아버지의 방식을 고친다면 비록 행한 것이 선하다 하더라도 효라고 할 수 없다. 삼년 동안 고치지 말라고 하는 것은 신중하게 관찰하고 생각한 후에 고치는 것이 바람직하다는 뜻이다. 따라서 아버지의 지행도(志行道)를 지키는 것이 효이다.

[단문 설명]

▶ 父在 부재 아버지가 살아계실 때에는. 在: 살아계시다.
▶ 觀其志 관기지 그의 뜻을 살피고. 觀: 살피다. 其志: 아버지의 뜻.
▶ 父沒 부몰 아버지께서 돌아가셨을 때에는. 沒: 돌아가시다.
▶ 觀其行 관기행 그의 행적을 살필 것이니. 其行: 아버지의 행적.
▶ 三年 삼년 삼년상(三年喪) 동안.
▶ 無改於父之道 무개어부지도 아버지께서 하시던 방식을 바꾸지 않는다면. 無: 말다. 改: 바꾸다.

父之道: 아버지가 하시던 방식. 於: 을.

 12. 조화를 예로써 절제하지 않으면 행할 수 없다.

[해석 본문]

유자가 말하였다. "예를 행하는 데는 조화가 귀중하니, 선왕의 도는 조화를 아름답게 여기셨다. 작은 일과 큰 일이 조화에서 연유한 것이다. (그러나 어떤 경우에는) 행하지 못할 것이 있다. 조화를 알고 오직 조화롭게 하되 예로써 조화를 절제하지 않으면 또한 (예를) 행할 수 없는 것이다."

유 자 왈　예 지 용　　화 위 귀　　선 왕 지 도 사 위 미　　소 대 유 지　　유 소 불 행
有子曰 禮之用이 和爲貴하니 先王之道斯爲美이라 小大由之니라 有所不行하니
지 화 이 화　　불 이 례 절 지　　역 불 가 행 야
知和而和하고 不以禮節之면 亦不可行也니라

[배경 설명]

예(禮)를 실천하는데 중요한 것은 조화라고 훈계한다. 用(용)은 행하다, 和(화)는 조화, 爲(위)는 하다, 貴(귀)는 귀중하다, 道(도)는 예법, 예절, 節(절)은 절제하다를 뜻한다.

유자(有子)는 춘추시대 노나라 사람으로 자는 자유(子有), 유자(有子)이고, 공문십철(孔門十哲) 중 한 사람이며 덕망이 높아 공자 사후 존경받는 제자였다. 또한 그는 강직하고, 박학다식했고, 선현들의 학문을 공부하는 것을 좋아했다.

예(禮)는 하늘의 이치를 성문화시킨 규정이며, 사람이 따라야 할 의식과 규칙이다. 예는 종교나 제사에 관계되는 의식과 사회의 문물 제도 전반을 의미한다. 예(禮)로써 악(樂)의 방탕한 요인을 절제하는 것이 화(和)이고, 화는 질서를 가져다 준다. 절(節)은 행동을 절제하는 것이니, 질서가 있고 조화가 나타나게 된다.

선왕(先王)의 도는 조화를 아름답게 여겨 작은 일과 큰 일에 조화가 이루어지지 않은 것이 없다. 화(和)는 서로 뜻아 같아 조화를 이루는 것이다. 그러나 화(和)가 귀하다고 예로써 절제하지 않는다면 방탕한 데로 가게 된다. 선왕(先王)은 선대의 왕이나 옛날의 어진 임금을 의미하며, 요(堯), 순(舜), 우(禹), 탕(湯) 등 고대의 성왕(聖王)을 가리킨다. 유자는 화와 예가 어느 한 쪽

에도 치우치지 않는 중용(中庸)의 덕을 강조한다. 따라서 예는 엄하면서도 태연하고, 화하면서도 절제하는 것(嚴而泰 和而節)이 이치이다.

[단문 설명]

▶ 禮之用 예지용 예를 행하는 데는. 之: 목적격 조사. 用: 행하다, 실천하다.

▶ 和爲貴 화위귀 조화가 귀중하니. 和: 조화. 爲: 이다, 되다, 하다. 貴: 귀중하다.

▶ 先王之道 선왕지도 선왕의 도는. 道: 예법, 예절, 공자가 펼치고자 하는 정치적 이상.

▶ 斯爲美 사위미 조화를 아름답게 여기셨다. 斯: 이것(和), 以斯의 생략형. 爲: 여기다, 삼다. 美: 아름답다, 훌륭하다.

▶ 小大由之 소대유지 작은 일과 큰 일이 조화에서 연유한 것이다. 之: 和. 由: 연유하다.

▶ 有所不行 소유불행 (그러나 어떤 경우에는) 행하지 못할 것이 있다. 所: ~하는 것.

▶ 知和而和 지화이화 조화를 알고 오직 조화롭게 하되. 而: 순접접속사, ~하고. 和: 앞은 명사이나 뒤는 동사로 조화롭게 하다.

▶ 不以禮節之 불이례절지 예로써 조화를 절제하지 않으면. 以: ~으로써. 節: 절제하다, 之: 조화.

▶ 亦不可行也 역불가행야 또한 (예를) 행할 수 없는 것이다. 亦不: 또한 ~하지 아니하다. 可: 할 수 있다. 行: 행하다, 이루어지다. 也: 서술종결사.

---

13. 신의가 의에 가까우면 약속한 말은 실천할 수 있다.

[해석 본문]

유자가 말하였다. "(말의) 약속이 정의에 가까우면 (약속한) 말은 실천할 수 있다. 공손이 예의에 가까우면 치욕은 멀리할 수 있다. 그런 이유로 친근한 사람이 떠나지 않으면 또한 (그 사람을) 존경할 만하다."

유자 왈 신근어의   언가복야   공근어례   원치욕야   인불실기친
有子 曰 信近於義면 言可復也니라 恭近於禮면 遠恥辱也니라 因不失其親이면
역 가 종 야
亦可宗也니라

[배경 설명]

신의, 공손과 친밀이 사람의 존경과 연대감을 가져오는 자질이라는 교훈이다. 信(신)은 말의 약속, 義(의)는 정의, 올바른 도리, 復(복)은 약속을 실천하다, 禮(예)는 節文(절문), 因(원)은 이유, 親(친)은 친근한 사람, 失(실)은 떠나다, 宗(종)은 존경하다를 뜻한다.

약속한 말은 정의(正義)에 맞고 도의(道義)에 맞아야 하고, 도의에 맞는 약속은 반드시 지키고 실천할 수 있고, 예의에 맞게 남에게 공순하면 치욕을 멀리할 수 있다. 예는 마땅히 지켜야 할 도리이고, 도리는 모든 사람이 지킬 수 있도록 정해져 있는 것인데, 이것이 절문이다. 즉, 節文(절문)은 예절에 관한 규정이나 문장이다.

공손은 미덕이긴 하더라도 지나치면 부족한 것보다 못하다. 약속한 말을 지키고, 친한 사람이 떠나가지 않았다면 본받을 만하고 존경할 만하다. 친구 관계에서는 신의, 선배 관계에서는 공손과 예절, 어른 관계에서는 의지와 친함이 중요한 덕목이다. 따라서 의(義)에 맞는 약속과 예(禮)에 맞는 공손은 친근한 사람을 유지하고 존경을 받게 된다.

[단문 설명]

▶ 信近於義 신근어의 (말의) 약속이 정의에 가까우면. 信: 말의 약속. 於: ~에, ~에서.

▶ 言可復也 언가복야 (약속한) 말을 실천할 수 있다. 復(복): 실천하다. 也: 서술종결사.

▶ 恭近於禮 공근어례 공손이 예의에 가까우면. 恭: 공손하다. 近: 가깝다.

▶ 遠恥辱也 원치욕야 치욕을 멀리하다. 遠: 형용사의 전성동사.

▶ 因不失其親 인불실기친 그런 이유로 친근한 사람이 떠나지 않으면. 失: 떠나다. 因: ~이유로.

▶ 亦可宗也 역가종야 (그 사람을) 존경할 만하다. 可: ~할 만하다. 宗: 존경하다.

 14. 잘못을 바로잡는다면 배우기를 좋아한다고 할 수 있다.

[해석 본문]

공자께서 말씀하셨다. "군자는 식사를 하되 배부름을 바라지 않고, 거처하되 편안을 바라지 않고, 일을 민첩하게 행하되 말을 삼간다. 도 있는 사람을 찾아가서 (자신의 잘못을) 바로잡는다면 배우기를 좋아한다고 할 만하다."

자 왈 군 자 식 무 구 포　　거 무 구 안　　민 어 사 이 신 어 언　　취 유 도 이 정 언
子曰 君子 食無求飽하며 **居無求安**하며 **敏於事而愼於言**이오 **就有道而正焉**이면
가 위 호 학 야 이
可謂好學也已니라

[배경 설명]

군자의 생활과 호학의 자세에 관한 교훈이다. 배움을 좋아하는 자세는 식사, 거처, 업무, 언어와 개선에서 나타난다. 求(구)는 바라다, 飽(포)는 배부르다, 敏(민)은 민첩하다, 愼(신)은 신중하다, 就(취)는 좇다, 찾아가다, 正(정)은 바로잡다를 뜻한다.

군자가 편안과 배부름을 구하지 않는 것은 뜻이 학문에 있어서 다른 것을 생각할 겨를이 없기 때문이다. 애써 노력하고, 말에 신중하여, 마음속에 남은 말을 다하지 않고, 도가 있는 사람을 찾아가서 배우고, 잘못을 바로잡는 것은 군자의 태도이다.

도는 모든 사물의 당연한 이치이니, 누구나 행해야 할 올바른 길이다. 일은 민첩하게 행하고, 말은 신중하게 하고, 도가 있는 사람에게 나아가 자신의 잘못을 바로잡는 군자는 배우기를 좋아하는 사람이다. 따라서 군자는 스스로 옳다고 하지 않고, 도가 있는 사람을 찾아가서 자신의 잘못을 바로잡는다면 배우기를 좋아한다고 할 만하다.

[단문 설명]

▶ **食無求飽** 식무구포 식사를 하되 배부름을 바라지 않는다. 無: 不. 飽: 배부르다.

▶ **居無求安** 거무구안 거처하되 편안을 바라지 않는다. 居: 거처하다.

▶ **敏於事 而愼於言** 민어사 이신어언 일을 민첩하게 행하되 말을 삼가다. 於: 전치사, 을.

▶ **就有道 而正焉** 취유도 이정언 도 있는 사람을 찾아가서 (자신의 잘못을) 바로잡는다. 就: 좇다, 찾아가다. 正: 바로잡다. 焉: 자신의 잘못.

▶ **可謂好學也已** 가위호학야이 배우기를 좋아한다고 할 수 있다. 也已: 서술종결사.

 15. 지나간 것을 알려주니 앞으로 올 것을 아는구나!

[해석 본문]

자공이 말하였다. "가난하되 아첨하지 않고, 부유하되 교만하지 않으면 어떻습니까?" 공자께

27

서 말씀하셨다. "좋다. 가난하면서도 (도를) 즐거워하고, 부유하면서도 예를 좋아하는 사람만은 못하구나."

자공왈 빈이무첨 부이무교 하여 자왈 가야 미약빈이락
子貢曰 貧而無諂하며 富而無驕하면 何如리오? 子曰 可也니라 未若貧而樂하며
부이호례자야
富而好禮者也니라

이에 자공이 말하였다. "시경에 자른 것 같고 간 것 같고, 쫀 것 같고 찧은 것 같다고 하였는데, 이것은 그것을 말씀한 것입니까?" 공자께서 말씀하셨다. "사는 비로소 함께 시경을 논할 수 있겠구나! 그에게 지나간 것을 알려주니 앞으로 올 것을 아는구나!"

자공왈 시운 여절여차 여탁여마 기사지위여 자왈 사야
子貢曰 詩云 如切如磋하며 如琢如磨하니 其斯之謂與리오? 子曰 賜也는
시가여언시이의 고저왕이지래자
始可與言詩已矣로다! 告諸往而知來者로다!

[배경 설명]

공자께서 시경을 논할 수 있는 자공을 대견해 하시는 내용이다. 諂(첨)은 아첨하다, 可(가)는 옳다, 좋다, 切(절)은 자르다, 磋(차)는 갈다, 琢(탁)은 쪼다, 磨(마)는 찧다를 뜻한다.

子貢(자공)은 위(衛)나라 유학자이고 공문십철(孔門十哲)의 한 사람으로 성은 단목(端木), 이름은 사(賜), 자는 子貢(자공)이다. 그는 정치와 언어에 탁월하여 노(魯)나라와 위(衛)나라의 재상을 하였다. 또한 그는 경제에 대한 예측 능력이 뛰어나 돈을 많이 벌었고, 경제적으로 공자를 도왔으며, 공문의 번영은 그의 경제적 원조에 의한 바가 컸다고 한다.

자공은 가난할 때도 아첨하지 않았으며 부자가 되어도 교만하지 않았으므로 공자에게 훌륭하다고 인정을 받고 싶어 질문한 것이다. 시경의 문장인 돌을 자르고, 갈고, 쪼고, 찧는 것처럼 공부해야 하는 것인지를 공자에게 물은 것이다. 切磋琢磨(절차탁마)는 옥돌을 자르고 줄로 쓸고 끌로 쪼고 갈아 빛을 내듯이 학문(學問)이나 인격(人格)을 갈고 닦는 것이다.

공자는 자공에게 이미 능한 것을 인정하고 아직 이루지 못한 것에 힘쓰라고 가르쳤다. 배움은 이미 정교하더라도 더욱 정교하게 해야 한다. 往(왕)이란 이미 지나간 과거이나 來(래)란 아직 오지 않은 미래이다. 따라서 공자는 자공이 아직 말해 주지 않은 것을 처음으로 이해하는 것을 보고 시경을 함께 논할 수 있다고 본 것이다.

[단문 설명]

▶ 貧而無諂 빈이무첨 가난하지만 아첨하지 않고. 而: 하지만. 貧: 가난하다. 諂: 아첨하다.

▶ 富而無驕 부이무교 부유하지만 교만하지 않으면. 驕: 교만하다.

▶ 何如 하여 어떤가? 何如: 어떤가? 어떻게 하겠는가?

▶ 可也 가야 옳다. 그럴만 하다. 괜찮다. 可: 옳다, 좋다. 也: 서술종결사.

▶ 未若 미약 만 못하다. 비교형. 未若: ~에 미치지 못하다.

▶ 貧而樂 빈이락 (단지) 가난한데도 (도를) 즐거워하고. 樂: 즐거워하다.

▶ 富而好禮者也 부이호례자야 부유하면서도 예를 좋아하는 사람만은.

▶ 如切如磋 如琢如磨 여절여차 여탁여마 자른 것 같고 간 것 같고, 쫀 것 같고 찧은 것 같다고 하였는데. 「詩經(시경)」 위풍(衛風) 기오(淇奧)의 첫 부분이다.

▶ 其斯之謂與? 기사지위여? 아마 이것은 그것을 말씀한 것입니까? 其: 추측 부사, 아마. 斯: 이것. 之: 강조하기 위해 목적어를 동사 앞에 전치. 斯之謂: 斯謂之. 與: 의문종결사.

▶ 賜也 사야 사는. 賜: 자공. 也: 주격후치사.

▶ 始可與言詩已矣! 시가여언시이의! 비로소 그와 함께 시경을 이야기할 수 있겠구나! 與: 與之. 之: 賜. 與·以·爲 뒤에서 목적어가 자주 생략됨. 詩: 詩經. 已矣: 추측 서술종결사.

▶ 告諸往 고저왕 그에게 지나간 것을 알려주니. 諸: 之於. 之: 賜. 往: 가다.

▶ 知來者! 지래자! 앞으로 올 것을 아는구나!

16. 내가 남을 알지 못하는 것을 걱정해야 한다.

[해석 본문]

공자께서 말씀하셨다. "남이 나를 알아주지 않는 것을 걱정하지 말고, (내가) 남을 알지 못하는 것을 걱정해야 한다."

자 왈 불 환 인 지 불 기 지   환 부 지 인 야
子曰 不患人之不己知오 患不知人也라

[배경 설명]

제자들이 자신들의 실력을 다소 과신하여 세상이 자신들을 인정해 주지 않는다고 불평하는 것에 대해 공자께서 더 수양에 힘쓰라는 교훈이다. 患(환)은 걱정하는 것이다. 不患A患B는 "A를 걱정하지 말고, B를 걱정하라."는 뜻이다.

군자는 자신에게 있는 것을 구하는 것이지 남에게 있는 것을 구하는 것이 아니다. 남을 알지 못하면 유익한 벗과 유해한 벗을 가리지 못한다. 내가 남을 알지 못하면 그의 시비(是非), 간사와 정직을 분별할 수 없으므로 이를 걱정해야 한다. 상대와 자신을 알아야 위태롭지 않다. 손자(孫子)가 말하기를, 상대를 알고 나를 알면 백 번 싸워도 위태롭지 않다(知彼知己 百戰不殆). 마땅히 스스로 알아줄 만한 업적을 얻으면 남들이 저절로 알아준다. 따라서 나를 알아주지 않음을 걱정하지 말고 알아줄 만한 것을 찾아 더 수양하라는 훈계이다.

[단문 설명]

▶ 不患 人之不己知 불환 인지불기지 남이 나를 알아주지 않는 것을 걱정하지 말라. 之: 주격후치사. 주격후치사(後置詞)는 之, 也, 乎, 者가 있다. 不己知: 不知己의 도치. 患: 걱정하다.

▶ 患不 知人也 환부 지인야 (내가) 남을 알지 못하는 것을 걱정하라. 也: 서술종결사.

☞ 도(道), 덕(德), 인(仁)과 예(禮)

도(道)란 천지만물을 창조해 내는 근원, 우주를 지배하는 진리(眞理), 하늘이 명한 성(性)을 따르는 것, 진리에 들어가는 길, 사람들이 마땅히 지켜야 할 도리를 뜻한다. 도는 인간이 지켜야 할 인간의 도리로 인간의 궁극적인 목표이다. 중용(中庸)에 의하면 하늘이 명한 것은 성(性), 성을 따르는 것은 도(道), 도를 닦는 것은 교(敎)라 한다. 따라서 도(道)는 어진 행동, 덕이 있는 품성과 완성된 인격을 위해 인간이 마땅히 지켜야 할 도리이다.

덕(德)이란 얻을 득(得)과 마음 심(心)이 결합되어 착한 행동으로 쌓은 어진 품성이다. 착한 행동은 정직, 사랑, 용기, 신중과 절제를 행한 결과이다. 주돈이(周敦頤)에 의하면 德이란 인의예지신(仁義禮智信)의 오상(五常)을 포함한다. 인(仁)은 사랑하는 것, 의(義)는 옳은 것을 행하는 것, 예(禮)는 이치에 맞는 것, 지(智)는 두루 통하는 것, 신(信)은 믿는 것이다. 따라서 덕이란 타인을 신뢰하고, 관계가 공정하고, 타인을 공감하고, 배려하는 품성이다.

인(仁)이란 사람 인(人)과 두 이(二)가 결합되니 한 사람이 다른 사람을 향해 베푸는 사랑을 뜻한다. 인(仁)은 남을 사랑하고 어질게 행동하는 것으로 어진 사람은 관대하고, 착하고, 현명하고, 덕스럽다(寬善賢德). 다른 사람을 사랑하는 것은 그 사람의 입장을 잘 헤아리거나 그 사람을 잘 배려하는 서(恕)이다. 서(恕)는 같을 여(如)와 마음 심(心)이 결합되어 상대방의 마음과 같게 행동하는 것이다. 따라서 인(仁)은 남을 사랑하는 내면적 도덕성이다.

예(禮)란 사람이 따라야 할 의식과 규칙이다. 즉, 예는 일상 예절, 도덕, 법, 문물제도까지 포함한 사회생활 전반에 대한 행위, 의식, 규범과 문물 제도이다. 예는 분별과 격식을 포함하는데 분별은 역할을 구분하는 것이고, 격식은 제례, 혼례, 장례와 같이 상황에 맞는 행동방식이다. 따라서 인(仁)을 실천하려면 외면적 사회규범을 따르는 것인데 예를 통해서 실천된다. 예(禮)로써 방탕한 요인을 절제하는 것이 화(和)이고, 화는 질서를 가져다 준다.

의(義)란 마땅함이나 옳음을 행하는 것을 의미하며 이것은 예를 실천하는 기준이 된다. 남을 사랑하는 데에나 예를 실천하는 데에도 일정한 기준이 있다. 군자가 용맹만 있고 의가 없으면 난을 일으키고, 소인이 용맹만 있고 의가 없으면 도적질을 할 것이다(陽貨 23).

- 도(道): 인간이 마땅히 지켜야 할 도리.
- 덕(德): 타인을 신뢰하고, 관계가 공정하고, 타인을 공감하고, 배려하는 품성.
- 인(仁): 다른 사람을 향해 베푸는 사랑.
- 예(禮): 사람이 따라야 할 의식과 규칙.
- 의(義): 마땅함이나 옳음을 행하는 것.

☞ 공자의 사상

공자의 사상은 인(仁)으로 인(仁)은 사랑과 극기복례(克己復禮)이다. 인의 근본은 사람을 사랑하는 것[愛人]으로 부모와 형제에 대한 사랑이다. 즉, 부모에 대한 효(孝)와 형제에 대한 우애이다(孝弟也者 其爲仁之本與). 극기복례(克己復禮)는 자신의 사욕을 버리고 예의로 돌아가는 것이다. 따라서 공자의 사상은 사랑과 극기복례를 통하여 자신을 수양하여 천하를 다스리는 덕치주의(德治主義)이다.

공자의 덕치주의(德治主義)는 인(仁)의 실천, 즉 사랑(愛)과 예(禮)의 실천이다. 위정자들은 공문사교(公門四敎)를 수양해야 인을 실천할 수 있다. 공문사교는 문행충신(文行忠信)이다. 문(文)은 학문으로 시경과 서경을 배우는 것이다. 학문은 지식을 쌓고 인격을 수양하는 것이다. 행(行)은 효제를 행하는 것으로 예의 실천이다. 충(忠)은 진심으로 자신이나 남을 속이지 않는 것이다. 신(信)은 남과의 관계에서 진실하게 대하는 것으로 약속을 하면 반드시 지키는 것이다. 따라서 덕치주의는 백성들을 도덕에 의해 교화하는 정치 사상이다.

第二篇

爲政(위정)

의로운 일을 보고도 행하지 않으면 용기가 없음이라.

爲政篇(위정편)은 정치, 효, 군자와 학문에 관한 내용으로 국가경영의 도리와 방법을 위정이덕(爲政以德)과 온고지신(溫故知新)으로 설명한다. 주요 내용은 덕치, 문학, 정치, 학문, 신의, 효도, 심리, 학습, 인물, 실천, 정직, 언어, 등용, 미래와 정의이다. 군주가 덕으로써 정치하면 백성들이 먼 데에서 모여들고, 말을 하기 전에 먼저 행동하면 말에 실수가 적고 행동에 후회가 적다. 의로운 일을 보고도 행하지 않으면 용기가 없음이라.

1. 덕치는 뭇별들이 북극성을 향하는 것과 같다.
2. 시는 사악함이 없다.
3. 예로 인도하면 수치심도 있고, 잘못도 바로잡을 것이다.
4. 마흔이 되니 사리에 밝아 의혹됨이 없었다.
5. 도리를 어기지 않는 것이다.
6. 부모는 오직 자식이 병들까 걱정하느니라.
7. 효란 부모를 잘 공경하는 것이다.
8. 효란 힘든 일을 부모 대신하는 것이다.
9. 안회는 결코 어리석지 않구나!
10. 사람됨을 어찌 숨길 수 있겠는가?
11. 옛것을 복습하고 새것을 알면 남의 스승이 될 수 있다.
12. 군자는 한 가지 용도에만 사용되는 그릇이 아니다.
13. 말보다 먼저 행동하라.
14. 군자는 보편적이나 편파적이지 않고, 소인은 편파적이나 보편적이지 않다.
15. 배우고 생각하라.
16. 이단을 전공하면 해로울 뿐이니라.
17. 아는 것을 안다고 하고, 모르는 것을 모른다고 하는 것이 아는 것이다.
18. 말에 실수가 적으면 행동에 후회가 적다.
19. 정직한 사람을 등용해서 사곡한 사람 위에 쓰면 백성이 복종한다.
20. 유능한 자를 등용하고 무능한 자를 가르친다.
21. 형제 간에 우애하고 정치를 베푸는 것은 정사이다.
22. 사람으로서 신의가 없으면 그 쓸모를 알지 못한다.
23. 열 세대 앞의 일을 알 수 있습니까?
24. 의로운 일을 보고도 행하지 않으면 용기가 없음이라.

1. 덕치는 뭇별들이 북극성을 향하는 것과 같다.

[해석 본문]

공자께서 말씀하셨다. "덕으로 정치하는 것을 비유하면 마치 북극성이 제자리에 있고, 뭇별들이 북극성을 향하는 것과 같다."

　　자 왈　위 정 이 덕　　비 여 북 신　　거 기 소　　이 중 성　　공 지
　　子曰 爲政以德이 譬如北辰이면 居其所니 而衆星이 共之니라

[배경 설명]

공자의 정치 사상은 덕치(德治)이고, 덕치하는 임금을 북극성(北極星)에 비유한다. 政(정)은 정치, 譬(비)는 비유하다, 居(거)는 있다, 衆星(중성)은 뭇별, 共(공)은 향하다를 뜻한다.

北辰(북신)은 北極星(북극성)으로 제자리에 머물러 있고 움직이지 않으나 뭇별들이 북극성을 향하여 움직인다. 북극성은 밤하늘의 중심에 자리잡고 있고, 뭇별들은 그 주위를 따라 맴도는 것을 덕치에 비유했다. 북극성은 덕치 임금이요 뭇별들은 백성이다.

정치란 바로 잡는 것이니, 사람들이 바르지 못한 것을 바로잡는 것이다. 덕으로 바로잡으면 백성들이 교화되는 것은 뭇별이 북극성을 향하는 것과 같다. 임금이 덕으로 정치를 하면 모든 백성이 자연 임금에게로 향한다. 敎化(교화)란 백성을 가르쳐 착한 길로 인도하는 것이다. 따라서 정치를 덕으로 하면 군주가 움직이지 않아도 백성들이 교화되어 군주에게 돌아온다.

[단문 설명]

▶ 爲政以德 위정이덕 덕으로 정치하는 것. 爲: 하다, 政: 정치. 以: 수단 방법 전치사, ~으로.

▶ 譬如 비여 비유하면 ~와 같다. 譬: 비유하다. 如: 같다.

▶ 北辰 북신 북극성(北極星).

▶ 居其所 거기소 제자리에 있고. 居: 있다, 머물러 있다. 其: 北辰. 所: 장소.

▶ 而衆星 共之 이중성 공지 뭇별들이 북극성을 향한다. 而: 순접접속사, ~하여. 衆星: 뭇별. 共: 향하다, 에워싸다, 之: 北辰.

2. 시는 사악함이 없다.

[해석 본문]

공자께서 말씀하셨다. "시경 삼백편을 한 마디로 개괄하면 '생각에는 사악함이 없느니라.'"

자 왈 시 삼 백　　일 언 이 폐 지　　　왈　사 무 사
子曰 詩三百을 一言以蔽之하면 曰 思無邪니라

[배경 설명]

공자는 약 천 편의 시에서 중복된 부분을 빼고 삼백오 편으로 시를 정리했는데, 詩三百이 시경이다. 蔽(폐)는 전체를 개괄하다, 曰(왈)은 이다, 邪(사)는 사악하다를 뜻한다.

詩經(시경)은 서주 초기인 기원전 1100년 무렵부터 춘추시대 중기인 기원전 600년 무렵 사이에 창작된 민간 가요, 사대부들의 작품과 왕실의 연회·의식·종묘에서 불렀던 가사이다. 시경은 주문왕(周文王)과 주무왕(周武王)의 일대기, 주나라의 성립과 부흥을 다루고 있다. 시경은 풍(風), 아(雅), 송(頌)이 있는데, 풍(風)은 나라별로 분류한 시, 아(雅)는 의식, 왕족의 행사 등을 읊은 시, 송(頌)은 주나라 조상을 칭송하는 시이다.

사무사(思無邪)는 생각에는 사악함이 없다는 뜻으로 이는 시가 꾸밈이 없는 진실한 마음을 표현한 것이기 때문이다. 시(詩)는 생각이 진실하고 바르다는 뜻이다. 시는 善을 묘사한 것이므로 사람의 착한 마음을 감동시켜 분발하게 하고 방탕한 마음을 징계하니, 사람으로 하여금 생각에 사악함을 없애는 것이다. 시의 요점을 알면 시를 요약할 수 있고, 요약은 해박에 이를 수 있는 길이다. 따라서 시는 생각이 진실하고 바르게 요약된 글이다.

[단문 설명]

▶ 詩三百 시삼백 시경의 시 삼백편. 시경: 305편의 시. 시경을 詩三百이라고 한다.

▶ 一言以蔽之 일언이폐지 한 마디로 개괄한다. 以: ~으로. 一言以: 以一言의 도치. 蔽: 개괄하다, 요약하다, 표현하다. 之: 詩三百.

▶ 曰思無邪 왈사무사 '생각에는 사악함이 없느니라.' 曰(왈): 이다. 邪: 사악하다.

3. 예로 인도하면 수치심도 있고, 잘못도 바로잡을 것이다.

[해석 본문]

공자께서 말씀하셨다. "백성을 법령으로 인도하고, 백성을 형벌로 다스리면 백성은 (형벌을) 면할 수는 있으나 수치심이 없을 것이다. 백성을 덕으로 인도하고, 백성을 예로 다스리면, (백성은) 수치심도 있고 또한 (잘못을) 바로잡을 수 있을 것이다."

자 왈　도 지 이 정　　제 지 이 형　　민 면 이 무 치　　도 지 이 덕　　제 지 이 례
子曰 道之以政하고 齊之以刑이면 民免而無恥니라 道之以德하고 齊之以禮면
유 치 차 격
有恥且格이니라

[배경 설명]

백성을 인도하는 수단인 政(정)과 德(덕), 백성을 통제하는 수단인 刑(형)과 禮(례)를 비교하여 국가 통치를 설명한다. 道(도)는 인도하다, 政(정)은 법령, 齊(제)는 다스리다, 刑(형)은 형벌, 恥(치)는 부끄러워하다, 格(격)은 바로잡다를 뜻한다.

군주가 몸소 솔선수범(率先垂範)하면 백성들은 진실로 감동할 것이고, 禮로써 통일시키면 백성들은 악을 부끄러워하고, 선에 이를 수 있을 것이다. 齊(제)는 다스리는 것이니, 인도해 따르지 않는 자는 형벌을 내려 통일시키는 것이다. 禮는 제도, 품행과 절조이다.

악한 짓을 감히 하지는 못하나 악한 짓을 하려는 마음이 없는 것은 아니다. 그래서 백성을 다스리는 도구가 필요하다. 法制(법제)는 정치하는 도구, 刑罰(형벌)은 정치를 돕는 도구, 德과 禮는 정치하는 근본이다. 민면이무치(民免而無恥)는 잘못을 저질러도 법에 저촉되지 않아 형벌만 면하게 된다면, 그것으로 다행이라 생각하고 부끄러워하지 않는다는 뜻이다.

덕으로써 인도하는 것은 군주가 먼저 덕으로써 솔선수범하는 것이다. 예로써 다스린다는 것은 서로가 자기의 직분을 충실히 하면서도 함께 조화를 이룰 수 있도록 예로써 교화하는 것이다. 이렇게 하면 백성의 도덕심이 고양되니 저절로 착하게 된다. 따라서 군주는 법제와 형벌이 아니라 德과 禮로 다스릴 때 백성은 수치심이 있고, 잘못도 바로잡을 수 있다는 교훈이다.

[단문 설명]

▶ 道之以政 도지이정 백성을 법령으로 인도하고. 道: 인도하다, 이끌다. 之: 民. 政: 법령.

37

▶ 齊之以刑 제지이형 백성을 형벌로 다스리면. 齊: 다스리다, 가지런하게 하다. 刑: 형벌.

▶ 民免而 민면이 백성은 (형벌을) 면할 수는 있으나. 免: 면하다.

▶ 無恥 무치 수치심이 없을 것이다. 恥: 수치심.

▶ 道之以德 도지이덕 백성을 덕으로 인도하고. 道: 인도하다.

▶ 齊之以禮 제지이례 백성을 예로 다스리면. 齊: 다스리다.

▶ 有恥且格 유치차격 (백성은) 수치심도 있고 또한 잘못을 바로잡을 수 있다. 恥: 수치심. 格: 잘못을 바로잡다. 且: 접속사, 또.

 4. **마흔이 되니 사리에 밝아 의혹됨이 없었다.**

[해석 본문]

공자께서 말씀하셨다. "나는 열 다섯 살에 학문에 뜻을 두었고, 서른 살에 (학문의 근본이) 확립되었고, 마흔 살에 (사리에 밝아) 의혹이 없었고, 쉰 살에 천명을 알았고, 예순 살에 귀로 들으면 이치를 깨달았고, 일흔 살에 마음이 하고자 하는 바를 따라도 법도에 어긋나지 않았다."

자 왈 오 십유오이지우학　　삼십이립　　사십이불혹　　오십이지천명
子曰 吾 十有五而志于學하고 三十而立하고 四十而不惑하고 五十而知天命하고

육십이이순　　칠십이종심소욕　　불유구
六十而耳順하고 七十而從心所欲하여 不踰矩니라

[배경 설명]

생애주기 특성을 다섯 단계로 기술한 것이다. 공자의 생애주기 특성을 통해 각 주기별로 과업을 설정하고 실천해 나가는 삶의 지침으로 삼을 만하다. 而(이)는 ~에, 耳(이)는 귀로 듣다, 順(순)은 깨닫다, 欲(욕)은 하고자 하다, 踰(유)는 어긋나다, 矩(구)는 법도를 뜻한다.

十有五(십유오)는 열하고 다섯이니, 열 다섯 살이다. 공자 시절에는 열 다섯 살에 大學에 입학하였고, 학문은 大學의 道였다. 志于學(지우학)은 열 다섯에 학문에 뜻을 두었다는 뜻이다. 志(지)는 마음이 가는 것이니 뜻이다. 三十而立(삼십이립)은 서른 살에 학문의 기반이 확립되어 자립할 수 있었다는 뜻이다. 서른 살에 학문의 근본이 확립되어 흔들리지 않았고, 마흔 살에 사리에 밝고 학문이 깊어져 세상 사물에 대해 미혹됨이 없었다. 不惑(불혹)은 의심하는 바가 없

는 것이니, 아는 것이 분명하면 사물에 대한 판단에 혼란을 일어나지 않는다.

쉰 살에 천명을 알았다. 天命이란 하늘의 뜻이나 원리이다. 知天命(지천명)은 하늘의 뜻이나 원리를 알아 그에 순응한다는 뜻이다. 耳順(이순)은 듣는 것을 깨닫는 것이다. 예순 살에 남의 말을 듣기만 하면, 그 이치를 깨달아 이해하게 된다. 일흔 살에는 마음에 하고자 하는 바를 따라도 저절로 道에 맞았으니 從心(종심)이다. 따라서 공자께서 배우는 자들에게 학문에 뜻을 두고 중지하지 않고 정진하도록 권면하신 것이다.

[단문 설명]

▶ 十有五而 십유오이 열하고 다섯 살에. 有: 접속사, ~와, 또. 十有五: 十에 五가 있으므로 열다섯. 而: 시간접미사, ~에.

▶ 志于學 지우학 학문에 뜻을 두었고. 志: 뜻을 두다. 于: ~에.

▶ 三十而 立 삼십이 립 서른 살에 (학문의 근본이) 확립되었고. 而: 시간 접미사, 에. 立: 확립되다.

▶ 四十而 不惑 사십이 불혹 마흔 살에 (사리에 밝아) 의혹이 없었고. 不: 아니하다. 惑: 의혹되다.

▶ 五十而 知天命 오십이 지천명 쉰 살에 천명을 알았고. 知: 알다.

▶ 六十而 耳順 육십이 이순 예순 살에 귀로 들으면 이치를 깨달았고. 耳: 귀로 듣다. 順: 깨닫다.

▶ 七十而 從心所欲 칠십이 종심소욕 일흔 살에 마음이 하고자 하는 바를 따라도. 從: 따르다. 所: ~하는 바(것). 欲 하고자 하다.

▶ 不踰矩 불유구 법도에 어긋나지 않았다. 踰: 넘다, 어긋나다. 矩: 법도.

 5. 도리를 어기지 않는 것이다.

[해석 본문]

맹의자가 효도에 관해서 묻자, 공자께서 말씀하셨다. "(도리를) 어기지 않는 것이다." 번지가 수레를 몰 때 공자께서 그에게 말씀하셨다. "맹손이 나에게 효를 묻기에 내가 '(도리를) 어기지 않는 것'이라고 그에게 알려주었다." 이에 번지가 물었다. "무엇을 말씀하신 것입니까?" 공자께서 말씀하셨다. "살아계실 때에는 (부모를) 예로써 섬기고, 돌아가시면 (부모를) 예로써 장사지내고, (부모를) 예로써 제사지내는 것이다."

_{맹 의 자   문 효}　_{자 왈 무 위}　_{번 지 어}　_{자 고 지 왈 맹 손}　_{문 효 어 아}　_아
孟懿子 問孝하자 子曰 無違니라 樊遲 御할새 子 告之曰 孟孫이 問孝於我어늘 我

_{대 왈 무 위}　_{번 지 왈 하 위 야}　_{자 왈 생 사 지 이 례}　_{생 사 지 이 례}
對曰 無違라 樊遲曰 何謂也리오? 子曰 生事之以禮하며 死葬之以禮하며

_{제 지 이 례}
祭之以禮니라

[배경 설명]

　효도에 관한 공자의 교훈이다. 無違(무위)란 도리를 어기지 않는 것이다. 禮로써 섬긴다는 것은 자기 분수에서 할 수 있는 것을 다하는 것이고, 이것이 효도이다. 無(무)는 아니하다, 御(어)는 수레를 몰다, 於(어)는 ~에게, 對曰(대왈)은 대답하여 말하다, 生(생)은 살아계시다, 事(사)는 섬기다, 死(사)는 돌아가시다, 葬(장)은 장사지내다, 祭(제)는 제사지내다를 뜻한다.

　孟懿子(맹의자)는 노(魯)나라에서 세도가 있던 대부의 한 사람으로 성은 하기(何忌), 시호는 孟孫(맹손)이다. 노나라는 삼환(三桓)인 계손(季孫), 숙손(叔孫), 맹손(孟孫)이 전횡하고 있었다. 樊遲(번지)는 제(齊)나라 사람으로 공자의 제자이고, 이름은 수(須), 자는 자지(子遲)이다. 그는 재치는 없었어도 비교적 성실하고 순박했다.

　맹의자가 효도에 관해서 물어 공자가 부모의 뜻을 어기지 않아야 한다고 대답했다. 그런데 無違(무위)는 부모의 뜻을 어기지 말라는 뜻보다는 도리나 분수를 어기어 무례를 범하지 말라는 의미이다. 맹의자가 "부모의 뜻을 어기지 말라"는 뜻으로 잘못 오해할 것 같아 공자는 번지(樊遲)에게 이를 알려주어 맹의자에게 전달하게 한 것이다. 따라서 공자께서는 삼환(三桓)이 분수를 모르고 무례하게 정치를 전횡하고 있는 것을 빗대어 비판하신 것이다.

[단문 설명]

▷ **問孝 문효** 효도에 관하여 묻자.

▷ **無違 무위** (도리를) 어기지 않는 것이다. 無: 없다, 아니하다. 違: 어기다.

▷ **樊遲御 번지어** 번지가 수레를 몰 때. 御: 수레를 몰다.

▷ **子告之曰 자고지왈** 공자가 그에게 말씀하셨다. 之: 대명사, 그.

▷ **問孝於我 문효어아** 나에게 효를 묻기에. 於: 전치사, ~에게. 我: 나.

▷ **我對曰 아대왈** 내가 대답하여 말한다. 對曰: 대답하여 말하다.

▷ **何謂也? 하위야?** 무엇을 말하는 것인가? 也: 의문종결사.

▷ **生事之以禮 생사지이례** 살아계실 때에는 (부모를) 예로써 섬긴다. 生: 살아계시다. 事: 섬기다,

모시다. 之: 부모. 以: ~로써.

▶ **死葬之以禮** 사장지이례 돌아가시면 (부모를) 예로써 장사지낸다. 死: 돌아가시다. 葬: 장사지내다.

▶ **祭之以禮** 제지이례 (부모를) 예로써 제사지내는 것이다. 祭: 제사지내다. 之: 부모.

 6. 부모는 오직 자식이 병들까 걱정하느니라.

[해석 본문]

맹무백이 효도에 관하여 묻자, 공자께서 말씀하셨다. "부모는 오직 자식이 병들까 걱정하느니라."

　　　맹 무 백　　문 효　　　자 왈 부 모　　유 기 질 지 우
　　　孟武伯이 **問孝**하니 **子曰 父母**는 **唯其疾之憂**시니라

[배경 설명]

자식은 건강을 잘 관리하여 병들지 않도록 하는 것이 효도라는 훈계이다. 唯(유)는 오직, 다만, 疾(질)은 병들다, 憂(우)는 걱정하다는 뜻이다.

孟武伯(맹무백)은 맹의자(孟懿子)의 아들로 시호는 무(武), 항렬은 백(伯), 이름은 체(彘)이며, 애공(哀公) 때 맹의자의 뒤를 이어 노나라 대부가 되었다. 맹무백은 자주 병을 앓아 맹의자가 아들의 건강에 대해 걱정이 많았다. 따라서 부모는 오직 자식이 병들까 걱정하니, 자식은 건강을 잘 관리하여 병들지 않도록 하는 것이 효도라는 훈계이다.

[단문 설명]

▶ **問孝** 문효 효도에 관하여 묻자.

▶ **唯其疾之憂** 유기질지우 오직 자식이 병들까 걱정하다. 其: 자식. 之: 강조하기 위해 목적어를 동사 앞에 놓았다는 표시(憂疾). 疾: 병들다. 憂: 걱정하다.

7. 효란 부모를 잘 공경하는 것이다.

[해석 본문]

자유가 효에 관하여 묻자, 공자께서 말씀하셨다. "오늘날의 효라는 것은 단지 (부모를) 잘 봉양하는 것을 말한다. 개와 말까지도 모두 잘 (먹여) 기르니 (부모를) 공경하지 않으면 무엇으로써 (사람과 짐승을) 구별하겠는가?"

　　　자유　문효　　자왈　금지효자　　시위능양　　　지어견마　　개능유양
　　子游 問孝하니 **子曰 今之孝者**는 **是謂能養**이니라 **至於犬馬**도 **皆能有養**이니
　　불경　　　하이별호
　　不敬이면 **何以別乎**리오?

[배경 설명]

부모를 잘 봉양하는 것이 효라는 교훈이다. 是(시)는 단지, 謂(위)는 말하다, 能(능)은 잘, 至(지)는 이르다, 敬(경)은 공경하다, 何(하)는 무엇, 別(별)은 구별하다를 뜻한다.

子游(자유)는 공문십철의 한 사람으로 성이 언(言), 이름이 언(偃)이고, 안연과 자하와 함께 문학에 능통하였다. 또한 자유는 노나라 무성(武城)의 읍재(邑宰)로 벼슬하며 예약(禮樂)을 통한 교화를 중시하였다. 예약은 제사의 의례와 음악을 뜻한다.

養(양)은 음식으로 봉양하는 것이다. 사람이 개와 말을 음식으로 기르니, 부모를 공경하지 않는다면 犬馬(견마)를 기르는 것과 다르지 않은 것이다. 개는 집을 지키는 것으로 인간을 봉양하는 것이다. 자유는 봉양은 잘하나 공경하지 못할까 하여 공자께서 말씀하신 것이다. 따라서 부모를 봉양하더라도 부모를 공경하지 않는다면, 사람이 개나 말과 구별될 수 없는 것이니, 不敬(불경)을 경계하신 것이다.

[단문 설명]

▶ **今之孝者** 금지효자 오늘날의 효라는 것은, 今: 오늘날, 지금, 之: 의. 者: ~라는 것.
▶ **是謂能養** 시위능양 단지 (부모를) 잘 봉양하는 것을 말한다. 是: 단지. 謂: 말하다. 能: 잘, 능히. 養: 봉양하다.
▶ **至於犬馬** 지어견마 개와 말에 이른다. 至: 이르다, 於: ~에, ~에게.

42

▶ **皆能有養** 개능유양 모두 잘 (먹여) 기르니. 皆: 모두, 다. 能: 잘. 有: 단음절 명사 앞에 붙어서 어조를 고르는 접두사. 有養: 기르다.

▶ **不敬** 불경 (부모를) 공경하지 않으면. 敬: 공경하다.

▶ **何以別乎?** 하이별호? 무엇으로써 (사람과 짐승을) 구별하겠는가? 何: 무엇. 以: ~으로써. 別: 구별하다. 乎: 의문종결사.

8. 효란 힘든 일을 부모 대신하는 것이다.

[해석 본문]

자하가 효에 관하여 묻자, 공자께서 말씀하셨다. "(부모를 대할 때) 얼굴빛을 (온화하게) 짓기 어려우니, (부모에게) 일이 있으면 자식이 그 힘든 일을 (부모) 대신하고, (좋은) 술과 (맛있는) 음식이 있으면 부모에게 (먼저) 올리는 것을 어찌 이것을 효도라고 여기는가?"

子夏 問孝하니 子曰 色難이니 有事이면 弟子 服其勞하고 有酒食면 先生饌을 曾是以爲孝乎아?

[배경 설명]

공자는 자하가 예를 지키는데 엄격하지 못하다고 비판했다. 色(색)은 얼굴빛, 弟子(제자)는 자식, 服(복)은 대신하다, 勞(로)는 힘든 일, 酒(주)는 술, 食(식)은 음식, 先生(선생)은 부모, 饌(찬)은 음식을 올리다, 曾(증)은 어찌, 爲(위)는 여기다를 뜻한다.

자하(子夏)는 위(衛)나라 사람이고, 공문십철(孔門十哲)의 한 사람으로 성은 복(卜), 이름은 상(商)이다. 그는 문학에 뛰어나 후세에까지 가장 많은 영향을 끼친 공자의 제자이다.

얼굴빛은 사람의 속마음이 겉으로 드러나는 모습이다. 色難(색난)은 자식이 부모를 대할 때 얼굴빛을 온화하게 하는 것이 어렵다는 뜻이다. 효자는 사랑이 있고, 사랑은 화기가 있고, 화기는 유순한 빛이 있고, 유순한 빛이 있는 자는 공경하는 용모가 있다.

자하가 강직하고 의로우나 온화한 빛이 부족하여 공자께서 힘든 일은 부모를 대신하고, 좋은 술과 맛있는 음식이 있으면 부모에게 먼저 올리는 것만이 효도가 아니라고 말씀하신 것이다.

따라서 효(孝)란 부모를 공경하고, 미리 부모의 심기를 헤아려 보살펴 드리는 것이다.

[단문 설명]

▶ **色難** 색난 (부모를 대할 때) 얼굴빛을 (온화하게) 짓기 어려우니. 色: 얼굴빛.

▶ **有事** 유사 (부모에게) 일이 있으면.

▶ **弟子服其勞** 제자복기로 자식이 그 힘든 일을 (부모) 대신하고. 弟子: 자식. 服: 대신하다. 勞: 노고, 힘든 일.

▶ **有酒食** 유주사 (좋은) 술과 (맛있는) 음식이 있으면. 酒: 술. 食: 음식.

▶ **先生饌** 선생찬 부모에게 (먼저) 올리는 것을. 先生: 부모, 연장자. 饌: 음식을 올리다.

▶ **曾是以爲孝乎?** 증시이위효호? 어찌 이것을 효도라고 여기는가? 曾: 어찌, 반문 의문부사. 是以: 강조 효과로 以是의 도치. 是: 先生饌. 乎: 의문종결사.

9. 안회는 결코 어리석지 않구나!

[해석 본문]

공자께서 말씀하셨다. "내가 안회와 더불어 온종일 이야기를 하였으나 (그가 내 말을) 어기지 않아 어리석은 사람 같더라. (그가) 물러간 뒤 그의 사생활을 살피니 또한 (내 말을) 실천하고 있으니, 안회는 (결코) 어리석지 않구나!"

<blockquote>
자 왈 오 여 회　　언 종 일　　불 위 여 우　　퇴 이 성 기 사　　역 족 이 발　　회 야
子曰 吾與回로 言終日하나 不違如愚니라 退而省其私하며 亦足以發하니 回也
불 우
不愚로다!
</blockquote>

[배경 설명]

안회에 대한 인물평이다. 안회는 공자의 말씀을 들으면 이해하고 깨달아 막힘이 없었으니 결코 어리석지 않았다. 終日(종일)은 하루 종일, 違(위)는 어기다, 愚(우)는 어리석다, 退(퇴)는 물러가다, 省(성)은 살피다, 足以(족이)는 할 수 있다, 發(발)은 행하다, 실천하다를 뜻한다.

안연(顔淵)은 이름이 회(回), 자가 연(淵)이고, 공문십철(孔門十哲) 중 덕행에서 가장 뛰어난 공자의 제자였다. 그는 가난하였고, 성품이 어질고 학문을 좋아하였으나 32세에 요절하였으니 공자는 그가 열매를 맺지 못한 것을 안타깝게 생각했다.

不違(불위)는 뜻이 서로 상반되지 않아 들으면 받아들여 묻거나 논란하지 않는 것이다. 안회가 공자의 말을 충분히 이해하고 있었기 때문에 특별히 이의를 제기하거나 물을 필요가 없었던 것이다. 私(사)는 질문할 때가 아니라 평소 혼자 거처할 때이다. 發(발)은 들은 이치를 명확하게 행하는 것이니, 공자의 말씀을 충분히 실천하고 있는 것이다.

안회는 온종일 말을 해도 말을 듣기만 하고 이의를 제기하지 않아 어리석은 사람처럼 보였다. 그러나 안회는 공자의 말씀을 들으면 이해하고 깨달아 막힘이 없었다. 공자와 안회는 의견이 서로 어긋나지 않아 논란이 없었다. 안회가 물러간 뒤에 공자는 그의 생활을 살펴보니 도를 실천하고 있어 그가 어리석지 않다는 것을 알게 되었다. 따라서 안회가 겉으로는 어리석어 보이지만 그의 생활을 보면 도를 실천하고 있으니 어리석지 않다고 평하셨다.

[단문 설명]

▸ 吾與回 言終日 오여회 언종일 내가 안회와 더불어 온종일 이야기를 하였으나. 吾: 나. 與: 와. 言: 말하다. 終日: 하루 종일, 때를 나타내는 부사.

▸ 不違如愚 불위여우 (그가 내 말을) 어기지 않아 어리석은 사람 같더라. 말을 듣기만 하고 이의를 제기하지 않는다. 違: 어기다. 愚: 어리석다.

▸ 退而省其私 퇴이성기사 (그가) 물러간 뒤 그의 사생활을 살피니. 退: 물러가다. 而: 순접접속사, ~하고. 省: 살피다. 其: 관형사, 그의. 私: 사생활.

▸ 亦足以發 역족이발 또한 (내 말을) 실천하고 있으니. 亦: 또한, 역시. 足以: 할 수 있다(可, 能, 得, 足, 可以, 得以). 發: 행하다, 실천하다.

▸ 回也 不愚! 회야 불우! 안회는 (결코) 어리석지 않구나!. 也: 주격후치사. 愚: 어리석다.

 10. 사람됨을 어찌 숨길 수 있겠는가?

[해석 본문]

공자께서 말씀하셨다. "그의 행동을 보고, 그의 동기를 살피고, 그의 만족을 관찰하면 그의 사람됨을 어찌 숨길 수 있겠는가? 그의 사람됨을 어찌 숨길 수 있겠는가?"

> 자왈 시기소이 관기소유 찰기소안 인언수재 인언수재
> **子曰 視其所以**하며 **觀其所由**하며 **察其所安**이면 **人焉廋哉**리오? **人焉廋哉**리오?

[배경 설명]

공자께서 사람을 판단하는 방법을 교훈하신 것이다. 사람을 판단하는 방법으로 그 사람의 행동, 동기와 만족을 관찰하는 것이다. 由(유)는 따르다, 所以(소이)는 행동, 以(이)는 하다, 所由(소유)는 동기, 察(찰)은 관찰하다, 安(안)은 만족, 人(인)은 사람됨, 廋(수)는 숨기다를 뜻한다.

以(이)는 처음에 시작한 행동이니 所以(소이)는 행동, 所由(소유)는 동기나 이유를 뜻한다. 다산(茶山)의 『논어고금주』에 의하면 자세히 보는 정도는 視 → 觀 → 察 순으로 강하다. 視는 무심히 보는 것, 觀은 주의하여 자세히 보는 것, 察은 더 자세히 보는 것이다.

행동(所以)은 비록 선하더라도 행동의 원인이나 동기(所由)가 선하지 않다면 군자가 아니다. 安(안)은 즐거워하거나 만족하는 것이다. 동기나 행동이 선하더라도 만족하지 않으면 거짓일 뿐이니, 이것은 오래지 않아 변할 수 있다. 따라서 사람이 하는 행동의 목적과 원인, 수단과 방법, 그리고 결과에 대한 만족을 살펴보아야 그 사람의 됨됨이를 알 수 있다는 교훈이다.

[단문 설명]

▶ **視其所以** 시기소이 그의 행동을 보고. 所以: 행동. 以: 동사, 하다. 以, 由, 安 모두 동사.

▶ **觀其所由** 관기소유 그의 동기를 살피고. 由: 동기, 원인이 되다, 所由: 동기, 이유.

▶ **察其所安** 찰기소안 그의 만족을 관찰하면. 察: 관찰하다. 安: 편안, 만족.

▶ **人焉廋哉?** 인언수재? 그의 사람됨을 어찌 숨길 수 있겠는가? 人: 사람됨. 焉: 의문부사, 어찌. 廋: 숨기다, 哉: 반어종결사.

 11. **옛것을 복습하고 새것을 알면 남의 스승이 될 수 있다.**

[해석 본문]

공자께서 말씀하셨다. "옛것을 복습하고 새것을 알면 (남의) 스승이 될 수 있다."

자 왈 온 고 이 지 신　　　가 이 위 사 의
子曰 溫故而知新이면 **可以爲師矣**니라

[배경 설명]

학문은 예전의 지식을 찾아내어 익히고 발전시켜 새로운 지식을 알아내는 과정이다. 과거의 지식을 기반으로 새로운 지식들이 쌓이게 되는 것이다. 溫(온)은 복습하다, 故(고)는 옛것, 新(신)은 새것, 可以(가이)는 ~할 수 있다, 師(사)는 스승을 뜻한다.

중유(仲由)는 공문십철(孔門十哲) 가운데 한 사람으로 성은 중(仲), 이름은 유(由), 자는 자로(子路)이며, 계로(季路)라고도 한다. 그는 정치에 탁월한 능력이 있고, 성격이 솔직 담백하고 용맹하고 위세가 있었고, 노나라 삼환(三桓)의 하나인 계씨(季氏)의 읍재(邑宰)를 지냈다.

옛것을 지금 깨달아 아는 것이 지식이다. 옛것은 옛날의 문헌, 고전, 고사, 선현들의 학설, 역사, 제도나 관습이다. 옛것을 찾아내어 익히고, 더욱 확장하고, 정교하여 새로운 지식 체계를 만드는 것이 학문하는 과정이다. 옛 학문을 익히고 연구하고 현실에 적합하게 창안한 새로운 학문을 터득해야 비로소 남의 스승이 될 자격이 있다. 따라서 옛것을 충분히 복습하고, 확장하고, 새로운 지식을 터득할 때 비로소 다른 사람의 스승이 될 수 있다.

[단문 설명]

▶ **溫故而知新** 온고이지신 옛것을 복습하고 새것을 알면. 溫: 복습하다. 故: 옛것. 而: 순접접속사, ~하여. 新: 새것.

▶ **可以爲師矣** 가이위사의 (남의) 스승이 될 수 있다. 可以: ~할 수 있다. 矣: 서술종결사.

☞ 종결사: 문장의 끝에 붙어 서술, 의문, 감탄, 강조 등을 나타내는 품사

- 서술종결사: 이다, 있다, 하다(也 · 矣 · 焉 · 已)
- 의문종결사: 냐? 가?(乎 · 耶 · 哉 · 與 · 歟 · 諸 · 也 · 矣 · 焉)
- 반어종결사: 냐? 가?(乎 · 耶 · 哉 · 與 · 歟 · 諸 · 也 · 矣 · 焉)
- 한정종결사: ~일 뿐이다(耳 · 已 · 爾 · 耳矣 · 而已 · 而已矣)
- 시제종결사: 과거(矣), 미래(焉)
- 명령종결사: 하라(矣)
- 감탄종결사: 하도다! 로다! 하구나! 하노라! 여!(焉 · 夫 · 哉 · 乎 · 與 · 兮)

---

12. 군자는 한 가지 용도에만 사용되는 그릇이 아니다.

[해석 본문]

공자께서 말씀하셨다. "군자는 (한 가지 용도에만 사용되는) 그릇이 아니다."

子曰 君子는 不器니라
자 왈 군 자 불 기

[배경 설명]

이상적인 군자란 특정한 용도에만 사용되는 그릇이 아니라는 교훈이다. 不(불)은 아니다, 器(기)는 오직 한 가지의 전문적 기술과 재주만을 가진 인재를 뜻한다.

器(기)는 한가지 용도 밖에 쓰이지 못하는 도구이다. 즉, 器(기)는 특정 분야에만 정통한 전문가나 기술자를 가리킨다. 특정한 기예(技藝: 기술과 재주)만 있다면 지식이 고루하고 생각이 편벽되어 군자가 될 수 없다. 이상적인 군자란 특정한 용도에만 사용되는 그릇이 아니라 시서예악(詩書禮樂)을 고루 갖추고, 백성의 행복을 위해 나라를 다스릴 수 있는 사람이다. 군자는 한 가지만 할 수 있는 전문가가 아니라 널리 학덕을 갖추어 두루 능통해야 한다. 따라서 군자는 나라를 다스리기 위해 한 분야만 아는 그릇이 아니라 보다는 넓은 시각에서 세상을 바라볼 수 있는 지식과 기예가 있어야 한다는 교훈이다.

[단문 설명]

▶ **君子不器** 군자불기 군자는 (한 가지 용도에만 사용되는) 그릇이 아니다. 不: 동사, 아니다. 器: 오직 한 가지의 전문적 기술과 재주만을 가진 인재.

13. 말보다 먼저 행동하라.

[해석 본문]

자공이 군자에 관해서 묻자, 공자께서 말씀하셨다. "그 말에 앞서 먼저 실행하고 그런 후에 실행을 따르거라."

자공 문군자 자왈 선행기언 이후종지
子貢이 問君子하니 子曰 先行其言이요 而後從之니라

[배경 설명]

　말보다 행동을 먼저 하라는 교훈이다. 而後(이후)는 한 후, 從(종)은 따르다를 뜻한다. 子貢(자공)은 공문십철(孔門十哲)의 한 사람으로 정치와 언어에 뛰어났고, 노나라와 위나라의 재상을 하였고, 말을 잘해 공자가 말보다 행동을 앞서 하라고 가르친 것 같다.

　어느 시대나 행동보다 말이 앞서는 사람들이 많다. 공자는 언행일치에 대해서 관심이 많았다. 先行其言(선행기언)은 말하려는 일을 먼저 행동하는 것이다. 행동보다는 말이 앞서지 말고 행동을 먼저하고, 즉 실천한 후에 말을 하라는 뜻이다. 따라서 말하려는 일을 먼저 실행하고, 행동을 끝마친 후에 말을 해야 한다.

[단문 설명]

▶ 先行其言 선행기언　그 말에 앞서 먼저 실행하고. 其: 그.
▶ 而後從之 이후종지　그런 후에 실행을 따르거라. 而後: 以後. 從: 따르다. 之: 行.

 14. 군자는 보편적이나 편파적이지 않고, 소인은 편파적이나 보편적이지 않다.

[해석 본문]

　공자께서 말씀하셨다. "군자는 보편적이나 편파적이지 않고, 소인은 편파적이나 보편적이지 않다."

자왈 군자 주이불비 소인 비이부주
子曰 君子는 周而不比하고 小人은 比而不周니라

[배경 설명]

　군자와 소인의 차이를 보편과 편파로 설명한다. 周(주)는 보편적, 比(비)는 편파적을 뜻한다.

49

周는 널리 합당하여 조화를 이루고 두루 통하나 比는 한쪽으로 치우치고 두루 통하지 않는다. 周가 보편적이고 공적이라면 比는 편파적이고 사적이다. 周는 두루 조화를 이루기 위해 덕과 예를 중시하나 比는 자신의 이익을 얻기 위해 유리한 데와 관계를 맺고 당파를 형성한다.

군자는 두루 통하여 공평하게 처리하나 소인은 차별적이고 편파적이나 두루 통하지 않는다. 군자는 의(義)를 바탕으로 행동하나 소인은 이(利)에 따라 행동한다. 따라서 군자는 사회적으로 친밀하고, 공평하여 당파를 형성하지 않으나 소인은 개인적으로 친밀하고, 이기심으로 결탁하여 당파적이다.

[단문 설명]

▶ 周而不比 주이불비 보편적이나 편파적이지 않고. 周: 보편적. 比: 편파적.

▶ 比而不周 비이부주 편파적이나 보편적이지 않다. 而: 순접접속사.

15. 배우고 생각하라.

[해석 본문]

공자께서 말씀하셨다. "배우기만 하고 생각하지 않으면 (지식이) 어둡고, 생각만 하고 배우지 않으면 (지식이) 위태롭다."

자 왈　학 이 불 사 즉 망　　사 이 불 학 즉 태
子曰 學而不思則罔하고 思而不學則殆니라

[배경 설명]

배움에 있어서 학(學)과 사(思)의 단점을 경계한다. 학(學)은 선인들의 가르침을 배우는 것이나 사(思)는 혼자 생각하여 궁구하는 것이다. 罔(망)은 사리나 의리에 어두운 것이니, 배우기만 하고 사색하지 않으면 지식의 체계가 부족하여 배운 지식이 어두운 것이다. 殆(태)는 사색만 하고 배우지 않는다면 사리를 모르고 독단에 빠지니 지식이 위태롭고 불안하다

배우기만 하고 생각하지 않는 지식은 생각을 통해서 얻는 확실한 지식이 아니므로 어리석은 지식이 되지만, 생각만 하고 배우지 않는 지식은 우물 안의 지식처럼 편협적일 수 있다. 배움과

생각이 지식의 수준과 깊이를 더욱 확대하는 것이다. 배우기만 하고 스스로 생각하지 않으면 학문이 체계가 없고, 생각만 하고 배우지 않으면 오류나 독단에 빠질 수 있다. 따라서 배우고 나서 스스로 생각한다면 깊은 진리를 이해할 수 있다.

[단문 설명]

▶ **學而不思則罔** 학이불사즉망 배우기만 하고 생각하지 않으면 (지식이) 어둡고. 思: 생각하다, 사색하다. 則: ~하면. 罔: 어둡다.

▶ **思而不學則殆** 사이불학즉태 생각만 하고 배우지 않으면 (지식이) 위태롭다. 殆: 위태롭다.

16. 이단을 전공하면 해로울 뿐이니라.

[해석 본문]

공자께서 말씀하셨다. "이단을 전공하면 해로울 뿐이니라."

자 왈 공 호 이 단   사 해 야 이
子曰 攻乎異端이면 **斯害也已**니라

[배경 설명]

이단(異端)은 공자의 가르침과 같은 학설이 아니고, 시류에 어긋나는 사상이나 학설로 옳지 않은 도나 이론을 제시하여, 사회 질서를 어지럽게 하고, 나라를 파괴하고, 개인을 파멸로 이끄는 해악이 큰 사상이다. 攻(공)은 전공하다, 異(이)는 다르다, 斯(사)는 ~하면을 뜻한다.

攻(공)은 장인이 학문을 전적으로 탐구하는 것, 즉 전공(專攻)하는 것이다. 이단(異端)은 양주(楊朱)나 묵자(墨子)처럼 제자백가 중 유가(儒家) 이외의 다른 학문으로 군자의 도가 아닌 학문이다. 공자의 덕치(德治)와 인치(仁治)와 달리 엄격한 법의 판단으로 형벌을 통치수단으로 하는 법가사상이나 무위(無爲)를 중심사상으로 하는 노자의 사상도 유가에서는 이단에 속한다. 배우는 자는 마땅히 음탕한 음악과 아름다운 여색 같이 이단을 멀리하지 않으면 그것에 빠르게 빨려들어가 결국 해악이 더욱 심하다. 따라서 이단은 성인의 도가 아니고, 이러한 이단을 연구하면 해로울 뿐이다.

[단문 설명]

▶ **攻乎異端** 공호이단 이단을 전공하다. 攻: 전공하다, 연구하다. 乎: ~을, 직접목적어 앞에 오는 전치사로 於와 같다. 端: 생각, 느낌. 異端: 공자의 가르침과 다른 학설.

▶ **斯害也已** 사해야이 ~하면 해로울 뿐이다. 斯: ~하면. 害: 해롭다. 也已: 뿐이다.

17. 아는 것을 안다고 하고, 모르는 것을 모른다고 하는 것이 아는 것이다.

[해석 본문]

공자께서 말씀하셨다. "유야! 너에게 안다는 것이 (무엇인지를) 가르쳐 주랴? 아는 것을 안다고 하고, 모르는 것을 모른다고 하는 것, 이것이 아는 것이다."

　　　　자 왈 유　　회 녀 지 지 호　　　지 지 위 지 지　　부 지 위 부 지　　시 지 야
　　子曰 由아! **誨女知之乎**랴? **知之爲知之**오 **不知爲不知**이 **是知也**니라

[배경 설명]

자로는 알지 못하는 것을 지나치게 안다고 우겨서 공자가 지식을 아는 방법을 훈계한 것이다. 誨(회)는 가르치다, 女(녀)는 너, 知(지)는 알다, 爲(위)는 ~라고 하다를 뜻한다.

중유(仲由)는 공문십철(孔門十哲) 중 한 사람으로 성은 중(仲), 이름은 유(由), 자는 자로(子路), 또는 계로(季路)이다. 그는 성격이 거칠고 용맹하고 의지가 강하고, 과단성 있고 강직하나 성품이 고루해서 융통성이 부족하였다.

자로는 용맹하고 고루해서 알지 못하는 것도 억지로 안다고 하는 습관이 있으므로 공자가 이를 경계한 말이다. 따라서 아는 것은 아는 것이고, 모르는 것은 모르는 것이라고 하면, 스스로를 속이는 것이 없어 앎에 해가 되지 않는다.

[단문 설명]

▶ **誨女知之乎?** 회녀지지호? 너에게 안다는 것이 (무엇인지를) 가르쳐 주랴? 女: 너, 이인칭대명사. 之: 직접목적어. 乎: 의문종결사.

▶ **知之爲知之** 지지위지지 아는 것을 안다고 하고. 爲: ~라고 하다(謂).

▶ 不知爲不知 부지위부지 모르는 것을 모른다고 하는 것.
▶ 是知也 시지야 이것이 아는 것이다. 是: 知之爲知之와 不知爲不知. 也: 서술종결사.

18. 말에 실수가 적으면 행동에 후회가 적다.

[해석 본문]

　자장이 녹봉을 구하는 (방법을) 배우려 하자 공자께서 말씀하셨다. "많이 듣고 의심스러운 것을 빼버리고, 그 나머지를 신중히 말하면 실수가 적을 것이며, 많이 보고 위태로운 것을 빼버리고, 그 나머지를 신중히 하면 후회가 적을 것이다. 말에 실수가 적고 행동에 후회가 적으면 녹봉은 그 가운데에 있느니라."

　　자장　　학간록　　자왈　다문궐의　　신언기여　　즉과우　　다견궐태
　　子張이 學干祿하니 子曰 多聞闕疑오 愼言其餘면 則寡尤이며 多見闕殆오

　　신행기여즉과회　　언과우　　　행과회　　록재기중의
　　愼行其餘則寡悔니 言寡尤하며 行寡悔면 祿在其中矣니라

[배경 설명]

　말에 실수가 적으면 행동에 후회가 적다는 교훈이다. 學(학)은 배우다, 干(간)은 구하다, 祿(록)은 녹봉, 聞(문)은 듣다, 闕(궐)은 빼다, 愼(신)은 신중히 하다, 尤(우)는 실수, 殆(태)는 위태롭다, 悔(회)는 후회를 뜻한다.

　子張(자장)은 공자의 만년 제자로 성은 전손(顓孫), 이름은 사(師), 자는 子張(자장)이다. 그는 성격이 매우 너그럽고 사람들과 사귀는 것을 좋아했고, 잘생긴 외모와 적극적인 성격에 걸맞은 출세와 명성을 누리고 싶어했다. 그는 공자에게 출세할 수 있는 방법과 명성을 얻을 수 있는 방법을 질문한 제자였다.

　祿(녹)은 祿俸(녹봉)으로 나라에서 벼슬아치들에게 주던 곡식(穀食)이다. 疑(의)는 확실히 알 수 없어서 아직 자신할 수 없고, 믿지 못하여 완전한 믿음이 없는 것이다. 殆(태)는 마음을 놓을 수 없을 만큼 위험하여 불안한 것이다. 尤(우)는 외부로 드러난 잘못을 저지른 실수이다.

　많이 듣고 많이 보는 것은 배움을 넓히는 것이고, 의심나는 것과 위태로운 것을 빼버리는 것은 학문을 정밀하게 하는 것이다. 말과 행동을 신중하게 하는 것은 신뢰를 지키는 것으로 신뢰

가운데에 녹봉이 있으므로 구하지 않더라도 녹봉은 저절로 오게 된다. 따라서 실수가 적으면 녹봉은 저절로 오는 것이니 실수를 경계하라는 말이다.

[단문 설명]

▶ **學干祿** 학간록 녹봉을 구하는 (방법을) 배우려 하자. 學: 배우다. 干: 구하다. 祿: 녹봉, 급료.

▶ **多聞** 다문 많이 듣고. 多: 많이. 聞: 듣다.

▶ **闕疑** 궐의 의스러운 것을 빼버리고. 闕: 빼다, 제외하다. 疑: 의심스러운 것.

▶ **愼言其餘** 신언기여 그 나머지를 신중히 말하면. 愼: 신중히 하다. 餘: 나머지.

▶ **則寡尤** 즉과우 ~하면 실수가 적을 것이며. 則: ~하면. 寡: 적다. 尤: 허물, 실수.

▶ **多見** 다견 많이 보다. 見: 보다.

▶ **闕殆** 궐태 위태로운 것을 빼버리고. 闕: 빼다, 제외하다. 殆: 위태로운 것.

▶ **愼行其餘** 신행기여 그 나머지를 신중히 하면. 愼: 삼가다, 신중히 하다. 行: 행하다.

▶ **則寡悔** 즉과회 ~하면 후회가 적을 것이다. 則: ~하면. 寡: 적다. 悔: 후회.

▶ **言寡尤** 언과우 말에 실수가 적고. 尤: 실수, 허물.

▶ **行寡悔** 행과회 행동에 후회가 적으면. 悔: 후회.

▶ **祿在其中矣** 록재기중의 녹봉은 그 가운데에 있느니라. 祿: 녹봉. 其中: 그(言寡尤과 行寡悔) 가운데. 矣: 也보다 어세가 강한 종결사.

19. 정직한 사람을 등용해서 사곡한 사람 위에 쓰면 백성이 복종한다.

[해석 본문]

애공이 물었다. "어떻게 하면 백성이 복종합니까?" 공자께서 대답하셨다. "정직한 사람을 등용해서 사곡한 사람 위에 쓰면 백성이 복종하고, 사곡한 사람을 등용해서 정직한 사람 위에 쓰면 백성이 복종하지 않느니라."

哀公이 問曰 何爲則民服이리오? 孔子 對曰 擧直錯諸枉 則民服하고 擧枉錯諸直
則民不服이니라

[배경 설명]

　훌륭한 인재를 발굴하여 적재적소에 등용하면 백성이 복종한다는 교훈이다. 服(복)은 복종하다, 擧(거)는 등용하다, 直(직)은 정직한 사람, 枉(왕)은 사곡한 사람, 錯(조)는 두다를 뜻한다.

　애공(哀公)은 춘추시대 노(魯)나라의 왕으로 성이 희(姬), 이름이 장(將)이고, 정공(定公)의 아들이다. 애공은 위나라에서 노나라로 돌아온 공자를 삼환의 반대로 등용하지 못했다. 내적으로는 삼환(三桓)의 세력이 강하였고, 외적으로는 오(吳)·제(齊)의 공격으로 국력을 펴지 못하였다. 월(越)나라의 도움으로 삼환을 제거하려다 오히려 왕위에서 쫓겨나 죽었다.

　임금을 높이기 위해 임금의 물음에 대해 孔子對曰이라고 기술했다. 枉(왕)은 행실이 굽어 올바르지 못한 사람, 사곡한 사람이다. 사곡(邪曲)은 마음이 간사하고 올바르지 않다는 뜻이다.

　정직한 사람을 등용하여 사곡한 사람(굽은 사람) 위에 쓰면 마땅히 민심이 복종한다. 정직한 사람을 등용해서 사곡한 사람을 부하로 거느리고 관리하면 백성이 복종한다. 그러나 사곡한 사람이 정직한 사람을 부하로 거느리고 관리하면 백성은 복종하지 아니한다. 따라서 정직한 인재를 높은 자리에 등용해야 백성이 복종한다.

[단문 설명]

▶ 何爲則 民服? 하위즉 민복? 어떻게 하면 백성이 복종합니까? 何: 어떻게, 무엇. 爲: 하다. 則: ~하면. 民: 백성. 服: 복종하다.

▶ 孔子對曰 공자대왈 공자께서 대답하셨다. 孔子: 군주와 대담할 때 군주를 존경하는 뜻에서 孔子로 하고, 아닌 경우는 子라고 지칭.

▶ 擧直 錯諸枉 거직 조저왕 정직한 사람을 등용해서 사곡한 사람 위에 쓰다. 擧: 들다, 등용하다. 直: 정직한 사람, 錯(둘 조): 두다, 놓다. 諸: 之於. 枉: 굽은 사람, 사곡한 사람.

▶ 擧枉 錯諸直 거왕 조저직 사곡한 사람을 등용해서 정직한 사람 위에 쓰다.

 20. 유능한 자를 등용하고 무능한 자를 가르친다.

[해석 본문]

　계강자가 물었다. "백성이 (군주를) 공경하고 충성하고 따르게 하려면 어찌 합니까?" 공자께서 말씀하셨다. "(군주가) 백성을 장중하게 대하면 (백성은) (군주를) 공경하고, (부모에게) 효도하고 (아랫사람을) 사랑하면 (백성은) (군주에게) 충성하고, 유능한 사람을 등용하고 유능하지 못한 사람을 가르치면 곧 (백성은) 군주를 따를 것이다."

계 강 자 문　사 민 경 충 이 권　　여 지 하　　자 왈　임 지 이 장 즉 경　　효 자 즉 충
季康子問 使民敬忠以勸하면 **如之何**리오? **子曰 臨之以莊則敬**하고 **孝慈則忠**하고
거 선 이 교 불 능 즉 권
擧善而敎不能則勸이니라

[배경 설명]

백성들을 다스리는 방법에 대한 훈계이다. 敬(경)은 공경하다, 以(이)는 ~하여, 勸(권)은 따르다, 莊(장)은 장중하다, 臨(임)은 대하다, 慈(자)는 사랑하다, 擧(거)는 등용하다를 뜻한다.

季康子(계강자)는 노(魯)나라의 대부로 삼환(三桓) 중에서 가장 큰 세력을 가지고 있던 계손(季孫)씨의 가주(家主)이다. 그는 아버지 계환자(季桓子)에 이어 대부(大夫)가 되어 국정을 전담했고, 공실(公室: 왕실)을 무력하게 만들었다. 삼가(三家) 또는 삼환(三桓)은 맹손(孟孫), 숙손(叔孫), 계손(季孫)의 삼대부인데, 이중에 계손(季孫)이 가장 세도가 큰 사람이었다.

善은 일을 잘하는 유능한 사람이다. 노나라에서 임금을 능가하는 권력을 가지고 있는 계손(季孫)씨 가문에서 공자에게 백성들을 다스리는 방법을 물은 것이다. 공자는 대부의 솔선수범을 강조하며 조언한 것이다. 애공은 제후이고 계강자는 제후를 보좌하는 대부인데, 실권은 계강자가 행사하는 노나라의 상황을 공자는 못마땅하게 여기신 것이다. 군주가 백성을 장중하게 대하면 백성은 어른을 공경하고 부모에게 효도하며, 군주가 백성을 사랑하면 백성은 군주에게 충성할 것이다. 따라서 백성을 장중하게 대하고, 유능한 인재는 등용하고 유능하지 못한 사람은 가르치면 백성은 군주를 따를 것이다.

[단문 설명]

▶ **敬忠以勸** 경충이권 (군주를) 공경하고 충성하고 따르게 하려면. 敬: 공경하다. 以: ~하여(而). 勸: 따르다.

▶ **如之何?** 여지하? 이것을 어찌 합니까? 如~何: ~을 어찌하는가? 之: 使民敬忠以勸.

▶ **臨之以莊 則敬** 임지이장 즉경 (군주가) 백성을 장중하게 대하면 (백성은) (군주를) 공경하고. 臨: 대하다. 之: 民, 以: ~으로써. 則: ~하면. 莊: 장중하다.

▶ **孝慈則忠** 효자즉충 (부모에게) 효도하고 (아랫사람을) 사랑하면 (백성은) (군주에게) 충성하고.

▶ **擧善 而敎不能 則勸** 거선 이교불능 즉권 유능한 사람을 등용하고 유능하지 못한 사람을 가르치면 (백성은) 군주를 따를 것이다. 擧: 등용하다. 善: 유능한 사람. 敎: 가르치다. 不能: 유능하지 못한 사람. 勸: 따르다.

 21. 형제 간에 우애하고 정치를 베푸는 것은 정사이다.

[해석 본문]

어떤 사람이 공자에게 말하였다. "선생님께서는 어찌하여 정사를 하지 않으십니까? 공자께서 말씀하셨다. "서경에 말하기를 효도하라. 오직 효도하고, 형제 간에 우애하고, 정사를 베풀면 이것 또한 정사를 하는 것이니, 어찌 (내가) (직접) 정사하는 것만 정사이겠는가?"

혹 위공자왈 자 해불위정 자왈 서운 효호 유효 우우형제
或이 謂孔子曰 子는 奚不爲政이리오? 子曰 書云 孝乎이라 惟孝하며 友于兄弟하여

시 어유정 시 역위정 해기위위정
施於有政하면 是亦爲政이니 奚其爲爲政인고?

[배경 설명]

공자는 초기에 벼슬을 하지 않아 어떤 사람이 공자가 정사하지 않는 것이 의아하여 질문을 한 것이다. 或(혹)은 어떤 사람, 謂(위)는 ~에게 말하다, 奚(해)는 어찌, 云(운)은 말하다, 友(우)는 우애하다, 施(시)는 베풀다, 有政(유정)은 정치를 뜻한다.

서(書)는 서경(書經)이며 중국에서 가장 오래된 역사서로서 존중하고 숭상해야 할 기록이라는 뜻에서 상서(尙書)라 한다. 군진(君陳)은 서경(書經)의 편명이자 성왕(成王)을 도운 현신(賢臣)이다. 부모에게 효도하고, 형제 간에 우애하는 것을 한 가정의 정사라고 한 서경의 구절을 공자가 인용한 것이다.

효도와 우애는 혈연 공동체를 유지하는 기본적인 덕목이다. 공자는 나라를 다스리는 것을 가족 관계와 같다고 여겨 효제(孝弟)도 정사라고 생각한 것인데, 직접 정사하는 것만 정사라 할 수 있느냐고 반문한 것이다.

[단문 설명]

▶ 或謂孔子 혹위공자 어떤 사람이 공자에게 말하였다. 或: 어떤 사람, 謂: ~에게 말하다.

▶ 奚不爲政? 해불위정? 어찌하여 정사를 하지 않으십니까? 奚: 어찌, 不: 아니하다. 爲: 하다.

▶ 書云 서운 서경에 말하기를. 書: 書經. 云: 말하다.

▶ 孝乎 효호 효도하라. 乎: 명령종결사.

▶ 惟孝 유효 오직 효도하다. 惟: 오직.

▶ 友于兄弟 우우형제 형제 간에 우애하고. 友: 우애하다. 于: ~에, ~을, ~에서.

▶ 施於有政 시어유정 정사를 베풀면. 施: 베풀다, 행하다. 於: ~를, ~에. 有政: 정치. 有: 단음절 명
사 앞에 붙어서 어조를 고르는 접두사.

▶ 是亦爲政 시역위정 이것 또한 정사하는 것이니.

▶ 奚其爲 爲政? 해기위 위정? 어찌하여 (내가) (직접) 정사하는 것만 정사이겠는가? 奚: 의문부
사, 어찌 ~않겠는가? 其: 정사하는 것. 爲: 앞은 '이다', 뒤는 '행하다'.

 22. 사람으로서 신의가 없으면 그 쓸모를 알지 못한다.

[해석 본문]

공자께서 말씀하셨다. "사람이 신의가 없으면 그 쓸모를 알지 못한다. 큰 수레에 멍에걸이가
없고, 작은 수레에 멍에걸이가 없으면 장차 무엇으로 수레가 가겠는가?"

자 왈 인 이 무 신　　부 지 기 가 야　　대 거 무 예　　소 거 무 월　　기 하 이 행 지 재
子曰 人而無信이면 不知其可也니라 大車無輗며 小車無軏이면 其何以行之哉리오?

[배경 설명]

멍에걸이로 소와 수레가 연결되듯이 인간 관계도 믿음으로 연결된다는 교훈이다. 而(이)는 ~
이면, 可(가)는 쓸모, 輗(예)는 멍에, 월(軏)은 멍에, 其(기)는 장차, 行(행)은 가다를 뜻한다.

대거(大車)는 소가 끄는 짐수레, 소거(小車)는 말이 끄는 작은 수레이다. 소거는 밭에서 쓰는
전거(田車), 군사용 병거(兵車), 사람을 태우는 승거(乘車)가 있다. 예(輗)는 끌채 끝의 가로대
로 멍에를 매서 소를 부리는 것이고, 월(軏)은 끌채 끝의 윗갈고리로 쇠 갈고리를 걸어서 말을

부리는 것으로 모두 모두 멍에를 매는 멍에걸이이다.

예(輗)와 월(軏)은 소와 수레를 연결해주는 도구이다. 소와 수레를 하나로 묶어서 수레를 끌려면 멍에가 필요하다. 이와 마찬가지로 사람과 사람과의 관계도 믿음이라는 멍에가 필요한 것이다. 예와 월은 비록 작은 것이지만 이것이 없다면 소나 말의 동력을 수레에 전달할 수 없어 마차가 갈 수 없는 것처럼 사람들에게도 믿음이 없다면 사람과 사람 사이를 연결할 수 없다. 따라서 인간관계도 신의(信義)로 연결되는 것이다.

[단문 설명]

▶ 人而無信 인이무신 사람이 신의가 없다면. 而: 가정접속사, ~이면.
▶ 不知其可也 부지기가야 그 쓸모를 알지 못한다. 其; 그. 可: 쓸모, 가능성.
▶ 大車無輗 대거무예 큰 수레에 멍에걸이가 없다. 大車: 큰 수레. 輗: 멍에걸이.
▶ 小車無軏 소거무월 작은 수레에 멍에걸이가 없다. 小車: 작은 수레. 軏: 멍에걸이.
▶ 其何以 行之哉? 기하이 행지재? 장차 무엇으로 수레가 가겠는가? 其: 장차. 何以: 以何의 도치.
　行: 가다. 之: 大車 小車. 哉: 의문종결사.

 23. 열 세대 앞의 일을 알 수 있습니까?

[해석 본문]

자장이 말했다. "열 세대 (앞의 일을) 알 수 있습니까?" 공자께서 말씀하셨다. "은나라는 하나라의 예를 따랐는데 (무엇을) 덜고 보탰는지 알 수 있으며, 주나라는 은나라의 예를 따랐는데 (무엇을) 덜고 보탰는지 알 수 있다. 만약 어떤 나라가 주나라를 계승하면 비록 백 세대 (앞의 일)이라도 알 수 있다."

자장문 십세　가지야　　자왈 은인어하례　　소손익　가지야
子張問 十世를 可知也라오? 子曰 殷因於夏禮하니 所損益을 可知也이며
주인어은례　　소손익　가지야　기혹계주자　수백세　가지야
周因於殷禮하니 所損益을 可知也요 其或繼周者면 雖百世라도 可知也니라

[배경 설명]

백 세대 뒤의 먼 미래라도 왕조에 따라 순환되는 것이므로 미래를 알 수가 있다는 교훈이다. 十世(십세)는 열 세대 앞의 일, 因(인)은 따르다, 於(어)는 ~를, 損(손)은 덜다, 益(익)은 더하다, 繼(계)는 계승하다를 뜻한다.

중국 고대 왕조는 하은주(夏殷周)이다. 하나라는 우(禹)임금이 건설한 최초의 왕조로 걸(桀)왕의 폭정으로 인하여 은(殷)나라 탕(湯)왕에게 멸망했다. 탕왕이 건설한 은나라는 중국 최초의 확인된 왕조이나 주(紂)왕 때 주나라 무왕(武王)에게 멸망됐다. 주나라는 은을 계승한 나라로 은나라의 복속국이었으나 문왕 대에 이르러 크게 발달하였고, 그 아들인 무왕이 은의 주(紂)왕을 멸하고 천하를 차지하였다. 주나라는 유(幽)왕 때에 융적(戎狄)의 침입을 받아 멸망하였으나 아들 평(平)왕이 나라를 재건하여 이전을 서주(西周), 이후를 동주(東周)라고 한다. 동주 시대의 주 왕실은 이미 권위를 잃어 겨우 명맥만 유지하다 난(赧)왕 때에 진(秦)나라에게 멸망하였다. 동주 시대를 춘추전국시대라고도 한다.

계승한 것은 삼강과 오상이고 손익한 것은 문질과 삼통이다. 三綱(삼강)은 임금과 신하, 부모와 자식, 남편과 아내 사이에 마땅히 지켜야 할 도리이다. 오상(五常)은 사람이 지켜야 할 떳떳한 도리이다. 문질(文質)은 하나라의 忠, 은나라의 質, 주나라의 文으로 왕조에 따른 예악(禮樂)의 기본 원리이다. 삼통(三統)은 하은주의 세수(歲首: 음력 정월 초하룻날)인 人統·地統·天統이다. 인통(人統)은 하의 正朔(정삭)인 인월(寅月: 1월), 지통(地統)은 은의 정삭인 축월(丑月: 12월), 천통(天統)은 주의 정삭인 자월(子月: 11월)이다.

자장은 공자의 만년 제자로 공자에게 나라의 미래를 물은 것이다. 삼강과 오상은 禮의 기본 원리로 삼대가 계승하여 변경하지 않았으나 손익은 문장과 제도 상에서 왕조에 따라 변화가 있었다. 문장과 제도가 너무 지나치면 없앴고, 부족하면 늘렸다. 비록 백 세대 이후의 먼 미래라도 왕조에 따라 순환되는 것이므로 미래를 알 수가 있는 것이다. 따라서 보편적인 이치를 이해하고 역사를 헤아려 생각한다면 미래도 예측할 수 있다.

[단문 설명]

▶ 十世可知也? 십세가지야? 열 세대 (앞의 일을) 알 수 있습니까? 十世: 열 세대 앞의 일. 可: 할 수 있다. 也: 의문종결사.

▶ 殷因於夏禮 은인어하례 은나라가 하나라의 예를 따랐다. 因: 따르다, 이어받다. 於: ~를.

▶ 所損益可知也 소손익가지야 (무엇을) 덜고 보탰는지 알 수 있다. 所: ~한 것. 損: 덜다. 益: 더하

다. 也: 서술종결사.

▶ **其或繼周者** 기혹계주자 만약 어떤 나라가 주나라를 계승하면, 其: 가정부사. 者: 가정접속사.

▶ **雖百世可知也** 수백세가지야 비록 백 세대 (앞의 일)이라도 알 수 있다. 雖: 양보부사.

 24. 의로운 일을 보고도 행하지 않으면 용기가 없음이라.

[해석 본문]

공자께서 말씀하셨다. "(마땅히 제사지내야 할) 귀신이 아닌데도 제사지내면 아첨이고, 의로운 일을 보고도 행하지 않으면 용기가 없음이라."

　　　 자 왈 　비 기 귀 이 제 지 　　　첨 야 　　견 의 불 위 　　 무 용 야
　　　子曰 非其鬼而祭之이 諂也요 見義不爲이 無勇也니라

[배경 설명]

무례하고 잘못된 것을 바로잡으려면 용기가 필요하다는 교훈이다. 非(비)는 아니다, 鬼(귀)는 조상의 혼, 諂(첨)은 아첨하다, 義(의)는 의로운 일, 勇(용)은 용기를 뜻한다.

鬼(귀)는 제사의 대상이 되는 조상의 신령, 非其鬼(비기귀)는 자기가 모실 귀신이 아닌 귀신이다. 조상 귀신이 아닌 것을 제사지내는 것은 무언가를 얻기 위해 귀신에게 아부하는 것이다. 천자(天子)는 천신에게 제사지내고, 제후(諸侯)는 지기(地祇)에게, 士나 庶民은 자기 선조에게 제사지낸다. 제사는 마땅히 제사지내야 할 귀신에게 제사를 지내는 것이다. 천자나 제후만이 태산에 제사를 지낼 수 있다.

제사를 지내는 대상이 정해져 있는데, 당시의 권력자가 이를 무시하는 경우가 있었다. 결국 무례하고 잘못된 것을 바로잡으려면 용기가 필요한데 권력에 아첨하고, 불의에 용기를 내지 못함이 많았다. 따라서 자신이 알면서도 행하지 않는 것은 곧 용기가 없는 것이다.

[단문 설명]

▶ **非其鬼而祭之** 비기귀이제지 (마땅히 제사지내야 할 대부 계씨의) 귀신이 아닌데도 제사지내면. 非: ~이 아니다. 鬼: 조상의 혼, 其鬼: 마땅히 제사지내야 할 대부 계씨의 귀신. 之: 鬼.

▶ **諂也** 첨야 아첨이다. 諂: 아첨하다. 也: 서술종결사

▶ **見義不爲** 견의불위 의로운 일을 보고도 행하지 않으면. 義: 의로운 일. 不爲: 행하지 않다.

▶ **無勇也** 무용야 용기가 없다. 勇: 용기. 也: 서술종결사.

名·字·號·諡號

이름은 사람의 성 아래에 붙여 다른 사람과 구별하여 부르는 말이고, 성명(姓名)은 성과 이름을 결합한 말이다. 성(姓)은 가계(家系)의 이름이고 명(名)은 개인의 이름이다. 이름은 개인의 정체성을 부여해주는 요소로 용도에 따라 여러 가지 이름이 있다.

- 명(名): 태어나서 부모가 지어주는 이름이다.
- 자(字): 남자는 20세에 관례(冠禮), 여성은 15세 때 계례(筓禮)라 하여 성인식을 하고 자(字)를 지어 본명 대신에 썼다. 성인(成人)의 이름을 부르는 것을 삼갔기 때문에 주로 남자가 성인이 되었을 때 붙이는 이름이다.
- 호(號): 본명이나 자 이외에 쓰는 이름이다.
- 시호(諡號): 임금이나 신하, 학자가 사후에 그의 공적에 따라 왕이 주는 호칭이다.

第三篇

八佾(팔일)

지도자는 권력을 함부로 사용하지 않고 겸손하게 지낸다.

八佾篇(팔일편)은 禮樂(예악)에 관한 공자의 교훈이다. 주요 내용은 권력남용, 음악, 예도, 경쟁, 교훈, 증거, 이치, 정성, 범법, 모범, 사랑, 아첨, 충성, 인격, 실직과 처세 등이다. 분수를 지키고, 예외 없는 적용은 진정한 도이다. 하늘에 죄를 지으면 빌 곳이 없다. 권력을 함부로 사용하지 않고 겸손하게 지내는 것이 진정한 도리이다. 음악은 즐겁지만 음란하지 않고, 슬프지만 마음을 상하지 않는다. 사람이 어질지 않으면 음악을 해서 소용이 없고, 완성된 일이라 말하지 않겠고, 끝난 일이라 간언하지 않겠고, 이미 과거인지라 탓하지 않겠다.

1. 진정한 위정자의 도리란 권력을 남용하지 않고 겸손한 것이다.
2. 노나라의 정치를 전횡하는 三家의 태도는 외람되다.
3. 사람이 어질지 않으면 음악을 해서 무슨 소용이 있겠는가?
4. 예는 사치스럽게 하기보다는 차라리 검소해야 한다.
5. 오랑캐에게 군주가 있는 것은 좋지 않다.
6. 어찌 태산의 산신이 임방만 못하단 말인가?
7. 군자는 다투는 일이 없으나 다투는 일은 반드시 활쏘기다.
8. 먼저 흰 바탕을 만든 후에 색칠을 한다.
9. 문헌이 충분하다면 나는 그것들을 증명할 수 있느니라.
10. 술을 부은 이후의 일을 나는 보고 싶지 않도다.
11. 체제사를 알면 이치가 밝고, 정성이 감동하여 천하를 다스릴 수 있다.
12. 제사는 효성과 공경으로 지낸다.
13. 하늘에 죄를 지으면 빌 곳이 없느니라.
14. 주나라는 하나라와 은나라를 본받아 빛나고 찬란하도다!
15. 태묘에 들어오면 일일이 묻는구나?
16. 사람의 힘이 같지 않기 때문이다.
17. 너는 그 양을 아끼느냐? 나는 그 예를 아끼노라.
18. 예를 다하는 것을 사람들이 아첨한다고 여기는구나.
19. 임금은 예로써 신하를 부리고, 신하는 충으로써 임금을 섬긴다.
20. 즐거워하되 정도에 지나치지 않고, 슬프되 마음을 상하지 않는다.
21. 완성된 일이라 말하지 않고, 이미 과거인지라 탓하지 않는다.
22. 관중은 기량이 작음을 깨닫지 못한다.
23. 조화를 이룬 듯하고 명료한 듯하여 한 악장이 완성된다.
24. 어찌 관직을 잃었다고 근심합니까?
25. 지극히 아름답고 지극히 좋도다.
26. 높은 자리에 있으면서 관대하지 않다.

1. **진정한 위정자의 도리란 권력을 남용하지 않고 겸손한 것이다.**

[해석 본문]

공자께서 계씨를 비판하셨다. "(천자의) 팔일무를 뜰에서 춤추게 하다니, 이것도 차마 못할 짓인데 무슨 일인들 차마 못하겠는가?"

공자 위계씨　　　팔일무어정　　시가인야　　숙불가인야
孔子 謂季氏하시다 八佾舞於庭하니 是可忍也인데 孰不可忍也리오?

[배경 설명]

천자만이 공연할 수 있는 八佾舞(팔일무)를 계손씨가 자기 뜰에서 추게 한 것은 무례한 짓이다. 謂(위)는 비판하다, 庭(정)은 뜰, 舞(무)는 춤추게 하다, 忍(인)은 차마 못하다를 뜻한다.

季氏(계씨)는 노(魯)나라 昭公(소공) 때의 대부인 季孫(계손)씨이며 당시 노나라의 실권을 쥐고 있던 삼환(三桓)의 한 사람이다. 季康子(계강자)는 노나라의 대부로 삼환(三桓) 중에서 가장 큰 세력을 가지고 있던 季孫(계손)씨의 가주(家主)이다. 그는 아버지 계환자(季桓子)를 이어 대부가 되어 국정을 전담했고, 공실(公室: 왕실)을 무력하게 만들었다. 천자(天子: 주의 왕)는 형식적인 권위만 있었을 뿐 정치적 실권은 없었고, 또한 제후(諸侯)도 형식적인 지배자였을 뿐 실권은 그들의 가신들이 갖고 있었다.

季氏(계씨)는 대부의 신분이므로 감히 천자에게만 허용되는 춤인 팔일무(八佾舞)를 공연했고, 결국 공자의 말대로 소공을 축출하고 말았다. 佾(무)는 춤추는 열(列)로써 천자는 8열과 8행으로 64명, 제후는 6열과 6행으로 36명, 대부는 4열과 4행으로 16명이 당시 예법이었다.

계씨는 대부로 천자만이 할 수 있는 천자의 예악을 하여 장차 천자의 자리도 넘볼 수 있을 것이라고 비판한 것이다. 권력을 함부로 사용하지 않고 겸손하게 지내는 것이 진정한 권세가의 도리라는 것을 말한 것이다. 따라서 공자께서 계손씨의 무례를 한탄하신 것이다.

[단문 설명]

▶ **孔子謂季氏** 공자위계씨 공자께서 계씨를 비판하셨다. 謂: 말하다, 비판하다.

▶ **八佾舞於庭** 팔일무어정 (천자의) 팔일무를 뜰에서 춤추게 하다니. 八佾: 천자가 공연할 수 있는 악무인 팔일무. 舞: 춤추게 하다. 於庭: 뜰에서.

▸ 是可忍也 시가인야 이것도 차마 못할 짓인데. 是: 八佾舞於庭. 忍: 차마 못하다.

▸ 孰不可忍也? 숙불가인야? 무슨 일들 차마 못하겠는가? 孰: 무엇, 누구.

 2. **노나라의 정치를 전횡하는 三家의 태도는 외람되다.**

[해석 본문]

삼가는 옹의 노래를 부르며 (제사를) 마치자 공자께서 말씀하셨다. "'(제사를) 돕는 사람은 제후이니, 천자는 엄숙하셨네' (라는 노래를) 어찌 삼가의 사당에서 쓰는가?"

삼 가 자　이 옹 철　　　자 왈　상 유 벽 공　　　천 자 목 목　　해 취 어 삼 가 지 당
三家者　以雍徹하며 **子曰 相維辟公**이어늘 **天子穆穆**을 **奚取於三家之堂**고?

[배경 설명]

삼환(三桓)이 대부의 신분인데도 천자의 예로써 제사를 지내는 무례를 지적한 것이다. 家(가)는 대부의 집안, 徹(철)은 치우다, 相(상)은 제사를 돕는 사람, 辟公(벽공)은 제후, 穆穆(목목)은 천자의 용모가 엄숙하다, 取(취)는 쓰다, 堂(당)은 사당을 뜻한다.

삼가(三家)는 당시 노(魯)나라의 실권을 쥐고 있던 계손(季孫), 맹손(孟孫), 숙손(叔孫)씨다. 모두 노나라 환공(桓公)의 후예이기 때문에 삼환(三桓)이라고 한다. 雍(옹)은 「詩經(시경)」周頌(주송)의 편명으로 주(周)의 천자가 종묘의 제사를 마치고 제물을 거둘 때 이 노래를 연주하였다. 철(徹)은 제사를 끝내고 제물을 담는 제기를 거두는 것을 말한다.

삼가(三家)의 집에서는 天子의 禮樂을 사용하지 않는 것이 예법인데 이를 사용하면 참람히 도용한 죄가 된다. 대부인 삼가(三家)가 雍(옹)을 연주하는 것은 매우 분에 넘치는 짓이다. 천자는 제후들의 시중을 받으며 종묘에서 제사를 지내면서 엄숙한 용모를 나타낸다. 그런데 천자만이 행할 수 있는 예법을 삼가에서 사용하고 있으니 그 무례를 지적한 것이다. 따라서 공자께서 노나라의 정치를 전횡하는 三家의 외람된 태도를 비판한 것이다.

[단문 설명]

▸ 三家者以雍徹 삼가자이옹철 삼가는 옹의 노래를 부르며 (제사를) 마치자. 三家: 노나라의 대부

(맹손, 숙손, 계손). 者: 주격후치사, 은/는. 雍: 천자가 제사 때 읊는 시. 徹: 제사가 끝난 후 제사 상을 치우다(撤床).

▶ **相維辟公** 상유벽공 (제사를) 돕는 사람은 제후이니. 相: 돕는 사람. 維: 이다. 辟公: 제후.

▶ **天子穆穆** 천자목목 천자는 엄숙하셨네. 穆穆: 엄숙한 용모.

▶ **奚取 於三家之堂?** 해취 어삼가지당? (라는 노래를) 어찌 삼가의 사당에서 쓰는가? 奚: 의문부사, 어찌. 取: 취하다, 쓰다. 堂: 사당.

 3. **사람이 어질지 않으면 음악을 해서 무슨 소용이 있겠는가?**

[해석 본문]

공자께서 말씀하셨다. "사람이 어질지 않으면 예를 해서 무엇 하겠는가? 사람이 어질지 않으면 음악을 해서 무엇 하겠는가?"

자 왈 인 이 불 인 　　여 례 　하 　　인 이 불 인 　　여 악 　하
子曰 人而不仁이면 **如禮**에 **何**며? **人而不仁**이면 **如樂**에 **何**오?

[배경 설명]

국가가 바른 이치를 상실하면 질서가 없어지고 조화(調和)하지 못한다는 교훈이다. 而(이)는 ~하면, 如(여)는 행하다, 何(하)는 무엇을 뜻한다.

인(仁)은 천하의 바른 이치이다. 인(仁)은 남을 사랑하고 어질게 행동하는 것으로 어진 사람은 관대하고, 착하고, 현명하고, 덕스럽다. 예(禮)는 다른 사람에 대하여 마땅히 지켜야 할 도리로 사회 전반에 대한 질서를 유지하는 규범과 제도이며, 악(樂)은 음악으로 음의 조화가 관건이다.

예악(禮樂)은 사람들을 도덕적으로 교화하여 인을 실현하고 조화로운 사회를 이룰 수 있다. 사람은 禮를 통해 완성되고 이상적인 사회를 실현할 수 있으며, 樂을 통해 개인적으로 도덕적 수양을 하게 되며, 사회적으로는 교화된다. 따라서 禮는 사회의 질서를 유지하는 규범이며 樂은 사회의 화합을 이루는 제도이니, 인을 상실하면 공동체의 질서를 유지하는 규범과 제도가 없고 공동체가 조화롭지 못하다.

[단문 설명]

▶ 人而不仁 인이불인 사람이 어질지 않으면. 而: 가정접속사, ~하면.

▶ 如禮何? 여례하? 예를 해서 무엇 하겠는가? 예를 행하는 것이 아무 소용도 없다. 如: 행하다, 따르다, 의거하다, 같다.

▶ 如樂何? 여악하? 음악을 해서 무엇 하겠는가?

 4. **예는 사치스럽게 하기보다는 차라리 검소해야 한다.**

[해석 본문]

임방이 예의 근본을 묻자, 공자께서 말씀하셨다. "대단하구나! 질문이여! 예는 사치스럽게 하기보다는 차라리 검소해야 하고, (부모의) 상은 잘 치르기보다는 차라리 슬퍼해야 한다."

<blockquote>
임방 문례지본 자왈 대재 문 예여기사야 영검 상
林放이 **問禮之本**하자 **子曰 大哉**라! **問**이여! **禮與其奢也**는 **寧儉**이오 **喪**이
여기이야 영척
與其易也는 **寧戚**이니라
</blockquote>

[배경 설명]

예(禮)와 상(喪) 모두 중용이 중요하다는 교훈이다. 奢(사)는 사치하다, 儉(검)은 검소하다, 易(이)는 장례를 잘 치르다, 戚(척)은 슬퍼하다는 뜻이다.

林放(임방)은 공문칠십이현(孔門七十二賢) 가운데 한 사람으로 자는 자립(子立)이고, 주나라 경왕 때 노나라의 대부를 역임했다. 그는 예를 행하는 사람들이 번거로운 文飾(문식)만을 하는 것을 예의 근본이 아니라고 의심했다. 文飾(문식)은 실속 없이 겉만 그럴듯하게 꾸미는 것이다. 喪禮(상례)를 치를 때 슬퍼함이 質(질)이고, 형식과 절차는 文(문)이다. 사물의 이치는 먼저 質이 있은 뒤에 文이 있는 것이며, 質은 바로 예의 근본이다. 喪(상)을 禮(예)로써 형식적으로 치르는 것은 예의 근본이 아니다. 검소는 사물의 바탕이고 슬픔은 마음의 정성이다. 따라서 임방만이 예의 근본을 물어 공자는 그 질문이 훌륭하다고 한 것이다.

[단문 설명]

▸ 大哉! 問! 대재! 문! 대단하구나! 질문이여! 大: 대단하다. 哉: 감탄종결사.

▸ 禮與其奢也 寧儉 예여기사야 영검 예는 사치스럽게 하기보다는 차라리 검소해야 한다. 與其 ~ 寧~: ~하기보다 차라리 ~하다. 奢: 사치. 儉: 검소. 也: 서술종결사.

▸ 喪與其易也 寧戚 상여기이야 영척 (부모의) 상은 잘 치르는 것보다 차라리 슬퍼해야 한다. 易(다스릴 이): 다스리다, 돌보다, 장례를 잘 치르다. 戚: 슬퍼하다.

 5. **오랑캐에게 군주가 있는 것은 좋지 않다.**

[해석 본문]

공자께서 말씀하셨다. "오랑캐에 군주가 있는 것이 중국의 여러 나라에 (군주가) 없는 것보다 못하느니라."

자 왈 이 적 지 유 군　불 여 제 하 지 무 야
子曰 夷狄之有君이 不如諸夏之亡也니라

[배경 설명]

신하들이 군신의 도를 어지럽혀 마치 군주가 없는 것과 같다는 평이다. 夷(이)는 동쪽 오랑캐, 狄(적)은 북쪽 오랑캐, 夷狄(이적)은 중국 주변 나라의 미개한 종족이다. 諸夏(제하)는 중화의 여러 나라, 中華(중화)는 천하의 중심을 차지하는 문화국가, 곧 諸侯國(제후국)이다.

없다는 것은 실체가 없는 것이 아니고 비록 있더라도 그 역할을 다하지 못하는 것이다. 나라가 혼란스럽고 신하들이 군신의 도를 어지럽혀 마치 군주가 없는 것과 같았다. 야만족이라 하더라도 군주가 있어 혼란스럽지 않은 것이 문화는 있으나 무도하고 혼란스러운 제후국보다는 낫다는 말이다. 오랑캐 나라는 미개한 나라이므로 군주가 있더라도 질서가 없고 혼란스럽다는 중화사상이 배어있다. 따라서 공자께서 나라가 혼란스런 것을 탄식하신 것이다.

[단문 설명]

▸ 夷狄之有君 이적지유군 오랑캐에게 군주가 있는 것이. 之: 주격후치사. 有: 있다.

▶ **不如 諸夏之亡** 불여 제하지무 중국의 여러 나라에 (군주가) 없는 것보다 못하다. 不如: ~만 못하다, ~와 같지 않다. 諸夏: 중국의 여러 나라. 亡(무): 없다(無).

 6. 어찌 태산의 산신이 임방만 못하단 말인가?

[해석 본문]

계씨가 태산에 산신제를 지내려고 하자 공자께서 염유에게 말씀하셨다. "네가 (계씨를) 바로잡을 수 없겠느냐?" 염유가 대답하였다. "못하겠습니다." 이에 공자께서 말씀하셨다. "아아! 어찌 태산의 (산신이) 임방만 못하단 말인가?"

계 씨   려 어 태 산   자 위 염 유 왈   여 불 능 구 여   대 왈   불 능   자 왈   오 호
季氏 旅於泰山하자 **子謂冉有曰 女弗能救與**아? **對曰 不能**이니다 **子曰 嗚呼**라!

증 위 태 산   불 여 임 방 호
曾謂泰山이 **不如林放乎**아?

[배경 설명]

공자가 임방도 예를 아는데 계씨가 무례하여 이를 바로잡을 수 있는지를 冉有(염유)에게 물었으나 염유가 그럴 수 없었다고 대답하자 한탄하신 것이다. 旅(려)는 산신제를 지내다, 救(구)는 바로잡다, 曾(증)은 어찌, 不如(불여)는 ~만 못하다를 뜻한다.

冉有(염유)는 공자의 제자로 성은 염(冉), 이름은 구(求), 자는 자유(子有)이다. 林放(임방)은 공문칠십이현(孔門七十二賢) 가운데 한 사람으로 대부를 지냈다. 山神祭(산신제)는 제후만이 산천에서 제사지낼 수 있는 제사이다. 泰山(태산)은 중국에서 가장 높은 산으로 天子(천자: 황제)가 중요한 국사를 빌기 위해서 제사지내는 산이다.

태산의 산신은 외람된 제사를 받고 좋아하지 않는다. 산신제를 지내는 것은 천자와 제후만이 할 수 있다. 대부인 季氏(계씨)가 산신제를 지내는 것은 매우 외람된 일이다. 계씨가 천자만이 할 수 있는 산신제를 지내려 하니, 그를 충고하여 과오를 고쳐주라고 염유에게 말했으나 바로잡을 수 없다고 대답한 것이다. 계씨는 예법을 임방만도 못하다고 공자는 생각하였다. 따라서 공자는 계씨의 무모한 예법을 한탄한 것이다.

[단문 설명]

▸ **季氏旅於泰山** 계씨려어태산 계씨가 태산에서 산신제를 지내려 하자. 旅: 산신제를 지내다.

▸ **子謂冉有曰** 자위염유왈 공자가 염유에게 말씀하셨다. 謂: 말하다, 평하다, 일컫다.

▸ **女弗能救與?** 여불능구여? 네가 (계씨를) 바로잡을 수 없겠느냐? 女: 너. 弗: 없다. 救: 바로잡다. 與: 의문종결사.

▸ **嗚呼!** 오호! 아아! 嗚呼: 슬픔 또는 탄식감탄사.

▸ **曾謂泰山 不如林放乎?** 증위태산 불여림방호? 어찌 태산의 (산신이) 임방만 못하단 말인가? 曾: 어찌, 일찍. 不如: ~만 못하다, ~와 같지 않다.

 7. 군자는 다투는 일이 없으나 다투는 일은 반드시 활쏘기다.

[해석 본문]

공자께서 말씀하셨다. "군자는 (남과) 다투는 일이 없으나 (다툰다면) 반드시 활쏘기다. (상대에게) 읍하여 겸양을 표하고 나서 (당에) 오르고, (당에서) 내려와 (패자에게) (술을) 마시게 하니, 활쏘기에서의 다툼은 군자답다."

자 왈 군 자 무 소 쟁 　필 야 사 호 　읍 양 이 승 　하 이 음 　기 쟁 야 군 자
子曰 君子無所爭이나 **必也射乎**이요 **揖讓而升**하며 **下而飲**하니 **其爭也君子**니라

[배경 설명]

군자는 남과 다투지 않으나 굳이 다툰다면 예를 갖추고서 다투는 활쏘기다. 爭(쟁)은 다투다, 射(사)는 활쏘기, 揖(읍)은 정중하게 인사하다, 讓(양)은 겸손하다, 升(승)은 오르다, 下(하)는 내려오다, 飲(음)은 마시게 하다, 君子(군자)는 군자답다를 뜻한다.

揖(읍)은 두 손을 앞 가슴에 대고 머리 숙여 정중하게 인사하는 예절이다. 두 사람이 손을 들어 읍을 하여 상대에게 경의를 표한 후 당에 올라가 활을 쏜다. 활쏘기에서 이긴 사람이 진 사람에게 벌주(罰酒)를 준다. 승자가 읍하면 패자가 올라가 술잔을 잡고 서서 마시는 것이다. 군자는 공손하여 남과 다투는 일은 없으나 오직 활쏘기에서만은 다툰다. 따라서 활쏘기 경쟁은 온화하고 읍하는 예절이 있으니 군자다운 것이다.

[단문 설명]

▶ **無所爭** 무소쟁 (남과) 다투는 일이 없으나. 爭: 다투다.

▶ **必也射乎** 필야사호 (다툰다면) 반드시 활쏘기다. 也: 부사격 후치사. 必: 반드시, 틀림없이. 射: 활쏘기. 乎: 서술종결사.

▶ **揖讓而升** 읍양이승 (상대에게) 읍하여 겸양을 표하고 나서 (당에) 오르고. 揖: 정중하게 인사하다. 讓: 겸손하다. 升(堂): 당에 오르다.

▶ **下而飮** 하이음 (당에서) 내려와 (패자에게) (술을) 마시게 하니. 下(堂): 당에서 내려오다. 飮(酒): 술을 마시게 하다.

▶ **其爭也君子** 기쟁야군자 활쏘기에서의 다툼은 군자답다. 其: 활쏘기. 也: 주격후치사. 君子: 군자답다.

8. 먼저 흰 바탕을 만든 후에 색칠을 한다.

[해석 본문]

　자하가 물었다. "예쁜 웃음이 아름다우며, 아름다운 눈이 선명하구나! 흰 바탕 위에 채색을 하니, 무엇을 말한 것입니까?" 공자께서 말씀하셨다. "그림을 그리는 일은 흰 바탕을 (마련한) 뒤에 하는 것이다." 자하가 말하기를 "(어진 마음을 갖추는 것보다) 예가 나중입니까?" 공자께서 말씀하셨다. "나의 (뜻을) 일깨워준 자는 자하이구나! 비로소 함께 시를 논할 만하구나!"

　　　　자하　문왈　교소천혜!　미목반혜여!　소이위현혜하니　하위야　자왈
　　子夏 問曰 巧笑倩兮며 **美目盼兮**여! **素以爲絢兮**하니 **何謂也**인고? **子曰**
　　　회사후소　　왈 예후호　　자왈 기여자　　상여　　시가여언시이의
　　繪事後素니라 曰 **禮後乎**인고? **子曰 起予者**는 **商也**로다! **始可與言詩已矣**로다!

[배경 설명]

　어진 마음을 갖춘 후에야 예를 행할 수 있다는 교훈이다. 巧(교)는 예쁘다, 笑(소)는 웃음. 倩(천)은 입매가 아름답다, 盼(반)은 눈동자가 선명하다, 繪(회)는 그리다, 素(소)는 흰 바탕, 絢(현)은 채색, 起(기)는 일깨우다, 可(가)는 할 수 있다를 뜻한다.

　자하(子夏)는 공문십철(孔門十哲)의 한 사람으로 성은 복(卜), 이름은 상(商)이다. 그는 문학

에 뛰어나 후세까지 가장 많은 영향을 끼친 공자의 제자이다.

巧笑倩兮 美目盼兮(교소천혜 미목반혜)는「시경(詩經)」국풍(國風) 위풍(衛風) 석인(碩人)에 있는 구절로 위나라 장공(莊公)의 부인인 장강(莊姜)이 시집올 때의 모습을 노래한 시이다.

繪事後素(회사후소)는 그림을 그릴 때는 먼저 흰 바탕을 만든 후에 색칠을 한다는 말이다. 즉, 흰 바탕을 먼저 마련하고 나서 그림을 그리는 것이다. 禮後乎(예후호)는 예가 어진 마음을 갖추는 것보다 나중이라는 뜻이다. 사람도 먼저 바탕(質, 본질, 어진 마음)을 갖춘 후 꾸밈(文, 채색, 예)을 갖추어야 한다. 흰색을 어진 마음에, 채색을 예에 비유한 것이다.

起予(기여)는 나의 뜻을 일깨워주는 것으로 스승과 제자가 서로 학문이 진전된다는 教學上長(교학상장)이다. 공자께서 자하를 가르치면서 깨달은 것이 있었다고 말한 것이다. 따라서 흰 것은 채색을 받아들이고, 어진 사람은 예를 행할 수 있다.

[단문 설명]

▶ 巧笑倩兮 교소천혜 예쁜 웃음이 아름다우며. 巧: 예쁘다. 笑: 웃음. 倩: 아름답다. 兮: 감탄종결사.

▶ 美目盼兮! 미목반혜! 아름다운 눈이 선명하구나! 盼: 눈동자가 선명하다.

▶ 素以爲絢 소이위현 흰 바탕에 채색을 하니. 素: 흰 바탕. 以: 후치사, 에. 爲: 하다. 絢: 채색.

▶ 何謂也? 하위야? 무엇을 말하는 것입니까? 何: 의문사, 무엇. 謂: 말하다. 也: 서술종결사.

▶ 繪事後素 회사후소 그림을 그리는 일은 흰 바탕을 (마련한) 뒤에 하는 것이다. 繪: 그리다. 後素: 後於素의 생략. 後: 뒤에 하다.

▶ 禮後乎? 예후호? (어진 마음을 갖추는 것보다) 예가 나중입니까?

▶ 起予者 商也! 기여자 상야! 나의 (뜻을) 일깨워 준 사람은 자하이구나! 起: 일깨우다. 商: 子夏.

▶ 始可與 言詩已矣! 시가여 언시이의! 비로소 (그와) 함께 시를 논할 만하구나! 始: 비로소. 可: 할 수 있다. 與: 與商. 詩: 시경의 시. 矣: 감탄종결사.

 9. **문헌이 충분하다면 나는 그것들을 증명할 수 있느니라.**

[해석 본문]

공자께서 말씀하셨다. "하나라의 예를 나는 말할 수 있으나 (그 후손인) 기나라의 (예를) 증명할 수가 없다. 은나라의 예를 나는 말할 수 있으나 (그 후손인) 송나라의 (예는) 증명할 수가 없다. 이는 문헌이 부족한 까닭이다. (문헌이) 충분하다면 나는 그것들을 증명할 수 있다."

자왈　하례　　오능언지　　기부족징야　　은례　　오능언지　　송부족징야
子曰 夏禮를 吾能言之나 杞不足徵也니라 殷禮를 吾能言之나 宋不足徵也니라
문헌　　부족고야　　족즉오능징지의
文獻이 不足故也니 足則吾能徵之矣로다

[배경 설명]

　문헌이 충분해야 문물이나 제도를 고증할 수 있다. 夏禮(하례)는 하나라의 문물과 제도, 能(능)은 할 수 있다, 徵(징)은 증명하다, 故(고)는 까닭, 則(즉)은 ~하면을 뜻한다.

　고대 중국의 三代王朝는 夏·殷·周(하·은·주)이다. 夏나라는 치수(治水)에 공로가 있는 禹(우)가 기원전 2205년에 舜(순)임금으로부터 왕위를 물려받아 세운 중국 전설상의 최고의 왕조이다. 殷(商)나라는 기원전 1766년에 탕왕이 하나라의 걸왕을 멸하고 세운 나라이다. 杞(기)는 周武王(주무왕)이 夏禹王(하우왕)의 후예인 東樓公(동루공)으로 하여금 우왕의 제사를 지내도록 세운 하나라의 후손이다. 宋(송)은 주무왕(周武王)이 은(殷)의 주왕을 멸하고 微子啓(미자계)로 하여금 탕왕의 제사를 지내도록 세운 은나라의 후손이다.

　제도나 문물을 아는데 증거가 되는 자료는 문헌(文獻)이다. 문헌(文獻)은 문물이나 제도를 담은 글로 된 자료로 옛날의 제도나 문물을 아는 증거이다. 공자는 夏禮(하례)를 보려고 기나라에 갔으나 기나라는 증거를 주지 못하였고, 殷禮(은례)를 보려고 송나라에 갔으나 송나라에서 증거를 주지 못하였다. 기나라와 송나라에서 얻은 증거로는 하례와 은례를 증명하기가 부족하다. 이것은 문헌이 부족한 까닭이다. 따라서 공자는 예를 증명하려면 증거가 충분해야 한다는 문헌의 중요성을 강조한 것이다.

[단문 설명]

▶ **夏禮 吾能言之** 하례 오능언지 나는 하나라의 예를 말할 수 있으나. 夏禮: 하나라의 문물과 제도. 能: 할 수 있다. 之: 夏禮.

▶ **杞不足徵也** 기부족징야 (그 후손인) 기나라의 (예를) 증명할 수가 없다. 徵: 증명하다.

▶ **殷禮 吾能言之** 은례 오능언지 나는 은나라의 예를 말할 수 있으나. 之: 殷禮.

▶ **宋不足徵也** 송부족징야 (그 후손인) 송나라의 (예는) 증명할 수가 없다. 徵: 증명하다.

▶ 文獻不足故也 문헌부족고야 문헌이 부족한 까닭이다. 故: 까닭, 이유.

▶ 足則 吾能徵之矣 족즉 오능징지의 (문헌이) 충분하다면 나는 그것들을 증명할 수 있다. 則: ~하면. 之: 夏禮와 殷禮, 矣: 서술종결사.

10. **술을 부은 이후의 일을 나는 보고 싶지 않도다.**

[해석 본문]

공자께서 말씀하셨다. "체제사에서 이미 술을 부은 이후의 일을 나는 보고 싶지 않다."

자 왈 체 자 기 관 이 왕 자   오 불 욕 관 지 의
子曰 禘自旣灌而往者는 吾不欲觀之矣로다

[배경 설명]

공자는 노나라가 예를 잃어버린 것을 탄식하시면서 夏·殷·周(하·은·주)의 예를 중시하였고, 예를 회복하려고 노력했다. 禘(체) 또는 諦祭祀(체제사)는 왕조를 처음 세운 시조에 대하여 시조의 사당에서 지내는 제사로 주의 천자만이 지낼 수 있으나 제후는 지낼 수 없다. 魯(노)나라는 제후국이므로 체제사를 지낼 수 없는데 그 시조인 주공이 주나라에 대하여 공로가 지대하다는 이유로 성왕이 특별히 허락하여 주공과 그의 조상인 문왕은 체제사를 지낼 수 있었다.

제사를 시작할 무렵 수수로 만든 술을 땅에 뿌려 조상의 신령을 불러내는 의식은 灌(관)이다. 灌(관) 의식 이후는 보고 싶지 않다는 것은 체제사 전체를 보고 싶지 않다는 것이다. 노나라의 군신은 점차 예가 무너지고, 노나라의 체제사는 예가 아니니 공자께서 보지 않으려 했다. 주나라의 제후국인 노나라에서 체제사를 계속 지내는 것은 옳지 않다. 따라서 공자께서는 노나라가 예를 잃어버린 것을 탄식하신 것이다.

[단문 설명]

▶ 禘 체 체제사에서. 諦: 천자가 종묘에서 시조 및 조상에게 지내는 제사.

▶ 自旣灌 而往者 자기관 이왕자 이미 술을 부은 이후의 일을. 강신례(降神禮)를 행한 이후의 일. 自: ~로부터. 旣: 이미. 灌: 술을 땅에 따르다, 붓다. 而往: 이후.

▶ **不欲觀之矣** 불욕관지의 그것을 보고 싶지 않다. 之: 自旣灌而往者. 矣: 서술종결사.

11. 체제사를 알면 이치가 밝고, 정성이 감동하여 천하를 다스릴 수 있다.

[해석 본문]

　어떤 사람이 체제사의 내용을 묻자, 공자께서 말씀하셨다. "(그 내용을) 알지 못하노라. 그 내용을 아는 사람이 천하를 다스린다면 아마 제삿상에 손바닥을 놓고 보는 것 같이 (너무 쉬울 것이다.)"라 하시고 자신의 손바닥을 가리키시었다.

혹 문 체 지 설　　　　자 왈 부 지 야　　　지 기 설 자 지 어 천 하 야　　　기 여 시 저 사 호
或問禘之說하자 **子曰 不知也**로다 **知其說者之於天下也**이면 **其如示諸斯乎**하시고

지 기 장
指其掌하시다

[배경 설명]

　노나라가 마땅히 체제사를 지내지 말아야 하는데 지내니 공자가 체제사의 내용을 모른다고 한 것이다. 禘(체)는 체제사, 說(설)은 내용, 如(여)는 같다, 示(시)는 보다를 뜻한다.

　禘祭祀(체제사)는 先王의 은덕에 보답하고 멀리 가신 조상을 추모하는 큰 제사이다. 仁孝와 誠敬이 지극한 자가 아니면 체제사에 참여할 수가 없고, 천자만이 체제사를 지낼 수 있는 것이다. 체제사의 뜻은 깊으며, 노나라가 체제사의 법도를 어겼기 때문에 공자가 모른다고 한 것이다. 체제사의 내용을 알면 이치가 밝고, 정성이 감동하여 천하를 다스림이 어렵지 않을 것이다.

　체제사의 이치를 깨닫는 자는 천하의 모든 일에 어려움이 없을 것이다. 세상의 이치를 잘 안다면 노나라가 체제사를 할 수 없다. 指其掌(지기장)은 공자께서 스스로 손바닥을 가리키셨으니 제사상에 손바닥을 올려 놓는 것처럼 천하를 다스리는 것이 쉬운 일일 것이다. 따라서 주(周)의 천자만이 지낼 수 있는 체제사를 제후국인 노나라에서 지내는 것은 예법에 어긋나는 일이므로 공자가 이를 못마땅하게 여긴 것이다.

[단문 설명]

▶ **或問禘之說** 혹문체지설 어떤 사람이 체제사의 내용을 묻자. 或: 어떤 사람. 禘: 체제사. 說: 내

용, 이치.

▶ **不知也** 부지야 (체제사에 담긴 뜻이 너무 깊어 그 내용을) 알지 못하노라.

▶ **知其說者之 於天下也** 지기설자지 어천하야 그 내용을 아는 사람이 천하를 다스린다면. 其說: 諦祭祀의 내용. 於: 治於의 생략형. 治於天下也: 천하를 다스리다.

▶ **其如示諸斯乎** 기여시저사호 아마 제삿상에 손바닥을 놓고 보는 것 같이 (너무 쉬울 것이다.) 其: 아마. 如: 같다. 示: 보다. 諸: 之於. 之: 제삿상. 斯: 掌. 乎: 추측종결사.

▶ **指其掌** 지기장 자신의 손바닥을 가리키시었다. 指: 가리키다. 掌: 손바닥.

 12. **제사는 효성과 공경으로 지낸다.**

[해석 본문]

(조상에게) 제사지낼 때는 마치 (조상께서) 계신 듯이 (효성스럽게)하며, 신령에게 제사지낼 때는 마치 신령이 계신 듯이 (공경하게) 한다. 공자께서 말씀하셨다. "내가 제사에 (직접) 참여하지 않으면 제사를 지내지 않은 것과 같으니라."

제 여 재　　제 신 여 신 재　　자 왈 오 불 여 제　여 부 제
祭如在할새 **祭神如神在**하시다 **子曰 吾不與祭**면 **如不祭**니라

[배경 설명]

제사에 임하는 자세를 교훈한 것이다. 祭(제)는 祖上에게 제사지내는 것, 祭神(제신)은 祖上 이외의 신에게 제사지내는 것이다. 如(여)는 듯이 하다, 與(여)는 참여하다를 뜻한다.

조상은 효성(孝誠)으로 제사하고, 조상 이외의 神은 공경(恭敬)으로 제사한다. 자신이 직접 제사에 참여하지 못하고 다른 사람이 대신하면 조상이 있는 듯이 정성을 다할 수 있도록 해야 하는 것이다. 제사에 정성이 있으면 신이 있고, 정성이 없으면 신이 없는 것이다. 따라서 제사는 효도와 공경의 연장인 것이다.

[단문 설명]

▶ **祭如在** 제여재 (조상에게) 제사지낼 때는 마치 (조상께서) 계신 듯이 (효성스럽게) 하며. 祭: 제

사. 如: 듯이 하다, 같이 하다. 在: 있다.

▸ **祭神 如神在** 제신 여신재 신령을 제사지낼 때는 마치 신령이 계신 듯이 (공경하게) 한다. 神: 조
상 이외의 신.

▸ **不與祭** 불여제 제사에 (직접) 참여하지 않으면. 與: 참여하다.

▸ **如不祭** 여불찰 제사를 지내지 않은 것과 같다. 如: 같다.

13. 하늘에 죄를 지으면 빌 곳이 없느니라.

[해석 본문]

왕손가가 물었다. "안방신에게 아첨하기 보다는 차라리 부엌신에게 아첨하는 편이 낫다는 것
은 무엇을 말한 것입니까? 공자께서 말씀하셨다. "그렇지 않다. 죄를 하늘에 지으면 빌 곳이 없
느니라."

왕 손 가 문 왈 여 기 미 어 오 영 미 어 조 하 위 야 자 왈 불 연
王孫賈 問曰 與其媚於奧론 **寧媚於竈**하니 **何謂也**리오? **子曰 不然**하다
획 죄 어 천 무 소 도 야
獲罪於天이면 **無所禱也**니라

[배경 설명]

허수아비 군주에게 충성하지 않고 권력이 있는 실권자에게 아부하는 것을 경고한 것이다. 與
其 ~寧(여기~영)은 ~하느니 차라리 ~하는 편이 낫다, 媚(미)는 아첨하다, 奧(오)는 안방신, 竈
(조)는 부엌신, 獲(획)은 죄를 짓다, 禱(도)는 빌다를 뜻한다.

王孫賈(왕손가)는 위(衛) 영공(靈公) 때 권력을 가진 대부이다. 안방신은 비록 존귀하나 실속
은 없는 허수아비이나 부엌신은 비록 천하나 권력이 있는 실권자이다.

공자가 벼슬할 뜻이 있어 위나라에 가서 영공을 만났다. 실권자이던 왕손가가 속담을 들어
자기에게 잘 보이는 것이 어떠냐고 물었다. 왕손가는 위나라의 군주를 섬기는 것보다 권력이
있는 자신을 섬기는 것이 어떤지를 속담을 인용하여 공자의 뜻을 물은 것이다. 공자는 군주를
하늘에 비유함으로써 왕손가의 제안을 거절한 것이다.

안방신은 위나라 영공이나 부엌신은 실권자인 왕손가를 비유한 것이다. 그러나 안방신과 부엌신은 비교할 수가 없다. 이치를 거스르면 하늘에 죄를 짓게 되니 부엌신에게 아첨하고 빌어도 죄를 면할 수 없다. 따라서 천명을 거스르고 군주에게 충성하는 것이 아니라 실권자에게 아부하는 것을 경고한 것이다.

[단문 설명]

▶ 與其媚於奧 寧媚於竈 여기미어오 영미어조 안방신에게 아첨하느니 차라리 부엌신에게 아첨하는 편이 낫다. 與其 ~寧: ~하느니 차라리 ~하는 편이 낫다. 媚: 아첨하다. 奧: 아랫목, 안방신, 위나라 영공. 竈: 부뚜막, 실권자가 있는 곳, 부엌신, 王孫賈.

▶ 獲罪於天 획죄어천 죄를 하늘에 지으면. 獲: 죄를 짓다, 잘못하다.

▶ 無所禱也 무소도야 빌 곳이 없느니라. 所: 장소. 禱: 빌다.

14. 주나라는 하나라와 은나라를 본받아 빛나고 찬란하도다!

[해석 본문]

공자께서 말씀하셨다. "주나라의 (문물 제도가) 두 왕조(하나라와 은나라)를 본받아 빛나고 찬란하도다! 그 문물과 제도가! 나는 주나라를 따르리라."

자 왈 주 감 어 이 대   욱 욱 호 문 재   오 종 주
子曰 周監於二代하니 郁郁乎! 文哉라! 吾從周하니라

[배경 설명]

예(禮)는 주(周)나라가 성대하게 완비되어 있어 공자가 주나라의 문물 제도를 찬미한 것이다. 監(감)은 본받다, 於(어)는 을, 를, 文(문)은 문물 제도, 郁(욱)은 빛나고 찬란하다를 뜻한다.

三代는 夏殷周(하은주)이고, 이중 二代는 夏나라와 殷나라이다. 周나라는 二代의 禮를 살펴 가감한 것이다. 주나라는 은나라였으나 무왕이 은나라의 주왕을 치고 세운 왕조이다. 三代의 禮가 주나라에 이르러서 성대하니, 공자는 그 문물을 찬미한 것이다. 따라서 공자는 주나라의 문물이 하나라와 은나라의 문물을 바탕으로 성대하고 찬란했다고 찬미한 것이다.

[단문 설명]

▶ 周監於二代 주감어이대 주나라의 (문물 제도가) 두 왕조(하나라와 은나라)를 본받아. 監: 본받다, 於: 목적격 전치사, 을, 를. 二代: 夏와 殷의 두 왕조.

▶ 郁郁乎! 文哉! 욱욱호! 문재! 찬란하도다! 그 문물과 제도가! 郁郁: 빛나고 찬란하다. 乎, 哉: 감탄 종결사.

▶ 吾從周 오종주 나는 주나라를 따르겠다.

15. 태묘에 들어오면 일일이 묻는구나?

[해석 본문]

공자께서 태묘에 들어가시면 일일이 물으셨다. 어떤 사람이 말하였다. "누가 추읍 사람의 아들(공자)이 예를 안다고 하였느냐? 태묘에 들어오면 일일이 묻는구나?" 공자께서 이 소문을 들으시고 말씀하셨다. "이것이 예이다."

> 자 입 태 묘　　　매 사 문　　　혹 왈　숙 위 추 인 지 자　　　지 례 호　　　입 태 묘
> 子入大廟하시면 每事問하시다 或曰 孰謂鄹人之子이 知禮乎오? 入大廟하시면
> 매 사 문　　　자 문 지　　　왈　시 례 야
> 每事問이리오? 子聞之하시고 曰 是禮也니라

[배경 설명]

예란 공경과 근엄이라는 교훈이다. 大廟(태묘)는 노(魯)나라 시조인 주공(周公)의 사당, 每事(매사)는 일일이, 或(혹)은 어떤 사람, 孰(숙)은 누가를 뜻한다.

鄹人之子(추인지자)는 추읍 사람의 아들로 공자이다. 鄹(추)는 노나라의 읍 이름이고, 공자의 아버지 숙량흘(叔梁紇)은 읍의 大夫(대부)였다. 공자는 어려서부터 예를 잘 안다고 알려져 있어 어떤 사람이 이를 비웃은 것이다. 어른을 공경하고 자신의 행동을 근엄하게 하는 것이 바로 예이다. 是禮也(시례야)는 예법을 몰라서 묻는 것이 아니라 일일이 물어서 행동을 삼가고 어른을 공경하는 것이다. 따라서 예란 어른을 공경하고 행동을 삼가는 것이다.

[단문 설명]

▶ 大廟 태묘 노나라의 시조인 주공의 사당.

▶ 每事問 매사문 일일이 물으셨다. 每事: 일일이.

▶ 或曰 혹왈 어떤 사람이 말하기를. 或: 부정칭대명사.

▶ 孰謂鄹人之子 知禮乎? 숙위추인지자 지례호? 누가 추읍 사람의 아들이 예를 안다고 하였느냐?
   孰: 누가. 謂: 말하다. 鄹: 노나라의 읍 이름. 鄹人之子: 추읍 사람의 아들, 공자.

▶ 是禮也 시례야 이것이 예이다. 是: 入大廟每事問. 也: 서술종결사.

16. 사람의 힘이 같지 않기 때문이다.

[해석 본문]

공자께서 말씀하셨다. "활을 쏠 때 (화살)이 과녁을 (뚫는 것을) 주로 하지 않는 것은 사람의
힘이 같지 않기 때문이다. (이것이 바로) 예전의 (활쏘기) 도였다."

자 왈　사 부 주 피　　위 력 부 동 과　　고 지 도 야
子曰 射不主皮는 爲力不同科하니 古之道也니라

[배경 설명]

군주가 백성들에게 부역을 시킬 때 사람의 능력이 다르기 때문에 백성들에게 동일하게 부과
하지 않는다는 교훈이다. 射(사)는 활을 쏘다, 主(주)는 주로 하다, 皮(피)는 과녁, 爲(위)는 때문
에, 科(과)는 등급을 뜻한다.

皮(피)는 활쏘기 과녁인데 바탕은 베로 만들고, 과녁의 중앙은 가죽으로 만든다. 제후는 곰,
무사는 사슴, 선비는 개가죽을 과녁으로 사용했다. 활쏘기는 선비가 익혀야 할 덕목인 육예(六
藝)의 하나이다. 이는 정신을 집중시켜 과녁에 명중시키는 것을 목표로 한다.

활쏘기는 덕행으로 여겨 과녁에 적중시키는 것만을 주장하였지 가죽을 뚫는 것을 주장하지
않았다. 이는 사람의 힘이 동등하지 않기 때문이다. 공자께서는 육체적인 힘이 아니라 정신적
인 능력을 중요시한 것이다. 옛날 주나라가 융성하여 예(禮)가 제대로 시행될 때에는 武王(무
왕)이 은나라를 이기고 가죽을 뚫는 활쏘기를 종식하였으나 주나라가 쇠퇴하여 예가 폐지되는

바람에 다시 가죽을 뚫는 것을 숭상하여 이를 공자가 한탄한 것이다. 따라서 백성들에게 동일하게 부역을 시키지 않아야 한다는 교훈이다.

[단문 설명]

▶ 射不主皮 사부주피 활을 쏠 때 (화살이 과녁을 뚫는 것을) 주로 하지 않는 것은. 射: 활을 쏘다. 主: 주로 하다. 皮: 과녁의 중앙에 붙여놓은 가죽, 과녁.

▶ 爲力不同科 위력부동과 힘이 같지 않기 때문이다. 爲: 때문에. 同: 같다. 科: 등급.

▶ 古之道也 고지도야 (이것이 바로) 예전의 (활쏘기) 도였다.

17. 너는 그 양을 아끼느냐? 나는 그 예를 아끼노라.

[해석 본문]

자공이 초하루를 알리는 의식에 쓸 희생양을 없애려고 하니, 공자께서 말씀하셨다. "사야, 너는 그 양을 아끼느냐? 나는 그 예(禮)를 아끼노라."

자공 욕거곡삭지 희양 자왈 사야 이애기양 아애기례
子貢이 欲去告朔之 餼羊하니 子曰 賜也아 爾愛其羊리오? 我愛其禮하노라

[배경 설명]

초하루 의식에 사용하는 희양(餼羊)은 낭비하는 것이므로 아깝다는 자공의 생각에 공자는 예를 아낀다고 교훈하신 것이다. 告朔(곡삭)은 초하루를 알리는 의식, 餼羊(희양)은 희생으로 쓰는 양, 愛(애)는 아끼다를 뜻한다.

告朔(곡삭)의 예(禮)는 천자가 매년 12월에 다음 해의 달력을 제후들에게 나누어주면 제후들은 이것을 받아 사당에 보관하였다가 정월 초하루 날에 한 마리의 餼羊(희양)을 바쳐서 제사를 지냈다. 노나라는 문공(文公) 때 초하루를 알리는 의식을 폐지했으나 양을 바치는 일은 계속했다. 초하루를 알리는 의식을 거행하고 제물로 양을 바치고 이를 손님에게 접대한다. 그런데 그날은 손님이 없으므로 희양은 낭비하는 것이므로 자공은 아깝다고 생각했다. 따라서 공자는 餼羊(희양)이 아니라 禮의 보존을 아꼈다.

[단문 설명]

▸ 欲去 告朔之餼羊 욕거 곡삭지희양 초하루를 알리는 의식에 쓸 희생양을 없애려고 하니. 告朔: 초하루를 알리는 의식. 餼羊: 희생으로 쓰는 양.

▸ 爾愛其羊? 이애기양? 네가 그 양을 아끼노라? 爾: 너. 愛: 아끼다. 其: 告朔.

 18. 예를 다하는 것을 사람들이 아첨한다고 여기는구나.

[해석 본문]

공자께서 말씀하셨다. "임금을 섬기는 데 예를 다하는 것을 사람들이 아첨한다고 여기는 구나."

자 왈 사 군 진 례 인 이 위 첨 야
子曰 事君盡禮를 人以爲諂也니라

[배경 설명]

당시 노나라는 권력자들이 군주를 업신여겨서 예를 갖추지 않았고, 나라에 도가 없었다. 事(사)는 섬기다, 盡(진)은 다하다, 諂 (첨)은 아첨하다, 以爲(이위)는 ~라고 여기다를 뜻한다.

임금을 섬길 때 예를 다하는 것을 사람들이 아첨한다고 말하였으나 공자는 예를 다하여 임금을 섬기는 것을 당연한 도리라고 생각한 것이다. 따라서 신하가 임금을 섬기는 것을 아첨한다고 하나 공자는 임금에게 무례한 것을 개탄한 것이다.

[단문 설명]

▸ 事君盡禮 사군진례 임금을 섬기는 데 예를 다하는 것을. 事: 섬기다. 君: 임금. 盡: 다하다.

▸ 人以爲諂 인이위첨 사람들이 아첨한다고 여기는구나. 以爲: ~라고 여기다.

19. 임금은 예로써 신하를 부리고, 신하는 충으로써 임금을 섬긴다.

[해석 본문]

정공이 물었다. "임금이 신하를 부리고, 신하가 임금을 섬기는 일은 어떻게 해야 합니까?" 공자께서 대답하셨다. "임금이 예로써 신하를 부리고, 신하는 충으로써 임금을 섬겨야 합니다."

> 정공문 군사신 신사군 여지하 공자대왈 군사신이례
> **定公問 君使臣**하며 **臣事君**은 **如之何**리오? **孔子對曰 君使臣以禮**하고
> 군사군이충
> **臣事君以忠**이니라

[배경 설명]

공자는 남을 다스리는 자가 솔선수범할 것과 각 지위에 맞게 역할을 다하라고 훈계하였다. 使(사)는 부리다, 事(사)는 섬기다, 如(여)는 같다, 何(하)는 어떻게를 뜻한다.

定公(정공)은 노나라의 임금으로 양공의 아들이며 소공의 아우로서 소공의 뒤를 이어 군주가 되었다. 정공의 시대에는 신하들이 무례하니 정공이 이를 걱정하여 공자에게 물은 것이다.

임금이 신하를 부리는 일과 신하가 임금을 섬기는 일은 모두 당연한 도리로 각자 스스로 자신의 역할을 다하는 것이다. 임금은 신하가 충성하지 않을 것을 걱정하지 말고, 자신의 예가 지극하지 못함을 걱정해야 할 것이다. 반면에 신하는 임금이 예가 없음을 걱정하지 말고, 자신의 충성이 부족함을 걱정해야 한다. 따라서 군주는 신하를 예로써 다스리고, 신하는 군주를 충으로써 섬길 것을 훈계하신 것이다.

[단문 설명]

▶ **君使臣** 군사신 임금은 신하를 부리고. 使: 부리다.
▶ **臣事君** 신사군 신하가 임금을 섬기는 일은. 事: 섬기다.
▶ **如之何?** 여지하? 그것을 어떻게 해야 합니까? 之: 君使臣과 臣事君. 如: 같다. 何: 어떻게.
▶ **君使臣以禮** 군사신이례 임금이 예로써 신하를 부리고.
▶ **臣事君以忠** 신사군이충 신하는 충으로써 임금을 섬겨야 합니다.

즐거워하되 정도에 지나치지 않고, 슬프되 마음을 상하지 않는다.

[해석 본문]

공자께서 말씀하셨다. "시경의 관저편은 즐겁지만 음란하지 않고, 슬프지만 (마음을) 상하게 하지 않느니라."

자 왈 관 저　　　낙 이 불 음　　　애 이 불 상
子曰 關雎는 樂而不淫하고 哀而不傷이니라

[배경 설명]

공자께서 시경을 인용하여 지나친 것을 경계하시면서 감정을 적절하게 표현한 관저 시를 찬미하셨다. 淫(음)은 음란하다, 哀(애)는 슬프다. 傷(상)은 상하다를 뜻한다.

關雎(관저)는 「詩經(시경)」 주남(周南)의 첫 번째 시이다. 淫(음)은 즐거움이 지나쳐서 바름을 잃는 것이며, 傷(상)은 슬픔이 지나쳐서 和를 해치는 것이다. 관저의 시에 의하면 구하여 얻지 못하면 몸을 뒤척거리는 근심이 있고, 구하여 얻으면 즐거움이 마땅하다. 근심이 깊으나 조화를 해치지 않고, 즐거움이 성대하나 그 바름을 잃지 않는 것이다. 따라서 공자께서 즐거움과 슬픔은 지나치지 않고 근심하지 않게 절제하여야 한다고 경계하신 것이다.

[단문 설명]

▶ 關雎 관저　시경(詩經)·주남(周南)의 첫 번째 시.
▶ 樂而不淫 낙이불음　즐겁지만 음란하지 않고. 淫: 음란하다.
▶ 哀而不傷 애이불상　슬프지만 (마음을) 상하게 하지 않느니라. 哀: 슬프다. 傷: 상하다.

 완성된 일이라 말하지 않고, 이미 과거인지라 탓하지 않는다.

[해석 본문]

애공이 재아에게 사단에 (심는 나무에) 대하여 묻자, 재아가 대답하였다. "하나라왕은 소나무를 심었고, 은나라 사람은 잣나무를 심었고, 주나라 사람은 밤나무를 심었으니, (밤나무를 심은 것은) 백성으로 하여금 두렵게 하려는 것입니다." 공자께서 이를 들으시고 말씀하셨다. "완성된 일이라 말하지 않겠고, 끝난 일이라 간하지 않겠고, 이미 지나간 일인지라 탓하지 않는다."

哀公 問社於宰我하자 宰我 對曰 夏后氏는 以松이오 殷人은 以栢이오 周人은
以栗이니 曰 使民戰栗니이다 子聞之하고 曰 成事라 不說하고 遂事라 不諫하고
旣往不咎로다

[배경 설명]

공자께서는 이미 다 지나간 일은 허물을 들춰내지 말라고 훈계한 것이다. 以(이)는 쓰다, 松(송)은 소나무, 栢(백)은 잣나무, 栗(율)은 밤나무, 戰栗(전률)은 두려워 떨다, 成事(성사)는 완성된 일, 遂事(수사)는 끝난 일, 旣往(기왕)은 이미 지나간 일, 咎(구)는 탓하다를 뜻한다.

哀公(애공)은 노나라의 임금이고, 夏后(하후)는 하나라 왕이다. 宰我(재아)는 언어에 재능이 많은 공자의 제자이다. 宗廟(종묘)는 조상신을 모시는 사당, 社(사)는 토지신을 모시는 사당, 稷(직)은 곡식신을 모시는 사당이다. 壇(단)은 제단이다.

哀公(애공)은 토지신의 신주에 대해 물어본 것이다. 社(사)는 특정한 나무를 신주(神主: 죽은 사람 위를 베푸는 나무 패)로 하는 토지신이다. 社(사)의 마당에서 죄인을 처형했다고 한다. 주나라에서 밤나무로 사(社)를 만든 것은 백성을 전율케 함이니, 밤나무 사당에서 연유한 것이다.

나라를 세우면 祠堂(사당)을 세우고 地神에게 제사를 지냈는데 이때 높게 단을 쌓고 神主(신주)의 상징으로 나무를 토질에 맞게 심었다. 옛날에는 각 토질에 적당한 나무를 심고, 그 사단에 이름을 붙였을 뿐 나무에서 뜻을 취한 것은 아니었다. 재아는 이러한 사실을 알지 못한 것이다. 그래서 공자께서는 애공의 질문에 대한 재아의 답변을 못마땅하게 여기시고, 완성된 일이라 말하지 않겠고, 끝난 일이라 간하지 않겠고, 이미 지나간 일인지라 탓하지 아니하셨다. 따라서 공자께서 앞으로는 재아에게 실언을 하지 말도록 평하여 일러주셨다.

[단문 설명]

▶ 問社於宰我 문사어재아 제아에게 사단에 (심는 나무에) 대하여 묻자. 社壇: 地神을 모시는 제단. 於: 전치사, 에게.

▶ 夏后氏以松 하후씨이송 하나라왕은 소나무를 심었고. 夏后氏: 하나라왕. 以: 쓰다, 사용하다.

▶ 殷人以柏 은인이백 은나라 사람은 잣나무를 심고. 柏: 잣나무. 松:소나무.

▶ 周人以栗 주인이률 주나라 사람은 밤나무를 심다. 栗: 밤나무, 떨다.

▶ 曰使民戰栗 왈사민전률 백성으로 하여금 전율케 하려는 것이다. 曰(왈): ~이다. 使: 사동사, 하게 하다. 戰栗: 두려워 떨다.

▶ 成事不說 성사불설 완성된 일이라 말하지 않겠고. 成事: 완성된 일.

▶ 遂事不諫 수사불간 끝난 일이라 간하지 않겠고. 遂事: 끝난 일.

▶ 既往不咎 기왕불구 이미 지나간 일인지라 탓하지 않는다. 既往: 이미 지나간 일. 咎: 탓하다.

 22. 관중은 기량이 작음을 깨닫지 못한다.

[해석 본문]

　공자께서 말씀하셨다. "관중의 그릇은 작구나." 어떤 사람이 말하였다. "관중이 검소합니까?" 공자께서 말씀하셨다. "관씨는 삼귀를 두었고, (관원들에게는) 관사를 겸직시키지 않았으니 어찌 검소하다고 하겠느냐?"

　　　자 왈 관 중 지 기 소 재　　혹 왈 관 중 검 호　　왈 관 씨 유 삼 귀　　관 사 불 섭
　　子曰 管仲之器小哉라! 或曰 管仲儉乎리오? 曰 管氏 有三歸하며 官事不攝하니
　언 득 검
　焉得儉하리오?

　그가 다시 물었다. "검소하지 않았다면 관중은 예를 압니까?" 이에 공자께서 말씀하셨다. "한 나라의 임금이 나무로 문을 가릴 수 있는데 관씨 또한 나무로 문을 가렸고, 한 나라의 임금이 두 나라의 임금의 우의를 위해 반점을 둘 수 있는데 관씨가 또한 반점을 두었으니 관씨가 예를 안다면 누구인들 예를 알지 못하겠는가?

　　　연 즉 관 중 지 례 호　　왈 방 군 수 색 문　　관 씨 역 수 색 문　　방 군
　　然則 管仲知禮乎리오? 曰 邦君 樹塞門인데 管氏 亦樹塞門하고 邦君이
　위 량 군 지 호　　유 반 점　　관 씨 역 유 반 점　　관 씨 이 지 례　　숙 부 지 례
　爲兩君之好에 有反坫인데 管氏 亦有反坫하니 管氏而知禮면 孰不知禮리오?

[배경 설명]

관중에 대한 인물평으로 관중의 공적을 높이 평가했지만 그의 기량은 작다고 여겼다. 器(기)는 그릇, 기량, 儉(검)은 검소하다, 官(관)은 관원, 攝(섭)은 겸하다, 焉(언)은 어찌, 得(득)은 할 수 있다, 然則(연즉)은 그렇다면, 邦君(방군)은 한 나라의 임금, 樹(수)는 나무를 심다, 塞(색)은 가리다, 塞門(색문)은 가림벽, 反坫(반점)은 술잔을 올려놓는 자리를 뜻한다.

관중(管仲)은 제나라 대부(大夫)로 성은 관(管), 이름은 이오(夷吾)이고, 그는 친구 포숙아(鮑叔牙)의 권유로 환공을 도와 제후 중에 패자가 되게 하였다.

器(기)는 기량이나 도량으로 그릇이 작다는 것은 도를 알지 못하여 기량이 작아 군주를 왕도에 이르게 하지 못했다는 것이다. 삼귀(三歸)는 부인을 셋 두다는 뜻이나 여기서는 집을 세 군데 두다를 말한다. 섭(攝)은 겸하다는 뜻이니, 경대부의 가신은 모든 관원을 다 갖출 수 없어 한 사람이 항상 몇 가지 일을 겸직하는데도 관중은 겸직을 시키지 않았다.

병풍을 문에 설치하여 안과 밖을 가린다. 반점(反坫)은 술잔을 올려놓는 자리이다. 주인은 동점(東坫)에, 객은 서점(西坫)에 잔을 놓는다. 나라의 임금이어야 병풍으로 문을 가릴 수 있고, 두 임금이 우호로 만날 때에 술잔을 되돌려 놓는 자리를 둘 수 있다.

관중도 병풍으로 문을 가렸고 술잔을 되돌려 놓은 자리를 두었다. 혹자는 관중이 검소하지 않은 것이 예를 아는 것인가 하고 의심한 것이다. 병풍, 반점은 모두 제후의 예인데 관중이 분수에 지나쳤으니, 예를 알지 못한 것이다. 관중은 기량이 작음을 깨닫지 못한 것이다. 따라서 공자께서는 관중이 기량이 작고, 분수에 지나치고, 예를 알지 못한다고 비평하신 것이다.

[단문 설명]

▶ 管仲之器 小哉! 관중지기 소재! 관중의 그릇은 작구나! 器: 그릇, 기량. 哉: 감탄종결사.

▶ 管仲儉乎? 관중검호? 관중이 검소합니까? 儉: 검소하다. 乎: 의문종결사.

▶ 管氏有三歸 관씨유삼귀 관씨가 삼귀를 두었고. 三歸: 세 군데의 집을 소유하다. 또는 세 여자를 아내로 맞다.

▶ 官事不攝 관사불섭 (관원들에게는) 관사를 겸직시키지 않았으니. 官事: 관청의 일. 攝: 겸하다.

▶ 焉得儉? 언득검? 어찌 검소할 수 있는가? 焉: 어찌. 得: ~할 수 있다.

▶ 然則 管仲知禮乎? 연즉 관중지례호? 그렇다면(검소하지 않다면) 관중은 예를 압니까? 然則: 그런즉, 그렇다면. 乎: 의문종결사.

▶ 邦君樹塞門 방군수색문 한 나라의 임금이라야 나무로 문을 가릴 수 있는데. 邦君: 한 나라의 임

금. 樹: 나무를 심다. 塞: 가리다.

▶ 爲兩君之好 위양군지호 두 나라의 임금의 우의를 위해. 爲: 위하여.

▶ 有反坫 유반점 반점을 둘 수 있는데. 有: 주어 앞에 오는 동사, 있다. 反坫: 술잔을 올려놓는 자리.

▶ 管氏而知禮 관씨이지례 관씨가 예를 알았다면, 而: 가정접속사.

▶ 孰不知禮? 숙부지례? 누구인들 예를 알지 못하겠는가? 孰: 의문대명사.

 23. 조화를 이룬 듯하고 명료한 듯하여 한 악장이 완성된다.

[해석 본문]

공자께서 노나라 태사에게 음악에 대해 말씀하셨다. "음악은 알 수 있는 것이니, 처음에 연주할 때 (오음을) 합한 듯하며, (오음을) 풀어놓을 때 조화를 이루는 듯하고 명료한 듯하고, 이어진 듯하여 (한 악장이) 완성되는 것이니라."

子 語魯大師樂曰 樂은 其可知也니 始作에 翕如也하며 從之에 純如也하고
敫如也하고 繹如也하여 以成이니라

[배경 설명]

공자께서 노나라 태사에게 음악에 관하여 가르쳐 주셨는데, 음악은 조화를 이룬 듯하고, 명료한 듯하여 한 악장이 완성되는 것이다. 大師(태사)는 악관의 장, 作(작)은 연주하다, 翕(흡)은 합하다, 純(순)은 조화하다, 敫(교)는 명료하다, 繹(역)은 잇달다를 뜻한다.

오음(五音)과 육률(六律)이 갖추어지지 않으면 음악이라 말할 수 없다. 오음(五音)이 합하면 청탁(淸濁), 고음과 저음은 마치 오미(五味)가 서로 조화되는 것과 같다. 翕如(흡여)는 여러 악기의 소리가 일제히 합하여 울려 퍼지는 것이다. 從(종)은 악기의 소리가 자유롭게 퍼져 나오는 것이다. 純如(순여)는 소리가 서로 조화하는 것, 敫如(교여)는 소리가 분명한 것, 繹如(역여)는 소리가 끊기지 않고 계속되는 것이다. 成(성)은 음악이 한 번 완성되는 것이다. 따라서 음악은 악기의 소리가 서로 반대되지 않고 서로 연결되어 마치 구슬을 꿴 것과 같이 연속하여 음악을 완성한다고 말씀한 것이다.

[단문 설명]

▶ 語魯大師樂 어로태사악 노나라 태사에게 음악에 대해 말씀하셨다. 語: ~에게 ~을 말하다. 大師 (태사): 樂官의 長.

▶ 樂其可知也 악기가지야 음악은 알 수 있을 것이니. 其: 음절 조절 허사. 也: 서술종결사.

▶ 始作 시작 처음에 연주할 때. 始: 처음에. 作: 일어나다, 연주하다.

▶ 翕如也 흡여야 (오음을) 합한 듯하며. 翕: 합하다. 如: 듯하다.

▶ 從之 종지 (오음을) 풀어놓을 때. 從: 따르다, 풀어놓다(縱). 之: 오음.

▶ 純如也 순여야 조화를 이루는 듯하고. 純: 조화.

▶ 皦如也 교여야 명료한 듯하고. 皦(교): 명료하다, 분명하다.

▶ 繹如也 以成 역여야 이성 이어진 듯하여 (한 악장이) 완성되는 것이다. 繹: 잇달다. 以: 순접접 속사, ~하여. 成: 완성되다.

☞ 허사(虛辭)

허사는 말에서 느껴지는 기운으로 실질적인 뜻은 없으나 단어, 어구나 문장의 처음, 중간, 혹은 끝에 들어가면서 문장의 어감, 음절, 강세, 추측 등 어기를 조절하는 단어이다.

---

 24. 어찌 관직을 잃었다고 근심합니까?

[해석 본문]

의(儀) 고을의 국경 관원이 (공자를) 뵙기를 청하여 말하였다. "군자가 이곳에 오면 나는 일찍이 만나지 못한 적이 없었소." 종자가 그를 (공자에게) 알현시켜주었다. (관원이) (공자를 만나고) 나와서 말하였다. "여러분은 어찌 (관직을) 잃었다고 근심합니까? 천하에 도가 없어진 지 오래 되었오. 하늘이 장차 선생님을 목탁으로 삼으실 것이오."

儀封人이 請見曰 君子之至於斯也면 吾未嘗不得見也로다 從者 見之하다 出曰
二三子는 何患於喪乎리오? 天下之無道也 久矣라 天將以夫子로 爲木鐸이니라

[배경 설명]

위나라 국경을 지키는 관리가 공자의 제자들을 위로하는 말이다. 儀(의)는 위(衛)나라 읍 이름, 封人(봉인)은 국경을 관리하는 관원, 請(청)은 청하다, 見(현)은 뵙다, 未嘗(미상)은 일찍이 ~한 적이 없다, 從者(종자)는 공자 수행 제자, 患(환)은 근심하다, 將(장)은 장차 ~하려고 하다, 以A 爲B는 A를 B로 삼다, 木鐸(목탁)은 세상을 바로 이끌 만한 사람을 뜻한다.

封人(봉인)은 국경을 관리하는 관원으로 낮은 벼슬자리이다. 군자는 당시의 현자(賢者)를 말한다. 從者(종자)와 二三子(이삼자)는 공자를 수행하는 제자이다. 見(현)은 사자(使者)를 통해 뵙는 것이요, 喪(상)은 벼슬을 잃고 나라를 떠나는 것이다. 木鐸(목탁)은 정교(政敎)를 베풀 때에 흔들어 여러 사람을 경계시키는 것이다.

봉인(封人)은 한 번 공자를 뵙고서 얻은 것이 깊었다. 봉인은 아마 현자이지만 낮은 지위에 몸을 숨긴 자인 듯하다. 어떤 사람이 "공자가 벼슬을 잃고 사방을 널리 돌아다니면서 가르침을 행하여, 마치 목탁이 길에 순행하는 것과 같다."라고 하였다. 도는 공자가 펼치고자 하는 정치적 이상이다. 따라서 의(儀) 고을 관원이 세상에 도가 없어진 지 오래되어 장차 공자를 목탁으로 삼을 것이니 공자의 제자들에게 걱정하지 말라고 위로한다.

[단문 설명]

▶ **儀封人 請見** 의봉인 청현 의(儀) 고을의 국경 관원이 (공자를) 뵙기를 청하여. 儀: 위나라 읍. 封人: 국경을 관리하는 관원. 請: 청하다. 見(현): 뵙다.

▶ **君子之 至於斯也** 군자지 지어사야 군자가 이곳에 오면. 君子: 영향력이 있는 사람. 之: 주격후치사, 가. 斯: 지시대명사, 여기, 이곳. 也: 서술종결사.

▶ **未嘗不得見也** 미상부득견야 일찍이 만나지 못한 적이 없었다. 未嘗: 일찍이 ~한 적이 없다. 得: 가능조동사. 也: 서술종결사.

▶ **從者見之** 종자현지 종자가 그를 (공자에게) 알현시켜주었다. 於孔子가 생략된 형태이다. 從者: 공자 수행 제자. 見(보일 현): 뵙게하다, 알현시키다. 之: 儀封人.

▶ **天下之無道也 久矣** 천하지무도야 구의 천하에 도가 없어진 지 오래되었다. 道: 공자가 펼치고자 하는 정치적 이상. 之: 주격후치사. 也: 서술종결사.

▶ **二三子 何患於喪乎?** 이삼자 하환어상호? 여러분은 어찌 (관직을) 잃었다고 근심합니까? 二三子: 여러분. 何: 어찌. 患: 근심하다. 喪: 잃음.

▶ **天將 以夫子爲木鐸** 천장 이부자위목탁 하늘이 장차 선생님을 목탁으로 삼으실 것이다. 將: 장

차. *以A爲B*: A를 B로 삼다(여기다). 夫子: 선생님, 공자. 木鐸: 세상을 바로 이끌 만한 사람.

 25. 지극히 아름답고 지극히 좋도다.

[해석 본문]

공자께서 (순임금의) 소악을 평하셨다. "지극히 아름답고 지극히 좋다." (무왕의) 무악에 대해서도 평하셨다. "지극히 아름답지만 지극히 좋지는 못하다."

子 謂韶하시니 盡美矣오 又盡善也니라 謂武하시니 盡美矣오 未盡善也니라

[배경 설명]

공자가 소악(韶樂)과 무악(武樂)에 대하여 평한 것이다. 소(韶)는 순임금의 음악이고, 무(武)는 무왕의 음악이다. 美(미)는 소리와 모양이 성대하다, 선(善)은 실제로 아름답다를 뜻한다.

순임금은 전설 상의 성왕(聖王)으로 요임금으로부터 선양받아 우임금에게 선양하였다. 무왕은 은나라를 멸하고 주나라를 만든 임금이다. 순임금은 요임금을 이어 훌륭한 정치를 하였고, 무왕은 주왕을 정벌하여 백성을 구제하였으니, 이들의 공은 모두 위대하다.

순임금은 덕이 성대하고 읍(揖)하고 사양함으로써 천하를 얻었으나 무왕은 정벌하고 주살함으로써 천하를 얻었으니 이들의 덕은 실제로 같지 않다. 공자는 순임금이 덕에 의하여 요임금으로부터 왕위를 물려받은 것을 높이 평가했기 때문에 그의 음악도 극도로 찬양했다. 따라서 공자께서는 소악은 아름답고 좋으나 무악은 좋지 못하다고 평하셨다.

[단문 설명]

▶ 子謂韶 자위소 공자가 (순임금의) 소악을 평하다. 謂: 평하다. 韶: 순임금 때의 음악.

▶ 盡美矣 又盡善也 진미의 우진선야 지극히 아름답고 또 지극히 좋다. 矣, 也: 서술종결사.

▶ 謂武 위무 공자가 (무왕의) 무악을 평하다. 武: 주나라 무왕 때의 음악.

▶ 盡美矣 未盡善也 진미의 미진선야 지극히 아름답지만 지극히 좋지는 못하다.

26. 높은 자리에 있으면서 관대하지 않다.

[해석 본문]

공자께서 말씀하셨다. "높은 자리에 있으면서 관대하지 않고, 예를 행하되 공경스럽지 않고, (남의) 상례에 임하여 애통하지 아니하면 내가 그런 사람에게서 무엇을 보겠는가?"

자 왈 거 상 불 관　　위 례 불 경　　임 상 불 애　　오 하 이 관 지 재
子曰 居上不寬하며 爲禮不敬하며 臨喪不哀면 吾何以觀之哉리오?

[배경 설명]

공자께서 높은 자리에 있는 벼슬아치의 잘못에 대해 지적하신 것이다. 居上(거상)은 높은 자리에 있다, 寬(관)은 관대하다, 臨喪(임상)은 남의 상례에 임하다를 뜻한다.

높은 자리에 있으면 아랫사람을 사랑하고 관대한 것을 근본으로 여겨야 한다. 예(禮)를 행할 때에는 경(敬)을 근본으로 삼고, 초상에 임할 때에는 슬픔을 근본으로 삼으니, 근본이 없다면 무엇으로 잘못을 관찰하겠는가? 높은 자리에 있는 사람은 아랫사람에게 관대하고, 예를 행할 때는 공경스럽게 하고, 상례에 임하여서는 애통한 심정으로 조문하는 것이 예의 근본이다. 따라서 관대하지 않고, 공경하지 않고, 애통하지 않는 사람은 그의 인품을 관찰할 방법이 없다.

[단문 설명]

▶ 居上不寬 거상불관 높은 자리에 있으면서 관대하지 않다. 居上: 높은 자리에 있다. 不: 아니다, 아니하다, 못하다, 없다, 말라. 寬: 관대하다.

▶ 爲禮不敬 위례불경 예를 행하되 공경스럽지 않다. 爲: 행하다. 敬: 공경스럽다.

▶ 臨喪不哀 임상불애 (남의) 상례에 임하여 애통하지 아니하다. 臨喪: 남의 상례에 임하다.

▶ 何以觀之哉? 하이관지재? 내가 그런 사람에게서 무엇을 보겠는가? 何以: 以何의 도치. 之: 앞에서 말한 사람. 哉: 반어종결사.

☞ 조동사: 술어(동사와 형용사) 앞에 와서 술어의 의미를 보조해주는 품사

• 가능조동사: 할 수 있다(可・能・得・足・可以・足以・得以)

- 부정조동사: 않다, 하지 않다, 못하다, 아니다(不・弗・未・莫・非)
- 금지조동사: 하지 마라(毋・無・勿・莫・不)
- 사역조동사: 하여금 ~하게 하다(使・令・敎・俾)
- 피동조동사: 하게 되다, 당하다(被・見・爲・於・于・乎・所)
- 소망조동사: 하고자 하다(欲・願・請)
- 당위조동사: 당연하다, 마땅하다, 모름지기(當・宜・應・須・要)

第四篇

里仁(이인)

어진 풍속이 있는 마을에 사는 사람의 마음은 아름답다.

里仁篇(이인편)은 관계와 인덕(仁德)의 조화를 다룬다. 주요 내용으로는 공동체, 인간관계, 진실, 정의, 도덕, 과오, 학문, 내면, 다양성, 법도, 이기심, 준비, 효도, 언행과 절약이다. 부귀(富貴)는 사람들이 원하는 것이나 이익(利益)에 따라 행동하면 원망이 많으니, 정당한 방법으로 얻지 않으면 안 되며, 수고롭지만 원망하지 않아야 한다. 아침에 도를 들어 깨달으면 저녁에 죽어도 좋다. 도는 하나로 꿰뚫는 것이다(一以貫之).

1. 마을의 인심이 어질어야 사람의 마음도 아름답다.
2. 어질지 못한 자는 곤궁을 오랫동안 분별할 수 없다.
3. 오직 仁者만이 사람을 좋아할 수 있고 미워할 수 있다.
4. 진실로 인에 뜻을 둔다면 악함이 없다.
5. 부귀는 원하는 바이니 정당한 방법으로 얻는다.
6. 인을 좋아하는 사람은 더 이상 바랄 것이 없다.
7. 사람의 허물은 각각 그 유형이 있다.
8. 아침에 도를 들어 깨달으면 저녁에 죽어도 좋다.
9. 도에 뜻을 두면 천한 옷과 음식을 부끄러워하지 않는다.
10. 군자는 오직 한 가지만을 주장하지 않는다.
11. 군자는 법도를 생각하나 소인은 특혜를 생각한다.
12. 이익에 따라 행동하면 원망이 많다.
13. 예절과 겸양으로 나라를 다스리면 어려움이 없다.
14. 지위를 걱정하지 말고 지위에 설 방법을 걱정하라.
15. 나의 도는 하나로 꿰뚫는다.
16. 군자는 의에 밝고, 소인은 이에 밝다.
17. 현인을 보면 자신도 그와 같게 되기를 생각해야 한다.
18. 수고롭지만 원망하지 않아야 한다.
19. 멀리 나가면 반드시 가는 곳을 알려야 한다.
20. 아버지께서 하시던 방식을 바꾸지 말아야 효도이다.
21. 한편으로는 오래 사셔서 기쁘고 한편으로는 연로하셔서 두렵다.
22. 행동보다 말이 앞서는 것을 부끄러워한다.
23. 말을 절제하면 잃는 것이 적다.
24. 말은 신중하게 하되 행동은 민첩해야 한다.
25. 덕은 외롭지 않다.
26. 친구 간에 자주 충고하면 도리어 소원해진다.

1. 마을의 인심이 어질어야 사람의 마음도 아름답다.

[해석 본문]

공자께서 말씀하셨다. "마을의 (인심이) 어질어야 (사람의 마음도) 아름다운 것이니, (어진 마을을) 선택하더라도 어질게 살지 않는다면 어찌 (그것이) 지혜롭다 하겠는가?"

> 자 왈 이 인　위 미　　택 불 처 인　　언 득 지
> 子曰 里仁이 爲美하니 擇不處仁하면 焉得知리오?

[배경 설명]

공자의 문하를 어진 마을에 비유하여 인을 행하지 않는 제자들을 훈계하신 것이다. 里(이)는 마을, 爲(위)는 ~이다, 處(처)는 살다, 得(득)은 할 수 있다, 知(지)는 지혜롭다를 뜻한다.

里仁(이인)은 마을의 인심이 어질다는 뜻이다. 어진 풍속이 있는 마을에 사는 사람의 마음은 아름답다. 어진 마을에 살지 않는다면 지혜롭다 할 수 없다. 비록 어진 마을을 선택하더라도 어질게 살지 않는다면, 그것은 시비(是非)의 본심을 잃은 것이니 지혜로운 사람이 될 수 없다. 따라서 어진 마을에서 어질게 산다면 지혜로울 수 있는 것이다.

[단문 설명]

▶ 里仁爲美 이인위미 마을의 (인심이) 어질어야 (사람의 마음도) 아름다운 것이니. 里: 마을, 거주하다. 爲: ~이다, ~하다.

▶ 擇不處仁 택불처인 (어진 마을을) 선택하더라도 어질게 살지 않는다면. 擇: 선택하다. 處: 살다.

▶ 焉得知? 언득지? 어찌 (그것이) 지혜롭다 할 수 있겠는가? 得: 할 수 있다. 知: 지혜롭다(智).

 2. 어질지 못한 자는 곤궁을 오랫동안 분별할 수 없다.

[해석 본문]

공자께서 말씀하셨다. "어질지 못한 자는 곤궁을 오랫동안 분별할 수 없으며 즐거움을

항상 분별할 수 없으니, 어진 사람은 인을 편안하게 여기고 지혜로운 사람은 인을 이롭게
여긴다."

자왈　불인자　　불가이구처약　　　불가이장처락　　인자　안인　지자
子曰 不仁者는 不可以久處約이며 不可以長處樂이니 仁者는 安仁하고 知者는

이인
利仁이니라

[배경 설명]

　불인자(不仁者)와 인자(仁者)는 곤궁과 즐거움을 분별하고 견디는데 차이가 있다는 교훈이
다. 可以(가이)는 할 수 있다, 久(구)는 오랫동안, 約(약)은 곤궁하다, 長(장)은 항상, 安(안)은
편안하게 여기다, 處(처)는 분별하다, 利(이)는 이롭게 여기다는 뜻이다.

　어질지 못한 자는 곤궁을 오랫동안 견디지 못하고, 곤궁의 원인을 판단하지 못하며, 곤궁을
극복할 방법을 찾지 못한다. 또한 어질지 못한 자는 즐거움도 분별할 수가 없어 즐거움을 슬기
롭게 오랫동안 지속하지도 못한다. 그러나 어진 사람은 인을 편안히 여기고, 지혜로운 사람은
인을 이롭게 여긴다. 따라서 불인자(不仁者)는 그 본심을 잃어서 곤궁하면 반드시 더욱 곤궁이
빠지고, 오랫동안 즐거우면 반드시 방탕에 빠지나 어진 사람은 인을 분별할 수 있어 인을 오랫
동안 편안히 여기고 지자(知者)는 인을 더욱 이롭게 할 수 있다.

[단문 설명]

▶ **不仁者** 불인자 어질지 못한 자.
▶ **不可以 久處約** 불가이 구처약 곤궁을 오랫동안 분별할 수 없으며, 可以: 조동사, ~할 수 있다.
　久: 오랫동안. 處: 분별하다, 있다. 約: 곤궁, 검약.
▶ **不可以 長處樂** 불가이 장처락 즐거움을 항상 분별할 수 없으니. 長: 항상. 處: 분별하다.
▶ **仁者安仁** 인자안인 어진 사람은 인을 편안하게 여기고. 安: 편안하다.
▶ **知者利仁** 지자이인 지혜로운 사람은 인을 이롭게 여긴다. 知: 지혜(智). 利: 이롭게 여기다.

3. 오직 仁者만이 사람을 좋아할 수 있고 미워할 수 있다.

[해석 본문]

공자께서 말씀하셨다. "오직 인자만이 사람을 좋아할 수 있고 사람을 미워할 수 있다."

자 왈 유 인 자　　능 호 인　　　능 오 인
子曰 惟仁者는 能好人하며 能惡人이니라

[배경 설명]

어진 사람만이 사람을 올바르게 판단하니 좋아하고 미워할 수 있다는 교훈이다. 惟(유)는 오직, 好(호)는 좋아하다, 惡(오)는 남을 미워하는 것이다.

사심이 없으면 사람을 좋아하고 미워할 수 있고, 판단력이 이치에 맞을 수 있다. 사심이 없는 것은 공정함이다. 오직 仁者는 사심이 없으니, 좋아하고 미워할 수 있는 것이다. 따라서 어진 사람만이 사심이 없어 공정하고 선악을 판단할 수 있어 사람을 사랑하거나 미워할 줄 안다.

[단문 설명]

▶ 惟仁者 유인자 오직 仁者만이. 惟: 오직.
▶ 能好人 능호인 사람을 좋아할 수 있고. 好: 좋아하다.
▶ 能惡人 능오인 다른 사람을 미워할 수 있다. 惡: 미워하다, 증오하다.

 4. 진실로 인에 뜻을 둔다면 악함이 없다.

[해석 본문]

공자께서 말씀하셨다. "진실로 인에 뜻을 둔다면 악함이 없다."

자 왈 구 지 어 인 의　　무 악 야
子曰 苟志於仁矣면 無惡也니라

[배경 설명]

진실로 인에 뜻을 둔다면 악함이 없어 관대하고, 착하고, 현명하고, 덕스럽다는 교훈이다. 苟(구)란 진실로, 참으로, 志(지)는 뜻을 두다는 뜻이다.

인은 남을 사랑하고 어질게 행동하는 것으로 어진 사람은 관대하고, 착하고, 현명하고, 덕스럽다. 진실로 남을 사랑하고 어질게 행동하는 사람에게는 악한 마음이 없다. 마음이 진실로 인에 있으면 반드시 악을 행하는 일이 없을 것이나 인에 있지 않으면 악을 행할 것이다. 따라서 진실로 인에 뜻을 두었더라도 반드시 과오가 없는 것은 아니지만 악을 저지르지는 않는다.

[단문 설명]

▶ 苟志於仁矣 구지어인의 진실로 인에 뜻을 둔다면. 苟: 진실로, 참으로. 志: 뜻을 두다. 於: 동작 대상 전치사, ~에. 矣: 서술종결사.

▶ 無惡也 무악야 악함이 없다.

 5. 부귀는 원하는 바이니 정당한 방법으로 얻는다.

[해석 본문]

공자께서 말씀하셨다. "부와 귀는 사람들이 원하는 것이나 정당한 방법으로 이것을 얻지 않으면 누리지 말아야 하며, 빈과 천은 사람들이 싫어하는 것이나 부당한 방법으로 그렇게 되었어도 떠나지 말아야 한다. 군자가 인을 떠나면 어디에서 명예를 이룰 것인가? 군자는 식사를 마치는 (짧은) 시간이라도 인을 어기지 않으니, 황급한 때에도 반드시 인을 따르고, 위급한 때라도 반드시 인을 따라야 한다."

자왈 부여귀 시인지소욕야 불이기도 득지 불처야 빈여천
子曰 富與貴는 是人之所欲也나 不以其道로 得之어든 不處也하며 貧與賤은

시인지소오야 불이기도 득지 불거야 군자거인 오호성명
是人之所惡也나 不以其道로 得之라도 不去也니라 君子去仁이면 惡乎成名이리오?

군자 무종식지간 위인 조차 필어시 전패 필어시
君子 無終食之間을 違仁이니 造次에 必於是하며 顚沛에 必於是니라

[배경 설명]

富貴(부귀)나 貧賤(빈천)은 자신의 학문과 덕행에 의해 결정된다는 교훈이다. 군자는 부귀를 정당한 방법으로 얻지 않으면 이것은 마땅히 얻어서는 안 되고, 누려서도 안 된다. 得(득)은 얻다, 處(처)는 누리다, 惡(오)는 싫어하다, 어디, 道(도)는 정당한 방법, 終食(종식)은 한 번 밥 먹는 시간, 造次(조차)는 다급하다, 於(어)는 따르다, 顚沛(전패)는 위급한 상황을 뜻한다.

군자는 정당하지 않은 방법으로 부귀를 얻지 말아야 하는데, 그것은 죄악이기 때문이다. 그러나 정당한 방법이 아닌 빈천으로부터는 고통을 겪더라도 애써 떠나려 하지 않아야 하는데, 그것은 자신의 잘못이 아니기 때문이다. 군자는 부귀를 누리지 않고 빈천을 버리지 않고, 오히려 부귀를 살피고 빈천을 편안히 여긴다.

군자가 군자된 까닭은 인(仁) 때문이니, 만일 부귀를 탐하고 빈천을 싫어한다면, 스스로 그 인을 떠나는 것이나 다름이 없다. 군자는 밥을 먹는 동안, 경황이 없는 시간이거나 위급한 상황에도 반드시 인을 지키는 것이다. 따라서 군자는 어떤 경우에도 인을 따라야 한다는 교훈이다.

[단문 설명]

▶ 富與貴 부여귀 부와 귀. 與: 접속사, 와.

▶ 是人之所欲也 시인지소욕야 이것은 사람들이 원하는 것이나. 是: 이것. 之: 주격후치사. 所: ~하는 것. 欲: 원하다. 也: 서술종결사.

▶ 不以其道得之 불이기도득지 정당한 방법으로 이것을 얻지 않으면. 以: ~으로. 道: 정당한 방법. 得: 얻다, 이르다, 적합하다, 깨닫다, 알다. 之: 富與貴.

▶ 不處也 불처야 누리지 말아야 하며. 處: 누리다.

▶ 貧與賤 빈여천 빈과 천.

▶ 是人之所惡也 시인지소오야 이것은 사람들이 싫어하는 것이나. 惡(오): 싫어하다.

▶ 不以其道得之 불이기도득지 부당한 방법으로 그렇게 되었어도. 之: 貧與賤.

▶ 不去也 불거야 떠나지 말아야 한다. 去: 떠나다, 버리다. 也: 서술종결사.

▶ 惡乎成名? 오호성명? 어디에서 명예를 이룰 것인가? 惡(오): 어디. 乎: ~에서.

▶ 終食之間 違仁 종식지간 위인 식사를 마치는 (짧은) 시간이라도 인을 어기지 않으니. 終食: 한 번 밥 먹는 시간. 違: 어기다.

▶ 造次 必於是 조차 필어시 황급한 때에도 반드시 인을 따르고. 造次: 황급하다. 於: 동사, 따르다.

▶ 顚沛 必於是 전패 필어시 위급한 상황일 때(엎어지고 넘어질 때)라도 반드시 인을 따라야 한다. 顚: 엎어지다. 沛: 넘어지다. 顚沛: 위급한 상황. 於: 동사, 따르다. 是: 인.

6. 인을 좋아하는 사람은 더 이상 바랄 것이 없다.

[해석 본문]

공자께서 말씀하셨다. "나는 인을 좋아하는 사람과 불인을 싫어하는 사람을 아직까지 보지 못하였다. 인을 좋아하는 사람은 (더 이상) 바랄 것이 없다. 불인을 싫어하는 사람은 그가 인을 행할 때 어질지 않은 것이 자신에게 영향을 미치지 않도록 해야 한다. 하루라도 인을 따르는 데에 자신의 힘을 쓸 수 있는 사람이 있는가? 나는 (인을 행할) 힘이 부족한 사람을 아직 보지 못하였다. 아마도 그런 사람이 있을 듯하나 나는 아직 보지 못하였다."

자왈 아미견호인자　오불인자　호인자　무이상지　오불인자　기위인의
子曰 我未見好仁者와 惡不仁者니라 好仁者는 無以尙之요 惡不仁者는 其爲仁矣
불사불인자　가호기신　유능일일　용기력어인의호
不使不仁者로 加乎其身하니라 有能一日에 用其力於仁矣乎아?
아미견력부족자　개유지의　아미지견야
我未見力不足者라 蓋有之矣어늘 我未之見也로다

[배경 설명]

공자께서 인에 힘써 좋아하고 행하는 어진 사람이 없음을 한탄하신 것이다. 無以(무이)는 할 수 없다, 尙(상)은 바라다, 加(가)는 영향을 미치다, 有能(유능)은 할 수 있다, 一日(일일)은 하루라도, 用(용)은 쓰다, 於(어)는 따르다를 뜻한다.

인을 좋아하는 사람은 더 이상 바랄 것이 없고, 인을 좋아할 만한 이유를 아는 사람이다. 또한 불인(不仁)을 싫어하는 자도 불인(不仁)을 싫어할 만한 이유를 참으로 아는 사람이다. 대체로 인을 행하는 것은 자기에게 달려있으니, 뜻이 있으면 인을 행할 수 있고, 반드시 이를 수 있다. 인에 힘을 쓰는데도 이르지 못하는 자는 없는 것이다. 진실로 인에 힘을 쓴다면 인에 이르지 못할 리가 없고, 그런 사람을 아직 보지 못했다. 따라서 공자께서 비록 인을 능숙하게 행하지 않더라도 인을 행하기는 어렵지 않다고 훈계하셨다.

[단문 설명]

▶ **我未見** 아미견 나는 아직까지 보지 못하였다. 未: 아직 ~하지 못하다.
▶ **好仁者 惡不仁者** 호인자 오불인자 인을 좋아하는 사람과 불인을 싫어하는 사람.

▶ 無以尙之 무이상지 (더 이상) 바랄 것이 없다. 無以: 할 수 없다. 尙: 바라다. 之: 好仁者.

▶ 其爲仁矣 기위인의 그가 인을 행할 때. 其: 惡不仁者. 矣: 서술종결사.

▶ 不使不仁者 加乎其身 불사불인자 가호기신 어질지 않은 것이 자신에게 영향을 미치지 않도록 해야 한다. 使: 하게 하다. 不仁者: 어질지 않은 것. 加: 영향을 미치다. 乎: 에게. 其身: 자신.

▶ 有能一日 유능일일 하루라도 ~할 수 있는가? 有能: 할 수 있다. 一日: 하루라도.

▶ 用其力 於仁矣乎? 용기력 어인의호? 인을 따르는 데에 자신의 힘을 쓸 수 있는 사람이? 用: 쓰다. 於: 동사, 따르다. 矣乎: ~하는가?

▶ 未見力不足者 미견력부족자 (인을 행할) 힘이 부족한 사람을 아직 보지 못하였다. 未: 아직 ~하지 못하다.

▶ 蓋有之矣 개유지의 아마 그런 사람이 있을 듯하다. 蓋: 아마. 之: 力不足者. 矣: 서술종결사.

▶ 未之見也 미지견야 아직 그런 사람을 보지 못했다. 之: 力不足者.

 7. 사람의 허물은 각각 그 유형이 있다.

[해석 본문]

공자께서 말씀하셨다. "사람의 허물은 각각 그 유형을 따른다. (남의) 허물을 보면 곧 (그 사람의) 인을 알 수 있느니라."

　　　자 왈　인 지 과 야　각 어 기 당　　　관 과　　　사 지 인 의
子曰 人之過也 各於其黨이오 **觀過**면 **斯知仁矣**니라

[배경 설명]

사람의 천성은 서로 큰 차이가 없으나 후천적으로 환경에 의해 차이가 발생하니, 사람이 관계하는 집단을 보면 그의 허물을 판단할 수 있다는 교훈이다. 過(과)는 허물, 黨(당)은 유형, 於(어)는 따르다, 觀(관)은 보다, 斯(사)는 ~하면 곧(則)을 뜻한다.

군자는 사랑을 중시하나 소인은 잔인함을 경시한다. 사람의 과오를 관찰한다면 각각 그가 속한 부류의 과오가 유사하니, 그가 속한 집단을 보면 그가 인하고 인하지 못함을 알 수 있다. 같은 허물을 가진 사람들은 같이 모이므로 그가 속한 무리들을 살펴보면 그 사람의 허물을 알 수

있다. 따라서 사람의 허물을 보면 그 사람의 성품과 무리를 판단할 수 있다.

[단문 설명]

▶ **人之過也** 인지과야 사람의 허물은. 過: 허물. 也: 주격후치사.

▶ **各於其黨** 각어기당 각각 그 유형을 따르다. 於: 동사, 따르다. 黨: 유형, 부류.

▶ **觀過 斯知仁矣** 관과 사지인의 (남의) 허물을 보면 곧 (그 사람의) 인을 알 수 있다. 觀: 보다. 斯: ~하면 곧(則). 矣: 이다.

 8. 아침에 도를 들어 깨달으면 저녁에 죽어도 좋다.

[해석 본문]

공자께서 말씀하셨다. "아침에 도를 들어 깨달으면 저녁에 죽어도 좋다."

자 왈 조 문 도 석 사 가 의
子曰 朝聞道면 **夕死**라도 **可矣**니라

[배경 설명]

무도하고 무례했던 어지러운 세태에 처하여 있어도 오직 도가 행해지는 이상적인 세상에 대한 간절한 기원이다. 朝(조)는 아침, 聞(문)은 들어 깨닫다, 道(도)는 사물의 당연한 이치, 夕(석)은 저녁, 可(가)는 좋다를 뜻한다.

인간은 하늘의 바른 도리[天理]와 인간이 마땅히 지켜야 할 도리[人倫]를 깨닫고, 진리를 찾아가는 존재이다. 사람이 도를 스스로 깨우쳐 믿는 것은 어렵기 때문에 선각자로부터 배우는 것이다. 따라서 도는 사물의 당연한 이치이니, 진실로 도를 들을 수 있다면 살아서는 화평하고 죽어서는 편안할 것이다.

[단문 설명]

▶ **朝聞道** 조문도 아침에 도를 들어 깨달으면. 朝: 명사가 부사로 전용. 聞: 들다, 알다, 깨닫다.

▶ **夕死可矣** 석사가의 저녁에 죽어도 좋다. 夕: 저녁에. 死: 죽다. 可: 좋다. 矣: 서술종결사.

9. 도에 뜻을 두면 천한 옷과 음식을 부끄러워하지 않는다.

[해석 본문]

공자께서 말씀하셨다. "선비가 도에 뜻을 두고서 남루한 옷과 맛없는 음식을 부끄러워한다면 (그와) 함께 도를 의논할 수 없느니라."

> 자 왈 사 지 어 도 이 치 악 의 악 식 자 　 미 족 여 의 야
> 子曰 士志於道 而恥惡衣惡食者는 未足與議也니라

[배경 설명]

춘추시대의 신분은 천자(天子), 왕자(王者), 제후(諸侯)와 사(士)가 있다. 사(士)는 제후의 행정 실무를 다루는 관리이나 선비는 도를 수양하는 사람이다. 志(지)는 뜻을 두다, 惡衣(악의)는 남루한 옷, 惡食(악식)은 맛없는 음식, 未足(미족)은 할 수 없다를 뜻한다.

선비가 나쁜 옷과 나쁜 음식을 수치스럽게 생각한다면 그의 지식과 취향이 비루(鄙陋)한 것이니, 어찌 이러한 선비와 함께 도를 의논할 수 있겠는가? 선비가 가난을 수치로 여기고 부귀를 바란다면 도에 뜻을 두기 어렵고, 이러한 선비와는 정사나 도를 같이 논할 대상이 못 된다. 따라서 선비는 도에 뜻을 두되 마음이 재물에 이끌리어서는 안 된다.

[단문 설명]

▶ **士志於道** 사지어도 선비가 도에 뜻을 두고서. 志: 뜻을 두다. 於: 장소 표시 전치사, ~에.

▶ **而恥惡衣惡食者** 이치악의악식자 나쁜 옷과 맛없는 음식을 부끄러워한다면, 而: 접속사, ~하고서. 恥: 부끄러워하다. 惡衣: 남루한 옷. 惡食: 맛없는 음식. 者: 한다면.

▶ **未足與議也** 미족여의야 (그와) 함께 의논할 수 없느니라. 未足: 할 수 없다. 與: 與之의 생략형. 之: 士志於道 而恥惡衣惡食者.

10. 군자는 오직 한 가지만을 주장하지 않는다.

[해석 본문]

공자께서 말씀하셨다. "군자는 세상일에 대하여 꼭 해야 할 것도 없고, 하지 말아야 할 것도 없다. (중용의 자세로) 의를 따를 뿐이다."

> 자 왈 군 자 지 어 천 하 야　무 적 야　무 막 야　의 지 여 비
> **子曰 君子之於天下也**에 **無適也**하며 **無莫也**하니 **義之與比**니라

[배경 설명]

군자는 의에 따라서 일을 지키고 행할 것을 교훈한다. 적(適)은 마땅히 하다, 막(莫)은 하지 말다, 與(여)는 더불어, 비(比)는 따르다는 것을 뜻한다.

성인은 의로써 비교하여 옳으면 행하고 옳지 않으면 행하지 않는다. 성인의 학문은 꼭 해야 할 것도 하지 말아야 할 것도 없고, 오직 의에 따라 행하는 것이다. 만일 도로써 주장하지 않는다면, 성인의 학문은 제멋대로 방종할 것이다.

군자는 천하에 오직 한 가지만을 몰두하여 옳다고 주장하는 일이 없고, 꼭 이래야 한다고 고집하지도 않으며, 또한 마음이 한쪽으로 치우치지 않는다. 따라서 천하의 일을 꼭 해야 한다거나 해서는 안 된다고 고집할 것이 아니라 중용의 자세에서 단지 의를 따라야 한다.

[단문 설명]

▶ **君子之 於天下也** 군자지 어천하야 군자는 세상일에 대하여. 之: 주격후치사, 於: ~에.

▶ **無適也** 무적야 꼭 해야 할 것도 없고. 適: 마땅히 하다.

▶ **無莫也** 무막야 하지 말아야 할 것도 없다. 莫: 하지 말다.

▶ **義之與比** 의지여비 더불어 의를 따를 뿐이다. 與比義의 도치, 之: 강조 목적어와 동사 사이에 위치. 與: 더불어, 중용의 자세로. 比: 따르다.

군자는 법도를 생각하나 소인은 특혜를 생각한다.

[해석 본문]

공자께서 말씀하셨다. "군자는 (다스릴) 덕을 생각하나 소인은 자신이 살아온 땅의 (편안함을) 생각하며, 군자는 법도를 생각하나 소인은 특혜를 생각한다."

자 왈 군 자   회 덕   소 인   회 토   군 자   회 형   소 인   회 혜
子曰 君子는 懷德하고 小人은 懷土하며 君子는 懷刑하고 小人은 懷惠니라

[배경 설명]

형벌보다는 덕으로 백성을 다스릴 것을 주장한 말이다. 君子(군자)는 위정자, 小人(소인)은 백성, 懷(회)는 생각하다, 土(토)는 살아온 땅의 편안함, 刑(형)은 법도, 惠(혜)는 특혜를 뜻한다.

군자와 소인의 관점이 같지 않은 것은 공과 사의 관계이다. 군자는 선을 좋아하고 불선(不善)을 싫어하나 소인은 구차히 편안과 이익을 얻으려고 힘쓴다. 따라서 군주가 덕으로 나라를 다스리면 백성은 오랫동안 살아온 정든 땅을 떠나지 않지만, 군주가 형벌로 나라를 다스리면 백성은 이익이 있는 곳으로 떠나갈 것이다.

[단문 설명]

▶ **君子懷德** 군자회덕 군자는 (다스릴) 덕을 생각하나. 懷: 가슴속에 품다, 생각하다.
▶ **小人懷土** 소인회토 소인이 자신이 살아온 땅의 (편안함을) 생각하며. 小人: 일반 백성. 土: 살아온 땅의 편안함, 거처하는 곳의 안락함.
▶ **君子懷刑** 군자회형 군자는 법도를 생각하나. 刑: 법도, 법, 형벌.
▶ **小人懷惠** 소인회혜 소인은 특혜를 생각한다. 惠: 특혜, 은혜, 이익.

 이익에 따라 행동하면 원망이 많다.

[해석 본문]

공자께서 말씀하셨다. "이익에 따라 행동하면 원망이 많다."

^{자 왈} ^{방 어 리 이 행} ^{다 원}
子曰 放於利而行이면 多怨이니라

[배경 설명]

탐욕은 갈등을 야기하고 결국에는 원망을 사게 된다는 교훈이다. 放(방)은 의지하다, 利(이)는 이익 또는 탐욕, 다원(多怨)은 원망이 많다는 뜻이다.

자신만을 위해 이(利)를 추구하면 반드시 남에게 해(害)를 끼치게 되니 원망이 많은 것이다. 이익을 쫓으면 필연적으로 남과 다투게 되고, 남과 다투면 남의 원망을 사는 일이 많아진다. 따라서 이익을 탐하여 행동하게 되면 반드시 남에게 해가 되므로 원망이 많다.

[단문 설명]

▶ 放於利而行 방어리이행 이익에 따라서 행동하면. 放: 의지하다, 바라다.
▶ 多怨 다원 원망이 많다. 怨: 원망.

13. 예절과 겸양으로 나라를 다스리면 어려움이 없다.

[해석 본문]

공자께서 말씀하셨다. "예절과 겸양으로 나라를 다스릴 수 있는가? 무슨 (어려움이) 있겠는가? 예절과 겸양으로 나라를 다스릴 수 없다면 예를 어찌하겠느냐?"

^{자 왈} ^{능 이 례 양} ^{위 국 호} ^{하 유} ^{불 능 이 례 양} ^{위 국} ^{여 례} ^하
子曰 能以禮讓이면 爲國乎인가? 何有리오? 不能以禮讓으로 爲國이면 如禮에 何리오?

[배경 설명]

인으로 행동하고 예로써 나라를 다스린다는 국가운영에 관한 교훈이다. 能(능)은 할 수 있다, 以(이)는 으로, 爲(위)는 다스리다, 禮(예)는 예법, 讓(양)은 겸양을 뜻한다.

예절과 겸양은 군자의 정치적 수단이다. 예절과 겸양을 사용하여 나라를 다스리면 무슨 어려움이 있겠는가? 하유(何有)는 나라를 다스리는데 어렵지 않다, 즉 나라를 다스리는 데 아무런 문제도 없다는 뜻이다. 예절과 겸양으로 나라를 다스리지 못한다면 예절과 겸양이 필요하지 않다. 즉, 예절과 겸양이 아무 소용도 없다. 따라서 군주는 어진 덕을 쌓고 예로써 나라를 다스린다면 온 나라가 태평해질 것이다.

[단문 설명]

▶ 能以禮讓 능이례양 예와 겸양으로써. 能: 할 수 있다. 以: ~으로써.

▶ 爲國乎? 위국호? 나라를 다스릴 수 있다는가? 爲: 다스리다. 乎: 의문종결사, ~에.

▶ 何有? 하유? 무엇이 있겠는가? 무슨 (어려움이) 있겠는가?

▶ 如禮何? 여례하? 예를 어찌하겠느냐? 如禮何: 禮如何. 如何: 어찌하다.

 14. 지위를 걱정하지 말고 지위에 설 방법을 걱정하라.

[해석 본문]

　공자께서 말씀하셨다. "지위가 없음을 걱정하지 말고 지위에 설 방법을 걱정하며, (남이) 나를 알아주지 않음을 걱정하지 말고 (남이 나를) 알아줄 만한 것을 찾아라."

자 왈 불 환 무 위　　환 소 이 립　　　불 환 막 기 지　　구 위 가 지 야
子曰 不患無位오 患所以立하며 不患莫己知오 求爲可知也니라

[배경 설명]

　벼슬이나 명성을 걱정하지 말고 자신의 능력을 먼저 배양하라는 교훈이다. 患(환)은 걱정하다, 位(위)는 지위, 所以(소이)는 방법, 莫(막)은 아니하다, 求(구)는 찾다를 뜻한다.

　제자들이 출사하지 못해 관직이 없는 것에 대해 걱정하였다. 所以立(소이립)이란 지위에 설 수 있는 방법이요, 가지(可知)란 남에게 인정을 받을 만한 것을 의미한다. 공자는 남이 나를 알아주지 않음을 걱정하기 전에 자신의 수양에 힘쓰고, 노력하라고 훈계한다. 따라서 남이 자신을 알아주지 않는 문제의 원인을 자신에게 먼저 찾고 수양에 힘쓰라는 훈계이다.

[단문 설명]

▶ 不患無位 불환무위 지위가 없음을 걱정하지 말고. 患: 걱정하다. 位: 지위.

▶ 患所以立 환소이립 지위에 설 방법을 걱정하다. 所以: 방법, 까닭.

▶ 不患莫己知 불환막기지 (남이) 나를 알아주지 않음을 걱정하지 말고. 莫: 못하다, 아니하다. 己知: 부정문에서 목적어가 동사 앞에 전치(知己).

▶ 求爲可知 구위가지 (남이 나를) 알아줄 만한 것을 찾아라. 求: 찾다. 爲: 하다. 可: 만하다.

15. **나의 도는 하나로 꿰뚫는다.**

[해석 본문]

공자께서 말씀하셨다. "삼아! 나의 도는 하나로 꿰뚫는다." 증자가 "예" 하고 대답하였다. 공자께서 나가시자, 문인들이 물었다. "무엇을 말씀하신 것입니까?" 증자가 말하였다. "부자의 도는 충서일 뿐이니라."

자왈 삼호 오도 일이관지 증자왈 유 자출 문인 문왈
子曰 參乎아 吾道는 一以貫之니라 曾子曰 唯라 子出하시자 門人이 問曰
하위야 증자왈 부자지도 충서이이의
何謂也리오? 曾子曰 夫子之道는 忠恕而已矣니라

[배경 설명]

증자가 잘 이해하지 못하여 질문한 것에 대해 공자가 답변한 것이다. 貫(관)은 꿰뚫다, 唯(유)는 예, 문인(門人)은 공자의 제자들, 忠(충)은 정성스럽고 진실한 마음, 恕(서)는 남의 처지를 헤아리다, 而已矣(이이의)는 ~일 뿐이다를 뜻한다.

증자(曾子)는 공자의 제자로 성이 증(曾), 이름이 삼(參), 자가 자여(子與)이다. 一以貫之(일이관지)는 "처음부터 끝까지 하나로써 꿰뚫다"는 의미이다. 忠(충)은 자기 마음을 다하여 남에게 진실한 것, 恕(서)는 자기 마음을 미루어 남의 처지를 헤아리는 것이다. 忠恕(충서)란 자신과 같이 다른 사람을 사랑하는 것이다.

증자는 학문에 힘써 행하였으나 사물의 본체가 하나임을 알지 못하였다. 공자께서는 증자가 학문에 오래 힘써 이해한 줄로 아셨다. 공자께서 알려주니 그제서야 증자는 그 뜻을 묵묵히 알고서 의심이 없었다. 따라서 忠恕는 공자의 사상을 하나로 꿰뚫고 있는 근본 원리이다.

[단문 설명]

▶ **參乎** 삼호 삼(參)아. 參: 증자. 乎: 호격조사.

▶ **一以貫之** 일이관지 (처음부터 끝까지) 하나로써 꿰뚫는다. 一以: 강조(以一). 貫: 꿰뚫다, 관통하다, 깨닫다. 之: 道.

▶ **唯** 유 예. 唯: 공손하게 대답하는 말.

▶ **何謂也?** 하위야? 무엇을 말씀하신 것입니까? 何謂: 의문문에서 도치(謂何). 也: 의문종결사.

▶ **忠恕而已矣** 충서이이의 충서일 뿐이다. 而已矣: 한정종결사, ~일 뿐이다.

16. 군자는 의에 밝고, 소인은 이에 밝다.

[해석 본문]

공자께서 말씀하셨다. "군자는 의에 밝고, 소인은 이익에 밝다."

자 왈　군 자　　유 어 의　　　소 인　　유 어 리
子曰 君子는 喻於義하고 小人은 喻於利니라

[배경 설명]

君子(군자)와 小人(소인)은 관심을 갖는 바가 義(의) 또는 利(이)로써 서로 다르다는 교훈이다. 喻(유)는 밝다, 훤히 알다, 깨닫다, 義(의)는 정의, 利(이)는 이익을 뜻한다.

군자와 소인은 위정자와 백성, 또는 도량이 높은 자와 도량이 낮은 자를 의미한다. 義란 하늘의 바른 도인 천리(天理)의 마땅함이나 利란 사람이 바라는 개인적인 욕심이다. 군자는 덕행이 뛰어나 정의를 추구하는 사람이나 소인은 개인적 생존을 위해 이익을 추구하는 사람이다. 의에 따라 일을 행할지 판단한다면 군자이고, 자신의 이익에 따라 일을 행할지 판단한다면 소인이다. 따라서 군자는 의를 밝히 알지만 소인은 이익에 밝고 개인적 이익을 취한다.

[단문 설명]

▶ **君子喻 於義** 군자유 어의 군자는 의에 밝고. 喻: 밝다. 於: ~에. 義: 의, 정의, 대의.

▶ **小人喻 於利** 소인유 어리 소인은 이익에 밝다. 利: 이익, 개인적 이익.

111

현인을 보면 자신도 그와 같게 되기를 생각해야 한다.

[해석 본문]

공자께서 말씀하셨다. "현인을 보면 자신도 그와 같게 되기를 생각하고, 현명하지 못한 사람을 보면 속으로 자신을 반성해야 할 것이다."

> 자 왈 견 현 사 제 언　　　견 불 현 이 내 자 성 야
> **子曰 見賢思齊焉**하며 **見不賢而內自省也**니라

[배경 설명]

다른 사람을 거울삼아 자신을 수양하라는 교훈이다. 齊(제)는 같다, 동등하다, 省(성)은 살피다를 뜻한다. 思齊(사제)란 다른 사람의 선과 같아지기를 바라는 것이다. 內自省(내자성)이란 자신도 다른 사람과 같은 악이 있는지를 속으로 살피는 것이다.

현명한 사람은 슬기롭고 어질고, 현명하지 못한 사람은 이와 반대이다. 다른 사람의 선과 같게 되기를 생각하는 것은 자신도 그 선이 있기를 원하는 것이요, 안으로 자신을 반성하는 것은 자신도 역시 그런 악이 있는지 염려하는 것이다. 따라서 현명한 사람을 보면 그처럼 현명해질 것을 생각하고, 현명하지 못한 사람을 보면 속으로 자신을 반성해야 할 것이다.

[단문 설명]

▶ **見賢 思齊焉** 견현 사제언 현인을 보면 자신도 그와 같게 되기를 생각한다. 齊: 같다. 焉: 於賢.
▶ **見不賢 而內自省也** 견불현 이내자성야 현명하지 못한 사람을 보면 속으로 자신을 반성한다.
　　而: ~하면. 內: 속으로. 自省: 자신을 반성한다. 自: 일인칭대명사로 목적어, 동사 앞에 전치.

 수고롭지만 원망하지 않아야 한다.

[해석 본문]

공자께서 말씀하셨다. "부모를 섬길 때 공손하게 간하여 (나의) 뜻을 살피고, 받아들이지 않

으면 더욱 공경하고 (부모의 뜻을) 어기지 않는다. 수고롭지만 원망하지 않아야 한다."

> 자 왈 사 부 모   기 간   견 지 부 종   우 경 불 위   노 이 불 원
> 子曰 事父母할새 幾諫이니 見志不從하면 又敬不違하라 勞而不怨하라

[배경 설명]

부모를 모시는 자식의 도리에 관한 교훈이다. 「예기(禮記)」내칙(內則)에 설명되어 있는 부모에게 간하는 태도에 관한 내용이다. 事(사)는 섬기다, 幾(기)는 공손하게, 諫(간)은 간하다, 見(견)은 살피다, 志(지)는 뜻, 從(종)은 따르다, 敬(경)은 공경하다, 違(위)는 어기다, 勞(노)는 수고하다, 怨(원)은 원망하다를 뜻한다.

공손함은 뜻이나 생각 따위가 숨겨져서 겉으로 드러나지 않는 것이다. 諫(간)은 웃어른에게 옳지 않은 일을 고치도록 말씀드리는 것이다. 부모에게 얼굴빛을 화하게 하여 부드럽고 조용한 소리로써 간한다. 부모의 기색을 살펴 부모가 내 말을 따르지 않을 기색을 보더라도 더욱 공경하나 다시 간언하지 않는다. 수고롭지만 원망하지 않는다. 따라서 부모가 노하여 기뻐하지 않더라도 미워하고, 원망하지 않고, 더욱 공경하고, 효도해야 한다.

[단문 설명]

▶ 事父母 사부모 부모를 섬기다. 事: 섬기다.

▶ 幾諫 기간 공손하게 간하다. 幾: 공손하게, 조용하게, 부드럽게. 諫: 간하다.

▶ 見志不從 견지부종 (나의) 뜻을 살피고 받아들이지 않으시면. 見: 살피다. 志: 뜻, 從: 따르다.

▶ 又敬不違 우경불위 더욱 공경하고 (부모의 뜻을) 어기지 않는다. 又: 더욱. 敬: 공경하다. 違: 어기다.

▶ 勞而不怨 노이불원 수고롭지만 원망하지 않는다. 勞: 수고하다. 而: 역접. 怨: 원망하다.

 19. 멀리 나가면 반드시 가는 곳을 알려야 한다.

[해석 본문]

공자께서 말씀하셨다. "부모께서 (살아) 계시면 멀리 나가 놀지 말아야 하며, (멀리) 나가 놀

면 반드시 행방을 알려야 한다."

자 왈 부 모 재　불 원 유　유 필 유 방
子曰 父母在이면 **不遠遊**하며 **遊必有方**이니라

[배경 설명]

부모가 걱정하지 않도록 자식은 자신의 행방을 알리는 것이 효도라는 교훈이다. 在(재)는 계시다, 遠遊(원유)는 멀리 나가 놀다, 方(방)은 행방이나 장소를 뜻한다.

자식이 멀리 나가서 놀면 혼정신성(昏定晨省)을 비우게 되고 목소리 문안이 멀어지니, 부모가 자식을 생각하면서 걱정할 것이다. 멀리 나기더라도 빈드시 일정한 장소가 있어야 하고, 어버이가 반드시 자식의 소재를 알아서 근심하지 않고, 자신을 찾으면 반드시 도착하여 실수가 없고자 함이다. 따라서 자식이 부모의 마음을 헤아린다면 이것이 바로 효가 될 것이다.

[단문 설명]

▸ **父母在** 부모재 부모가 (살아) 계시면. 在: 계시다.
▸ **不遠遊** 불원유 멀리 나가 놀지 말아라. 遠遊: 멀리 나가 놀다.
▸ **遊必有方** 유필유방 (멀리) 나가 놀면 반드시 가는 곳을 알린다. 遊: 遠遊, 方: 행방.

 20. **아버지께서 하시던 방식을 바꾸지 말아야 효도이다.**

[해석 본문]

공자께서 말씀하셨다. "삼년상을 (지내는 동안) 아버지께서 (하시던) 방식을 바꾸지 말아야 효도라고 말할 수 있다."

자 왈　삼 년　무 개 어 부 지 도　가 위 효 의
子曰 三年을 **無改於父之道**라야 **可謂孝矣**니라

[배경 설명]

자식의 효를 판단하기 위한 세 가지 기준, 즉 생전에는 아버지의 뜻, 사후에는 아버지의 행적

과 삼년상 기간에는 아버지의 빙식에 대한 훈계이다. 三年(삼년)은 삼년상, 無(무)는 아니하다,
改(개)는 바꾸다, 道(도)는 아버지가 하시던 방식을 뜻한다.

아버지가 살아계실 때에는 자식이 마음대로 할 수 없으니 아버지의 뜻을 살피고, 아버지가
돌아가셨을 때에는 아버지의 과거 행적을 살핀다. 아버지께서 돌아가신 후 마음대로 하는 것은
아버지를 그리워하는 자식의 태도가 아니다. 아버지께서 사용하시던 소품, 평소에 하시던 생활
방식이나 친한 친구관계를 통하여 아버지를 생각하는 것이다. 삼년상을 지내는 동안 아버지의
방식을 고친다면 비록 행한 것이 선하다 하더라도 효라고 할 수 없다. 삼년 동안 고치지 말라고
하는 것은 신중하게 관찰하고 생각한 후에 고치는 것이 바람직하다는 뜻이다. 따라서 부지도
(父之道)를 지키는 것이 효도이다. 학이편 11장과 동일한 내용이다.

[단문 설명]
▶ 三年 삼년 삼년상(三年喪)을 (지내는 동안).
▶ 無改 於父之道 무개 어부지도 아버지께서 (하시던) 방식을 바꾸지 말아라. 無는 不과 같다. 改:
바꾸다. 道: 아버지가 하시던 방식. 於: 직접 목적어 앞에 온 전치사, 을.

 21. 한편으로는 오래 사셔서 기쁘고 한편으로는 연로하셔서 두렵다.

[해석 본문]
공자께서 말씀하셨다. "부모의 연세는 기억하고 있지 않으면 안 되니, 한편으로는 (오래 사셔
서) 기쁘기 때문이고, 한편으로는 (연로하셔서) 두렵기 때문이다."

자 왈 부 모 지 년　　불 가 부 지 야　　일 즉 이 희　　일 즉 이 구
子曰 父母之年은 不可不知也니 一則以喜오 一則以懼니라

[배경 설명]
부모의 연세를 항상 기억해야 하는데 기쁘기도 하고 두렵기도 하다는 효도에 관한 교훈이다.
知(지)는 기억하다, 一則(일즉)은 한편으로는, 以(이)는 ~때문에, 懼(구)는 두렵다를 뜻한다.

부모의 연세를 기억하고 있으면 이미 장수하신 것이 기쁘고, 또 벌써 연로하신 것이 두려워

서 자식으로서 부모의 여생을 아끼는 정성이 저절로 생겨나기 마련이다. 따라서 부모의 연세를 기억하면, 한편으로는 부모의 장수를 기뻐할 수 있고, 한편으로는 부모의 여생이 얼마남지 않아 두려워하게 된다.

[단문 설명]

▸ 父母之年 부모지년 부모의 연세.

▸ 不可不 知也 불가부 지야 기억하고 있지 않으면 안 된다. 知: 기억하다. 也: 서술종결사.

▸ 一則以喜 일즉이희 한편으로는 (오래 사셔서) 기쁘기 때문이고. 一則: 한편으로는. 以: ~때문에.

▸ 一則以懼 일즉이구 한편으로는 (연로하셔서) 두렵기 때문이다. 懼: 두렵다.

 22. 행동보다 말이 앞서는 것을 부끄러워한다.

[해석 본문]

공자께서 말씀하셨다. "옛 사람이 말을 (함부로) 하지 않은 것은 행동이 (자신의 말) 따르지 못한 것을 부끄러워하기 때문이다."

　　　자 왈　고 자　　언 지 불 출　　치 궁 지 불 체 야
　　　子曰 古者에 言之不出은 恥躬之不逮也니라

[배경 설명]

말을 신중하게 하고 언행일치하라는 훈계이다. 古者(고자)는 옛 사람, 恥(치)는 부끄럽다, 躬(궁)은 행동, 逮(체)는 따르다, 出(출)은 내다를 뜻한다.

말을 함부로 하지 않고, 말을 하고 행동이나 실천이 없으면 부끄러워해야 한다. 행동이 말에 미치지 못하는 것을 부끄러워할 것이니, 이것은 옛날에 말을 함부로 내지 않은 까닭이다. 말은 하기 어려운 것이 아니라 행하기가 어렵다. 말하기는 쉽기 때문에 가볍게 말하는 것이니, 말은 그 행실과 같이 하고 행실은 그 말과 같이 한다면, 말을 입에서 쉽게 하지 못할 것이다. 따라서 언행일치는 군자가 갖추어야 할 기본적인 덕이다.

[단문 설명]

▶ 古者 고자 옛 사람, 옛날에.

▶ 言之不出 언지불출 말을 (함부로) 하지 않다. 言之不出: 不出言의 도치. 出: 내다.

▶ 恥 躬之不逮也 치 궁지불체야 행동이 (자신의 말을) 따르지 못한 것을 부끄러워하기 때문이다.
　　恥: 부끄럽다. 躬: 몸, 행동. 之: 자신의 말을. 逮: 따르다, 쫓다.

23. 말을 절제하면 잃는 것이 적다.

[해석 본문]

공자께서 말씀하셨다. "(말을) 절제하면 잃는 것이 적다."

　　　자 왈　이 약 실 지 자　선 의
　　子曰 以約失之者 鮮矣니라

[배경 설명]

　말을 삼가고 신중하라는 교훈이다. 以(이)는 하다, ~으로써, 約(약)은 절제하다, 줄이다, 검소하다, 아끼다, 失(실)은 잃다, 鮮(선)은 적다를 뜻한다.

　約(약)은 경제적으로 검소하다는 뜻보다는 말이나 행동을 절제하다는 의미이다. 失(실)은 잃는 것, 실패하는 것, 손해보는 것일 수도 있다. 잘난 체하여 스스로 제멋대로 말을 하지 않고 삼가고, 오만방자하지 않는다. 따라서 언행을 삼가고 절제하면 실수가 적으니 잃는 것이 적다.

[단문 설명]

▶ 以約 失之者 이약 실지자 (말을) 절제하면 잃는 것이. 約: 절제하다. 失: 잃다. 者: 것.

▶ 鮮矣 선의 적다. 鮮: 적다, 드물다. 矣: 서술종결사.

24. 말은 신중하게 하되 행동은 민첩해야 한다.

[해석 본문]

공자께서 말씀하셨다. "군자는 말은 어눌하되 행동은 민첩해야 한다."

자 왈 군 자   욕 눌 어 언 이 민 어 행
子曰 君子는 欲訥於言而敏於行이니라

[배경 설명]

말은 어눌하나 행동은 민첩하게 하라는 교훈이다. 欲(욕)은 바라다, 訥(눌)은 어눌하다, 敏(민)은 민첩하다를 뜻한다. 訥(눌)은 어눌하다로 말을 신중하게 한다. 敏(민)은 민첩하다로 말은 일단하면 행동은 민첩하게 뒤따라야 한다. 말은 하기 쉬우니 신중하게 하고, 실천은 하기 어려우니 민첩하게 하는 것이다. 따라서 군자는 말은 신중하게 하되 행동은 민첩해야 한다.

[단문 설명]

▶ 欲訥於言 욕눌어언 말은 어눌하되. 欲: 바라다, 訥: 어눌하다.
▶ 而敏於行 이민어행 행동은 민첩해야 한다. 而: 역접접속사. 敏: 민첩하다.

25. 덕은 외롭지 않다.

[해석 본문]

공자께서 말씀하셨다. "덕이 있는 사람은 외롭지 않으니 반드시 이웃이 있다."

자 왈 덕 불 고   필 유 린
子曰 德不孤라 必有隣이니라

[배경 설명]

덕이 있는 사람들은 덕이 있는 곳으로 모여들고 서로 이웃으로서 관계를 맺기 때문에 외롭지

않다는 교훈이다. 孤(고)는 외롭다, 隣(린)은 친(親)과 같이 가까운 이웃을 뜻한다.

　같은 소리는 소리끼리 서로 상응하듯이 같은 유형의 사람들은 서로 찾아 모여든다. 덕이 있는 자는 반드시 그와 덕을 같이 하는 동류(同類)가 있어 외롭지 않은 법이다. 덕은 고립되지 않고, 반드시 같은 무리끼리 소통한다. 따라서 덕이 있는 사람은 반드시 그 무리가 있어 서로 교류하니, 이웃과 함께 거처하는 것과 같다.

　[단문 설명]
▶ **德不孤** 덕불고 덕이 있는 사람은 외롭지 않다. 德: 덕이 있는 사람.
▶ **必有隣** 필유린 반드시 이웃이 있다.

 26. **친구 간에 자주 충고하면 도리어 소원해진다.**

[해석 본문]

　자유가 말하였다. "임금을 섬길 때 자주 (간언하면) (도리어) 곤욕을 당하고, 붕우 간에 자주 (충고하면) (도리어) 소원해진다."

자유왈 사군삭　　사욕의　봉우삭　　사소의
子遊曰 事君數이면 **斯辱矣**오 **朋友數**이면 **斯疏矣**니라

[배경 설명]

　군주를 간언하거나 벗에게 충고할 때 절제해야 한다는 교훈이다. 삭(數)은 자주, 辱(욕)은 곤욕을 당하다, 斯(사)는 ~하면, 疏(소)는 멀어지다를 뜻한다.

　子游(자유)는 공문십철의 한 사람으로 성은 언(言), 이름은 언(偃)이고, 자하와 함께 문학에 능통하였고, 노나라 무성(武城)의 읍재(邑宰)로 벼슬할 때 예악(禮樂)을 통한 교화를 중시하였다. 군주가 간언하는 말을 받아들이지 않으면 신하는 마땅히 군주 곁을 떠나야 한다. 그렇지 않으면 화를 당할 수 있다. 벗이 충고를 받아들이지 않으면 마땅히 중지해야 한다. 그렇지 않으면 벗을 잃을 수 있다. 말이 자질구레하면 말한 자가 가벼워지고 듣는 자도 싫어한다. 따라서 간언이나 충고는 절제해야 한다.

[단문 설명]

▶ **事君數 斯辱矣** 사군삭 사욕의 임금을 섬길 때 자주 (간언하면) (도리어) 곤욕을 당한다. 數(잦을 삭): 자주, 빈번하다. 斯: 조건접속사, ~하면. 矣: 결과종결사.

▶ **朋友數 斯疏矣** 붕우삭 사소의 붕우 간에 자주 (충고하면) 소원(疏遠)해진다.

☞ 부사: 동사나 형용사 또는 다른 부사를 수식하는 품사

- 의문부사: 어찌(豈 · 安 · 惡 · 焉 · 曷 · 寧 · 奚 · 胡 · 何), 의문종결사 乎와 호응
- 한정부사: 다만, 오직(但 · 只 · 惟 · 唯 · 獨 · 直 · 須 · 徒 · 必), 한정종결사 耳와 호응
- 시제부사
  - 과거: 이미, 일찍이(旣 · 已 · 嘗 · 曾)
  - 현재: 바야흐로, 이제, 비로소, 마침내(方 · 今 · 正 · 時 · 卽)
  - 미래: 장차(將 · 且 · 次)
- 가정부사: 만약(若 · 如 · 雖 · 縱 · 苟 · 微 · 誠), 접속사 則과 호응
- 강조부사: 하물며, 또한, 오히려, 반드시(況 · 亦 · 猶 · 尙 · 必 · 又)
- 반어부사: 마땅히, 도리어(反 · 却 · 顧 · 敢 · 還 · 總)
- 정도부사: 매우, 극히, 심히, 더욱, 한층, 가장(甚 · 至 · 極 · 益 · 太 · 最 · 畢)
- 범위부사: 다, 각, 모두, 온통(皆 · 悉 · 共 · 各 · 盡 · 擧 · 咸 · 都)
- 발어부사: 무릇, 대개, 대체로(夫 · 凡 · 槪 · 蓋)

第五篇

公冶長(공야장)

욕심은 불의와 타협하고 약하다.

公冶長(공야장)에서 공자는 주로 제자들에 대한 지혜, 성취와 인물을 평했다. 주요 내용으로는 정의, 등용, 능력, 시기, 겸손, 무모, 교육, 사회, 인성, 예절, 학문, 통치, 교우, 미신, 책임, 중용, 계획, 정직과 반성이다. 언행(言行)을 삼가고, 나라에 도가 있으면 버림받지 않을 것이요. 뛰어난 말재주로 남의 말을 막으면 남에게 미움만 받을 뿐이다. 사람을 올바로 판단하려면 그의 말을 듣고 그의 행실을 살펴본다. 이렇게 하여 하나를 들으면 열을 알게 된다(聞一以知十).

1. 나라에 도가 있으면 버려지지 않을 것이다.
2. 과연 군자답다.
3. 너는 그릇이구나.
4. 뛰어난 말재주는 자주 남에게 미움만 받을 뿐이다.
5. 벼슬하는 것에 대해 아직 자신할 수 없다.
6. 재능이 없는 용맹은 사리를 분별하는 것이 부족하다.
7. 개인의 장단점을 평가하여 교육을 한다.
8. 안회만 못하다.
9. 썩은 나무는 조각할 수 없고, 썩은 흙은 담장을 손질할 수 없다.
10. 욕심은 불의와 타협하고 약하다.
11. 다른 사람을 업신여기는 것도 원하지 않는다.
12. 본성과 천도는 다른 사람에게 들을 수 없다.
13. 교훈을 아직 실천하지 못했으면서도 새로운 교훈을 염려하였다.
14. 배우기를 좋아하고 아랫사람에게 묻기를 부끄럽게 여기지 않았다.
15. 백성을 다스림이 은혜로웠고, 백성을 부림이 의로웠다.
16. 다른 사람과 사귀기를 잘한다.
17. 미신을 신봉하고 숭배하는 사람은 지혜로운 사람이 아니다.
18.1. 집행했던 영윤의 정사를 반드시 신임 영윤에게 인계하였다.
18.2. 청렴하나 인의 경지에는 이르지 못했다.
19. 사려 깊은 것은 좋지만, 지나치면 못 미치는 것만 못하다.
20. 나라에 도가 있으면 지혜롭게 행동했다.
21. 뜻이 크고 대범하지만 일이 치밀하지 못하다.
22. 다른 사람의 악행을 생각하지 않으니 원망이 드물었다.
23. 있으면 있다고 하고, 없으면 없다고 하는 것이 정직이다.
24. 원망을 감추고 그 사람을 친구로 삼는 것은 수치로 여긴다.
25. 유능을 자랑하지 않으며, 공로를 과시하지 않겠다.
26. 자신의 허물을 보고서 자책하는 자를 보지 못하였다.
27. 학문을 좋아하는 자는 없을 것이다.

1. 나라에 도가 있으면 버려지지 않을 것이다.

[해석 본문]

공자께서 공야장을 평하셨다. "사위로 삼을 만하다. 비록 감옥에 있었으나 (그것은) 그의 죄가 아니다." 그리고 자기 딸을 그에게 시집보내셨다. 공자께서 남용을 평하셨다. "나라에 도가 있으면 (그는) 등용될 것이요, 나라에 도가 없더라도 (그는) 형벌을 면할 것이다." 그리고 형의 딸을 그에게 시집보내셨다.

子謂公冶長하시다 可妻也로다 雖在縲絏之中이나 非其罪也니라 以其子로
妻之하시다 子謂南容하시다 邦有道에 不廢하며 邦無道에 免於刑戮이로다
以其兄之子로 妻之하시다

[배경 설명]

공야장(公冶長)과 남용(南容)에 대한 인물평이다. 공자가 사람의 인물됨을 근거로 사위를 구한 것을 말하고 있다. 謂(위)는 평하다, 可(가)는 할 만하다, 妻(처)는 딸을 시집보내, 縲(류)는 포승, 絏(설)은 매다, 縲絏(류설)은 감옥, 廢(폐)는 버리다, 刑戮(형륙)은 형벌을 뜻한다.

공야장(公冶長)은 공자의 제자로 성은 공야(公冶), 이름은 장(長), 자는 자장(子長)이다. 그는 집이 가난했으나 근검절약하고 총명하며 학문을 좋아했다. 그런 결과로 그는 박학다식하고 재덕을 겸비했다. 한편 남용(南容)은 공자의 제자로 성은 남궁(南宮), 이름은 도(縚) 또는 괄(适)이다. 그는 공문십철(孔門十哲)의 한 사람으로 덕을 숭상하는 사람이다.

공야장은 노나라 군주가 여러 차례 대부로 등용하려 했으나 거절하고 공자의 유지를 계승하여 교육에 전념했다. 부자께서 "사위삼을 만하다"고 칭찬하셨으니, 그 사람이 비록 일찍이 옥중에 있었으나 그 사람의 죄가 아니었다. 죄가 있고 없음은 자신에게 달려 있을 따름이다. 공자는 비록 공야장이 감옥에 있었지만 그를 높게 평가하여 자기 딸을 그에게 시집보냈다.

不廢(불폐)는 버려지지 않고 반드시 등용될 것이라는 뜻이다. 남용은 맹무백과 형제로 맹손가문의 신의가 있었으나 죄가 있었는지 알 수 없다. 나라에 도가 있었다면 맹손가문에서 그를 쓸 것이고, 나라에 도가 없더라도 화를 면할 수 있을 것이다. 공자는 형의 딸을 남용에게 시집보

냈다. 공자의 형이 이미 사망하여 공자가 질녀의 혼사를 주관한 것이다. 따라서 공자는 자기 딸을 공야장에게, 형의 딸을 남용에게 시집보냈으니, 형에게 후하고 자기에게 박하게 한 것이다.

[단문 설명]

▸ **子謂公冶長** 자위공야장 공자가 공야장을 평하셨다. 謂: 평하다, 평론하다.

▸ **可妻也** 가처야 사위로 삼을 만하다. 딸을 시집보낼 만하다. 可: 할 만하다. 妻: ~에게 시집보내다, 사위로 삼다. 也: 서술종결사.

▸ **縲絏之中** 류설지중 감옥에. 縲絏: 감옥.

▸ **非其罪也** 비기죄야 (그것은) 그의 죄가 아니다. 其: 그. 也: 서술종결사.

▸ **以其子妻之** 이기자처지 자기 딸을 그에게 시집보내셨다. 以: ~을, ~으로써. 其: 공자. 子: 딸. 之: 公冶長.

▸ **邦有道** 방유도 나라에 도가 있으면. 邦: 나라. 有: 뒤에 주어를 취하는 동사.

▸ **不廢** 불폐 버려지지 않을 것이다. 등용될 것이다. 廢: 버리다.

▸ **免於刑戮** 면어형륙 형벌을 면할 것이다. 免: 면하다, 於: 을. 刑戮: 형벌.

▸ **其兄之子** 기형지자 형의 딸, 질녀, 其: 공자. 子: 딸. 兄: 이복형 맹피(孟皮).

2. 과연 군자답다.

[해석 본문]

공자께서 자천을 평하셨다. "과연 군자답다! 이 사람이여! 만약 노나라에 군자가 없었다면 자천이 어떻게 군자다움을 취할 수 있었겠는가?"

자 위 자 천　　군 자 재　　약 인　　　노 무 군 자 자　　사 언 취 사
子謂子賤하시다 **君子哉**라! **若人**이여! **魯無君子者**면 **斯焉取斯**리오?

[배경 설명]

자천(子賤)에 대한 인물평이다. 공자께서 자천의 덕이 노나라의 현인과 군자로부터 비롯된 것을 알고 그를 군자답다고 평하셨다. 君子(군자)는 군자답다, 若(약)은 이, 者(자)는 가정, ~하

면, 斯(사)는 이, 焉(언)은 어떻게를 뜻한다.

자천(子賤)은 공자의 제자로 성은 복(宓), 이름은 부제(不齊), 자는 자천(子賤)이다. 자천이 선보(單父)의 재(宰)가 되어 선보를 잘 다스렸고, 자신보다 지위가 낮은 다섯 사람의 현인에게 학문을 배운다는 것을 공자에게 말하자 그 군자다움을 높게 평한 것이다. 자천이 군자가 될 수 있었던 것은 노나라에 현인과 군자가 많아 그들로부터 덕을 터득했기 때문이다. 또한 자천은 어진이를 존경하고 훌륭한 벗을 취하여 덕을 이룬 사람이다. 따라서 공자께서 자천의 어짊을 칭찬하시고, 노나라에 훌륭한 군자가 많은 좋은 환경을 지적한 것이다.

[단문 설명]

▶ 君子哉! 若人! 군자재! 약인!! (과연) 군자답도다! 이 사람이여! 君子: 전용 형용사, 군자답다. 若: 이.

▶ 魯無君子者 노무군자자 노나라에 군자가 없다면. 者: 가정, ~하면.

▶ 斯焉取斯? 사언취사? 이 사람(자천)이 어떻게 군자다움을 취할 수 있었겠는가? 斯: 子賤. 焉: 어떻게, 어찌. 斯: 君子哉의 君子.

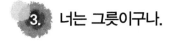

3. 너는 그릇이구나.

[해석 본문]

자공이 물었다. "사는 어떻습니까?" 공자께서 말씀하셨다. "너는 그릇이구나." 자공이 다시 물었다. "어떤 그릇입니까?" 공자께서 대답하셨다. "호련이다."

자공 문왈 사야 하여 자왈 여 기야 왈 하기야 왈 호련야
子貢이 問曰 賜也는 何如리오? 子曰 女는 器也니라 曰 何器也리오? 曰 瑚璉也니라

[배경 설명]

자공(子貢)에 대한 인물평이다. 女(여)는 너, 器(기)는 그릇, 쓸모 있는 재목, 瑚璉(호련)은 종묘에서 오곡을 담아 신에게 바칠 때 쓰던 제기(祭器)를 뜻한다.

子貢(자공)은 공문십철(孔門十哲)의 한 사람으로 성은 단목(端木), 이름은 사(賜), 자는 자공(子貢)이다. 그는 정치와 언어에 뛰어났고, 노(魯)나라와 위(衛)나라의 재상이 되었다. 또한 그

는 경제에 대한 예측 능력이 뛰어나 돈을 많이 벌었고, 경제적으로 공자를 도왔으며, 공문의 번영은 그의 경제적 원조에 의한 바가 컸다고 한다.

賜(사)는 자공(子貢)의 이름으로 자기 자신을 지칭할 때 자신의 이름을 썼다. 器(기)란 그릇, 정하여진 용도로만 쓰이는 것이다. 호련(瑚璉)은 종묘의 제사 때 곡식을 담아 신에게 바치는 그릇으로 옥(玉)으로 장식하였고, 고귀한 인물이나 인재를 비유한다.

자공이 공자에게 자신에 대한 평을 요청하자 공자는 그릇인데, 그릇 중에서 호련이라고 답한다. 그릇이란 정해진 용도 이외에는 사용하기 어려운 용량과 용도가 제한된 그릇이다. 자공이 그릇이긴 하나 좀 중요하고 큰 그릇 정도는 된다고 공자께서 답하신 것이다. 공자께서는 자공을 군자라 하였고, 자공이 비록 불기(不器)의 경지에는 이르지는 못하였으나 귀한 그릇 정도는 된다. 그러나 군자는 "기물이 아니다(君子不器: 第二篇 爲政 12)"와 비교하면 낮은 평가이다. 따라서 자공은 많은 재능을 갖고 있었지만 실리를 중시하였기에 특정한 용량과 용도에 쓰이는 그릇이긴 하나 좀 귀한 그릇으로 평하신 것이다.

[단문 설명]

▶ **賜也何如?** 사야하여? 사는 어떤가? 賜: 자공. 也: 후치사. 何如: 의문문에서 도치.

▶ **女器也** 여기야 너는 그릇이구나. 女: 너. 器: 그릇, 쓸모 있는 재목.

▶ **瑚璉也** 호련야 호련이다. 瑚璉: 종묘에서 오곡을 담아 신에게 바칠 때 쓰던 제기.

 4. 뛰어난 말재주는 자주 남에게 미움만 받을 뿐이다.

[해석 본문]

어떤 사람이 말하였다. "옹은 어질기는 하나 말재주가 없습니다." 공자께서 말씀하셨다. "말재주를 어디에다 쓰겠는가? 뛰어난 말재주로 남의 (말을) 막아 자주 남에게 미움만 받을 뿐이다. 그가 어진지는 알지 못하나 말재주를 어디에다 쓰겠는가?"

혹왈 옹야 인이불녕 자왈 언용녕 어인이구급 누증어인
或曰 雍也는 仁而不佞이로다 子曰 焉用佞이리오? 禦人以口給하여 屢憎於人하니라

不知其仁이니와 焉用佞이리오?

[배경 설명]

옹(雍)에 대한 인물평이다. 말 잘하는 사람은 진실성이 없어서 남에게 미움을 살 따름이다. 或(혹)은 어떤 사람, 曰(왈)은 말하다, 佞(녕)은 말재주가 좋다, 禦(어)는 막다, 口給(구급)은 뛰어난 말재주, 구변, 屢(누)는 자주, 憎(증)은 밉다를 뜻한다.

옹(雍)은 공자의 제자로 성은 염(冉), 이름은 옹(雍), 자는 중궁(仲弓)이다. 공자의 제자 중 안연과 더불어 덕행이 높고, 중후하고 소탈하고 과묵한 편이었으나 말재주가 부족했다. 그런데 당시 사람들은 말을 잘하는 것을 현명하다고 여겼다.

어떤 사람이 염옹을 무뚝뚝하다고 비난하자 공자께서 "말재주를 어디에다 쓰겠는가?" 하시면서 군자에겐 말재주란 쓸모없다고 반박하고, 제자를 두둔한 것이다. 구변 좋은 사람이 남의 말을 막는 것은 단지 입으로 약삭빠르게 말할 뿐이지 진실성이 없어서 남들에게 미움을 받는 일이 많다. 공자께서 염옹이 말재주가 없는 것이 바로 흠될 것이 없다고 말씀하신 것이다. 따라서 말보다 행동을 앞세우며, 말은 항상 삼가고 신중하라는 교훈이다.

[단문 설명]

▶ 或曰 혹왈 어떤 사람이 말하다. 或: 어떤 사람. 曰(왈): 말하다.

▶ 雍也 仁而不佞 옹야 인이불녕 옹은 어질기는 하나 말재주가 없습니다. 雍: 공자의 제자. 也: 주격후치사, 而: 역접접속사, ~하나. 佞: 말재주가 좋다.

▶ 焉用佞? 언용녕? 말재주를 어디에 쓰겠는가? 焉: 의문부사, 어디. 焉用: 의문문에서 목적어와 동사가 도치(用焉).

▶ 禦人以口給 어인이구급 뛰어난 말재주로 남의 (말을) 막아. 禦: 막다, 멈추다. 以: 수단 · 방법 전치사. 口給: 뛰어난 말재주, 구변.

▶ 屢憎於人 누증어인 자주 다른 사람에게 미움만 받을 뿐이다. 屢: 자주, 여러, 번거롭다. 憎: 밉다. 於: 피동 전치사.

▶ 不知其仁 부지기인 그가 어진지는 알지 못하나. 不知: 알지 못한다. 其: 그.

127

5. 벼슬하는 것에 대해 아직 자신할 수 없다.

[해석 본문]

공자께서 칠조개에게 벼슬을 하라고 하시자, 그가 대답하였다. "저는 벼슬하는 것을 아직 자신할 수 없습니다." 공자께서 (이 말을 듣고) 기뻐하셨다

자   사 칠 조 개   사   대 왈   오 사 지 미 능 신   자 열

子 使漆雕開로 **仕**하시자 **對曰 吾斯之未能信**이로다 **子說**하시다

[배경 설명]

공자가 칠조개가 학덕과 재능이 충분하여 그에게 벼슬을 권했다. 使(사)는 하게 하다, 仕(사)는 벼슬하다, 未能(미능)은 아직 ~을 할 수 없다, 說(열)은 기뻐하다를 뜻한다.

칠조개(漆雕開)는 공자의 제자로 성은 칠조(漆雕), 이름은 개(開) 또는 계(啓), 자는 자약(自若)이다. 공자가 칠조개에게 벼슬을 권한 것은 칠조개가 그만한 학덕이 있었기 때문이었다. 그러나 칠조개가 벼슬에 자신이 없다고 한 것은 스스로 겸양한 것이니, 그 겸양이 공자를 더욱 기쁘게 하였다. 칠조개는 스스로 말하기를 "아직 자신할 수 없어 다른 사람을 다스릴 수 없습니다." 따라서 공자께서 칠조개의 뜻이 돈독하고 겸양하여 기뻐하신 것이다.

[단문 설명]

▶ **子使漆雕開仕** 자사칠조개사 공자께서 칠조개에게 벼슬을 하라고 하시다. 使: 사역동사, ~하게 하다. 漆雕開: 공자의 제자. 仕: 벼슬을 하다, 출사하다.

▶ **吾斯之未能信** 오사지미능신 저는 벼슬하는 것을 아직 자신할 수 없다. 吾: 나. 斯: 仕. 之: 후치사로 斯를 목적어로 함. 斯之未能信: 未能信斯. 未能: 아직 ~을 할 수 없다.

▶ **子說** 자열 공자가 (이 말을 듣고) 기뻐하다. 說(열): 기뻐하다.

6. 재능이 없는 용맹은 사리를 분별하는 것이 부족하다.

[해석 본문]

공자께서 말씀하셨다. "도가 행해지지 않으니, 뗏목을 타고 바다로 나아간다면, (이 때) 나를 따라올 사람은 아마 자로일 것이다." 자로가 이 말씀을 듣고 기뻐하자, 공자께서 말씀하셨다. "자로가 용맹을 좋아하는 것이 나를 능가하나 사리를 분별할 재능이 없구나."

子曰 道不行이니 乘桴하고 浮于海하면 從我者는 其由與이니라 子路聞之하고 喜하자

子曰 由也는 好勇이 過我나 無所取材로다

[배경 설명]

자로에 대한 인물평과 군주에 대한 한탄이다. 行(행)은 행해지다, 乘(승)은 타다, 桴(부)는 뗏목, 浮(부)는 물에 뜨다, 從(종)은 따르다, 過(과)는 능가하다, 材(재)는 사리를 분별하다를 뜻한다.

子路(자로)는 공문십철(孔門十哲)의 한 사람으로 성은 仲(중), 이름은 由(유), 자는 子路(자로) 또는 季路(계로)이다. 그는 계씨(季氏)의 재(宰)가 되었기에 계로(季路)라고 한다. 그는 용맹하여 공자의 안전과 경호에 많은 도움을 주었고, 위나라에서 난을 만나 의리를 지키다 죽었다.

공자께서 뗏목을 타고 바다로 나아가겠다는 것은 세속을 등지고 은거하겠다는 것이다. 이것은 자신을 등용할 현명한 군주가 없는 것에 대한 공자의 탄식이다(浮海之歎). 그런데도 자로는 의로운 일에는 남달리 용감하나 공자의 안타까운 심정을 헤아리지 못하더라도 공자께서는 나를 따를 자는 자로라는 말에 기뻐하였다. 이에 공자가 그 용기를 칭찬하면서도 재목이 없어 뗏목을 만들 수 없으니 바다로 나아갈 수 없다고 하셨다. 이는 자로가 사리를 헤아리지 못한다고 하신 것이다. 따라서 공자께서 자로의 용맹을 칭찬하셨으나 재능이 없는 용맹은 사리를 헤아리는 데는 부족하다고 훈계하신 것이다.

[단문 설명]

▶ 道不行 도불행 도가 행해지지 않으니. 道: 공자의 정치적 이상. 行: 행해지다.

▶ 乘桴 浮于海 승부 부우해 뗏목을 타고 바다로 나아간다면. 乘: 타다. 桴: 뗏목. 浮: 뜨다. 于: ~에.

▶ 從我者 其由與 종아자 기유여 (이 때) 나를 따를 사람은 아마 자로일 것이다. 從: 따르다. 者: 사람. 其: 아마. 由: 자로. 與: 추측종결사.

▶ 子路 聞之喜 자로 문지희 자로가 이 말씀을 듣고 기뻐하자. 子路: 由. 喜: 기뻐하다.

▶ 由也 好勇過我 유야 호용과아 자로가 용맹을 좋아하는 것이 나를 능가하나. 也: 주격후치사. 勇: 용감하다, 過: 능가하다.

▶ 無所取材 무소취재 사리를 분별할 재능이 없구나. 사리를 분별할 줄 모른다. 材: 분별하다.

 7. 개인의 장단점을 평가하여 교육을 한다.

[해석 본문]

맹무백이 물었다. "자로는 어집니까?" 공자께서 말씀하셨다. "알지 못하겠다." (맹무백이) 다시 묻자, 공자께서 대답하셨다. "유는 천승을 가진 나라에서 그 군사를 다스리게 할 수는 있으나 그가 어진지는 알지 못하겠다."

^{맹 무 백 문} ^{자 로} ^{인 호} ^{자 왈 부 지 야} ^{우 문} ^{자 왈 유 야} ^{천 승 지 국}
孟武伯問 子路는 仁乎리오? 子曰 不知也로다 又問한대 子曰 由也는 千乘之國에
^{가 사 치 기 부 야} ^{부 지 기 인 야}
可使治其賦也이나 不知其仁也로다

"구는 어떻습니까?" 하고 묻자, 공자께서 말씀하셨다. "구는 천호의 큰 고을과 백승을 가진 경대부의 집에서 가신의 수장이 될 수 있으나 그가 어진 지는 알지 못하겠다."

^{구 야} ^{하 야} ^{자 왈 구 야} ^{천 실 지 읍} ^{백 승 지 가} ^{가 사 위 지 재 야}
求也는 何如리오? 子曰 求也는 千室之邑과 百乘之家에 可使爲之宰也어나
^{부 지 기 인 야}
不知其仁也로다

"적은 어떻습니까?" 하고 또 물으니, 공자께서 또 대답하셨다. "적은 예복을 갖추고 조정에 나아가 빈객을 맞아 대화를 나누게 할 수는 있으나 그가 어진 지는 알지 못하겠다."

^{적 야}　　^{하 야}　　　^{자 왈} ^{적 야}　　^{속 대 입 어 조}　　　^{가 사 여 빈 객 언 야}
赤也는 何如리오? 子曰 赤也는 束帶立於朝하고 可使與賓客言也이나
^{부 지 기 인 야}
不知其仁也로다

[배경 설명]

　맹무백의 요청으로 자로(유), 염유(구), 공서적(적)에 대한 인물평을 한 것이다. 賦(부)는 군사, 宰(재)는 가신의 수장, 束帶(속대)는 예복, 立(립)은 나아가다, 治(치)는 다스리다, 朝(조)는 조정, 可(가)는 할 수 있다, 賓客(빈객)은 손님, 言(언)은 대화하다를 뜻한다.

　孟武伯(맹무백)은 노나라의 대부로 이름은 彘(체), 시호는 武(무)이다. 子路(자로)는 공문십철의 한 사람으로 성은 仲(중), 이름은 由(유), 자는 子路(자로)이다. 그는 성격이 거칠고 용맹스럽고 의지가 강하고 정직하였다. 冉有(염유)는 공문십철의 한 사람으로 이름은 求(구), 자는 子有(자유)이고, 나약하고 소극적이며 소심했다. 公西赤(공서적)은 공자의 제자로 성은 公西(공서), 이름은 赤(적), 자는 子華(자화)이고, 예절에 밝아 공자께서 제나라로 심부름을 보냈으며, 공자께서 세상을 떠나셨을 때 공자의 장례 절차를 주관하였다.

　국(國)은 제후의 나라이다. 토지의 세금에 따라 군사를 징병하였으므로 부(賦)는 군사(軍事)이다. 천실(千室)은 호구(戶口) 수가 천인 큰 읍(邑), 백승(百乘)은 말 네 마리가 끄는 전차 백 대를 가지고 있는 경대부이다. 재(宰)는 읍장(邑長)이나 대부의 가신(家臣)이다.

　맹무백이 공자의 제자 중 관리로 등용될 만한 사람이 있는지를 파악하기 위해 공자에게 재차 물으니 공자는 그의 진의를 알아 그들의 장점을 평가하였다. 자로는 군사에, 염유는 행정에, 공서적은 외교에 재능이 있다고 평하였다. 따라서 이들은 아직 최고의 경지인 인에는 이르지는 못하였으나 뛰어난 재능이 있으니 관리 능력은 충분하다고 평하였다.

[단문 설명]

▶ 子路仁乎? 자로인호? 자로는 어집니까? 子路: 공자의 제자. 乎: 의문종결사.

▶ 不知也 부지야 알지 못하겠다. 也: 서술종결사.

▶ 又問 우문 (맹무백)이 다시 묻다.

▶ 由也 千乘之國 유야 천승지국 유는 천승을 가진 나라에서. 也: 후치사.

▶ 可使治其賦 가사치기부 그 군사를 다스리게 할 수 있으나. 治: 다스리다. 其: 千乘之國. 賦: 군사.

▶ 不知其仁也 부지기인야 그가 어진지는 알지 못하겠다.

▶ 求也 何如? 구야 하여? 구는 어떻습니까? 求: 공자의 제자.

▶ 可使爲之宰 가사위지재 천호의 큰 고을과 백승을 가진 경대부의 집에서 가신의 수장이 될 수 있으나. 爲: 되다. 宰: 가재, 즉 가신의 수장. 之: 千室之邑, 百乘之家.

▶ 赤也 何如? 적야 하여? 적은 어떻습니까? 赤: 공서적. 也: 주격후치사.

▶ 束帶 立於朝 속대 립어조 예복을 갖추고 조정에 나아가. 束帶: 예복. 立: 나아가다. 朝: 조정.

▶ 可使與賓客 言也 가사여빈객 언야 빈객을 맞아 대화를 나누게 할 수는 있으나. 可: 할 수 있다. 使: 사동사. 與: 더불어. 賓客: 손님. 言: 대화하다.

8. 안회만 못하다.

[해석 본문]

공자가 자공에게 말씀하셨다. "너와 안회 중에 누가 뛰어난가?" 이에 자공이 대답하였다. "제가 어떻게 감히 안회를 바라보겠습니까? 안회는 하나를 들으면 열을 알고, 저는 하나를 들으면 둘을 압니다." 이에 공자께서 말씀하셨다. "(안회만) 못하다. 나와 너는 (안회만) 못하다."

자 위자공왈 여여회야 숙유 대왈 사야 하감망회 회야
子 謂子貢曰 女與回也로 孰愈오? 對曰 賜也는 何敢望回리오? 回也는
문일이지십 사야 문일이지이 자왈 불여야 오여녀
聞一以知十하고 賜也는 聞一以知二하이다 子曰 弗如也니라 吾與女는
불여야
弗如也하니라

[배경 설명]

안회에 대한 인물평이다. 愈(유)는 뛰어나다, 敢(감)은 감히, 望(망)은 바라보다, 以(이)는 ~하여, 弗如(불여)는 같지 못하다를 뜻한다.

賜(사)는 성은 단목(端木), 이름은 사(賜), 자는 자공(子貢)이다. 그는 정치와 언어에 뛰어나니 결국 노나라와 위나라의 재상이 되었다. 또한 그는 경제에 대한 예측 능력이 뛰어나 돈을 많이 벌었고, 경제적으로 공자를 도왔다.

회(回)는 안회(顔回)이다. 안회는 덕행에 뛰어났고, 성품이 어질고 학문을 좋아하였으나 32세에 요절하였다. 공자는 그가 열매를 맺지 못하고 일찍 죽었으니 안타깝게 생각했다. 자공은

언어에 뛰어났고 공자보다 낫다는 평을 받았다.

하나를 들으면 열을 아는 문일지십(聞一知十)은 상지(上智)의 자질로 태어나 아는 것, 하나를 들으면 둘을 아는 문일지이(聞一知二)는 중지(中智) 이상의 자질로 배워서 아는 재주이다. 자공은 평소에 자신은 안회에 견주어 따라갈 수 없다고 생각했다. 안회는 지혜가 영민하여 시작만 보아도 끝을 알았고, 자공은 추론해야 알았다. 따라서 공자가 자신도 안회에 미치지 못한다고 하면서 자공을 위로해 주었다.

[단문 설명]

▶ 子謂子貢曰 자위자공왈 공자가 자공에게 말씀하셨다.

▶ 女與回也 孰愈? 여여회야 숙유? 너와 안회 중에 누가 뛰어난가? 女: 너. 孰: 누구. 愈: 뛰어나다.

▶ 賜也 何敢望回? 사야 하감망회? 제가 어떻게 감히 안회를 바라보겠습니까? 賜: 자공. 何: 의문부사, 어떻게, 어찌. 敢: 감히. 望: 바라보다.

▶ 回也 聞一以知十 회야 문일이지십 안회는 하나를 들으면 열을 알고. 以: ~하면.

▶ 賜也 聞一以知二 사야 문일이지이 저는 하나를 들으면 둘을 압니다.

▶ 吾與女 弗如也 오여여 불여야 나와 너는 (안회만) 못하다. 與: 와. 女: 너. 弗如(之): 그와 같지 못하다. 也: 서술종결사.

 9. **썩은 나무는 조각할 수 없고, 썩은 흙은 담장을 손질할 수 없다.**

[해석 본문]

재여가 낮잠을 자자 공자께서 말씀하셨다. "썩은 나무는 조각을 할 수 없고, 썩은 흙으로 (쌓은) 담장은 흙손질을 할 수가 없다. 재여를 어찌 꾸짖을 것인가?" 공자께서 말씀하셨다. "처음에는 내가 사람을 (볼 때) 그의 말만 듣고 그의 행실을 믿었으나 이제 나는 사람을 (볼 때) 그의 말을 듣고 그의 행실을 살피게 되었다. 나는 재여 때문에 이것을 고치었다."

재여 주침　　자왈 후목　 불가조야　 분토지장　 불가오야　 어여여
宰予 晝寢하자 **子曰 朽木**은 **不可雕也**며 **糞土之牆**은 **不可杇也**니 **於予與**에
하주　　 자왈 시오 어인야　 청기언이신기행　 금오 어인야
何誅리오? **子曰 始吾 於人也**에 **聽其言而信其行**이나 **今吾 於人也**에

^{청 기 언 이 관 기 행} ^{어 여 여} ^{개 시}
聽其言而觀其行하노라 **於予與**에 **改是**이니라

[배경 설명]

낮잠 자기를 좋아하는 재여(宰予)에 대한 인물평이다. 朽(후)는 썩다, 雕(조)는 조각하다, 牆(장)은 담장, 杇(후)는 벽에 흙을 바르다, 誅(주)는 꾸짖다, 聽(청)은 듣다, 觀(관)은 살피다를 뜻한다.

宰予(재여)는 공문십철의 한 사람으로 이름이 여(予), 자는 자아(子我) 또는 재아(宰我)이다. 일찍이 제나라에서 벼슬하여 대부가 되었으나 뜻이 달랐던 원항에 의해 살해되었다.

재여는 언변에는 능했지만 행실이 말에 미치지 못하고, 매우 게을러서 번번이 낮잠을 즐겼다. 공자께서는 재여가 낮잠을 자고, 게으르고 편안히 지내는 것을 훈계하신 것이다. 따라서 공자께서 제자들을 깨우쳐서 말을 삼가고 행실을 힘쓰게 하려고 하신 것이다.

[단문 설명]

▶ **宰予晝寢** 재여주침 재여가 낮잠을 자다. 晝寢: 낮잠을 자다.

▶ **朽木 不可雕也** 후목 불가조야 썩은 나무는 조각을 할 수 없다. 朽: 썩다. 雕: 조각하다.

▶ **糞土之牆 不可杇也** 분토지장 불가후야 썩은 흙으로 (쌓은) 담장은 흙손질을 할 수가 없다. 糞: 썩다. 糞土: 썩은 흙. 牆: 담장. 杇: 벽에 흙을 바르다.

▶ **於予與 何誅?** 어여여 하주? 재여를 어찌 꾸짖을 것인가? 於: 목적격, 를. 與: 음절 조절 허사. 何誅: 의문문에서 도치. 誅(주): 꾸짖다.

▶ **始吾於人也** 시오어인야 내가 처음에는 사람을 (볼 때). 於: 목적격, 을, 앞에 觀 생략.

▶ **聽其言 而信其行** 청기언 이신기행 그의 말만 듣고 그의 행실을 믿었으나. 信: 믿다.

▶ **聽其言 而觀其行** 청기언 이관기행 그의 말을 듣고 그의 행실을 살피게 되었다. 觀: 살피다.

▶ **於予與 改是** 어여여 개시 나는 재여 때문에 이것을 고치었다. 於: 때문에.

⑩. 욕심은 불의와 타협하고 약하다.

[해석 본문]

공자께서 말씀하셨다. "나는 아직 강직한 사람을 보지 못하였다." 어떤 사람이 "신정이 (강직

합니다.)"라고 대답하자, 이에 다시 공자께서 말씀하셨다. "신정은 욕심이 있으니 어찌 강직한 사람일 수 있겠는가?"

자왈 오미견강자 　 혹 　 대왈 신정 　 자왈 정야 욕 　 언득강
子曰 吾未見剛者하시다 或이 對曰 申棖이니다 子曰 棖也는 慾이니 焉得剛이리오?

[배경 설명]

　申棖(신정)에 대한 인물평이다. 剛(강)은 강직하다, 未見(미견)은 아직 ~보지 못하다, 慾(욕)은 욕심스럽다, 焉(언)은 어찌, 得(득)은 할 수 있다를 뜻한다.

　申棖(신정)은 공문칠십이현(孔門七十二賢)의 한 사람으로 성이 신(申), 이름이 정(棖), 자는 주(周)이고, 그는 六藝(육예)에 능통하고, 고집이 세고 욕심이 많았다.

　사적 욕심이 있는 자는 굳세고 강할 수 없다. 욕심이 있으면 공평하지 못하고, 공평하지 못하면 강직하지 못하다. 仁과 義 앞에서 떳떳한 사람만이 강직하다. 따라서 굳은 의지는 不仁(불인)과 不義(불의)와 타협하지 않고 강하나 욕심은 이와 타협하고 약하다.

[단문 설명]

▶ 未見剛者 미견강자 아직 강직한 사람을 보지 못하였다. 未見: 아직 ~보지 못하다.

▶ 或對曰 申棖 혹대왈 신정 어떤 사람이 대답한다. 신정이 있습니다(강직합니다).

▶ 棖也慾 정야욕 신정은 욕심이 있으니. 也: 주격후치사. 慾: 욕심스럽다.

▶ 焉得剛? 언득강? 어찌 강직한 사람일 수 있겠는가? 焉: 어찌. 得: 조동사, ~할 수 있다.

 11. **다른 사람을 업신여기는 것도 원하지 않는다.**

[해석 본문]

　자공이 말하였다. "저는 다른 사람이 저를 업신여기는 것을 원하지 않듯이, 저도 또한 다른 사람을 업신여기는 것도 원하지 않습니다." 공자께서 말씀하셨다. "사야! 네가 (이 일은) 아직 할 수 있는 것이 아니다."

^{자 공 왈 아 불 욕 인 지 가 저 아 야} ^{오 역 욕 무 가 저 인} ^{자 왈 사 야}
子貢 曰 我不欲人之加諸我也를 吾亦欲無加諸人니이다 子曰 賜也아!
^{비 이 소 급 야}
非爾所及也니라

[배경 설명]

　자공(子貢)에 대한 인물평이다. 加(가)는 업신여기다, 爾(이)는 너를 뜻한다. 子貢(자공)은 공
문십철(孔門十哲)의 한 사람으로 성은 단목(端木), 이름은 사(賜), 자는 자공(子貢)이다. 그는
정치와 언어에 뛰어나 노나라와 위나라의 재상이 되었다.

　남이 나를 업신여기는 것을 원하지 않고, 나 또한 남을 업신여기는 일이 절대 없기를 원하는
것이 仁이다. 자기가 원하지 않는 일이면 남에게도 베풀지 않는 일은 恕(서)이다. 덕이 깊어져
저절로 그렇게 되는 것은 인이요, 의식적으로 그런 것을 하지 않으려는 것은 恕(서)이다. 서(恕)
는 자공(子貢)이 힘쓸 수 있으나 인은 미칠 수 있는 것이 아니다. 따라서 자공은 恕(서)에는 이
르렀으나 아직 仁(인)의 경지에는 미치지 못한 것이다.

[단문 설명]

▶ 我不欲 人之加諸我也 아불욕 인지가저아야 저는 다른 사람이 저를 업신여기는 것을 원하지 않
　다. 加: 업신여기다. 諸: 목적격 전치사, 를.
▶ 亦欲無加諸人 역욕무가저인 또한 다른 사람을 업신여기는 것도 원하지 않는다. 無: 不.
▶ 非爾所及也 비이소급야 네가 (이 일은) 아직 할 수 있는 것이 아니다. 爾: 너. 及: 하다.

12. 본성과 천도는 다른 사람에게 들을 수 없다.

[해석 본문]

　자공이 말하였다. "부자의 문장은 (다른 사람에게) 들을 수 있으나 부자께서 말씀하신 본성과
천도는 (다른 사람에게) 들을 수 없습니다."

^{자 공 왈 부 자 지 문 장} ^{가 득 이 문 야} ^{부 자 지 언 성 여 천 도} ^{불 가 득 이 문 야}
子貢曰 夫子之文章은 可得而聞也이나 夫子之言性與天道는 不可得而聞也니라

[배경 설명]

공자의 가르침에 대한 자공의 평이다. 부자(夫子)는 제자가 스승을 높여 부르는 말로 공자 (孔子), 可得而(가득이)는 할 수 있다, 聞(문)은 듣다, 與(여)는 과, 와를 뜻한다.

文章(문장)은 공자께서 가르친 내용으로 문화적으로 빛나는 문물제도, 육예(六藝)와 예의범 절(禮儀凡節)이다. 성(性)은 인간의 타고난 성품, 천도(天道)는 하늘의 도리다. 부자의 문장(文章)은 배우는 자들이 함께 들을 수 있으나 공자께서 성(性)과 천도(天道)를 적게 말씀하시어 배 우는 자들이 들을 수 없었다. 왜냐하면 성인(聖人)의 문하에서는 가르침이 등급이 있으므로 자 공은 이 때에 비로소 듣고는 그 훌륭함에 감탄한 것이다. 따라서 공자의 교훈을 듣고 실천하려 는 자공의 행동은 본받을 만하다.

[단문 설명]

▶ 夫子之文章 부자지문장 부자의 문장은. 文章: 문물제도, 육예, 예의범절.

▶ 可得而聞也 가득이문야 (다른 사람에게) 들을 수 있다. 可得而: 조동사, ~할 수 있다.

▶ 言性與天道 언성여천도 말씀하신 본성과 천도는. 性: 본성.

▶ 不可得而聞也 불가득이문야 (다른 사람에게) 들을 수 없다. 不可得而: ~할 수 없다.

 13. 교훈을 아직 실천하지 못했으면서도 새로운 교훈을 염려하였다.

[해석 본문]

자로는 (가르침을) 듣고 그것을 아직 행하지 못하면서도 오직 (또 다른 가르침이) 있을까 염 려하였다.

子路는 有聞이오 未之能行하면 惟恐有聞하더라
(자로) (유문) (미지능행) (유공유문)

[배경 설명]

자로가 학문하는 태도에 대한 평이다. 聞(문)은 공자로부터 들은 가르침, 唯(유)는 오직, 恐 (공)은 염려하다를 뜻한다.

자로(子路)는 성격이 거칠고 용맹스러운 일과 힘쓰는 일을 좋아하고 의지가 강하고 정직하였다. 그는 좋은 말을 들으면 반드시 실행하는 데 용감하나 다른 문인(門人)들은 자로를 스스로 따라갈 수 없었다. 자로는 이전에 이미 들은 가르침을 미처 행하지 못하면 또 다른 새로운 가르침이 있을 것을 염려하였다. 학문은 배우고 익혀 실행하여야 한다. 비록 가르침을 받았다 하더라도 이를 실행하지 못하면 배우지 않은 것과 같으니, 자로는 이를 두려워했다. 따라서 공자의 가르침을 듣고 실천하려는 자로의 행동은 본받을 만하다.

[단문 설명]

▸ **子路有聞** 자로유문 자로는 (가르침을) 듣고. 聞: 공자로부터 들은 가르침, 교훈.
▸ **未之能行** 미지능행 그것(가르침)을 아직 행하지 못하다. 未: 아직 ~하지 못하다. 之: 聞의 내용, 부정문에서 목적어가 동사 앞에 전치. 能: 할 수 있다.
▸ **唯恐有聞** 유공유문 오직 (또 다른 가르침이) 있을까 염려하다. 唯: 오직. 恐: 염려하다.

14. 배우기를 좋아하고 아랫사람에게 묻기를 부끄럽게 여기지 않았다.

[해석 본문]

자공이 물었다. "공문자를 어찌하여 문이라는 (시호로) 불렀습니까?" 공자께서 말씀하셨다. "(그는) 총명하고도 배우기를 좋아하였으며, 아랫사람에게 묻기를 부끄럽게 여기지 않았다. 이런 까닭으로 그를 문이라 불렀다."

子貢이 問曰 孔文子를 何以謂之文也리오? 子曰 敏而好學하며 不恥下問이라
是以謂之文也니라

[배경 설명]

공문자(孔文子)에 대한 인물평이다. 謂(위)는 부르다, 敏(민)은 총명하다, 恥(치)는 부끄럽게 여기다, 下問(하문)은 아랫사람에게 묻다, 是以(시이)는 이런 까닭으로를 뜻한다.

공문자(孔文子)는 위나라 대부 공어(孔圉)이고, 文(문)은 그의 시호이다. 시호(諡號)란 생전의 언행과 공적에 따라 사후에 정하는데, 文은 가장 높은 단계의 시호이다. 공문자는 욕심이 많고 충성심이 부족한 인물인데도 文이라는 시호를 받았기 때문에 자공이 공자에게 이유를 물었다. 이에 공자는 "대체로 성품이 총명한 사람은 배우기를 좋아하고, 지위가 높은 사람은 아랫사람에게 묻기를 부끄럽게 여긴다."고 답한 것이다.

공문자가 태숙질(太叔疾)에게 그의 부인을 쫓아내게 하고는 자신의 딸인 공길을 후처로 삼게 하였다. 그 후 태숙질이 전처의 여동생과 정을 통한 일이 발각되어 공문자가 태숙질을 치려고 하니, 그는 송나라로 도망갔다. 결국 공문자는 태숙질의 아우인 유(遺)에게 공길을 아내로 맞이하게 하였다.

공문자의 좋지 못한 행동을 안 자공이 공자에게 공문자가 죽은 뒤에 문이라는 시호를 받은 이유를 물은 것이다. 그러나 공자는 공문자의 좋지 못한 행동을 덮어두고 그의 좋은 점을 옹호한 것이다. 따라서 악하거나 약한 사람에게도 장점이 있으니 그것을 찾아내어 올바로 평가하라는 교훈을 자공에게 준 것이다.

[단문 설명]

▶ 何以 謂之文也? 하이 위지문야? 공문자를 어찌하여 문이라는 (시호로) 불렀습니까? 何以: 의문문에서 以何 도치. 謂: 부르다. 之: 孔文子.

▶ 敏而好學 민이호학 (그는) 총명하고도 배우기를 좋아하였으며. 敏 총명하다. 而: 순접접속사.

▶ 不恥下問 불치하문 아랫사람에게 묻기를 부끄럽게 여기지 않았다. 恥: 부끄럽게 여기다. 下問: 아랫사람(학식이 자기보다 못한 사람)에게 묻다.

▶ 是以 謂之文也 이시 위지문야 이런 까닭으로 그를 문이라 불렀다. 是以: 이런 까닭으로, 以是의 도치. 是: 敏而好學不恥下問.

 15. 백성을 다스림이 은혜로웠고, 백성을 부림이 의로웠다.

[해석 본문]

공자께서 자산을 평하셨다. "군자의 도가 네 가지 있었으니, 자신의 행실이 공손했고, 윗사람을 섬김이 공경했고, 백성을 다스림이 은혜로웠고, 백성을 부림이 의로웠다."

자 위 자 산　　　유 군 자 지 도 사 언　　　기 행 기 야 공　　　기 사 상 야 경
子謂子産하시다　有君子之道四焉이니　其行己也恭하며　其事上也敬하며

기 양 민 야 혜　　　기 사 민 야 의
其養民也惠하며　其使民也義니라

[배경 설명]

자산(子産)에 대한 인물평이다. 謂(위)는 평하다, 恭(공)은 공손하다, 敬(경)은 공경하다, 養(양)은 다스리다, 惠(혜)는 은혜롭다, 義(의)는 의롭다를 뜻한다.

공손교(公孫僑)는 정(鄭)나라 대부로 자는 자산(子産)이다. 그는 정나라의 뛰어난 재상으로서 정나라의 내정과 외교에 크게 공헌하였고, 공자가 흠모하고 좋아한 정치가였다. 그는 귀족정치를 철폐하고 토지 제도를 정비하여 농민 생활을 향상하고, 중국 최초의 성문법에 따라 법치주의를 시행하였다. 강국이던 진(晉)나라와 초(楚)나라 사이에서 약소국이었던 정나라는 그의 탁월한 외교력으로 국력이 크게 신장되었다.

행실이 공손함은 자신의 몸가짐이 공손한 것이요, 윗사람을 섬김에 공경함은 예의가 바른 것이다. 백성을 다스리는 것은 백성의 경제를 장려해 잘 살게 하는 것이요, 백성이 은혜롭다는 것은 백성을 어질게 다스려 선정을 베푸는 것이다. 백성을 부림에 의롭다는 것은 백성에게 세금과 부역을 공평하게 하는 것이다. 따라서 공자께서는 자산에게 백성을 다스릴 수 있는 자질인 공경혜양(恭敬惠養)이 있었다고 평하셨다.

[단문 설명]

▸ 子謂子産 자위자산 공자가 자산을 평하다. 謂: 평하다.

▸ 有君子之道 四焉 유군자지도 사언 군자의 도가 네 가지가 있다. 焉: 서술종결사.

▸ 其行己也恭 기행기야공 자신의 행실이 공손하다. 其: 子産. 也: 주격후치사.

▸ 其事上也敬 기사상야경 윗사람을 섬김이 공경하다. 事: 섬기다. 敬: 공경하다.

▸ 其養民也惠 기양민야혜 백성을 다스림이 은혜롭다. 養: 다스리다. 惠: 은혜롭다.

▸ 其使民也義 기사민야의 백성을 부림이 의롭다. 使: 부리다. 義: 의롭다.

16. 다른 사람과 사귀기를 잘한다.

[해석 본문]

공자께서 말씀하셨다. "안평중은 다른 사람과 잘 사귀는구나! 오래되어도 사람을 공경하는 구나!"

> 자왈 안평중 선여인교 구이경지
> 子曰 晏平仲은 善與人交로다! 久而敬之로다!

[배경 설명]

안평중(晏平仲)에 대한 인물평이다. 善(선)은 잘하다, 與(여)는 과, 人(인)은 사람, 交(교)는 사귀다, 久(구)는 오래되다, 敬(경)은 공경하다를 뜻한다.

안평중(晏平仲)은 제(齊)나라의 대부(大夫)로 성은 안(安), 이름은 영(嬰), 자는 중(仲), 시호는 평(平) 이고, 안자(晏子)라고도 한다. 그는 작은 키와 불품없는 외모에도 불구하고 총명과 말솜씨는 매우 뛰어났고, 반찬으로 한가지 이상의 고기를 먹지 않았으며, 집안의 여자들이 비단옷을 입지 못하게 하는 등 검소한 생활을 유지했다. 충직하게 군주를 보좌했고, 주변국과의 관계에서는 원칙과 예의로 제나라의 위상을 견고하게 하였다. 그는 근검절약과 실용주의를 중시하여 허례허식과 낭비를 배격했으니 사마천은 이러한 안자를 흠모했다

안평중은 오래 사귈수록 더욱 더 공경스럽게 사람을 대한다. 정자(程子)가 말하길, "사람은 사귀기를 오래하면 공경이 쇠해지니, 오래되어도 공경함이 있으면 사귀기를 잘한 것이다." 벗에게 항상 공경하는 태도를 유지해야 오래도록 사귈 수 있다. 따라서 안평중은 우정이 오랫동안 변하지 아니하고, 다른 사람을 공경하고, 좋은 관계를 유지했다고 평하셨다.

[단문 설명]

▸ 善與人交! 선여인교! 다른 사람과 잘 사귀는구나! 善: 잘한다. 與: 과. 人: 사람. 交: 사귀다.

▸ 久而敬之! 구이경지! 오래되어도 다른 사람을 공경하는구나! 久: 오래되다. 敬: 공경하다. 之: 人.

17. 미신을 신봉하고 숭배하는 사람은 지혜로운 사람이 아니다.

[해석 본문]

공자께서 말씀하셨다. "장문중이 큰 거북을 감추고, 지붕을 받치는 기둥에 산 모양을 조각하고, 짧은 기둥에는 수초를 그렸으니, 어찌 그가 지혜롭다고 하겠는가?"

자 왈 장 문 중 　 거 채 　 　 산 절 조 절 　 　 하 여 기 지 야
子曰 臧文仲이 居蔡하고 山節藻梲하니 何如其知也리오?

[배경 설명]

장문중(臧文仲)에 대한 인물평이다. 미신을 신봉하고 숭배하는 사람은 아무리 학덕이 높더라도 지혜로운 사람이 아니라는 공자의 평이다. 居(거)는 감추다, 蔡(채)는 큰 거북, 山節(산절)은 지붕을 받치는 기둥에 산 모양을 조각하다, 藻梲(조절)은 짧은 기둥에 수초(水草)를 그리다, 知(지)는 지혜롭다를 뜻한다.

장문중(臧文仲)은 성은 장손(臧孫), 이름은 진(辰)이다. 그는 노나라 장공, 민공, 희공, 문공 4대에 걸쳐 50여 년 간 대부를 하였으나 공자는 그를 의롭지도 지혜롭지도 못하다고 하였다. "장문중은 아마도 그 벼슬을 훔친 자일 것이다. 유하혜의 현명을 알면서도 그와 같이 조정에 서지 않았다(衛靈公 15-14)."라고 유하혜를 높이 평가하셨으나 장문중을 낮게 평가하셨다.

山節(산절)은 지붕을 받치는 기둥에 산 모양을 조각하는 것이다. 藻梲(조절)은 짧은 기둥에 수초(水草)를 그리는 것이다. 점을 칠 때 사용하는 거북 껍질을 보관해 두는 방을 만들면서 지붕을 받치는 기둥에는 산(山) 모양을 조각하고, 들보 위 동자기둥에는 수초(水草)를 그려놓는 것은 천자의 사당 장식이다.

사람들은 장문중을 지혜롭다고 하였으나 공자께서 그가 인간의 도의(道義)에 힘쓰지 않고 귀신에게 아첨하고 사람들을 업신여겼으니, 지혜롭지 않다고 평하신 것이다. 큰 거북을 기르는 일은 천자나 제후만 할 수 있었으므로 대부인 장문중의 행동은 외람된 것이다. 따라서 공자는 장문중이 사치스럽고 외람된 행동을 지적하신 것이다.

[단문 설명]

▶ **臧文仲居蔡** 장문중거채 장문중이 큰 거북을 감추고. 居: 감추다, 보관하다. 蔡: 큰 거북.

▶ **山節藻梲** 산절조절 지붕을 받치는 기둥에 산 모양을 조각하고, 짧은 기둥에는 수초를 그렸으니. 山節: 지붕을 받치는 기둥에 산 모양을 조각하다. 藻梲: 짧은 기둥에 수초를 그리다.

▶ **何如其知也?** 하여기지야? 어찌 그가 지혜롭다고 하겠는가? 何如: 어찌 하겠는가? 어떤가? 其: 臧文仲. 知: 지혜롭다. 也: 의문종결사.

 18.1. 집행했던 영윤의 정사를 반드시 신임 영윤에게 인계하였다.

[해석 본문]

자장이 물었다. "영윤자문은 세 번 벼슬하여 영윤이 되었으나 기뻐하는 기색이 없었고, 세 번 벼슬을 그만두었으나 서운해하는 기색이 없었고, 자신이 집행했던 영윤의 정사를 반드시 신임 영윤에게 인계하였으니, 그는 어떻습니까?" 이에 공자께서 대답하셨다. "성실했다." 자공이 또 물었다. "그는 어질었습니까?" 이에 공자께서 말씀하셨다. "모르겠다만 어찌 어질다고 할 수 있겠는가?"

자장 문왈 영윤자문   삼사위영윤   무희색   삼이지   무온색
子張 問曰 令尹子文이 **三仕爲令尹**하나 **無喜色**하고 **三已之**하나 **無慍色**하고

구영윤지정   필이고신영윤   하여   자왈 충의   왈 인의호   왈
舊令尹之政을 **必以告新令尹**하니 **何如**리오? **子曰 忠矣**니라 **曰 仁矣乎**리오? **曰**

미지   언득인
未知하나 **焉得仁**이오?

[배경 설명]

자문(子文)에 대한 인물평이다. 영윤(令尹)은 초(楚)나라의 벼슬 이름으로 제후국의 재상이다. 三仕(삼사)는 세 번 벼슬하다, 爲(위)는 되다, 喜(희)는 기뻐하다, 色(색)은 얼굴빛, 已(이)는 그만두다, 政(정)은 정사, 행정, 正(바를 정)과 攴(칠 복)을 더하여 바르게 하는 행동으로 나라를 다스리는 일, 告(고)는 인계하다, 忠(충)은 성실하다를 뜻한다.

자문(子文)은 초나라의 대부로 성은 투(鬪), 이름은 곡어도(穀於菟)이다. 자문은 영윤이 되자 자기 집 재산으로 초나라의 경제적 어려움을 해소하였고, 28년 동안 영윤을 맡았다. 그는 영윤에 있으면서 하루도 녹봉을 받지 않았다. 성왕이 자문에게 녹봉을 줄 때마다 달아났다가 중지

하면 돌아왔다. 자문이 영윤을 세 번 부임하고 세 번 퇴임하면서도 기뻐하거나 서운해하지 않았다. 퇴임하면서 하던 일을 신임 영윤에게 인계해준 것도 역할에 충실한 것이다. 未知焉得仁(미지언득인)은 자문이 어진지에 대한 판단을 유보한 것이다. 따라서 자문이 비록 성실한 사람이기는 하나 그것만 갖고는 어진지를 판단할 수 없다고 한 것이다.

[단문 설명]

▶ 令尹子文 영윤자문 영윤 벼슬을 지낸 자문, 令尹: 재상. 子文: 초나라의 대부.

▶ 三仕爲令尹 삼사위영윤 세 번 벼슬하여 영윤이 되었으나. 仕: 벼슬하다. 爲: 되다.

▶ 無喜色 무희색 기뻐하는 기색이 없었고. 無: 주어가 뒤에 오는 형용사. 喜: 기뻐하다.

▶ 三已之 삼이지 세 번 벼슬을 그만두었으나. 已: 그만두다. 之: 令尹 벼슬.

▶ 舊令尹之政 구영윤지정 자신이 집행했던 영윤의 정사. 舊: 전임. 政: 정사.

▶ 必以告新令尹 필이고신영윤 반드시 신임 영윤에게 인계하였으니. 以: ~으로써, 舊令尹之政 생략. 告: 인계하다. 新: 신임.

▶ 何如? 하여? 어떠한가? 의문문에서 如何의 도치.

▶ 忠矣 충의 성실했다. 忠: 성실. 矣: 서술종결사.

▶ 仁矣乎? 인의호? 어집니까? 矣: 也보다 센 종결사. 乎: 의문종결사.

▶ 未知焉得仁? 미지언득인? 모르겠다만 어찌 어질다고 할 수 있겠는가? 焉: 어찌.

18.2. 청렴하나 인의 경지에는 이르지 못했다.

[해석 본문]

(자장이 말했다.) "최자가 제나라 군주를 시해하자 진문자는 말 십 승이 있었는데도, 그것을 모두 버리고 제나라를 떠나 다른 나라에 가서 '(여기 대부도) 우리나라 대부 최자와 같습니다.' (그런 후) 그 곳을 떠나 다른 나라에 가서, '(여기 대부도) 우리나라 대부 최자와 같습니다.'고 말하고 그 곳을 떠났는데, 그는 어떻습니까?"

최 자 시 제 군　　　진 문 자　유 마 십 승　　　기 이 위 지　　지 어 타 방　　　즉 왈
崔子 弑齊君하자 陳文子 有馬十乘인데도 棄而違之하고 至於他邦하되 則曰

^{유 오 대 부 최 자 야} ^{위 지} ^{지 일 방} ^{즉 우 왈 유 오 대 부 최 자 야} ^{위 지}
猶吾大夫崔子也하고 違之하며 之一邦하여 則又曰 猶吾大夫崔子也하고 違之한데
^{하 여}
何如리오?

공자께서 말씀하셨다. "(그는) 청렴하다." 또 자장이 다시 물었다. "어질었습니까?" 이에 공자께서 말씀하셨다. "모르겠다만 어찌 어질다고 할 수 있겠는가?"

^{자 왈} ^{청 의} ^왈 ^{인 의 호} ^왈 ^{미 지} ^{언 득 인}
子曰 淸矣니라 曰 仁矣乎리오? 曰 未知이나 焉得仁이오?

[배경 설명]

제나라 대부인 진문자(陳文子)에 대한 인물평이다. 弑(시)는 부모나 임금을 죽이다, 乘(승)은 말 네 마리, 違(위)는 떠나다, 至(지)는 가다, 猶(유)는 같다, 則(즉)은 ~하자마자, 淸(청)은 청렴하다를 뜻한다.

최자(崔子)는 제나라 대부이며 이름은 저(杼)이다. 그는 제나라 임금인 제장공(齊莊公)을 시해했다. 당시 대부였던 당공(棠公)이 죽자 그의 아내 강씨(姜氏)를 최자가 취하여 아들을 낳고, 장공(莊公)도 그녀와 사통하다 최자에 의해 죽었다.

진문자(陳文子)는 제나라 대부로 성은 진(陳), 이름은 수무(須無)이다. 제나라의 영공(靈公), 장공(莊公), 경공(景公) 시절의 권력가 최자가 의롭지 못하여 진문자는 부귀를 버리고 의로움을 찾아 제나라를 떠났다.

猶吾大夫崔子也(유오대부최자야)는 가는 나라마다 우리나라 최자와 같이 대부들이 임금을 능멸하는 것을 가리킨다. 진문자는 가는 나라마다 그 대부들이 임금을 능멸하였다고 말하고, 그 나라를 또 떠났다. 공자는 진문자가 청렴하지만 인에는 미치지 못했다고 평했다. 따라서 공자께서는 진문자가 청렴하나 인의 경지에는 이르지 못했다고 평하셨다.

[단문 설명]

▶ 弑齊君 시제군 제나라 임금(장공)을 시해하자. 弑: 부모나 임금을 죽이다. 齊君: 齊莊公.

▶ 有馬十乘 유마십승 말 십 승이 있었는데도. 乘: 말 네 마리.

▶ 棄而違之 기이위지 말 십 승을 버리고 제나라를 떠나. 棄: 버리다. 而: 순접. 違: 달아나다, 떠나다, 도망가다. 之: 제나라.

145

▶ **至於他邦** 지어타방 다른 나라에 가서. 至: 가다, 이르다. 他邦: 다른 나라.

▶ **猶吾大夫崔子也** 유오대부최자야 (여기 대부도) 우리나라 대부 최자와 같습니다. 猶: 같다.

▶ **之一邦 則又曰** 지일방 즉우왈 어떤 나라에 가자 또 ~라고 말하다. 則: 부사, ~하자마자.

 19. 사려 깊은 것은 좋지만, 지나치면 못 미치는 것만 못하다.

[해석 본문]

계문자는 세 번 생각한 후에야 행동하였다. 공자께서 이 말을 들으시고 말씀하셨다. "두 번 (생각하면) 좋다."

계 문 자 삼 사 이 후　　행　　 자 문 지 　　 왈 재 사 가 의
季文子 三思而後에 行하다 子 聞之하시고 曰 再斯可矣니라

[배경 설명]

노나라의 대부 계문자(季文子)에 대한 인물평이다. 思(사)는 생각하다, 而後(이후)는 한 후, 再(재)는 두 번, 斯(사)는 ~하면을 뜻한다.

계문자(季文子)는 노나라의 대부 계손씨(季孫氏)이며, 이름은 행보(行父), 시호는 文이고, 학식과 재능을 갖추고, 충성스럽고 신중하고, 앞날의 일까지 생각하며 행동하는 사람이다. 그는 삼환 중 막강한 계씨가문의 영주이며, 문공, 선공, 성공, 양공 4대에 걸쳐 재상을 지냈다.

계문자가 세상을 떠나자 그의 집에서 염을 했고, 군주와 대부들이 그 자리에 있었다. 계문자의 집에는 비단 옷을 입은 첩이 없었고, 곡식 먹는 말이 없었고, 금옥의 보배가 없었고, 같은 기물이 둘 이상 없었다. 이것을 본 군자는 계문자가 세 군주 밑에서 재상 노릇을 해도 사사로이 쌓아둔 재화가 없었으니 왕실에 충성을 다했다고 생각했다.

계문자는 일을 반드시 세 번 생각한 후에 하였는데, 공자는 이것이 너무 지나치다고 생각하여 두 번이면 충분하다고 한 것이다. 너무 생각이 많으면 의혹이 생기고, 의혹이 생기면 결단을 하기가 어려워진다. 군자는 깊게 생각하면서도 때로는 과단해야 한다. 따라서 사려 깊은 것은 좋지만, 지나치면 못 미치는 것만 못하다고 평하신 것이다.

[단문 설명]

▶ 三思而後行 삼사이후행 세 번 생각한 뒤에 실행하다. 思: 생각하다. 而後: 以後.

▶ 再斯可矣 재사가의 두 번 (생각하면) 좋다. 再: 두 번. 斯: ~하면.

 20. 나라에 도가 있으면 지혜롭게 행동했다.

[해석 본문]

공자께서 말씀하셨다. "영무자는 나라에 도가 있으면 지혜롭게 행동했고, 나라에 도가 없으면 어리석게 행동했으니, 그의 지혜는 따라갈 수 있겠으나 그의 어리석음은 따라갈 수 없다."

자왈 영무자 방유도즉지　방무도즉우　기지 가급야　기우
子曰 甯武子 邦有道則知하고 **邦無道則愚**하니 **其知**는 **可及也**이나 **其愚**는
불가급야
不可及也니라

[배경 설명]

영무자(甯武子)에 대한 인물평이다. 邦(방)은 나라, 則(즉)은 ~하면, 知(지)는 지혜롭다, 愚(우)는 어리석다, 可(가)는 할 수 있다, 及(급)은 따라가다를 뜻한다.

영무자(甯武子)는 문공(文公), 성공(成公) 때 위나라 대부로 성이 영(甯), 이름이 유(兪), 시호는 무(武)이다. 성공은 무도하여 나라를 잃고 그 목숨마저 위협을 받았다. 나라가 위난할 때 지혜로운 선비들은 벼슬하지 않고 떠났지만 영무자는 어리석은 척하고 성공의 마음을 돌리고 끝까지 지켰다. 방유도(邦有道)와 방무도(邦無道)를 치세(治世)와 난세(亂世)로 분별하는 영무자는 자기 몸을 보전하고 임금을 구제한 후 자취를 감추어 천수를 다하였다.

其愚(기우)는 어리석은 체하는 행동으로 이것은 아무나 할 수 없는 지혜인 것이다. 공자가 노나라를 떠나 위에 머물다가, 진(陳)나라로 가는 중 광(匡) 땅에서 억류당했을 때 영무자의 도움을 받아 풀려난 일화가 있어 영무자를 좀 높게 평한 것 같다. 따라서 공자는 나라에 도가 있으면 일을 지혜롭게 처리하는 진실한 지혜(知)는 따라갈 수 있지만, 나라에 도가 없으면 어리석은 체하는 위장 어리석음(愚)은 따라갈 수 없다고 영무자를 칭송하셨다.

[단문 설명]

▶ 甯武子 영무자 위나라 대부 영유(甯兪).

▶ 邦有道則知 방유도즉지 나라에 도가 있으면 지혜롭게 행동했고. 邦: 나라. 有: 주어가 뒤에 오는 동사. 則(즉): ~하면. 知: 지혜롭다.

▶ 邦無道則愚 방무도즉우 나라에 도가 없으면 어리석게 행동했으니. 愚: 어리석다.

▶ 其知可及也 기지가급야 그의 지혜는 따라갈 수 있겠으나. 知: 지혜. 可: 할 수 있다. 及: 따라가다. 也: 서술종결사.

▶ 其愚不可及也 기우불가급야 그의 어리석음은 따라갈 수 없다. 愚: 어리석음.

 21. 뜻이 크고 대범하지만 일이 치밀하지 못하다.

[해석 본문]

공자께서 진나라에 계실 때 말씀하셨다. "돌아가리라! 돌아가리라! 나의 고향에 있는 제자들은 (뜻이) 크고 대범하지만 (학문이) 단출하고, 화려하게 문장을 이루었지만 문장을 분별할 줄 모르는구나."

자 재진　　왈　귀여　귀여　오당지소자　광간　　비연성장
子 在陳할새 **曰 歸與! 歸與! 吾黨之小子 狂簡**하나 **斐然成章**이오
부지소이재지
不知所以裁之로다

[배경 설명]

공자의 고향 제자들에게 가르치는 학문에 관한 교훈이다. 공자가 제자들이 학문이 단출하고 문장을 분별하지 못해 학문하는 자세로 돌아가라고 훈계한 것이다. 歸(귀)는 돌아가다, 黨(당)은 고향, 小子(소자)는 제자, 狂(광)은 크고 대범하다, 簡(간)은 단출하다, 斐(비)는 화려하다, 章(장)은 문장, 所以(소이)는 방법, 裁(재)는 분별하다를 뜻한다.

陳(진)은 주나라 초에 순임금의 후예에게 봉해준 제후국이다. 공자께서 계환자와의 갈등으로 노나라를 떠나 위나라로 가서 영공(靈公)을 만나 자신의 정치를 실현하려 했으나 대부들의

모함으로 위나라를 떠나 진으로 가던 중 광(匡) 지역에서 억류되는 고난을 받게 되어 결국 고향인 노나라 추향(鄒鄕)으로 돌아가게 되었다.

歸與(귀여)는 공자가 자신의 정치사상을 받아들이는 나라가 없으니 이제 고향으로 돌아가 후학 양성에 힘쓰겠다는 뜻이다. 공자께서 여러 지방을 두루 돌아다니셨으나 도가 행해지지 않아 한탄하고 고향으로 돌아갈 생각을 하신 것이다. 공자는 이로써 십여 년에 걸친 유랑 생활을 끝내시고 고향의 제자들을 만난 것이다.

成章(성장)은 완성된 문장이나 글이다. 제자들이 화려한 문장을 이루었으나 이 문장을 다듬어 쓸 줄 모르는 것을 공자께서 지적하셨다. 따라서 고향에 돌아와 제자들이 화려하게 문장을 이루기만 하여 학문이 치밀하지 못하고 분별하지 못하는 것을 훈계하신 말씀이다.

[단문 설명]

▶ 在陳曰 재진왈 진나라에 계실 때 말씀하셨다.

▶ 歸與! 귀여! 돌아가리라! 歸: 돌아가다. 與: 감탄종결사.

▶ 吾黨之小子 狂簡 오당지소자 광간 나의 고향에 있는 제자들은 (뜻이) 크고 대범하지만 (학문이) 단출하다. 黨: 고향. 小子: 제자, 젊은이. 狂: 뜻이 크고 대범하다. 簡: 학문이 단출하다.

▶ 斐然成章 비연성장 화려하게 문장을 이루었지만. 斐: 화려하다. 然: 접미사, ~하게.

▶ 不知所以裁之 부지소이재지 문장을 분별할 줄 모르는구나. 所以: 방법. 裁: 분별하다. 之: 章.

22. 다른 사람의 악행을 생각하지 않으니 원망이 드물었다.

[해석 본문]

공자께서 말씀하셨다. "백이와 숙제는 (다른 사람의) 과거 악행을 생각하지 않았다. 이 때문에 원망이 드물었다."

子曰 伯夷叔齊는 不念舊惡이라 怨是用希니라

149

[배경 설명]

백이(伯夷)와 숙제(叔齊)에 관한 인물평이다. 念(념)은 생각하다, 怨(원)은 원망하다, 是用(시용)은 이로써, 이 때문에, 希(희)는 드물다를 뜻한다.

백이(伯夷)와 숙제(叔齊)는 고죽국(孤竹國) 임금의 두 아들로 고죽군의 왕위를 서로 양보했다. 이들은 주나라 무왕이 은나라의 주왕을 토벌하려 할 때 신하가 임금을 치는 것은 잘못이라며 무왕이 탄 말고삐를 잡고 만류하다가 뜻을 이루지 못했다. 끝내 은나라가 멸망하고, 주나라가 천하를 차지하자 백이숙제는 주나라의 곡식을 먹는 것을 수치로 생각하고, 수양산에 들어가 고사리로 연명하다가 죽었다. 그 후로 이들은 절개와 청렴의 상징이 되어 의인(義人), 현인(賢人)의 상징처럼 추앙받았다.

맹자(孟子)는 이들을 일컬어 "나쁜 임금의 조정에서 벼슬하지 않았고, 나쁜 사람과는 함께 말하지 않았으며, 무식한 사람과 서 있을 때에 그의 관이 바르지 않으면 뒤도 돌아보지 않고 떠나버려, 마치 자기가 오염될 것처럼 여겼다."고 평하셨다. 그러나 그들은 나쁜 사람이 잘못을 고치면 즉시 미워하는 마음을 끝냈다. 따라서 백이숙제는 다른 사람의 악행을 멀리했으나 악행을 고치면 악인을 미워하지 않아 사람들도 그들을 원망하지 않았다.

[단문 설명]

▷ **不念舊惡** 불념구악 (다른 사람의) 과거 악행을 생각하지 않았다. 念: 생각하다.

▷ **怨是用希** 원시용희 이 때문에 원망이 드물었다. 怨: 원망하다. 是用: 이 때문에, 목적어 是가 전치사 用의 앞에 전치, 是以와 같다. 希: 드물다.

 23. 있으면 있다고 하고, 없으면 없다고 하는 것이 정직이다.

[해석 본문]

공자께서 말씀하셨다. "누가 미생고가 정직하다고 하느냐? 어떤 사람이 식초를 얻고자 하였으나 (집에 식초가 없으므로) 그는 이웃집에서 식초를 얻어다 주었다."

자 왈 숙 위 미 생 고 직 혹 걸 혜 언 걸 저 기 린 이 여 지
子曰 孰謂微生高直고? 或이 乞醯焉이나 乞諸其隣而與之이니라

[배경 설명]

미생(微生)에 관한 인물평이다. 孰(숙)은 누가, 謂(위)는 ~라고 하다, 直(직)은 정직, 或(혹)은 어떤 사람, 乞(걸)은 구하다, 醯(혜)는 식초, 隣(린)은 이웃, 諸(저)는 ~에서, 焉(언)은 ~에서, 이 것을, 與(여)는 주다를 뜻한다.

미생(微生)은 노(魯)나라 사람으로 성이 미생(微生), 이름이 고(高)이고, 그는 평소에 정직하 다고 평판이 있었다. 미생고는 우직하게 약속을 지키는 곧은 사람의 표상으로 언급된다. 미생 고는 다리 밑에서 한 여자와 만나기로 했으나 그 여자는 오지 않았다. 그 날 비가 너무 많이 내 려 물이 불었다. 그 여자와의 약속 때문에 미생고는 다리를 떠나지 않고 기다리다 결국은 다리 기둥을 붙잡고 죽었다는 일화가 있을 정도로 우직했다.

미생고는 어느 날 어떤 사람이 식초를 빌리려고 왔을 때 자기 집에 식초가 없으므로 이웃집 에서 식초를 빌려 그 사람에게 주었다. 미생고는 식초가 없었으나 없다고 하지 않고, 남에게 빌 려다 준 것은 체면 때문에 위선한 것이니, 이는 정직하지 않은 것이다.

범씨(范氏)가 말하기를, "옳은 것은 옳다고 하고 그른 것은 그르다 하며, 있으면 있다고 하고, 없으면 없다고 하는 것이 정직이다(是曰是 非曰非 有謂有 無謂無 曰直)." 자신의 집에 식초가 없으면서 마치 있는 것처럼 빌려서 주는 것보다 오히려 없다고 솔직하게 말하고 다른 집에서 빌리라고 하는 것이 더 정직할 수 있다. 따라서 공자께서는 미생고가 남의 비위를 맞추고 체면 을 차렸으니 정직하지 않다고 하신 것이다.

[단문 설명]

▶ **孰謂微生高直?** 숙위미생고직? 누가 미생고가 정직하다고 하느냐? 孰: 누가. 謂: ~라고 하다.

▶ **或乞醯焉** 혹걸혜언 어떤 사람이 그에게 식초를 얻고자 하였으나. 或: 어떤 사람, 乞: 구하다, 구 걸하다. 醯: 식초. 焉: 於是. 是: 微生高.

▶ **乞諸其隣 而與之** 걸저기린 이여지 식초를 그의 이웃에서 얻어다가 주었다. 諸: ~에서. 隣: 이웃. 與: 주다. 之: 醯.

24. 원망을 감추고 그 사람을 친구로 삼는 것은 수치로 여긴다.

[해석 본문]

공자께서 말씀하셨다. "말을 교묘하게 잘하고 얼굴빛을 좋게 꾸미는 지나친 공손을 좌구명이 수치로 여겼는데, 나 또한 이를 수치로 여긴다. 원망을 감추고 그 사람을 친구로 삼는 것은 좌구명이 수치로 여겼는데, 나 또한 이를 수치로 여긴다."

> 자 왈 교 언 영 색 주 공　　좌 구 명　　치 지　　구 역 치 지　　　익 원 이 우 기 인
> 子曰 巧言令色足恭을 左丘明이 恥之한데 丘亦恥之하노라 匿怨而友其人을
> 좌 구 명　　치 지　　구 역 치 지
> 左丘明이 恥之한데 丘亦恥之하노라

[배경 설명]

가식적인 행실을 수치로 여겼던 左丘明(좌구명)에 대한 인물평이다. 巧(교)는 교묘하게 하다, 令(영)은 아름답다, 足(주)는 지나치다, 匿(익)은 감추다, 友(우)는 친구로 삼다를 뜻한다.

左丘明(좌구명)은 노나라의 역사가로 성은 좌구(左丘), 이름은 명(明)이며 춘추좌전(春秋左傳)을 저술하고, 공자가 존경하던 인물이지만 그 이력은 확실치 않다. 丘(구)는 공자이다.

巧言(교언)은 남의 환심을 얻기 위해 교묘히 꾸며서 하는 말이며, 令色(영색)은 아첨하는 얼굴빛이다. 교묘하게 말을 잘하여 아첨하고, 좋게 보이기 위해 안색을 꾸미는 것은 仁하는 자세가 아니다. 외면을 꾸며 남을 기쁘게 한다면 본심의 덕이 없어지며, 교묘한 말과 아첨하는 얼굴을 하는 사람은 어진 사람이 적지만, 강직하고 의연하고 소박하고 어눌한 자는 仁에 가깝다.

교언영색(巧言令色)과 익원우인(匿怨友人)은 담장을 뛰어넘는 도둑질보다 더 수치스런 것이다. 이것은 모두 가식적인 것으로 성품이 정직한 사람은 수치로 여긴다. 또한 좌구명은 이를 수치로 여겼으니, 그의 수양이 깊다고 할 수 있다. 따라서 임기응변과 아첨을 늘어놓는 사람은 어진 자가 아니므로 그를 조심하고 경계하라는 공자의 경고이다.

[단문 설명]

▶ 巧言 교언 말을 교묘하게 잘하다. 巧: 교묘하게 하다.
▶ 令色 영색 얼굴빛을 좋게 꾸미다. 令: 아름답다.

▶ 足恭 주공 지나친 공손. 足(지나칠 주): 지나치다. 恭: 공손하다.

▶ 恥之 치지 그것을 수치로 여겼는데. 恥: 부끄럽다.

▶ 匿怨 而友其人 익원 이우기인 원망을 감추고 그 사람을 친구로 삼다. 匿: 감추다. 怨: 원망. 友: 친구로 삼다.

 25. **유능을 자랑하지 않으며, 공로를 과시하지 않겠다.**

[해석 본문]

안연과 계로가 (공자를) 모시고 있을 때 공자께서 말씀하셨다. "어찌 너희들의 뜻을 각각 말하지 않는가?" 자로가 말하였다. "수레와 말, 옷과 가벼운 가죽옷을 벗들과 함께 쓰다가 해지더라도 유감이 없겠습니다."

_{안 연 계 로 시 자 왈 합 각 언 이 지 자 로 왈 원 거 마 의 경 구 여 붕 우 공}
顔淵 季路 侍에 子曰 盍各言爾志리오? 子路 曰 願車馬와 衣輕裘를 與朋友共해도
_{폐 지 이 무 감}
敝之而無憾하니이다

안연이 말하였다. "유능을 자랑하지 않으며, 공로를 과시하지 않겠습니다." 자로가 말하기를, "선생님의 뜻을 듣고 싶습니다." 공자께서 말씀하셨다. "노인들이 (나로) 인하여 편안하게 하고, 벗들이 (나를) 믿게 하고, 젊은이들이 (나를) 따르게 하겠다."

_{안 연 왈 원 무 벌 선 무 시 로 자 로 왈 원 문 자 지 지 자 왈 노 자}
顔淵 曰 願無伐善하며 無施勞하리다 子路 曰 願聞子之志하리다 子曰 老者를
_{안 지 붕 우 신 지 소 자 회 지}
安之하며 朋友를 信之하며 少者를 懷之니라

[배경 설명]

봉양, 신의와 존경에 관한 질문에 대한 대답이다. 侍(시)는 모시다, 盍(합)은 어찌 ~하지 않는가, 裘(구)는 갖옷(가죽 옷), 敝(폐)는 해지다, 憾(감)은 유감스럽게 여기다, 伐(벌)은 자랑하다, 善(선)은 유능, 施(시)는 과시하다, 勞(로)는 공로, 懷(회)는 따르다를 뜻한다.

안연(顔淵)은 자는 연(淵), 이름은 회(回)이고, 안회(顔回)라고 흔히 부른다. 그는 덕행에서 가장 뛰어났다. 子路(자로)는 성은 仲(중), 이름은 由(유), 자는 子路(자로) 또는 季路(계로)이다. 그는 의지가 강하고 정직하였고, 삼환(三桓)의 하나인 계씨(季氏)의 읍재(邑宰)를 지냈다.

자로는 벗과 재물을 함께 사용하는 우애를 중시했다. 안연은 유능이나 공로를 과시하지 않으니 도리를 지키고 수양에 몰두하는 것을 중시했다. 주역(周易)에 있는 "공로가 있어도 자랑하지 않는다(勞而不伐)."를 인용하였다. 자로는 의리(義理)에 용감하고, 안연은 자신을 사사로이 여기지 않았고, 공로를 과시하지 않았다. 따라서 공자께서 노인들을 편안하게 봉양하고, 벗들에게는 신의를 얻고, 젊은이에게는 존경받는 사람이 되라고 훈계하셨다.

[단문 설명]

▶ 顔淵季路侍 안연계로시 안연과 계로가 (공자를) 모시고 있을 때. 侍: 모시다.

▶ 盍各言爾志? 합각언이지? 어찌 너희들의 뜻을 각각 말하지 않는가? 盍(합): 어찌 ~하지 않는가? 何不과 같다. 爾: 2인칭대명사, 너. 志: 뜻.

▶ 願車馬衣輕裘 원거마의경구 수레와 말, 옷과 가벼운 가죽옷을 원한다. 願: 원하다. 車馬: 수레와 말. 衣: 옷. 輕: 가볍다. 裘(구): 가죽옷.

▶ 與朋友共 여붕우공 벗들과 함께 쓰다가. 與: 함께. 朋友: 벗들. 共: 함께 하다(쓰다).

▶ 敝之而無憾 폐지이무감 해지더라도 유감이 없겠습니다. 敝: 해지다. 之: 車馬衣輕裘. 而: 역접. 無憾: 유감이 없다.

▶ 願無伐善 無施勞 원무벌선 무시로 유능을 자랑하지 않으며, 공로를 과시하지 않겠습니다. 伐: 자랑하다. 善: 유능, 성공. 施: 과시하다. 勞: 공로.

▶ 願聞子之志 원문자지지 선생님의 뜻을 듣고 싶다. 子: 공자, 선생님. 志: 뜻.

▶ 老者安之 노자안지 노인들이 (나로) 인하여 편안하게 하다. 安: 형용사가 사역동사로 전용.

▶ 朋友信之 붕우신지 벗들이 (나를) 믿게 하다. 信: 믿게 하다. 사역동사.

▶ 少者懷之 소자회지 젊은이들이 (나를) 따르게 하다. 懷: 따르다.

26. 자신의 허물을 보고서 자책하는 자를 보지 못하였다.

[해석 본문]

공자께서 말씀하셨다. "끝났구나! 나는 자신의 허물을 보고서 속으로 자책하는 사람을 아직까지 보지 못하였다."

자왈 이의호 　오미견능견기과 　이내자송자야
子曰 已矣乎라! 吾未見能見其過 而內自訟者也하니라

[배경 설명]

허물을 알고 반성하라는 교훈이다. 已(이)는 끝나다, 未(미)는 아직까지 ~하지 못하다, 過(과)는 허물, 訟(송)은 자책하다, 꾸짖다를 뜻한다.

허물을 알고 이를 자책하는 사람은 잘못을 고칠 수 있다. 已矣乎(이의호)란 어쩔 수 없다고 절망하는 것, 內自訟(내자송)은 입으로 말하지 않으나 내심으로 자책하는 것이다. 속으로 자신의 잘못을 자책한다면 그 뉘우침과 깨달음이 있어 잘못을 고칠 수가 있다. 따라서 공자께서 허물을 속으로 자책하는 사람이 없음을 개탄하셨다.

[단문 설명]

▶ 已矣乎! 이의호! 끝났구나! 已: 끝나다. 矣: 서술종결사. 乎: 감탄종결사.
▶ 未見 미견 아직까지 보지 못했다. 未: 아직까지 ~하지 못하다.
▶ 見其過 견기과 자신의 허물을 보고서. 其: 자신. 過: 허물, 잘못, 과오.
▶ 而內自訟 이내자송 ~하고 속으로 자책하다. 而: 순접. 訟: 자책하다, 꾸짖다, 책망하다.

 27. 학문을 좋아하는 자는 없을 것이다.

[해석 본문]

공자께서 말씀하셨다. "열 채 정도 있는 조그만 마을이라도 반드시 나처럼 충신한 사람이 있을 것이나 나처럼 학문을 좋아하는 자는 없을 것이다."

자 왈 십 실 지 읍　　필 유 충 신　　여 구 자 언　　불 여 구 지 호 학 야
子曰 十室之邑에 **必有忠信**이나 **如丘者焉**이나 **不如丘之好學也**니라

[배경 설명]

　공자의 자신에 대한 자작 인물평이다. 十室之邑(십실지읍)은 집이 열 채 정도 있는 조그만 마을, 忠(충)은 정성, 信(신)은 신의, 不(불)은 없다, 如(여)는 ~처럼을 뜻한다.

　학문하기 어려워 배우기를 좋아하는 사람은 많지 않지만, 공자께서는 태어나면서부터 아신 분(生而知之)인데도 일찍이 학문(學問)을 좋아하였다. 사람은 타고난 자질이 아름다워도, 또 태어날 때 같은 성품이라도 환경과 습관에 의해 서로 차이가 벌어진다. 아름다운 자질이 있더라도 지극한 도는 수양하기 어려운 것이다. 배움을 지극히 하면 성인(聖人)이 될 수 있으나 배우지 않으면 범부가 될 것이니, 어찌 배움에 힘쓰지 않겠는가?

　조그마한 마을이라도 공자에 버금가는 인물이 반드시 있어야 하는데, 공자처럼 배우기를 좋아하는 자는 없다고 애석해 하셨다. 따라서 타고난 성품이 훌륭하여도 학문을 통해 수양하지 않으면 인을 이룰 수 없다는 교훈이다.

[단문 설명]

▶ **十室之邑** 십실지읍 집이 열 채 정도 있는 조그만 마을.

▶ **必 有忠信如丘者焉** 필 유충신여구자언 반드시 나처럼 충신한 사람이 그곳에 있을 것이나. 丘: 공자. 如丘者: 구와 같은 사람. 焉: 於是. 於: ~에. 是: 十室之邑.

▶ **不如 丘之好學也** 불여 구지호학야 나처럼 학문을 좋아하는 자는 없을 것이다. 不: 없다. 如: ~처럼. 之: 주격후치사.

　☞ 전치사: 보어나 목적어 앞에 와서 장소, 방법, 시간, 관계, 이유를 설명하는 품사

- 처소 · 대상: ~에, ~에게(於 · 于 · 乎)
- 비교: ~보다(於 · 于 · 乎)
- 목적: ~을, ~를(於 · 乎)
- 피동: 당하다(於 · 于 · 乎)

- 시발 · 유래: ~부터(自 · 由 · 從)
- 동반: 더불어(與)
- 원인: 때문에, 이유(因 · 以 · 爲)
- 도구: ~로써(以 · 用)
- 시간: ~에(以)

☞ 후치사: 명사의 뒤에 위치하여 주격, 관형격과 목적격 역할

- 관형격: ~의, ~하는, ~한(之)
- 주격: 은, 는, 이, 가(之 · 者 · 也 · 也者)
- 목적격: ~을, ~를(之)
- 부사격: 부사어 강조(也 · 乎)
- 호격: 야, 아(也 · 乎)

第六篇

雍也(옹야)

그럴 듯하게 속일 수는 있으나 터무니없이 속일 수는 없다.

雍也篇(옹야편)은 공자가 제자를 평한 기록이다. 주요 내용으로는 통치, 인격, 형평, 등용, 공정, 운명, 만족, 한계, 덕행, 공사, 겸손, 재능, 겸비, 정직, 학습, 솔선, 지혜, 역할, 학문, 정의, 중용과 양보가 있다. 헛된 것을 바라지 않고 큰 공로를 세우고도 자랑하지 않는다. 모난 술잔이 모가 없으면 모난 술잔이라고 할 수 있겠는가? 다른 사람을 그럴 듯하게 속일 수는 있으나 터무니없이 속일 수는 없다. 자기가 서고자 하면 남도 서게 하며, 자기가 통달하고자 하면 남도 통달하게 하라. 본질과 형식이 적당히 겸비되어야 빛난다.

1. 군주는 백성에게 대범해야 하나 자신에게 대범해서는 안 된다.
2. 배우기를 좋아하고, 화를 남에게 옮기지 아니하면 군자니라.
3. 궁핍한 사람을 돕는 것이지 부유한 사람을 보태주는 것이 아니다.
4. 출신성분이 미천하더라도 스스로 능력이 있으면 등용될 수 있다.
5. 안회는 오랫동안 인을 떠나지 않았다.
6. 재능 있는자를 등용한다.
7. 의롭지 못한 부귀를 개ㆍ돼지쯤으로 여긴다.
8. 이렇게 훌륭한 사람이 난치병에 걸리다니 운명이구나!
9. 소박한 음식과 누추한 집에서도 즐거움이 변치않는구나.
10. 능력이 있는데도 미리 한계를 긋는다.
11. 덕행과 의리를 갖춘 군자다운 선비가 되라.
12. 적당하게 일을 처리하지 않을 뿐만 아니라 공사를 명확하게 구분한다.
13. 큰 공로를 세우고도 자랑하지 않는다.
14. 뛰어난 재능은 수려한 미모보다 더 중요하다.
15. 밖을 나갈 때 문을 경유하지 않고 나갈 수 있겠는가?
16. 본질과 형식이 적당히 겸비되어야 빛난다.
17. 정직은 사람의 삶을 지탱하는 이치이다.
18. 학습의 삼 단계는 알고, 좋아하고, 즐기는 것이다.
19. 배우는 자의 수준에 맞추어 말해 주어야 그 말을 이해하기가 쉽다.
20. 어려운 일을 먼저 한 후에 보답을 뒤로 얻으면 그것은 인(仁)이다.
21. 지혜로운 사람은 인생을 즐기고, 어진 사람은 담담하게 장수한다.
22. 노나라는 주공의 법제가 남아 있어 폐지된 것만 시행하면 도에 이를 수 있다.
23. 모난 술잔이 모가 없으면 모난 술잔이라고 할 수 있겠는가?
24. 그럴 듯하게 속일 수는 있으나 터무니없이 속일 수는 없다.
25. 학문을 널리 배우고 예로써 행동을 절제한다.
26. 만약 옳지 않은 짓을 하였다면 하늘이 나를 미워할 것이다.
27. 중용의 덕을 행하는 백성이 적구나!
28. 자기가 서고자 하면 남도 서게 하며 자기가 통달하고자 하면 남도 통달하게 하라.

1. 군주는 백성에게 대범해야 하나 자신에게 대범해서는 안 된다.

[해석 본문]

공자께서 말씀하셨다. "염옹은 임금이 될 만하다." 염옹이 자상백자에 대하여 물으니, 공자께서 말씀하셨다. "괜찮은 (사람)이다. 그는 대범하다." 염옹이 물었다. "평상시에 예의가 바르고 일할 때에 대범한 (태도로) 백성을 대하면 또한 괜찮지 않습니까? 평상시에 몸가짐이 대범하고 일할 때 대범하다면 너무 대범하지 않습니까?" 공자께서 말씀하셨다. "염옹의 말이 옳다."

子曰 雍也는 可使南面이로다 仲弓이 問 子桑伯子하자 子曰 可也요 簡이니라

仲弓이 曰 居敬而行簡하니 以臨其民이면 不亦可乎리오? 居簡而行簡이면

無乃大簡乎리오? 子曰 雍之言이 然하니라

[배경 설명]

자상백자(子桑伯子)에 관한 인물평이다. 南面(남면)은 임금이 되다, 可(가)는 될 만하다, 居(거)는 평상시, 일상생활, 敬(경)은 예의가 바르다, 簡(간)은 대범하다, 大(클 태)는 너무, 지나치게, 然(연)은 옳다를 뜻한다.

冉雍(염옹)은 공자의 제자로 성은 염(冉), 이름은 옹(雍), 자는 중궁(仲弓)이다. 그는 학문과 덕행에 뛰어났으나 말재주는 없었다. 자상백자(子桑伯子)는 노나라 사람이나 알려진 것이 거의 없다. 공자는 자상백자를 대범하기는 하지만 예의가 바르지 않아 못마땅하였고, 자상백자는 공자가 형식에 치중한다고 비판하였다.

공자와 염옹이 자상백자에 대하여 인물평을 하는 대화이다. 南面(남면)은 군주가 남쪽을 향해 앉아 정사를 돌보는 것이나 北面(북면)은 신하의 자리이다. 염옹은 공자가 군주감으로 인정한 인물이었다. 자상백자는 대범하고 괜찮은 사람이라고 공자께서 평하셨다. 可(가)는 겨우 괜찮은 것이며, 簡(간)은 까다롭지 않아 대범하다는 뜻이다. 염옹의 날카로운 지적에 대해 공자는 그의 말이 옳음을 인정하고 있다. 예의가 바르면 자기통제가 엄격하고, 백성을 대할 때 정사가 번거롭지 않고, 백성들이 소요되지 않아 괜찮다고 할 수 있다.

염옹은 한 나라를 다스리게 해도 좋을 만큼 훌륭한 인품과 자질을 갖추었다고 공자는 생각하

였다. 한편 자상백자는 일할 때에 대범하지만 지극히 선하지는 못하여 공자께서 겨우 괜찮다고 하신 것이다. 따라서 군주는 평상시 예의가 바르고 자신에게 엄격해야 하나 백성을 대할 때 대범해야 한다고 공자께서 말씀하셨다.

[단문 설명]

▶ **雍也 可使南面** 옹야 가사남면 염옹은 임금이 될 만하다. 雍: 염옹. 也: 주격후치사. 可: 될 만하다. 南面: 임금됨.

▶ **可也** 가야 괜찮은 (사람)이다. 可: 괜찮다. 也: 서술종결사.

▶ **居敬而行簡** 거경이행간 평상시 예의가 바르고, 일할 때에 대범하다. 居: 평상시, 일상 생활. 敬: 예의가 바르다. 簡: 대범하다.

▶ **以臨其民** 이림기민 (그러한 태도로) 백성을 대하면. 以: 以(居敬而行簡).

▶ **不亦可乎?** 불역가호? 괜찮지 않습니까? 不亦 ~乎: 또한 ~하지 않겠는가? 可: 괜찮다, 좋다.

▶ **無乃大簡乎?** 무내태간호? 너무 대범하지 않습니까? 無乃: 바로 ~이 아닌가? 大(클 태): 너무, 지나치게. 乎: 의문종결사.

▶ **雍之言然** 옹지언연 염옹의 말이 옳다. 然: 그러하다, 옳다.

 2. 배우기를 좋아하고, 화를 남에게 옮기지 아니하면 군자니라.

[해석 본문]

애공이 물었다. "제자들 중에 누가 배우기를 좋아합니까?" 이에 공자께서 말씀하셨다. "안회라는 사람이 배우기를 좋아하고, 노여움을 (남에게) 옮기지 않으며 잘못을 거듭하지 않았는데, 불행히도 명이 짧아 죽었습니다. 지금은 (그가) 없으니, 배우기를 좋아하는 사람을 아직 듣지 못하였습니다."

애공 문제자 숙위호학 공자대왈 유안회자 호학 불천노
哀公이 **問弟子 孰爲好學**이리오? **孔子對日 有顔回者 好學**하고 **不遷怒**하며

불이과 불행단명사의 금야즉무 미문호학자야
不貳過한데 **不幸短命死矣**라 **今也則亡**하니 **未聞好學者也**라

[배경 설명]

애공(哀公)이 질문한 안회에 대한 인물평이다. 孰(숙)은 누구, 爲(위)는 하다, 遷(천)은 옮기다, 怒(노)는 노여움, 貳(이)는 거듭하다, 亡(무)는 없다, 未(미)는 아직 ~ 없다를 뜻한다.

애공(哀公)은 춘추시대 노나라의 왕으로 성은 희(姬), 이름 장(將), 정공(定公)의 아들이다. 위나라에서 노나라로 돌아온 공자를 삼환의 반대로 등용하지 못했다. 국내적으로는 삼환(三桓)의 세력이 강하여 그는 월(越)나라의 도움으로 삼환을 제거하려다 오히려 왕위에서 쫓겨났다.

안연(顔淵)은 춘추시대 노(魯)나라 사람으로 이름은 회(回), 자는 연(淵)이다. 안회(顔回)는 공문십철(孔門十哲) 중 한 사람으로 덕행이 가장 뛰어난 공자의 제자였다. 그는 가난했고, 성품이 어질고 학문을 좋아했으나 불행히도 32세에 요절하였다. 공자는 그가 열매를 맺지 못하고 일찍 죽었으니 안타깝게 생각했다.

孔子對曰(공자대왈)은 공자보다 신분이 높은 사람의 질문에 대답할 때 쓰는 표현이다. 문장은 노나라 제후인 哀公(애공)의 질문에 대한 대답이다. 안회는 화를 다른 사람에게 옮기지 않고, 전에 잘못한 것을 다시 하지 않았다. 명(命)이 짧다는 것은 안회가 32세에 죽었기 때문이다. 이미 지금은 안회가 없다고 말씀하고 학문을 좋아하는 자를 듣지 못했다고 말씀하였으니, 이는 깊이 애석히 여긴 것이요, 참으로 학문을 좋아하는 자를 얻기 어려움을 나타내신 것이다. 따라서 안회는 배우기를 좋아하고, 화를 남에게 옮기지 않고, 잘못을 두 번 다시 하지 않는다고 칭찬하면서 그의 단명을 안타까워하셨다.

[단문 설명]

▶ 弟子 孰爲好學? 제자 숙위호학? 제자들 중에 누가 배우기를 좋아합니까? 孰: 누구. 爲: 하다.

▶ 有顔回者好學 유안회자호학 안회라는 사람이 배우기를 좋아하고. 者: 이라는 사람.

▶ 不遷怒 불천노 노여움을 (남에게) 옮기지 않는다. 遷: 옮기다. 怒: 노여움, 화.

▶ 不貳過 불이과 잘못을 거듭하지 않는다. 貳: 거듭하다. 過: 잘못, 과실.

▶ 不幸 短命死矣 불행 단명사의 불행하게도 명이 짧아서 죽었다. 矣: 서술종결사.

▶ 今也則亡 금야즉무 지금은 (그가) 없다. 也: 음절 조절 허사. 則(즉): 은, 는. 亡(무): 없다.

▶ 未聞好學者也 미문호학자야 배우기를 좋아하는 사람을 아직 듣지 못하였다. 未: 아직 ~없다.

3. 궁핍한 사람을 돕는 것이지 부유한 사람을 보태주는 것이 아니다.

[해석 본문]

　자화가 (공자의 심부름으로) 제나라에 갈 때 염자가 자화의 어머니를 위해 곡식을 요청하니, 공자께서 말씀하셨다. "그녀에게 1부를 주어라." 염자가 더 요청하자, 공자께서 또 말씀하셨다. "그녀에게 1유를 주어라." 그러자 염자가 그녀에게 곡식 5병을 주었다.

　　　자화　　사어제　　염자　위기모청속　　자왈　여지부　　청익　　왈　여지유
　　子華　使於齊에　冉子　爲其母請粟하니　子曰　與之釜하라　請益하자　曰　與之庾하니
　　염자　여지속오병
　　冉子　與之粟五秉하다

　공자께서 말씀하셨다. "적이 제나라에 갈 때에 살찐 말을 타고 가벼운 갖옷을 입었다. 내가 그것을 들으니, 군자는 곤궁한 자를 구제하지 부유한 자를 주지 않는다." 원사가 공자의 재(宰)가 되었는데 (재의) 녹봉으로 곡식 구백 석을 주자 사양하였다. 공자께서 말씀하셨다. "(사양하지) 말고 너의 이웃집과 마을 사람들에게 나누어 주려무나!"

　　　자왈　적지적제야　　승비마　　　의경구　　오　문지야　　군자　　주급
　　子曰　赤之適齊也에　乘肥馬하며　衣輕裘하니　吾는　聞之也하니　君子는　周急이오
　　불계부　　　원사　위지재　　여지속구백　　사　　자왈　무
　　不繼富니라　原思　爲之宰니　與之粟九百하나　辭하다　子曰　毋하고
　　이　여이린리향당호
　　以與爾隣里鄉黨乎로다!

[배경 설명]

　자화, 염구와 원사에 관한 인물평이다. 使(사)는 심부름 가다, 粟(속)은 곡식, 녹봉, 適(적)은 가다, 裘(구)는 가죽옷, 周(주)는 구제하다, 急(급)은 곤궁, 繼(계)는 보태다, 宰(재)는 가신의 우두머리, 辭(사)는 사양하다, 隣里(린리)는 이웃집, 鄕黨(향당)은 마을 사람들을 뜻한다.

　子華(자화)는 공자의 제자로 성은 공서(公西), 이름은 적(赤), 자는 자화(子華) 또는 서화西華이다. 그는 공자가 외교에 재능이 있다고 평가한 인물이다. 예절이 밝았기에 공자께서 제나라로 심부름을 보내셨으며, 공자께서 사망하셨을 때 장례 절차를 주관하였다.

　冉子(염자)는 공문십철(孔門十哲)의 한 사람으로 이름은 구(求), 자는 자유(子有)이다. 그는

재예가 뛰어났고, 성격은 나약하고 소극적이며 소심했다. 原思(원사)는 공자의 제자로 성은 원(原), 이름은 헌(憲), 자는 자사(子思)이다.

공자께서 노나라 사구(司寇: 형벌과 경찰 관직)가 되었을 때에 원사를 가신으로 삼았다. 떳떳한 녹봉은 사양할 것이 아니나 남음이 있으면 스스로 가난한 사람을 구휼하라고 하셨다. 이웃 사람들은 서로 구휼해 주는 의리가 있다. 宰(재)는 가재(家宰)로 살림을 도맡아 하는 직책이다.

염유가 자화의 어머니를 위해 곡식을 더 줄 것을 요청하니, 공자께서 조금 주라고 하셨다. 이는 더 주어서는 안 됨을 알려 주신 것인데, 염유가 이를 깨닫지 못하고 스스로 많이 주었으니, 이것은 너무 지나친 것이다. 부자께서 이를 옳지 않다고 하신 것이다. 자화가 제나라에 갈 때에 살찐 말을 타고 가벼운 갓옷을 입었다는 것은 그가 부유했다는 것을 말한다. 궁핍한 사람을 돕는 것이지 부유한 사람을 더 보태주는 것이 아니라고 가르치신 것이다. 따라서 사신으로 가는 것을 기회로 염유가 많은 재물을 낭비한 과오를 공자께서 질책하셨다.

[단문 설명]

▸ 使於齊 사어제 (공자의 심부름으로) 제나라에 갈 때. 使: 심부름 가다(사), 보내다(시)

▸ 爲其母請粟 위기모청속 자화의 어머니를 위해 곡식을 요청하니. 其: 子華. 請: 요청하다. 粟: 곡식.

▸ 與之釜 여지부 그녀에게 1부를 주어라. 之: 其母, 釜: 용량의 단위.

▸ 與之庾 여지유 그에게 1유를 주어라. 庾: 용량의 단위.

▸ 與之粟五秉 여지속오병 그녀에게 곡식 5병을 주었다. 之: 其母. 秉: 용량의 단위.

▸ 赤之適齊也 적지적제야 적이 제나라에 갈 때. 之: 주격후치사. 適: 가다. 也: 음절 조절 허사.

▸ 乘肥馬 衣輕裘 승비마 의경구 살찐 말을 타고 가벼운 가죽옷을 입었다. 乘: 타다. 肥: 살찌다. 衣: 입다. 輕: 가볍다. 裘(구): 가죽옷.

▸ 吾聞之也 오문지야 내가 그것을 들으니. 之: 君子周急不繼富. 也: 서술종결사.

▸ 周急 不繼富 주급 불계부 곤궁한 자를 구제하지 부유한 자를 더 주지 않는다. 周: 구제하다(賙). 急: 곤궁, 궁핍, 繼: 보태다.

▸ 原思爲之宰 원사위지재 원사가 공자의 재가 되었는데. 宰: 가신의 우두머리. 爲: 되다.

▸ 與之粟九百 辭 여지속구백 사 (재의) 녹봉으로 곡식 구백 석을 주자 사양하였다. 與之: 그에게 주다. 粟九百: 곡식 구백 석. 辭 사양하다.

▸ 以與 爾隣里鄉黨乎! 이여 이린리향당호! 너의 이웃집과 마을 사람들에게 나누어 주려무나. 以: 그것으로써. 與: 주다. 爾: 너. 隣里鄉黨: 이웃집과 마을 사람들.

165

4. **출신성분이 미천하더라도 스스로 능력이 있으면 등용될 수 있다.**

[해석 본문]

공자께서 중궁을 논평하셨다. "얼룩소의 새끼가 털빛이 붉고, 또한 뿔이 바르게 났다면, 비록 (사람들이 제물로) 쓰지 않으려고 하나 산천의 (신이) 어찌 그것을 버리겠는가?"

자　위중궁왈　리우지자　성차각　　수욕물용　　산천　　기사저
子 謂仲弓曰 犁牛之子 騂且角이면 雖欲勿用이나 山川은 其舍諸아?

[배경 설명]

중궁에 대한 인물평과 능력에 따른 인재 등용에 관한 언급이다. 犁牛(리우)는 얼룩소, 騂(성)은 붉다, 角(각)은 뿔이 바르게 나다, 山川(산천)은 산천의 신, 舍(사)는 버리다를 뜻한다.

염옹은 노나라 사람으로 덕행에 뛰어난 공자의 제자이고, 성은 염(冉), 이름은 옹(雍), 자는 중궁(仲弓)이다. 그는 말재주가 부족하고, 그의 아버지는 비천하고 어질지 않은 미천한 신분이나 학문과 덕행에 뛰어나고 덕망이 높고 어질었으니, 공자로부터 군주감으로 인정받은 인물이었다.

주나라 사람은 적색(赤色)을 숭상하여 희생(犧牲)으로 색깔이 붉고 뿔이 가지런한 소를 썼다. 사람들은 색깔이 붉고 뿔이 가지런한 소를 제사의 제물로 쓰나 얼룩소는 쓰지 않았다. 또한 얼룩소가 낳은 새끼도 그 출신 때문에 제물로 쓰지 않았다.

중궁을 등용하려 하나 주변에서 그의 미천한 신분으로 반대가 많았다. 그의 아버지가 비천하고 어질지 않고, 중궁은 말재주가 없다고 등용을 반대하는 사람들을 공자께서 이해시켰다. 산천의 신들이 내버려두지 않는다는 것은 산천의 신들은 출신을 따지지 않고 제물로 받아들인다는 뜻이다. 인재는 출신 성분이 아니라 능력에 따라 등용해야 한다는 것을 강조했다.

중궁이 훌륭하긴 하나 말을 잘 못한다는 비판에 대해서도 공자는 "말만 잘하면 무엇하나? 중궁과 같이 어진 인물은 마땅히 세상에 쓰여져야 한다."라며 중궁을 옹호하였다. 공자께서 중궁이 비천하다고 하여 등용을 반대하는 사람들에게 훈계하셨다. 따라서 아버지가 천하고 악행을 하였더라도 스스로 능력이 있으면 등용될 수 있다는 말이다.

[단문 설명]

▶ **犁牛之子** 리우지자 얼룩소의 새끼가. 犁牛: 얼룩소.

▶ **騂且角** 성차각 털빛이 붉고, 또 뿔도 바르게 나다. 騂: 붉다. 角: 뿔이 바르게 나다.

▶ **雖欲勿用** 수욕물용 비록 (사람들이 제물로) 쓰지 않으려 하다. 雖: 비록. 勿: 不.

▶ **山川其舍諸?** 산천기사저? 산천의 (신이) 어찌 그것을 버리겠는가? 山川: 산천의 신. 其: 어찌 (豈). 舍: 버리다. 諸: 之乎. 之: 犁牛之子. 乎: 의문종결사.

 5. 안회는 오랫동안 인을 떠나지 않았다.

[해석 본문]

공자께서 말씀하셨다. "안회는 그 마음이 석 달 동안 인을 멀리하지 않았으나 다른 제자들은 오히려 하루나 한 달 동안 인에 미칠 뿐이다."

자 왈 회 야 기 심 삼 월 불 위 인 기 여 즉 일 월 지 언 이 이 의
子曰 回也는 其心이 三月不違仁이나 其餘則日月至焉而已矣니라

[배경 설명]

안회(顔回)에 대한 인물평이다. 오랫동안 인을 실천한 안회에 대한 칭찬이다. 三月(삼월)은 석 달, 오랫동안, 則(즉)은 오히려, 日月(일월)은 하루나 한 달, 至(지)는 미치다를 뜻한다.

안연(顔淵)은 이름이 회(回), 자가 연(淵)으로 공문십철(孔門十哲) 중 덕행에서 가장 뛰어나 공자가 가장 총애했던 제자였다. 그는 가난하였으나 성품이 어질고 학문을 좋아하였다.

其餘(기여)는 안회를 제외한 나머지 제자들을 뜻한다. 三月(삼월)은 석 달 동안 또는 오랫동 안이니, 석 달은 천도가 변하는 계절로 그 기간이 길다는 말이다. 不違仁(불위인)은 인을 멀리 하지 않았다는 뜻으로 조금의 사욕도 없이 덕을 간직한 것이다. 日月至(일월지)는 하루나 한 달 이라는 짧은 기간에 이르기는 해도 오래가지 못한다. 조금이라도 사욕이 있다면 곧 이는 인이 아니다. 따라서 공자께서 덕행과 인을 실천하는 안회를 칭찬하신 것이다.

[단문 설명]

▶ **其心 三月不違仁** 기심 삼월불위인 그 마음이 석 달 동안 인을 멀리 하지 않았으나. 其: 回. 三月: 석 달, 오랫동안. 違: 떠나다, 멀리하다, 어기다.

167

▶ 其餘則 기여즉 다른 나머지 제자들은 오히려. 則(즉): 오히려, 그러나.

▶ 日月至焉而已矣 일월지언이이의 하루나 한 달 동안 인에 미칠 뿐이다. 日月: 하루나 한 달. 至: 미치다, 이르다. 焉: 於是. 是: 인. 而已矣: 한정종결사, ~일 뿐이다.

6. 재능 있는자를 등용한다.

[해석 본문]

계강자가 물었다. "중유는 정사에 종사하게 할 만합니까?" 이에 공자께서 말씀하셨다. "중유는 과단성이 있으니 정사에 종사하는 데 무슨 일이 있겠는가?" (계강자가 또) 물었다. "자공은 정사에 종사하게 할 만합니까?" 이에 공자께서 말씀하셨다. "자공은 (사리에) 통달했으니 정사에 종사하는 데 무슨 일이 있겠는가?" (계강자가) (다시) 물었다. "염구는 정사에 종사하게 할 만합니까?" (공자께서) 말씀하셨다. "염구는 재능이 많으니 정사에 종사하는 데 무슨 일이 있겠는가?"

계강자 문 중유 가사종정야여 자왈 유야 과 어종정호 하유
季康子 問 仲由는 可使從政也與리오? 子曰 由也는 果하니 於從政乎에 何有리오?
왈 사야 가사종정야여 왈 사야 달 어종정호 하유 왈 구야
曰 賜也는 可使從政也與리오? 曰 賜也는 達하니 於從政乎에 何有리오? 曰 求也는
가사종정야여 왈 구야 예 어종정호 하유
可使從政也與리오? 曰 求也는 藝하니 於從政乎에 何有리오?

[배경 설명]

중유, 자공과 염구에게 정치를 시켜도 될지에 대한 계강자의 질문에 공자가 답변한 것이다. 可使(가사)는 시켜서 ~할 만하다, 達(달)은 통달하다, 藝(예)는 재능이 많다를 뜻한다.

季康子(계강자)는 노(魯)나라의 대부로 삼환(三桓) 중에서 가장 큰 세력을 가지고 있던 계손 씨(季孫氏)씨의 가주(家主)이며, 국정을 전담했고 공실(公室: 왕실)을 무력하게 만들었다.

子路(자로)는 공문십철(孔門十哲)의 한 사람으로 성은 仲(중), 이름은 由(유), 자는 子路(자로) 또는 季路(계로)이다. 그는 성격이 거칠고 용맹스러운 일과 힘쓰는 일을 좋아하고 의지가 강하고 정직하였고, 노나라와 위나라에서 벼슬하였다.

子貢(자공)은 공문십철(孔門十哲)의 한 사람으로 성은 단목(端木), 이름은 사(賜), 자는 자공

(子貢)이다. 그는 정치와 언어에 뛰어났고, 노나라와 위나라의 재상이 되었다. 또한 그는 경제에 대한 예측 능력이 뛰어나 돈을 많이 벌었고, 경제적으로 공자를 도왔다.

冉求(염구)는 공문십철(孔門十哲)의 한 사람으로 이름은 구(求), 자는 자유(子有)이다. 그는 재예(才藝)가 뛰어났으나 성격은 나약하고 소극적이며 소심했다.

공자는 정치를 통해 세상을 바로잡을 수 있기를 기대하였으나 정치할 기회가 주어지지 않았다. 그의 정치 사상은 당시로선 현실적이지 않고 지나치게 이상적이었다. 공자는 말년에 제자들에 대한 교육을 통해 제자들이 관리로 등용되어 자신의 정치 이상을 실현해 줄 것을 기대했다. 공자는 계강자에게 자로는 과단성이 있어서, 자공은 사리에 밝아서, 염구는 재주가 많아 관리로서 등용할 만하다고 적극 추천한다. 따라서 계강자가 세 사람의 재능이 정치에 종사할 만한가 물으니, 공자께서는 각자의 장점으로 답하셨다.

[단문 설명]

▶ 可使從政也與? 가사종정야여? 정사에 종사하게 할 만합니까? 可使: 시켜서 ~할 만하다. 從政: 정사에 종사하다, 大夫가 되는 것. 與: 의문종결사, ~하겠느냐?

▶ 由也果 유야과 중유는 과단성이 있으니. 由: 중유. 也: 주격후치사. 果: 과단성이 있다.

▶ 於從政乎 何有? 어종정호 하유? 정사에 종사하는 데 무슨 일이 있겠는가? 於: ~에. 何有: 의문문에서 有何 도치, 무슨 어려움이 있겠는가?

▶ 賜也達 사야달 자공은 사리에 통달했으니. 賜: 자공. 也: 주격후치사. 達: 통달하다.

▶ 求也藝 구야예 염구는 재능이 많으니. 求: 염구. 也: 주격후치사. 藝: 재능이 많다.

 7. 의롭지 못한 부귀를 개·돼지쯤으로 여긴다.

[해석 본문]

계씨가 민자건을 비읍의 읍재로 삼으려 하니, 민자건이 (사자에게) 말하였다. "나를 위해 읍재를 사양한다는 (뜻을 잘 전해주십시요). 만일 나를 다시 부르러 오는 사람이 있다면 나는 반드시 제나라의 문수 강가에 있겠습니다."

계 씨 사 민 자 건　위 비 재　　민 자 건　왈 선 위 아 사 언　　여 유 부 아 자　　즉 오
季氏 使閔子騫을 **爲費宰**하니 **閔子騫**이 **曰 善爲我辭焉**하라 **如有復我者**이면 **則吾**
필 재 문 상 의
必在汶上矣로다

[배경 설명]

정치적 이상이 다른 군주에게 협력할 수 없다고 사양하는 민자건의 대화이다. 使(사)는 삼다, 費(비)는 계씨의 식읍 지명, 宰(재)는 수장, 善(선)은 잘, 爲(위)는 위하여, 辭(사)는 사양하다, 如(여)는 만약, 復(부)는 되풀이하다, 在(재)는 있다, 上(상)은 강 위쪽을 뜻한다.

계씨(季氏)는 노나라 애공 시절 가장 세도가 높은 대부 계강자(季康子)이다. 민자건(閔子騫)은 덕행이 뛰어난 공자의 제자로 성은 민(閔), 이름은 손(損), 자는 자건(子騫)이다. 민자건은 어려서 부모의 모진 학대에도 극진한 효성과 덕행이 뛰어났다. 계씨(季氏)가 민자건을 비읍의 읍재(邑宰)로 삼으려 하자 계씨의 사자(使者)에게 사양하는 내용이다. 食邑(식읍)은 임금이 왕족이나 공신에게 조세를 받아 쓰도록 떼어 준 고을이다.

민자건은 계강자가 노나라 임금인 애공을 보좌하는 것이 아니라 권세를 탐하고, 세력을 늘리는 역할을 하고 있다고 생각하였다. 그래서 그는 계씨의 휘하에서 정치하는 것은 자신이 추구하는 덕과 맞지 않아 읍재를 사양한 것이다. 민자건은 계씨의 사자에게 읍재 사양을 잘 말하도록 당부한 것이다. 만일 다시 자신을 부르러 온다면 마땅히 노나라를 떠나 제나라로 가겠다고 말한 것이다. 따라서 민자건이 계씨의 의롭지 못한 부귀를 개 · 돼지쯤으로 여기고, 계씨의 신하를 거절한 민자건의 의로움을 공자께서 말씀한 것이다.

[단문 설명]

▶ **使閔子騫 爲費宰** 사민자건 위비재 민자건을 비읍의 읍재로 삼으려 하니. 使: 사동사, 삼다. 費: 식읍. 宰: 수장.

▶ **閔子騫曰** 민자건왈 민자건이 (사자)에게 말하였다.

▶ **善爲我辭焉** 선위아사언 나를 위해 읍재를 사양한다는 (뜻을 잘 전해주십시요). 善: 잘. 爲: 위하여. 我: 나. 辭: 사양하다. 焉: 之(읍재).

▶ **如有復我者** 여유부아자 만일 나를 다시 부르러 오는 사람이 있다면. 如: 가정부사, 만약. 復(부): 되풀이하다. 者: 사람.

▶ **則吾必在汶上矣** 즉오필재문상의 곧 나는 반드시 제나라의 문수 강가에 있겠습니다. 必: 반드시. 在: 있다. 上: 강가에. 在汶上: 노나라를 떠나 제나라에 가 있을 것임을 암시.

8. 이렇게 훌륭한 사람이 난치병에 걸리다니 운명이구나!

[해석 본문]

백우가 병이 나자, 공자께서 문병하실 때 창문에서 그의 손을 잡고 말씀하셨다. "그를 잃다니, 운명인가 보다! 이렇게 (훌륭한) 사람인데 이런 병에 걸리다니! 이렇게 (훌륭한) 사람인데 이런 병에 걸리다니!"

伯牛有疾이니 子問之하실새 自牖로 執其手曰 亡之니 命矣夫라! 斯人也
而有斯疾也이다니! 斯人也 而有斯疾也이다니!

[배경 설명]

덕행에 뛰어난 염백우에게 문병을 가서 운명이라고 체념하는 내용이다. 有(유)는 생기다, 疾(질)은 병, 問(문)은 문병가다, 牖(유)는 창문. 執(집)은 잡다, 亡(망)은 잃다를 뜻한다.

백우(伯牛)는 공문십철의 한 사람으로 성은 염(冉), 이름은 경(耕), 자는 백우(伯牛)이다. 그는 안연, 민자건, 중궁과 함께 덕행으로 이름이 높았으나 젊은 나이에 문둥병에 걸려 요절했다.

백우의 병이 회복될 가망이 없으니 命矣夫(명의부)는 제자의 병을 운명이라고 생각하여 체념하는 것이다. 백우가 문둥병에 걸려 공자께서 문병을 가서서 창문으로 손을 잡으시고 위로하시는 대화 장면이다. 공자께서는 문둥병이어서 방에 들어가시지 않으시고, 창문에서 그의 손을 잡으셨다. 인품이 두루 훌륭한 백우가 이런 병에 걸릴 리가 없는데 지금 걸렸으니, 이는 하늘이 명한 것으로 체념하신 것이다. 따라서 염백우가 죽게 되자 공자께서 매우 애통해 하셨다.

[단문 설명]

▶ 伯牛有疾 백우유질 병이 나다. 有: 생기다. 疾: 병.

▶ 自牖執其手 자유집기수 창문에서 그의 손을 잡다. 自: ~에서. 牖: 창문. 執: 잡다. 手: 손.

▶ 亡之 망지 그를 잃다. 亡: 잃다. 之: 伯牛.

▶ 命矣夫! 명의부! 운명이구나! 命: 운명. 夫: 감탄종결사.

▶ 斯人也 而有斯疾也! 사인야 이유사질야! 이렇게 (훌륭한) 사람인데 이런 (문둥)병에 걸렸구나! 也: 주격후치사. 而: ~인데. 也: 감탄종결사.

9. 소박한 음식과 누추한 집에서도 즐거움이 변치않는구나.

[해석 본문]

공자께서 말씀하셨다. "어질구나! 안회여! 한 그릇의 밥을 먹고, 한 바가지의 물을 마시며, 빈촌에 사는 것을 다른 사람들은 그 근심을 견뎌내지 못하는데, 안회는 (그렇게 살면서도) 즐거움이 변치 않으니, 어질구나! 안회여!"

자왈 현재 회야 일단사 일표음 재루항 인불감기우 회야
子曰 賢哉라! 回也여! 一簞食와 一瓢飮으로 在陋巷을 人不堪其憂어늘 回也

불개기락 현재 회야
不改其樂하니 賢哉라! 回也여!

[배경 설명]

안회에 대한 인물평이다. 簞(단)은 대나무 그릇, 食(사)는 밥, 瓢(표)는 바가지, 飮(음)은 물, 陋(루)는 추하다, 巷(항)은 마을, 堪(감)은 견디다, 憂(우)는 근심, 改(개)는 바꾸다를 뜻한다.

안연(顏淵)은 노나라 사람으로 자는 연(淵), 이름은 회(回)이다. 안회는 공문십철(孔門十哲)의 한 사람으로 가난했으나 덕행이 뛰어나 공자가 가장 총애했던 제자였다.

簞食瓢飮(단사표음)은 대나무 그릇의 밥과 표주박의 물이라는 뜻으로 안빈낙도(安貧樂道)하는 단출한 삶을 뜻하고, 在陋巷(재루항)은 좁고 누추한 거리에 산다는 뜻이다. 즐거움의 대상은 가난이 아니라 도를 배워 실천하는 것이다. 군자는 도에 뜻을 두고 부와 귀, 빈과 천을 중요하게 생각하지 않는다. 따라서 공자께서는 안회가 대나무 그릇의 밥과 물 한 바가지에 누추한 집에 살면서도 도를 배우는 것에 즐거움을 두었으니 어질다고 칭찬하신 것이다.

[단문 설명]

▶ **賢哉! 回也!** 현재! 회야! 어질구나! 안회여! 賢哉와 回也 도치. 哉: 감탄종결사. 也: 주격후치사

▶ **一簞食** 일단사 한 그릇의 밥. 簞: 그릇. 食(밥 사): 밥.

▶ **一瓢飮** 일표음 한 바가지의 물. 瓢(표): 바가지. 飮: 마실 것, 물.

▶ **在陋巷** 재루항 빈촌에 살다. 陋巷: 빈촌. 陋: 더럽다, 추하다. 巷: 마을, 집.

▶ **人不堪其憂** 인불감기우 사람들은 그 근심을 견뎌내지 못하는데. 堪: 견디다. 憂: 근심.

▶ **不改其樂** 불개기락 (그렇게 살면서도) 즐거움이 변치 않으니. 改: 바뀌다.

10. 능력이 있는데도 미리 한계를 긋는다.

[해석 본문]

염구가 공자에게 말하였다. "저는 선생님의 도를 좋아하나 능력이 부족합니다." 공자께서 말씀하셨다. "능력이 부족한 사람은 (행하다) 중도에 그만두는데, 지금 너는 (미리 못한다고 스스로) 한계를 긋는 것이다."

염구 왈 비불열자지도   역부족야   자왈 역부족자   중도이폐
冉求 曰 非不說子之道하나 力不足也니이다 子曰 力不足者는 中道而廢한데

금녀   획
今女는 畫이로다

[배경 설명]

도를 행할 수 없다는 선입관을 갖는 염구에 대한 조언이다. 說(열)은 기쁘다, 力(역)은 능력, 而(이)는 에, 廢(폐)는 그만두다, 女(여)는 너, 畫(획)은 선을 긋다를 뜻한다.

冉求(염구)는 공문십철(孔門十哲)의 한 사람으로 이름은 구(求), 자는 자유(子有)이다. 그는 재예(才藝)가 뛰어났으나 성격은 나약하고 소극적이며 소심했다.

능력이 부족한 자(力不足者)는 앞으로 나아가기를 원하나 나아갈 능력이 부족한 사람이고, 스스로 금을 긋는 자(畫者)는 앞으로 나아갈 수 있으나 나아가려는 의지가 없는 사람이다. 획(畫)은 나아갈 수 있는데도 나아가려고 하지 않는 것이다. 염구는 재예(才藝)가 뛰어난데도 스스로 능력이 부족하다고 미리 단정하고 깊은 도를 행할 수 없다고 포기하였다. 따라서 공자께서 할 수 있는 능력이 있는데도 강한 의지가 없음을 깨우쳐 주신 것이다.

[단문 설명]

▶ 非不 說子之道 비불 열자지도 선생님의 도를 좋아하나. 非不: ~하지 않는 것은 아니다, 하다. 說(열): 기쁘다(悅).

▶ 力不足也 역부족야 능력이 부족하다. 力: 능력, 힘.

▶ 中道而 廢 중도이 폐 (행하다) 중도에 그만두는데. 而: 시간 조사, ~에. 廢: 그만두다.

▶ 今女畫 금여획 지금 너는 (미리 못한다고 스스로) 한계를 긋는 것이다. 女: 너. 畫: 선을 긋다.

11. 덕행과 의리를 갖춘 군자다운 선비가 되라.

[해석 본문]

공자께서 자하에게 말씀하셨다. "너는 군자다운 선비가 되고, 소인다운 선비가 되지 말라."

子 謂子夏曰 女爲君子儒오 無爲小人儒하라

[배경 설명]

군자다운 선비가 되라고 자하에게 하는 훈계이다. 女(여)는 너, 爲(위)는 되다, 君子(군자)는 군자답다, 儒(유)는 선비, 小人(소인)은 소인답다, 無(무)는 말라를 뜻한다.

자하(子夏)는 공문십철(孔門十哲)의 한 사람으로 성은 복(卜), 이름은 상(商)이다. 그는 문학에 뛰어나 후세에까지 많은 영향을 끼친 공자의 제자이다. 또한 그는 예의 객관적 형식을 존중했고, 군주는 색을 멀리 하고, 신하는 충성으로 군주를 모시고, 친구는 신의로 사귀라고 주장했다. 그러나 공자는 자하가 예를 지키는데 엄격하지 못하다고 비판했다.

군자는 의(義)를 생각하나 소인은 이(利)를 생각한다. 이(利)는 재화를 증식할 뿐만 아니라 정의를 무시하고 사욕을 추구하는 것이다. 의(義)는 공동의 이익이고, 이(利)는 개인의 이익이다. 군자는 공동의 이익을 중시하나 소인은 개인의 이익을 중시한다. 따라서 공자는 자하에게 공동의 이익을 위하여 노력하는 선비다운 선비가 될 것을 당부하고 있다.

[단문 설명]

▸ **女爲君子儒** 여위군자유 너는 군자다운 선비가 되어라. 女: 너. 君子: 군자답다. 儒: 선비.
▸ **無爲小人儒** 무위소인유 소인다운 선비가 되지 말라. 無: 말라. 爲: 되다. 小人: 소인답다.

12. 적당하게 일을 처리하지 않을 뿐만 아니라 공사를 명확하게 구분한다.

[해석 본문]

자유가 무성의 읍장이 되었다. 공자께서 말씀하셨다. "너는 여기서 인재를 얻었느냐?" 이에 자유가 대답하였다. "담대멸명이라는 자가 있는데, 길을 갈 때 지름길로 가지 않고, 공적인 일이 아니면 일찍이 제 방에 온 적이 없습니다."

子游 爲武城宰러다 子曰 女得人焉爾乎아? 曰 有澹臺滅明者인데 行不由徑하며 非公事이면 未嘗至於偃之室也니이다

[배경 설명]

자유의 담대멸명에 대한 인물평이다. 宰(재)는 수장, 女(여)는 너, 得(득)은 얻다, 人(인)은 인재, 由(유)는 지나다, 徑(경)은 지름길을 뜻한다.

子游(자유)는 공문십철의 한 사람으로 성은 언(言), 이름은 언(偃)이고, 문학에 능통하였으며, 노나라 무성의 읍재(邑宰)로 벼슬하였고, 예악을 통한 교화를 중시하였다. 澹臺滅明(담대멸명)은 노나라 사람으로 성은 담대(澹臺), 이름은 멸명(滅明), 자는 자우(子羽)이다. 그는 공문칠십이현의 한 사람으로 청렴하고 편법을 거부하고 정사를 공정하게 처리하여 그 이름이 제후들에게 널리 알려졌고, 후에 노나라 대부가 되었다.

武城(무성)은 노나라의 고을 이름, 재(宰)는 읍장이다. 徑(경)은 작고 빠른 길이다. 行不由徑(행불유경)은 원칙을 중요시하는 업무 처리 방식으로 지름길로 가지 않는 것은 행동을 반드시 바르게 해서 편의주의적으로 일을 처리하지 않는 것이다. 非公事(비송사) 未嘗至於偃之室也(미상지어언저실야)는 공사를 구분하는 태도로 담대멸명의 성격이 곧은 것을 나타낸다. 공적인 일이 아닐 때 읍재를 만나지 않고, 법을 지키는 것이 남달랐다. 따라서 인재 등용에 대한 공자의 질문에 자유는 담대멸명이라는 곧은 사람을 등용했다고 대답한 것이다.

[단문 설명]

▶ 爲武城宰 위무성재 무성(武城)의 읍장이 되었다. 爲: 되다. 宰: 수장.

▶ 女得人 焉爾乎? 여득인 언이호? 너는 여기서 인재를 얻었느냐? 女: 너. 得: 얻다. 人: 인재. 焉爾: 於是. 乎: 의문종결사.

▶ 澹臺滅明 담대멸명 담대멸명. 노나라 무성 사람.

▶ 行不由徑 행불유경 길을 갈 때 지름길로 가지 않는다. 由: 지나다. 徑: 지름길.

▶ 非公事 비공사 공적인 일이 아니다. 公事: 공적인 일, 공무.

▶ **未嘗 至於偃之室也** 미상 지어언지실야 일찍이 제 방에 온 적이 없습니다. 未嘗: 일찍이 ~한 적이 없다. 室: 방, 집무실. 偃: 자유. 也: 서술종결사.

13. 큰 공로를 세우고도 자랑하지 않는다.

[해석 본문]

공자께서 말씀하셨다. "맹지반은 공로를 자랑하지 않았다. (전장에 패하여) 도망가면서 뒤에서 적을 막았고, 장차 성문을 들어가려 할 적에 말을 채찍질하면서 말하였다. (내) 구태여 (뒤처지려고 해서) 뒤에 있는 것이 아니라 말이 나아가지 못하기 때문이다."

자왈 맹지반 불벌 분이전 장입문 책기마왈 비감후야
子曰 孟之反은 不伐이로다 奔而殿하고 將入門할새 策其馬曰 非敢後也라
마부진야
馬不進也하니라

[배경 설명]

맹지반이 전투에서 자신의 공로를 주장하지 않은 것에 대한 평가이다. 伐(벌)은 공로를 자랑하다, 奔(분)은 도망가다, 而(이)는 ~하면서, 殿(전)은 뒤에서 적을 막다, 將(장)은 장차, 門(문)은 성문, 策(책)은 채찍질하다, 敢(감)은 구태여, 後(후)는 뒤쳐지다, 進(진)은 나아가다를 뜻한다.

맹지반(孟之反)은 맹손씨(孟孫氏) 가문으로 노나라 대부요, 이름은 측(側)이다. 싸움에 패해 돌아올 때에는 군대의 후미에 있는 것을 공으로 삼는다. 맹지반은 제나라가 노나라를 침공했는데, 노나라 군대의 우사(右師)를 맡은 맹무백(孟武伯)을 도와 장수로 전쟁에 참가했다. 패주할 때에 맹지반은 퇴각하는 군대의 뒤를 지키기 위해 목숨을 걸고 맨 뒤에서 적을 막았는데, 후미를 맡게 된 것은 자신의 의지가 아니라 말이 달리지 않은 것이라는 말로 자신의 공을 내세우지 않았다. 전투에서 후퇴하는 대오의 후미를 맡은 장수에게 그 공을 인정하는 것이 관례이다. 따라서 맹지반이 큰 공을 세우고도 자랑하지 않은 것은 교훈으로 삼을 만하다.

[단문 설명]

▶ **不伐 불벌** 공로를 자랑하지 않았다. 伐: 공로를 자랑하다.

▶ 奔而殿 분이전 (전장에 패하여) 도망가면서 뒤에서 적을 막았다. 奔: 도망가다. 而: ~하면서. 殿: 뒤에서 적을 막다.

▶ 將入門 장입문 장차 성문을 들어가려 하다. 將: 장차. 門: 성문.

▶ 策其馬曰 책기마왈 말을 채찍질하면서 말하였다. 策: 채찍질하다.

▶ 非敢後也 비감후야 (내) 구태여 (뒤처지려고 해서) 뒤에 있는 것이 아니다. 敢: 구태여. 後: 뒤쳐지다. 也: 서술종결사.

▶ 馬不進也 마부진야 말이 나아가지 못하다. 進: 나아가다.

14. 뛰어난 재능은 수려한 미모보다 더 중요하다.

[해석 본문]

공자께서 말씀하셨다. "축관인 타의 재능은 없고 송나라 조의 미모만 있다면, 오늘날의 난세에서 (화를) 면하기 어렵다."

자 왈 불 유 축 타 지 녕　　이 유 송 조 지 미　　난 호 면 어 금 지 세 의
子曰 不有祝鮀之佞이며 而有宋朝之美면 難乎免於今之世矣니라

[배경 설명]

말재주와 준수한 미모를 재능보다 더 중시하는 세태에 대한 탄식이다. 佞(녕)은 재능, 難(난)은 어렵다, 免(면)은 면하다, 世(세)는 난세를 뜻한다.

鮀(타)는 위(衛)나라 대부로 자는 자어(子魚)이고 말재주가 있었다. 축타(祝鮀)는 종묘에서 제사를 지낼 때 축문을 읽는 축관의 관직에 있는 관리이다. 송조(宋朝)는 송나라의 公子로 이름이 朝(조)이고 미모가 준수하고 뛰어나 위령공의 부인 南子의 情夫로 대부가 되었고, 위나라의 대부로 있을 때 다른 사람의 부인과 사통한 적이 있었다.

난세에서는 재능보다도 미모를 더 중시하니, 재능이 아니면 화를 면하기 어렵다고 말씀한 것이다. 따라서 공자께서는 말재주와 미모를 내세워 출세하는 어지러운 세태를 탄식하신 것이다.

[단문 설명]

▶ 不有祝鮀之佞 불유축타지녕 축관인 타의 재능은 없고. 祝鮀: 위나라 대부, 佞: 재능.

▶ 而有宋朝之美 이유송조지미 송나라 조의 미모만 있다면. 宋朝: 송나라 공자.

▶ 難乎免 於今之世矣 난호면 어금지세의 오늘날의 난세에서 (화를) 면하기 어렵다. 難: 어렵다.
乎: 음절 조절 허사. 免: 면하다. 於: ~에서. 世: 난세.

15. 밖을 나갈 때 문을 경유하지 않고 나갈 수 있겠는가?

[해석 본문]

공자께서 말씀하셨다. "누가 문을 통하지 않고 나갈 수 있겠는가? (그런데) 어찌하여 아무도 (공자의) 도를 따르지 않는가?"

자 왈   수 능 출 불 유 호   하 막 유 사 도 야
子曰 誰能出不由戶리오? 何莫由斯道也오?

[배경 설명]

仁(인)을 행하지 않는 세태에 대한 한탄이다. 戶(호)는 문짝이 하나 있는 문, 門(문)은 문짝이 둘 있는 문이다. 由斯道(유사도)는 공자의 좋은 도를 따르는 것이다.

도란 걸어다는 길이나 선왕이 행하던 도를 포함하는 중의적 표현이다. 사람들이 반드시 문을 통해서 밖으로 나가는 것을 알면서도 행동할 때에 반드시 도라는 문을 따라야 하는 것은 알지 못한다. 이는 도가 사람을 멀리 하는 것이 아니라 사람이 스스로 도를 멀리 하는 것이다.

당시 도가 무너져 여러 제후들이 권력을 남용하고 패권을 다투는 시대 상황을 한탄하는 것이다. "사람이 밖을 나갈 적에 문을 경유하지 않는 이가 없는데 무슨 까닭으로 도를 따르지 않는가?"라고 도를 문에 비유하여 말씀한 것이다. 따라서 공자께서는 사람들이 도를 실천하지 않는 것에 대하여 한탄하신 것이다.

[단문 설명]

▶ 出不由戶? 출불유호? 문을 통하지 않고 나갈 수 있겠는가? 由: 통하다. 戶: 문.

▶ **何莫由斯道也?** 하막유사도야? (그런데) 어찌하여 아무도 (공자의) 도를 따르지 않는가? 莫: 아무도 ~하지 않다. 由: 따르다. 道: 공자의 도.

16. 본질과 형식이 적당히 겸비되어야 빛난다.

[해석 본문]

공자께서 말씀하셨다. "본질이 형식을 능가하면 투박하고, 형식이 본질을 능가하면 화려하니, 형식과 본질이 (적당히) 겸비되어야 빛나고 그런 후에야 군자답다."

자 왈 질 승 문 즉 야 문 승 질 즉 사 문 질 빈 빈 연 후 군 자
子曰 質勝文則野요 文勝質則史니 文質이 彬彬然後에 君子니라

[배경 설명]

본질과 형식이 겸비되면 빛이 난다는 내용이다. 質(질)은 사물의 본바탕 또는 본질로 실질적인 내용이나 文(문)은 사물의 겉모양 또는 형식으로 본질을 가꿔주는 문채나 외관을 뜻한다. 野(야)는 꾸밈새가 없어 질박하거나 투박하여 촌스럽고, 史(사)는 문서를 맡은 관리로서 문장의 수사를 가꾸는 사람이니, 이는 꾸밈이 있어 아름답고 화려하다. 彬(빈)은 겸비하다, 빛나다는 뜻이니, 둘이 모이면 더욱 빛나니 조화와 균형이 겸비되는 것은 더욱 빛난다.

質이 지나치면 투박하고 거칠고, 文이 지나치면 화려하다. 본질이 형식을 능가하면 오히려 흰 색이 채색(采色)을 받을 수 있는 것과 같아 괜찮지만, 형식이 본질을 능가하면 근본이 없어지고 겉치레만 화려한 것이니, 오히려 화려한 것보다는 질박한 것이 더 낫다. 文質彬彬(문질빈빈)은 외견이 좋고 내용이 충실하여 잘 조화되어야 빛난다는 것을 의미한다. 넘치는 것은 덜어내고, 부족한 것은 보충하고, 바탕과 형식이 결합되면 더욱 빛이 난다. 따라서 質과 文이 적당히 배합되어야 균형과 조화가 이루어진다.

[단문 설명]

▶ **質勝文則野** 질승문즉야 본질(質)이 형식(文)을 능가하면 투박하다. 質: 본질, 내용, 본바탕. 文: 형식, 외관, 꾸밈. 勝: 능가하다, 이기다. 野: 질박하거나 투박하다.

179

▶ **文勝質則史** 문승질즉사 형식(文)이 본질(質)을 능가하면 화려하다. 史: 화려하다, 화사하다.

▶ **文質 彬彬** 문질 빈빈 형식과 본질이 (적당히) 겸비되어야 빛난다. 彬: 겸비하다, 빛나다.

▶ **然後君子** 연후군자 그런 후에야 군자답다. 君子: 명사가 형용사로 전용.

17. 정직은 사람의 삶을 지탱하는 이치이다.

[해석 본문]

공자께서 말씀하셨다. "사람의 삶은 정직이니, (정직이) 없는 삶은 요행히 (죽음을) 면한 것이다."

자 왈 인 지 생 야 직　　망 지 생 야　　행 이 면
子曰 人之生也 直하니 罔之生也는 幸而免이니라

[배경 설명]

짐승과 달리 사람은 곧게 서서 걷기 때문에 마음도 곧아야 사람인 것이라는 정직의 중요성에 관한 교훈이다. 直(직)은 마음이 곧고 정직하다, 罔(망)은 없다, 幸而免(행이면)은 요행으로 죽음을 면하는 것을 뜻한다.

삶의 이치는 본래 정직이나 망(罔)은 정직하지 않은 것이다. 정직하지 않은데도 산다는 것은 단지 요행히 살아있는 것뿐이다. 직(直)은 정직, 공정, 진실과 꾸밈없는 것이니, 정직은 사람의 삶과 사회관계를 지탱하는 이치이자 질서이다. 정직은 효과가 느려 무너질 듯하면서도 무너지지 않지만, 속임은 효과가 빠른 듯해도 어느 한 순간에 무너져 회복되기 어려운 것이다. 따라서 사람은 정직하게 살아야 하고, 일생 동안 정직의 도를 힘써야 한다.

[단문 설명]

▶ **人之生也 直** 인지생야 직 사람의 삶은 정직이다. 人: 사람. 生: 삶. 也: 주격후치사. 直: 정직

▶ **罔之生也 幸而免** 망지생야 행이면 (정직이) 없는 삶은 요행히 (죽음을) 면한 것이다. 罔(망): 없다. 之: 直. 也: 주격후치사. 幸而: 요행히. 而: 부사 접미사.

18. 학습의 삼 단계는 알고, 좋아하고, 즐기는 것이다.

[해석 본문]

공자께서 말씀하셨다. "(학문을) 아는 자는 (학문을) 좋아하는 자만 못하고, (학문을) 좋아하는 자는 (학문을) 즐기는 자만 못하다."

자 왈　지 지 자　불 여 호 지 자　　호 지 자　불 여 락 지 자
子曰　知之者　不如好之者오　好之者　不如樂之者니라

[배경 설명]

배움의 대상은 학문이며, 배움의 단계는 知好樂이다. 즉, 알 知(지), 좋아할 好(호)와 즐거워할 樂(락)의 순이다. 학문을 알기만 하고 좋아하지 못하면 이는 앎이 지극하지 못한 것이요, 학문을 좋아하기만 하고 즐거움에 미치지 못한다면 이는 좋아함이 지극하지 못한 것이다.

학습하는 단계는 학문을 알고, 좋아하고, 즐기는 것이다. 知之(지지)는 학문이 있음을 아는 것, 好之(호지)는 학문을 좋아하지만 아직 깨닫지 못한 것, 樂之(락지)는 학문을 알고 좋아하고, 깨닫고 즐거워하는 것을 뜻한다.

학습을 하려면 무엇을 배워야 하는지를 알아야 한다. 안다는 것은 사물이나 대상의 이치이다. 학습해야 할 대상이 무엇인지, 어떤 원리가 있는지, 어떻게 적용할 수 있는 지와 다른 주제와 어떤 관련이 있는지를 알고 난 후에 개념, 원리와 내용을 이해하는 것을 좋아하고, 끝으로 즐겨야 학습이 효과적이다. 따라서 학문을 알고, 좋아하고, 즐기는 것이 학문의 단계이다.

[단문 설명]

▶ 知之者 不如好之者 지지자 불여호지자 (학문을) 아는 자는 (학문을) 좋아하는 자만 못하고. 之: 학문. 者: 사람, 사물. 不如: ~와 못하다, ~와 같지 않다.

▶ 好之者 不如樂之者 호지자 불여락지자 (학문을) 좋아하는 자는 (학문을) 즐기는 자만 못하다.

19. 배우는 자의 수준에 맞추어 말해 주어야 그 말을 이해하기가 쉽다.

[해석 본문]

공자께서 말씀하셨다. "중등 이상의 사람에게는 수준 높은 것을 말해 줄 수 있으나 중등 이하의 사람에게는 수준 높은 것을 말해 줄 수 없다."

子曰 中人以上은 可以語上也어니와 中人以下는 不可以語上也니라

[배경 설명]

개인의 학문과 덕행 수준에 따른 공자의 교육 방법이다. 語(어)는 말해 주는 것이다. 학문과 덕행 수준을 上·中·下로 구분한다. 上(상)은 수준 높은 것, 상급 수준의 학문적 내용, 中(중)은 중급 수준의 학문적 내용, 下(하)는 하급 수준의 학문적 내용이다. 中人以下(중인이하)는 중등 이하의 사람, 즉 학문과 덕행의 정도가 중등 이하의 사람이다.

사람을 가르치는 자는 배우는 자의 수준에 따라 학문을 말해 주어야 그 말을 이해할 수 있다. 남송(南宋)의 학자 장경부(張敬夫)가 말하길, "교육은 반드시 그 재질(材質)에 따라 집중적으로 한다. 중등(中等) 이하의 자질을 가진 자에게 갑자기 너무 높은 것을 말해 주면 그 말을 제대로 알 수 없어 낮은 수준의 이해에 그치고 말뿐이다. 따라갈 수 있는 수준에서 말해주어야 간절히 묻고 점차 깊고 높은 데로 나아가게 할 수 있다." 따라서 배우는 자의 수준에 맞추어 학문을 말해 주어야 그 말을 잘 이해할 수 있다.

[단문 설명]

▶ 中人以上 중인이상 중등 이상의 사람, 학문과 덕행의 정도가 중등 수준인 사람.

▶ 可以語上也 가이어상야 수준 높은 것을 말해 줄 수 있다. 可以: ~할 수 있다. 語: 말하다. 上: 수준 높은 것, 상급 수준의 학문적 내용. 也: 서술종결사.

▶ 中人以下 중인이하 중등 이하의 사람.

▶ 不可以語上也 불가이어상야 수준 높은 것을 말해 줄 수 없다. 不可以: ~할 수 없다.

20. 어려운 일을 먼저 한 후에 보답을 뒤로 얻으면 그것은 인(仁)이다.

[해석 본문]

번지가 지(知)에 대하여 묻자, 공자께서 말씀하셨다. "사람들이 의(義)에 힘쓰고 귀신을 공경하되 멀리한다면 지(知)라 말할 수 있다." 번지가 인(仁)에 대하여 묻자, 공자께서 말씀하셨다. "어진 자는 어려운 일을 (남보다) 먼저 하고 이득은 (남보다) 뒤로 하면 그것을 어질다고 말할 수 있다."

번지 문지　　자왈 무민지의　　경귀신이원지　　가위지의　　문인　　왈 인자
樊遲 問知하니 子曰 務民之義오 敬鬼神而遠之면 可謂知矣니라 問仁하니 曰 仁者
선 난 이 후 획　　가위인의
先難而後獲이면 可謂仁矣니라

[배경 설명]

知(지)와 仁(인)에 관한 번지의 질문에 대한 공자의 설명이다. 知(지)는 지, 지혜, 務(무)는 힘쓰다, 民(민)은 사람, 敬(경)은 공경하다, 遠(원)은 멀리하다, 先(선)은 먼저 하다, 後(후)는 뒤로하다, 獲(획)은 이득을 뜻한다.

樊遲(번지)는 공자의 제자로 성은 樊(번), 이름은 須(수), 자는 子遲(자지)이다. 그는 제(齊)나라 사람으로 용력이 있어 어린 나이에 계씨 밑에서 벼슬하였다.

民(민)은 사람(人)이요, 鬼神(귀신)은 조상신(人鬼)과 천신(天神)이다. 천(天)은 우주의 주재자로서 인간 세상의 모든 것을 관장한다. 획(獲)은 얻음(得)을 뜻한다. 民之義(민지의)는 사람이 지켜야 할 올바른 도의이다. 務民之義(무민지의)는 사람들이 도리를 애써 실천하게 하는 것이니, 사람들을 바르게 교화해 잘 살게 하는 것이다.

敬鬼神(경귀신)은 선조의 신령과 천신에 제사를 모시는 것이나 遠之(원지)는 적당한 거리를 두고 귀신을 멀리하는 것인데, 이는 귀신보다는 인간의 일에 우선 힘써야 하기 때문이다. 先難(선난)은 남보다 앞서 어려운 일을 처리하는 것이고, 後獲(후획)은 남보다 결과를 늦게 받는 것이다. 따라서 지(知)란 도에 힘쓰고 귀신을 공경하되 거리를 두는 것이며, 인(仁)이란 어려운 일을 먼저 하고 이득은 뒤로 하는 것이라고 공자께서 말씀하셨다.

[단문 설명]

▶ 樊遲問知 번지문지 번지가 지에 대하여 묻다. 問: 묻다. 知: 지, 지혜.

▶ 務民之義 무민지의 사람들이 의에 힘쓰다. 務: 힘쓰다. 民: 사람. 之: ~에, ~에 있어서.

▶ 敬鬼神而遠之 경귀신이원지 귀신을 공경하되 멀리하다. 敬: 공경하다. 遠: 멀리하다. 之: 귀신.

▶ 可謂知矣 가위지의 지(知)라 말할 수 있다. 可: ~할 수 있다. 謂: 말하다.

▶ 仁者 先難而後獲 인자 선난이후획 어진 자는 어려운 일을 (남보다) 먼저 하고 이득은 (남보다) 뒤로 하면. 先: 먼저 하다. 後: 뒤로 하다. 獲: 이득, 공로, 보답을 얻다.

 21. 지혜로운 사람은 인생을 즐기고, 어진 사람은 담담하게 장수한다.

[해석 본문]

공자께서 말씀하셨다. "지혜로운 자는 물을 좋아하고 어진 자는 산을 좋아하며, 지혜로운 자는 동적이고 어진 자는 정적이며, 지혜로운 자는 (인생을) 즐기나 어진 자는 장수한다."

子曰 知者는 樂水하고 仁者는 樂山하며 知者는 動하고 仁者는 靜하며 知者는 樂하고 仁者는 壽니라

[배경 설명]

知(지)와 仁(인)에 관한 번지의 질문에 대한 공자의 교훈이다. 樂(요)는 좋아하다, 知者(지자)는 지혜로운 자, 樂水(요수)는 물을 좋아하다, 仁者(인자)는 어진 자, 樂山(요산)은 산을 좋아하다, 動(동)은 움직이다, 靜(정)은 고요하다, 壽(수)는 장수하다를 뜻한다.

지자(知者)는 사리를 통달하여 두루 통하고 막힘이 없어서 물과 같아 흐르는 물을 좋아하고, 인자(仁者)는 의를 중시하고 인을 실천하여 사욕에 물들지 않고 동요하지 않아 조용한 산을 좋아하는 것이다. 동(動)과 정(靜)은 원인이고, 낙(樂)과 수(壽)는 그 결과이다. 동(動)하여 막히지 않으므로 즐거워하고, 정(靜)하여 일정함이 있으므로 장수하는 것이다.

동적인 삶은 적극적이고 활발한 태도로 인생을 즐겁게 사는 것이나 정적인 삶은 담담하고 고요한 마음가짐으로 평온한 삶을 지속하여 결과적으로 천수를 다하는 것이다. 따라서 지자는 동적으로 인생을 즐겁게 사나 인자는 정적으로 담담하게 산다.

[단문 설명]

▶ 知者樂水 지자요수 지혜로운 자는 물을 좋아하다. 知: 智와 같다. 樂(요): 좋아하다.

▶ 仁者樂山 인자요산 어진 자는 산을 좋아하다.

▶ 知者動 仁者靜 지자동 인자정 지혜로운 자는 동적이고 어진 자는 정적이다.

▶ 知者樂 지자락 지혜로운 자는 (인생을) 즐긴다. 樂(락): 즐겁다.

▶ 仁者壽 인자수 어진 자는 장수하다. 壽: 장수하다.

 22. **노나라는 주공의 법제가 남아 있어 폐지된 것만 시행하면 도에 이를 수 있다.**

[해석 본문]

공자께서 말씀하셨다. "제나라가 한번 변하면 노나라 (같이) 될 것이고, 노나라가 한번 변하면 도 (있는 나라)가 될 것이다."

자 왈 제 일 변　　　지 어 노　　　노 일 변　　　지 어 도
子曰 齊一變이면 至於魯하고 魯一變이면 至於道니라

[배경 설명]

노(魯)나라와 제(齊)나라의 사회제도에 관한 공자의 시각이다. 제(齊)나라는 주나라 건국의 공신인 강태공(姜太公) 여망(呂望)이 세운 나라이나 노(魯)나라는 주 무왕(武王)의 동생인 주공(周公)이 세운 나라이다. 두 나라는 주나라의 법제(周禮)에 따라 세운 나라이지만, 시간이 지나면서 정치와 문물제도가 많이 변하였다. 공자는 나라를 문물 제도로 평가하였다.

제나라는 자연 조건이 좋아 백성이 부유하고 국력이 강성하여 환공(桓公) 같은 사람이 관중(管仲)을 등용하여 한때 패도 정치를 실시하였다. 제나라의 풍속은 공명과 이익을 중시하고 과장하거나 속이는 것을 좋아했는데, 이것은 패도정치의 잔재였다.

노나라는 주나라의 예의와 제도를 잘 계승하여 공자의 이상에 매우 접근한 나라였다. 노나라는 예도와 교육을 중시하고 신의를 숭상하였으니, 이는 선왕의 도가 아직까지 남아 있기 때문이다. 도(道)는 선왕(先王)의 도이다. 제나라는 환공의 패도로 인하여 실리를 숭상하는 정치를 하여 태공(太公)의 유법(遺法: 옛사람이 남긴 법)이 모두 없어졌으나 노나라는 예를 중시하여

아직도 주공의 법제가 남아 있었다. 제나라는 한번 변해야 노나라에 이를 수 있으나 노나라는
폐지된 것만 시행하면 선왕의 도에 이를 수 있는 것이다. 따라서 공자께서는 노나라는 주나라
의 정치와 교육을 부흥시킬 수 있다고 말씀하신 것이다.

[단문 설명]

▶ 齊一變 至於魯 제일변 지어노 제나라가 한번 변하면 노나라 (같이) 될 것이다. 一變: 한번 변하
다. 至: 되다, 도달하다. 於: 장소 전치사, ~에.

▶ 魯一變 至於道 노일변 지어도 노나라가 한번 변하면 도 (있는 나라)가 될 것이다.

23. 모난 술잔이 모가 없으면 모난 술잔이라고 할 수 있겠는가?

[해석 본문]

공자께서 말씀하셨다. "모난 술잔이 모가 없으면 모난 술잔이라고 할 수 있겠는가? 모난 술잔
이라고 할 수 있겠는가?"

자 왈   고 불고   고 재 고 재
子曰 觚 不觚면 觚哉觚哉아?

[배경 설명]

본질과 실존이 서로 둘어맞아야 한다는 質實相符(질실상부)를 지적하신 말씀이다. 觚(고)는
사각의 모서리가 있는 술잔이다.

모난 술잔을 자신의 본분 또는 사람이나 사물의 본질에 비유한 것이다. 공자가 모난 술잔을
비유하여 황폐해진 정치의 도를 개탄한 것이다. 觚哉觚哉(고재고재)는 모난 술잔이 될 수 없다
는 말이다. 사물이 본질을 잃고 꾸밈만 있다면 사물이라고 말할 수 없다. 사람이 어질지 못하면
사람이 아니고, 나라가 다스려지지 못하면 나라가 아니다.

사람의 본질은 인인데 인이 없다면 사람이라고 할 수 없고, 나라의 본질은 통치인데 나라가
통치되지 않는다면 나라가 아니다. 정자(程子)가 말하였다. "모난 그릇이 그 모양과 제도를 잃
으면 모난 그릇이 아니니, 임금으로서 임금의 도리를 잃으면 임금 노릇을 못하는 것이요, 신하

로서 신하의 직분을 잃으면 빈 자리가 되는 것이다." 따라서 임금이나 신하는 각각의 직분과 본분을 다하지 않는다면 임금이나 신하가 아니다.

[단문 설명]

▶ **觚不觚** 고불고 모난 술잔이 모가 없으면. 觚: 모난 술잔. 不觚: 모가 없다.
▶ **觚哉?** 고재? 모난 술잔이라고 할 수 있겠는가? 哉: 반어종결사.

 24. **그럴 듯하게 속일 수는 있으나 터무니없이 속일 수는 없다.**

[해석 본문]

재아가 물었다. "어진 사람은 비록 어떤 사람이 우물에 빠졌다고 말해도 그 우물을 따라 들어갑니까?" 공자께서 말씀하셨다. "어찌 그렇게 하겠는가? 군자는 (우물까지) 가서 (구제할 수는 있으나), (우물에) 빠지지는 않는다. 군자를 (그럴 듯한 말로) 속일 수는 있으나 (터무니없는 말로) 속일 수는 없다."

재아 문왈 인자　수고지왈 정유인언　기종지야　　자왈 하위기연야
宰我 問曰 仁者는 雖告之曰 井有仁焉이면 其從之也리오? 子曰 何爲其然也리오?
군자　가서야　　불가함야　가기야　　불가망야
君子는 可逝也이나 不可陷也니라 可欺也이나 不可罔也니라

[배경 설명]

재아(宰我)의 황당한 질문에 대해 사리를 분별하여 행동하라는 군자의 처세에 관한 교훈이다. 仁은 人의 오기로 사람, 井(정)은 우물에 빠지다, 從(종)은 우물에 따라 들어가다, 逝(서)는 가다, 陷(함)은 우물에 빠지다, 欺(기)는 이치에 맞는 것으로 속이다, 罔(망)은 이치에 맞지 않는 것으로 속이다, 不可罔也(불가망야)는 사리나 도리에 어둡게 할 수는 없다는 뜻이다.

재아(宰我)는 공자의 제자로서 성은 재(宰), 이름은 여(予), 자는 자아(子我)이며, 언변이 뛰어났다. 재아는 도에 독실하지 못하여 인을 행하다가 해에 빠질까 근심하였다. 군자는 우물 속에 사람이 빠졌더라도 우물 밖에서 사람을 구하지, 우물 속까지 따라 들어가지는 않는다. 우물속으로 따라 들어간다면 다시는 구할 수 없을 것이다. 어진 사람은 비록 사람을 구제하는 것이

간절하더라도 어리석게 행동하지는 않는다. 따라서 군자는 이치에 맞는 그럴 듯한 말에 속을
수는 있지만, 이치에 맞지 않는 터무니없는 말에 속을 정도로 어리석지는 않다.

[단문 설명]

▶ 宰我問曰 재아문왈 재아가 (공자에게) 물었다.

▶ 仁者 雖告之曰 인자 수고지왈 어진 사람은 비록 (어떤 사람이 우물에 빠졌다고) 말해도. 雖: 비
록 ~하더라도. 告: 고하다. 之: 井有人焉.

▶ 井有仁焉 정유인언 어떤 사람이 우물에 빠졌다. 井: 우물에 빠지다. 有: 어떤. 仁: 人의 오자. 焉:
之於, 우물에.

▶ 其從之也? 기종지야? 인자는 그 우물을 따라 들어갑니까? 其: 仁者. 從: 따르다. 之: 井

▶ 何爲 其然也? 하위 기연야? 어찌 그렇게 하겠는가? 然: 그러하다. 其然: 그렇게. 也: 서술종결사.

▶ 君子可逝也 군자가서야 군자는 (우물까지) 가서 (구제할 수는 있으나). 逝: 가다.

▶ 不可陷也 불가함야 (우물에) 빠지지는 않는다. 陷: 빠지다.

▶ 可欺也 가기야 군자를 (그럴 듯한 말로) 속일 수는 있으나. 欺: 속이다.

▶ 不可罔也 불가망야 (터무니없는 말로) 속일 수는 없다. 罔: 속이다. 也: 서술종결사.

25. 학문을 널리 배우고 예로써 행동을 절제한다.

[해석 본문]

공자께서 말씀하셨다. "군자는 학문을 널리 배우고 예로써 (행동을) 절제한다면 또한 (도에)
어긋나지 않을 수 있느니라!"

자 왈 군 자 박 학 어 문　　약 지 이 례　　　역 가 이 불 반 의 부
子曰 君子 博學於文이요 約之以禮면 亦可以弗畔矣夫니라!

[배경 설명]

학문과 예법에 관한 교훈이다. 약(約)은 절제하다, 반(畔)은 도에 어긋나다를 뜻한다. 군자는
배움을 널리 하기 위해 학문에 대하여 고찰하고, 행동을 다스려 통제한다. 널리 학문을 배우는

것은 도를 알기 위한 것이요, 예로써 몸가짐을 절제하는 것은 행실을 바로잡기 위한 것이다. 따라서 도를 알고, 예를 지켜 행실이 올바르다면 도에 어긋나는 일이 없을 것이다.

[단문 설명]

▶ **博學於文** 박학어문 학문을 널리 배우다. 博: 널리. 於: 을. 文: 학문, 육경에 있는 문물 제도.
▶ **約之以禮** 약지이례 예로써 군자의 (행동)을 절제하다. 之: 君子. 約: 절제하다, 다스리다.
▶ **亦可以弗畔矣夫!** 역가이불반의부! 또한 (도에) 어긋나지 않을 수 있느니라! 可以: 할 수 있다. 弗: 하지 않다. 畔: 어긋나다, 위배하다. 夫: 감탄종결사.

 26. 만약 옳지 않은 짓을 하였다면 하늘이 나를 미워할 것이다.

[해석 본문]

공자께서 남자(南子)를 만나셨는데, 자로가 (이를) 기뻐하지 않았다. 공자께서 자로에게 맹세하여 말씀하셨다. "내가 만약 나쁜 짓을 하였다면 하늘이 나를 미워할 것이다. 하늘이 나를 미워할 것이다."

자 견남자　　　 자로불열　　　 부자 시지왈 여소부자 　천염지 천염지
子 見南子하신대 子路不說이니라 夫子 矢之曰 予所否者면 天厭之 天厭之니라

[배경 설명]

공자와 남자(南子)의 만남은 예를 다한 것뿐이라는 공자의 맹세이다. 說(열)은 기뻐하다, 矢(시)는 맹세하다, 否(부)는 나쁘다, 厭(염)은 미워하다를 뜻한다.

南子(남자)는 위(衛)나라 영공(靈公)의 부인으로 음란한 여자였다. 옛날에는 그 나라에 벼슬하면 임금의 부인(小君)을 뵙는 예가 있었다. 공자가 위나라에 갔을 때 그녀가 집요하게 만나자고 해 어쩔 수 없이 만나주었는데 자로가 이 일을 불쾌하게 생각했다. 자로는 부자께서 이 음란한 사람을 만나시는 것을 치욕으로 여겼으므로 기뻐하지 않은 것이다. 악한 사람이라도 만나야 할 예가 있다면 그 사람의 악행이 만나는데 걸림돌이 되지 않는다. 따라서 공자는 만나야 할 예를 다한 것이지 음란한 만남이 아니라고 맹세한 것이다.

[단문 설명]

▸ 子見南子 자견남자 공자께서 남자를 만나시다. 見: 만나다.

▸ 子路不說 자로불열 자로가 (이를) 기뻐하지 않았다. 說(열): 기뻐하다.

▸ 夫子矢之曰 부자시지왈 공자께서 자로에게 맹세하여 말씀하셨다. 矢(시): 맹세하다. 之: 자로

▸ 予所否者 여소비자 내가 만약 나쁜 짓을 했다면. 予: 나. 所: 가정, 만약. 否(비): 올바르지 못하다, 나쁘다. 者: 가정, ~한다면.

▸ 天厭之 천염지 하늘이 나를 미워하다. 厭: 미워하다. 之: 나.

 27. 중용의 덕을 행하는 백성이 적구나!

[해석 본문]

공자께서 말씀하셨다. "중용이 덕됨이 지극하구나! (이 덕을 행하는) 백성이 적어진 지 오래 되었다."

　　　　자 왈 중 용 지 위 덕 야 기 지 의 호　　　민 선　　구 의
子曰 中庸之爲德也 其至矣乎아! **民鮮**이 **久矣**니라

[배경 설명]

중용에 대한 공자의 언급이다. 中(중)은 지나치거나 미치지 못함이 없는 것, 庸(용)은 공평하고 떳떳하다, 至(지)는 지극하다, 鮮(선)은 적다를 뜻한다.

中庸(중용)은 지나치지도 않고 모자라지도 않으며 변치 않고 바른 것을 뜻한다. 中(중)은 천하의 바른 도이고, 용(庸)은 천하의 정한 이치이다. 중용의 덕(德)을 행하는 이가 적어진 지 이미 오래되었다. 따라서 공자께서 중용의 덕을 행하는 백성이 적음을 탄식하신 것이다.

[단문 설명]

▸ 中庸之爲德也 중용지위덕야 중용이 덕됨이. 之, 也: 주격후치사. 爲德: 덕됨. 爲: 되다.

▸ 其至矣乎! 기지의호! 지극하구나! 其: 추측부사, 아마. 乎: 감탄종결사.

▸ 民鮮久矣 민선구의 (이 덕을 행하는) 백성이 적어진 지 오래되었다. 鮮: 적다, 드물다. 久: 오래

되다. 矣: 서술종결사.

 ## 28. 자기가 서고자 하면 남도 서게 하며 자기가 통달하고자 하면 남도 통달하게 하라.

[해석 본문]

자공이 공자에게 말하였다. "만일 백성에게 (은혜를) 널리 베풀어 많은 사람을 구제한다면 어떻습니까? 인자라 할만 합니까?" 공자께서 말씀하셨다. "어찌 어질 뿐이겠는가? 반드시 성인일 것이다! 요순도 아마 오히려 그것을 힘들어했을 것이니라. 어진 사람은 자신이 서고자 하면 남도 서게 하며, 자신이 통달하고자 하면 남도 통달하게 하는 것이다. 자신을 미루어 다른 사람을 헤아리니, 인을 (실천하는) 방법이라고 말할 수 있다."

子貢이 曰 如有博施於民而能濟衆하면 何如인고? 可謂仁乎인고? 子曰
何事於仁이리오? 必也聖乎이라! 堯舜도 其猶病諸니라 夫仁者는 己欲立而立人하며
己欲達而達人이니라 能近取譬면 可謂仁之方也已니라

[배경 설명]

인의 경지에 대한 행동 수준을 교훈한 것이다. 博(박)은 넓다, 乎(호)는 의문종결사, 事(사)는 ~일 뿐이다, 病(병)은 힘들어하다, 譬(비)는 깨닫다, 方(방)은 방법을 뜻한다.

能近取譬(능근취비)란 가까이 자신에게 취하여 자신의 입장을 미루어 남에게 미쳐야 하니, 이는 인(仁)을 행하는 방법이다. 자공은 인(仁)에 뜻을 두었으나 높고 원대한 것을 일삼아 방법을 알지 못하였다. 따라서 널리 은혜를 베풀고 많은 사람을 구제하는 것은 바로 반드시 성인이라야 할 수 있다. 비록 요순(堯舜)도 오히려 부족하게 여기는 바가 있을 것이다. 따라서 자기가 서고자 하면 남도 서게 하며 자기가 통달하고자 하면 남도 통달하게 하며, 가까운 데에서 취해 비유할 수 있으면 인(仁)을 하는 방법이라고 할 만하다.

[단문 설명]

▶ 如有博施於民 여유박시어민 만일 백성에게 (은혜를) 널리 베풀어. 如: 만일. 博: 널리. 施:

베풀다.

▸ **而能濟衆** 이능제중 많은 사람을 구제한다면. 濟: 구제하다. 衆: 많은 사람.

▸ **何如?** 하여? 어떻습니까?

▸ **可謂仁乎?** 가위인호? 어질다고 말할 수 있습니까? 可謂: 말할 수 있다. 乎: 의문종결사.

▸ **何事於仁?** 하사어인? 어찌 어질 뿐이겠는가? 事: 전념하다, ~일 뿐이다. 仁: 仁者.

▸ **必也聖乎** 필야성호 반드시 성인일 것이다. 也: 부사격 후치사. 乎: 서술종결사.

▸ **堯舜 其猶病諸** 요순 기유병저 요순도 아마 오히려 그것을 힘들어했을 것이니라. 其: 아마. 猶: 오히려. 病: 힘들어하다. 諸: 之乎(博施於民而能濟衆).

▸ **夫仁者** 부인자 대체로 어진 사람은. 夫: 대체로.

▸ **己欲立而立人** 기욕립이립인 자신이 서고자 하면 남도 서게 하다. 而: 가정. 立: 서다.

▸ **己欲達而達人** 기욕달이달인 자신이 통달하고자 하면 남도 통달하게 하다. 達: 통달하다.

▸ **能近取譬** 능근취비 자신을 미루어 다른 사람을 헤아리다. 가까운 것(자신)을 취하여(미루어) (다른 사람을) 깨닫다(헤아리다). 近: 자신 가까이. 譬: 깨닫다.

▸ **可謂 仁之方也已** 가위 인지방야이 인을 (실천하는) 방법이라고 말할 수 있을 뿐이다. 方: 방법, 也已: 뿐.

☞ **접속사**: 단어와 단어, 어구와 어구, 문장과 문장 등을 연결해 주는 품사

- **병렬**: 와, 과, 및, 또한(與·及·且·若)
- **순접**: 그리고, 그래서, 그렇다면, 그런 뒤, 이후, 이에(而·則·以·然則·然後·以後·乃)
- **역접**: 그러나, 그렇지만, 아니면(而·然·抑·但·況)
- **양보**: 비록, 아무리 ~하여도, ~일지라도(雖·縱)
- **가정**: 하면(而·則·卽·之·若·苟·如·使)
- **인과관계**: 그러므로, 때문에, 까닭으로, 이에(故·因·乃·由·以·便·是以·是故·以故·於是·則)

第七篇

述而(술이)

사소한 일에서도 배우는 기회를 놓치지 않는다.

　述而篇(술이편)은 학습과 교육에 대한 태도와 공자의 행실을 기록한 글이다. 공자가 제나라, 위나라, 섭나라, 송나라, 진나라에 있을 때 자신을 겸손히 평하고, 교육, 용모와 행동에 대해서 제자들과 대화한 것이다. 주요 내용으로는 창작, 학문, 교육 평등, 유추, 조문 태도, 업무 방법, 직업, 처세, 음악, 소통, 이단, 이설, 모범, 허세, 인정과 기회가 있다. 공자는 한 모퉁이를 들어 보이면 나머지 세 모퉁이는 제자들이 스스로 헤아릴 수 있도록 가르쳤다. 부를 정당하게 구할 수 있으면 미천한 일이라도 하겠지만, 그렇지 않다면 좋아하는 일을 해야 한다. 학문의 즐거움은 식사도 잊고, 근심도 잊고, 늙어가는 것조차 잊게 한다.

1. 옛것을 서술하되 새로운 것을 창작하지 않으며, 옛것을 믿고 좋아한다.
2. 배운 것을 기억하고, 배우기를 싫어하지 않고, 가르치기를 게을리하지 않는다.
3. 덕(德), 학(學), 徙(사), 改(개)는 새롭게 하는 공부의 요체이다.
4. 공자는 평소에 마음이 여유롭고, 얼굴빛은 온화하셨다.
5. 몸이 이미 늙어 도를 행할 수가 없다.
6. 도에 뜻을 두고, 덕에 근거하고, 인에 의지하며, 예에 노닐어야 한다.
7. 귀천이나 예물의 수준에 관계없이 교육의 기회를 균등하게 부여했다.
8. 한 모퉁이를 들어 보이면 나머지 세 모퉁이는 스스로 헤아려라.
9. 상주와 함께 슬픔을 같이 하기 위해 포식하거나 노래하지 않는다.
10. 일에 신중하고, 일을 즐겨 도모하면 일을 성취할 수 있다.
11. 부를 정당하게 구할 수 있으면 미천한 일이라도 하겠다.
12. 재계(齊戒), 전쟁(戰爭)과 질병(疾病)을 조심해야 한다.
13. 음악을 들으니 무아의 경지에 이르게 하는구나!
14. 인의를 갖추지 않은 위나라 군주인 첩(輒)을 돕지 않으실 것이다.
15. 거친 음식을 먹고 물을 마시며 팔을 베고 누었어도 즐거움은 또한 그 가운데 있다.
16. 학문은 끝이 없다.
17. 정확한 소통과 전통존중을 위해 표준어를 사용한다.
18. 학문의 즐거움은 식사도, 근심도, 늙어가는 것조차 잊게 한다.
19. 옛것을 좋아하고 재빠르게 탐구한 사람이다.
20. 괴설, 폭력, 문란과 미신에 관한 것을 말씀하지 않으셨다.
21. 세 사람이 길을 가면 나의 스승이 있다.
22. 하늘이 준 운명은 반드시 어긋나게 할 수 없다.
23. 항상 제자들이 스스로 살피지 못했을 뿐이다.
24. 공자의 교육은 학문, 행실, 충성과 신의였다.
25. 있는 체, 가득한 체, 넉넉한 체하면 항심이 어렵다.
26. 작은 고기까지 낚시하지 않고, 잠자는 새를 잡지 않는다.
27. 지식축적은 많이 듣고 많이 보고, 좋은 것을 택하여 기억하는 것이다.
28. 교육의 기회는 출신 성분이나 과거의 행실에 관계 없이 평등해야 한다.
29. 인을 행하는 것은 자신에게 달려 있다.
30. 다른 나라 사람 앞에서 그 나라의 임금을 비호해주는 것이 도리이다.
31. 사소한 일에서도 배울 기회를 놓치지 않는다.
32. 군자의 도를 몸소 실천하는 것을 게을리하지 말라.
33. 배우기를 싫어하지 않으며, 남을 가르치는 일을 게을리하지 않는다.
34. 공자는 귀신을 믿지 않아 귀신에게 빌 마음이 없었다.
35. 사치하면 공순하지 못하고 검소하면 고루하다.
36. 군자는 평온하고 관대하나 소인은 근심하고 두려워한다.
37. 온화하시나 엄숙하시며, 위엄이 있으시나 사납지 않으셨다.

1. 옛것을 서술하되 새로운 것을 창작하지 않으며, 옛것을 믿고 좋아한다.

[해석 본문]

공자께서 말씀하셨다. "(옛것을) 서술하되 (새로운 것을) 창작하지 않으며, 나는 (옛것을) 믿고 좋아하는 것을 은근히 우리 노팽에게 견주노라."

자 왈 술 이 부 작   신 이 호 고   절 비 어 아 노 팽
子曰 述而不作하며 信而好古를 竊比於我老彭하노라

[배경 설명]

있는 것을 저술한 것이지 새로운 것을 창작하지 않았다는 저술에 관한 공자의 회고이다. 述(술)은 옛것을 서술(敍述) 또는 전술(傳述)하다, 作(작)은 처음으로 창작(創作)하다를 뜻한다. 述(술)은 현자(賢者)가 할 수 있으나 作(작)은 성인이 아니면 불가능하다.

노팽(老彭)은 은나라 요(堯)임금의 어진 대부로 팔백 년을 살았다는 전설적인 인물이며 옛날 일을 즐겨 이야기했다. 공자는 시경(詩經)·서경(書經)을 산삭(刪削: 목간에 있는 필요 없는 글자를 깎아서 제거하고, 예기와 악기를 정립(定立: 순서를 바로잡고 부족한 곳을 보충)하였고, 주역(周易)을 찬술(贊述: 덧붙여 알기 쉽게 설명)하였고, 춘추(春秋)를 편수(編修: 편집과 수정)하였다. 이러한 것들은 창작한 것이 아니라 옛것을 서술한 것이다.

옛것이란 요순으로부터 전승되어 주공에 의해 완성되었다는 선왕의 도이다. 공자는 모두 선왕의 옛것을 전술하였고, 일찍이 창작한 것이 있지 않았다. 공자는 창작하는 성인을 자처하지 않았고, 덕이 더욱 높아질수록 마음이 더욱 겸손했다. 따라서 공자는 창작한 것은 없지만, 고전을 좋아하고 여러 성인을 집대성하는 겸허한 마음가짐이 있었다.

[단문 설명]

▶ 述而不作 술이부작 (옛것을) 서술하되 (새로운 것을) 창작하지 않았다. 즉, 옛날의 학술 사상을 전술할 뿐 스스로 새로운 것을 창작하지는 않았다. 傳述: 기술하여 전하다. 述: 서술하다. 而: 역접접속사, ~하되. 作: 창작하다.

▶ 信而好古 신이호고 (옛것을) 믿고 좋아하다. 古: 옛것.

▶ 竊比於我老彭 절비어아노팽 은근히 우리 노팽에게 견주노라. 竊: 몰래, 은근히. 比: 견주다, 비

195

교하다. 老彭: 은나라 대부.

 2. 배운 것을 기억하고, 배우기를 싫어하지 않고, 가르치기를 게을리하지 않는다.

[해석 본문]

공자께서 말씀하셨다. "묵묵히 (배운 것을) 기억하고, 배우기를 싫어하지 않고, 남을 가르치기를 게을리하지 않는다. (이 중에) 나에게 무슨 (어려움이) 있겠는가?"

자 왈 　묵 이 지 지 　　　　학 이 불 염 　　　회 인 불 권 　　　하 유 어 아 재
子曰 默而識之하며 學而不厭하며 誨人不倦이오 何有於我哉리오?

[배경 설명]

학습과 교육에 관한 공자의 교학 견해이다. 識(지)는 기억하다, 厭(염)은 싫어하다, 誨(회)는 가르치다, 倦(권)은 게을리하다의 뜻이다.

묵묵히 배운 것을 기억한다는 것은 말하지 않으면서도 마음에 지식을 간직하는 것이다. 배운 것을 기억하고, 배우는 것을 싫어하지 않고, 가르치는 것을 게을리하지 않는 것, 이 세 가지의 일(識·不厭·不倦)은 공자의 학습과 교육 방식이다. 何有於我哉(하유어아재)는 어느 것이 나에게 있는가 하고 자문한 것이다. 따라서 공자께서 이러한 세 가지 덕목들에 대하여 어느 것 하나도 자신의 요구 수준을 갖추지 못하고 있다고 자평하신 것이다.

[단문 설명]

▶ **默而識之** 묵이지지 묵묵히 (배운 것을) 기억하다. 默: 묵묵히. 而: 부사 접미사. 識: 기억하다. 之: 배운 것

▶ **學而不厭** 학이불염 배우기를 싫어하지 않다. 而: 목적어 도치, 를. 厭: 싫어하다.

▶ **誨人不倦** 회인불권 남을 가르치기를 게을리하지 않는다. 誨: 가르치다. 倦: 게으르다.

▶ **何有於我哉?** 하유어아재? (이 중에) 나에게 무슨 (어려움이) 있는가? 於我: 나에게.

3. 덕(德), 학(學), 徙(사), 改(개)는 새롭게 하는 공부의 요체이다.

[해석 본문]

공자께서 말씀하셨다. "덕을 수양하지 못하는 것, 학문을 연구하지 못하는 것, 의로움을 알고도 실천하지 못하는 것과 나쁜 것을 고치지 못하는 것을 내가 걱정하는 것이다."

> 자 왈 덕 지 불 수 　 학 지 불 강 　 문 의 불 능 사 　 　 불 선 불 능 개 시 오 우 야
> 子曰 德之不修와 學之不講과 聞義不能徙하며 不善不能改 是吾憂也니라

[배경 설명]

수양, 연구, 실천과 개과에 대한 공자의 회고이다. 講(강)은 연구하다, 聞(문)은 알다, 徙(사)는 실천하다, 不善(불선)은 나쁜 것, 憂(우)는 걱정하다를 뜻한다.

북송 윤언명(尹彦明)은 "덕은 반드시 수양한 후에 이루어지고, 학문은 연구한 후에 밝아진다. 선을 보면 실천해야 하고, 잘못을 고침에는 인색하지 않아야 한다."고 말했다. 따라서 이 네 가지 일(德·學·徙·改)은 나날이 새롭게 하는 학습의 요체이다.

[단문 설명]

▶ 德之不修 덕지불수 덕을 수양하지 못하다. 德之不修: 不修德의 도치. 修: 수양하다, 닦다.

▶ 學之不講 학지불강 학문을 연구하지 못하다. 學之不講: 不講學의 도치. 講: 연구하다.

▶ 聞義不能徙 문의불능사 의로움을 알고도 실천하지 못하다. 聞: 알다. 徙: 실천하다.

▶ 不善不能改 불선불능개 나쁜 것을 고치지 못하다. 不善: 나쁜 것.

▶ 是吾憂也 시오우야 이것을 내가 걱정하는 것이다. 是: 德之不修 ~不善不能改. 憂: 걱정하다.

 4. 공자는 평소에 마음이 여유롭고, 얼굴빛은 온화하셨다.

[해석 본문]

공자께서 집에 편안하게 계실 때에 마음은 여유롭고, 얼굴빛은 온화하셨다.

^{자 지 연 거}   ^{신 신 여 야}   ^{요 요 여 야}

子之燕居에 **申申如也**하시며 **夭夭如也**하시다

[배경 설명]

공자의 일상에 관한 제자들의 회고편이다. 燕居(연거)는 집에 편안하게 있다, 申申(신신)은 태연하고 여유롭다, 夭夭(요요)는 얼굴빛이 온화하다를 뜻한다.

공자께서는 한가로이 집에서 지내실 때에는 편안하시지만 긴장한 상황에서는 지나치게 엄하셨다. 지나치게 엄하실 때에는 여유롭고 온화한 기상을 유지하는 것이 어려우나 오직 공자께서는 저절로 중용을 잃지 아니하시고, 과불급(過不及)이 없이 화평한 기상을 유지하셨다. 따라서 공자께서는 공무를 보지 않으시고 집에 계실 때에는 마음은 여유롭고 얼굴빛은 온화하셨다.

[단문 설명]

▶ **子之燕居** 자지연거 공자께서 집에 편안하게 계시다. 子: 공자. 之: 주격후치사. 燕: 편안하게. 居: 있다. 燕居: 공무를 보지 않고 편안하게 한가로이 쉬는 것.

▶ **申申如也** 신신여야 마음은 여유롭다. 申申: 느긋하고 여유롭다. 也: 서술종결사.

▶ **夭夭如也** 요요여야 얼굴빛은 온화하셨다. 夭夭: 얼굴빛이 온화하다.

 5. 몸이 이미 늙어 도를 행할 수가 없다.

[해석 본문]

공자께서 말씀하셨다. "심하구나! 내가 노쇠해졌구나! 오래 되었구나! 내가 다시 꿈속에서 주공을 못 보게 된 지도!"

^{자 왈}   ^{심 의}   ^{오 쇠 야}   ^{구 의}   ^{오 불 부 몽 견 주 공}

子曰 甚矣라! **吾衰也**여! **久矣**라! **吾不復夢見周公**이로다!

[배경 설명]

공자가 추앙했던 주공의 도를 실현하지 못하고 늙어가는 세월과 세상에 대한 한탄이다. 甚(심)은 심하다, 衰(쇠)는 노쇠하다, 不復(불부)는 다시는 ~하지 못하다를 뜻한다.

주공(周公)은 주(周)나라 초기의 정치가로 노나라의 시조이고 문왕(文王)의 아들이며 무왕(武王)의 동생이다. 그는 무왕을 도와 은(殷)나라를 멸망시키고 주왕조를 강화하였으며, 예악, 법도를 정비하고 역경을 완성하고, 주례를 지었다고 한다. 그는 무왕의 왕위를 계승한 어린 성왕을 섭정으로 잘 보좌하고 7년 후 정권을 돌려주었다. 공자는 주공을 이상적인 인물로 추앙하여 성인의 한 사람으로 떠받들었다.

공자는 젊었을 때에는 주공의 도를 행하려고 노력하였고, 꿈속에서도 자주 주공을 볼 수 있었다. 그러나 공자는 도를 행하기에는 이미 늙고 쇠약해졌고, 주공을 꿈에서도 다시 볼 수가 없었다. 공자는 늘그막에 이르러서는 의지가 쇠하여 도를 행할 수가 없게 된 것을 한탄하신 것이다. 따라서 공자는 몸이 이미 늙어 도를 행할 수 없는 것을 한탄하신 것이다.

[단문 설명]

▶ 甚矣! 吾衰也! 심의! 오쇠야! 심하구나! 내가 노쇠해졌구나! 甚: 심하다. 矣: 감탄종결사. 衰: 노쇠하다. 也: 감탄종결사.

▶ 久矣! 구의! 오래되었도다! 久: 오래되다. 矣: 감탄종결사.

▶ 吾不復夢見周公! 오불부몽견주공! 내가 다시 꿈속에서 주공을 못 보게 된 지도! 不復(불부): 다시는 ~하지 못하다. 夢: 꿈속.

 6. 도에 뜻을 두고, 덕에 근거하고, 인에 의지하며, 예에 노닐어야 한다.

[해석 본문]

공자께서 말씀하셨다. "도(道)에 뜻을 두고, 덕(德)에 근거하고, 인(仁)에 의지하며, 예(藝)에 노닐어야 한다."

자 왈　지 어 도　　　거 어 덕　　　의 어 인　　　유 어 예
子曰　志於道하며 據於德하며 依於仁하며 游於藝니라

[배경 설명]

제자들의 정신자세와 생활수칙과 관련된 교훈이다. 志(지)는 마음이 지향해 가다, 道(도)는 사람으로서 마땅히 행하여야 하는 도리, 據(거)는 일정한 사실에 근거하여 행하다, 依(의)는 의

지하다, 游(유)는 한가하게 즐기다를 뜻한다.

예(藝)는 선비들이 반드시 배워야 할 육예(六藝), 즉 禮(예법), 樂(음악), 射(활쏘기), 御(말타기), 書(서예), 數(수학)으로 모두 지극한 이치가 있어서 일상생활에서 빼놓을 수 없는 것이다.

마음에 도를 얻고 뜻을 잘 지키면, 나날이 새로워지려는 노력을 들인 보람이 있다. 덕은 도를 행하여 마음에 얻는 것이다. 인은 사욕이 없어져 덕이 온전한 것이다. 육예에 노닐어 의로움을 넓혀간다면, 일을 대처하는 데에 여유가 있고 마음도 방심되는 바가 없다.

道德仁禮(도덕인예)는 학문을 할 때 마땅히 행해야 할 것이다. 도(道)에 뜻을 두면 마음이 바르게 되고, 덕(德)을 지키면 마음이 넓어지고, 인(仁)을 지키면 물욕이 움직이지 않고, 예(藝)에 노닐면 작은 일도 빠뜨리지 않아 끊임없는 수양이 있을 것이다. 따라서 배우는 자는 도에 뜻을 두고, 덕에 근거하고, 인에 의지하고, 예(藝)에 노닐어야 한다.

[단문 설명]

▶ **志於道** 지어도 도(道)에 뜻을 두다. 志: 뜻을 두다. 於: 장소, 위치 전치사, ~에.

▶ **據於德** 거어덕 덕(德)에 근거하다. 據: 근거하다.

▶ **依於仁** 의어인 인(仁)에 의지하다. 依: 의지하다.

▶ **游於藝** 유어예 예(藝)에 노닐다. 游: 노닐다. 藝: 육예.

 7. **귀천이나 예물의 수준에 관계없이 교육의 기회를 균등하게 부여했다.**

[해석 본문]

공자께서 말씀하셨다. "말린 고기 이상의 (예를) 한 사람에게는 내가 일찍이 가르쳐 주지 않은 적이 없었다."

자 왈 자 행 속 수 이 상   오 미 상 무 회 언
子曰 自行束脩以上은 **吾未嘗無誨焉**이로다

[배경 설명]

공자의 교육 방식에 대한 설명이다. 공자께서 제자로서 최소한의 예의를 표시하면 제자로 받아들여 교육을 베풀어 주셨다. 脩(수)는 얇게 썰어 양념을 하여 말린 고기이다. 束(속)은 열 개

를 묶은 것이다. 속수는 제자가 스승을 첫 대면할 때 가져가는 예물이다. 제자로서 최소한의 예의를 표시하면, 빈부귀천을 구분하지 않고 모두 제자로 받아들인다는 말이다.

옛날에 서로 만날 때는 첫 인사로 반드시 폐백(幣帛)을 바쳐 예의로 삼았다. 폐백(幣帛)은 신부가 혼례를 마치고 시부모와 시댁 어른께 드리는 첫 예물, 혼인 전에 신랑이 신부집에 보내는 채단(采緞), 제자가 처음 뵙는 선생에게 올리는 예물, 그리고 점잖은 사람을 만나러 갈 때 가지고 가는 물건이다. 폐백에 들어가는 물품은 대추·밤·술·안주·과일·포 등이 있었다.

옛날 제자가 되고자 하면 반드시 예물을 바쳤다. 처음 만나는 사람을 찾아갈 때는 자신의 신분에 맞는 예물을 가져갔다. 즉, 제후(諸侯)는 옥, 경(卿)은 염소, 대부(大夫)는 기러기, 사(士)는 꿩을 예물로 가져갔다. 속수(束脩)는 육포 묶음으로 예물 가운데 등급이 가장 낮은 것이다.

공자는 예(禮)를 갖추고 찾아오면 가르쳐 주는 것은 당연하다. 속수 이상의 예를 한 사람은 최소한의 예를 갖춘 사람으로 누구에게나 모두 공자는 교육의 기회를 제공한 것이다. 따라서 공자는 제자들의 귀천이나 예물의 수준에 관계없이 교육의 기회를 균등하게 부여했다.

[단문 설명]

▶ 自行束脩以上 자행속수이상 말린 고기 이상의 (예를) 한 사람. 自: 시발점 전치사, ~부터. 束脩: 말린 고기, 최소한의 예물.

▶ 吾未嘗無誨焉 오미상무회언 내가 일찍이 가르쳐 주지 않은 적이 없었다. 未嘗: 아직까지 ~한 적이 없다. 無: 不. 誨: 가르치다. 焉: 之.

 8. 한 모퉁이를 들어 보이면 나머지 세 모퉁이는 스스로 헤아려라.

[해석 본문]

공자께서 말씀하셨다. "(제자가 통달하려고) 힘쓰지 않으면 (깨달음을 얻도록) 일깨워주지 않았고, (그가 아는 것을 애써) 표현하지 못하면 (표현할 수 있도록) 가르쳐 주지 않았다. 한 모퉁이를 가르쳐 주었는데 그가 세 모퉁이를 미루어 알지 못하면 다시 가르쳐 주지 않았다."

자왈 불분   불계   불비   불발   거 일 우   불 이 삼 우 반
子曰 不憤이면 不啓하며 不悱이면 不發이니라 擧一隅인데 不以三隅反이면

즉 불 부 야
則不復也니라

[배경 설명]

제자들을 가르치는 방식과 기준에 관한 설명이다. 憤(분)은 통달하려고 힘쓰다. 啓(계)는 뜻을 알도록 가르쳐 주다, 悱(비)는 표현하지 못하다, 發(발)은 뜻을 표현할 수 있도록 가르쳐주다, 隅(우)는 사각형의 한 모퉁이, 反(반)은 미루어 알다, 復(부)는 다시 말해주다를 뜻한다.

학문을 가르치는 사람도 중요하지만 제자가 배우려고 애쓰고 노력하지 않으면 다시 가르치지 않으셨다. 擧一隅(거일우)는 사각형의 한 모퉁이를 들어 보여주듯 사물이나 사실의 한 부분을 가르쳐주는 것이다. 三隅反(삼우반)은 세 모퉁이로써 반응을 보이는 것인데, 배운 것을 유추하여 서로 관련이 있는 나머지도 깨닫는 연상학습이다. 따라서 한 모퉁이를 들어 보이면 제자는 나머지 세 모퉁이는 스스로 헤아려 알도록 하는 공자의 계발식 연상학습 방법이다.

[단문 설명]

▶ **不憤不啓** 불분불계 (제자가 통달하려고) 힘쓰지 않으면 (깨달음을 얻도록) 일깨워주지 않았다. 憤: 분발하다, 힘쓰다. 啓: 일깨워주다. 不~不~: ~하지 않으면 ~하지 않다.

▶ **不悱不發** 불비불발 (그가 아는 것을 애써) 표현하지 못하면 (표현할 수 있도록) 가르쳐 주지 않았다. 悱: 표현하다. 發: 가르치다, 밝히다.

▶ **擧一隅** 거일우 한 모퉁이를 가르쳐 주었다. 擧: 들다, 가르치다. 隅: 모퉁이.

▶ **不以三隅反** 불이삼우반 세 모퉁이를 미루어 알지 못하면. 反: 미루어 알다.

▶ **不復也** 불부야 다시 가르쳐 주지 않았다. 復(부): 반복하다.

 9. 상주와 함께 슬픔을 같이 하기 위해 포식하거나 노래하지 않는다.

[해석 본문]

공자께서 말씀하셨다. 공자께서는 상(喪)이 있는 사람 곁에서 식사하실 때는 배부르게 식사하신 적이 없으셨다. 공자께서는 어느 날에 곡(哭)하시면 노래하시지 않으셨다.

^{자 식어유상자지측} ^{미상포야} ^{자 어시일} ^{곡즉불가}
子 食於有喪者之側에 未嘗飽也하시다 子 於是日에 哭則不歌하시다

[배경 설명]

공자의 상례(喪禮)에 관한 태도이다. 食(식)은 식사하다, 嘗(상)은 먹다, 飽(포)는 배부르다, 哭(곡)은 조문할 때 소리 내어 울어 애도하다, 是日(시일)은 어느 날을 뜻한다.

초상(初喪)은 사람이 죽어서 장사를 지낼 때까지의 동안이고, 떠난 자와 남아 있는 자 간의 슬픈 이별이다. 공자는 상사(喪事)에 임하면 슬퍼하여 배부르게 먹을 수가 없었다. 조문(弔問)을 가서 상사를 슬퍼하고 노래를 하시지 않으셨다. 따라서 공자께서는 상주와 함께 상을 엄숙하고 경건하게 임하면서 슬픔을 함께 하셨다.

[단문 설명]

▶ 食於有喪者之側 식어유상자지측 상(喪)이 있는 사람 곁에서 식사하시다. 食: 식사하다. 於: ~에서. 有喪者: 상이 있는 사람. 側: 곁.

▶ 未嘗飽也 미상포야 배부르게 식사하신 적이 없으셨다. 嘗: 먹다. 飽: 배부르다. 也: 서술종결사.

▶ 於是日哭 어시일곡 어느 날에 곡하시면. 於: ~에. 是日: 어느 날.

▶ 則不歌 즉불가 노래하지 않으셨다.

10. 일에 신중하고, 일을 즐겨 도모하면 일을 성취할 수 있다.

[해석 본문]

공자께서 안연에게 말씀하셨다. "나를 등용하면 (도를) 행하고, 나를 등용하지 않으면 은둔하는데, 오직 나와 너만이 이러한 점이 있구나!"

^{자 위안연왈 용지즉행} ^{사지즉장} ^{유아여이 유시부}
子 謂顏淵曰 用之則行하고 舍之則藏인데 惟我與爾 有是夫인제!

자로가 물었다. "공자께서 삼군을 통솔하신다면 누구와 함께 하시겠습니까?" 공자께서 대답하셨다. "(나는) 맨손으로 호랑이를 잡고 맨발로 강을 건너다 죽어도 후회하지 않는 사람과는

함께 하지 않을 것이다. (내게) 필요한 사람은 일에 임하여 신중하고, (일을) 도모하는 것을 좋아하고, (일을) 성취하는 사람이다."

자 로 왈 자 행삼군즉수여 　　자왈 포호빙하 　사이무회자 　오불여야
子路曰 子 行三軍則誰與이리오? **子曰 暴虎馮河**하고 **死而無悔者**를 **吾不與也**니라
필 야 임 사 이 구 　　호 모 이 성 자 야
必也臨事而懼하며 **好謀而成者也**니라

[배경 설명]

공자께서 등용하고 싶으신 인재상에 관한 내용이다. 用(용)은 등용하다, 舍(사)는 등용하지 않다, 藏(장)은 자신을 숨기다, 暴(포)는 맨손으로 치다, 馮(빙)은 맨발로 강을 건너다, 悔(회)는 후회하다, 懼(구)는 일을 신중히 하다를 뜻한다.

공자는 벼슬에 나아가기도 하고 물러설 줄도 안다. 자로는 공자께서 안연만 칭찬하시는 것을 보고, 자기의 용맹을 자부하여 공자께서 삼군(三軍)을 통솔하신다면 반드시 자기와 함께 할 것이라고 생각한 것이다. 그러나 공자께서는 용맹을 억제하지 못하는 자와 함께 하시지 않을 것이라 말씀하신다. 도모하지 않으면 이룰 수가 없고, 신중하지 않으면 패하는 것인데, 삼군을 통솔하는 일은 더욱 어렵다. 따라서 공자께서는 반드시 일에 임해서는 신중하고 잘 계획해서 도모한 일을 성취하는 자와 함께 하겠다고 하신 것이다.

[단문 설명]

▷ **用之則行** 용지즉행 나를 등용하면 (도를) 행하다. 用: 등용하다. 之: 나. 則: ~하면.

▷ **舍之則藏** 사지즉장 나를 등용하지 않으면 은둔하다. 舍: 등용하지 않다. 之: 나. 藏: 은둔하다.

▷ **惟我與爾 有是夫!** 유아여이 유시부! 오직 나와 너만이 이러한 점이 있구나! 惟: 오직. 爾: 너. 是: 用之則行 舍之則藏. 夫: 감탄종결사.

▷ **行三軍誰與?** 행삼군수여? 삼군을 통솔하신다면 누구와 함께 하시겠습니까? 行: 통솔하다, 지휘하다. 誰: 누구. 與: 함께 하다.

▷ **暴虎馮河** 포호빙하 (나는) 맨손으로 호랑이를 잡고 맨발로 강을 건너다. 행동이 용감하나 무도하다. 暴: 맨손으로 치다. 虎: 호랑이. 馮: 맨발로 강을 건너다. 河: 강.

▷ **死而無悔者** 사이무회자 죽어도 후회하지 않는 사람. 死: 죽다. 而: 순접, ~하고. 悔: 후회하다.

▷ **吾不與也** 오불여야 나는 함께 하지 않을 것이다. 與: 함께 하다.

▷ **必也 臨事而懼** 필야 임사이구 (내게) 필요한 사람은 일에 임하여 신중하다. 必: 필요한 사람.

也: 주격후치사. 懼: 신중하다, 두려워하다.

▶ 好謀而成者也 호모이성자야 (일을) 도모하는 것을 좋아하고, (일을) 성취하는 사람이다. 謀: 도
모하다. 成: 성취하다. 也: 서술종결사, ~이다.

 11. **부를 정당하게 구할 수 있으면 미천한 일이라도 하겠다.**

[해석 본문]

공자께서 말씀하셨다. "만일 부를 (정당한 방법으로) 추구할 수 있다면 비록 나는 채찍을 잡
는 (미천한 일이라도) 할 것이며, 만일 (정당한 방법으로) 추구할 수 없다면 내가 좋아하는 것을
따르겠다."

자 왈 부 이 가 구 야　수 집 편 지 사　　오 역 위 지　　여 불 가 구
子曰 富而可求也이면 雖執鞭之士라도 吾亦爲之이며 如不可求이면

종 오 소 호
從吾所好하리라

[배경 설명]

공자의 부(富)를 추구하는 방법에 관한 관점이다. 정의롭게 부를 추구하겠다는 공자의 견해
이다. 而는 만일, 雖(수)는 비록, 執(집)은 잡다, 鞭(편)은 채찍, 如(여)는 만일을 뜻한다.

執鞭之士(집편지사)는 왕이 행차할 때 앞 길을 트는 마부로 말채찍을 잡는 사람이다. 從吾所
好(종오소호)는 내가 좋아하는 바를 따르겠다, 즉 安貧樂道하겠다는 뜻이다.

부(富)는 신분이나 벼슬에 따라 주어지는 봉토와 녹봉이다. 만일 부(富)를 정당한 방법으로
추구할 수 있다면, 말채찍을 잡는 관리처럼 미천한 일을 사양하지 않겠다. 그러나 만일 정당한
방법으로 부를 추구할 수 없다면, 차라리 좋아하는 것을 나는 따르겠다. 미천한 일이라도 올바
르다면 성실하게 부를 추구하겠다는 말이다. 성인(聖人)은 부를 결코 불의로 구해서는 안 된다
고 밝힌 것이다. 따라서 정당한 방법으로 부를 추구하는 데는 직업의 귀천이 없으며, 부당한 방
법으로 부를 추구하는 것은 옳지 않은 것이다.

[단문 설명]

▶ 富而可求也 부이가구야 만일 부를 (정당한 방법으로) 추구할 수 있다면. 而: 가정접속사.

▶ 雖執鞭之士 수집편지사 비록 채찍을 잡는 미천한 일이라도. 雖: 비록. 執: 잡다. 鞭: 채찍. 執鞭
之士: 채찍을 잡는 미천한 일 또는 사람.

▶ 吾亦爲之 오역위지 나는 그러한 (미천한 일이라도) 할 것이다. 之: 執鞭之士.

▶ 如不可求 여불가구 만일 (정당한 방법으로) 추구할 수 없다면. 如: 만일 ~하면. 求: 추구하다.

▶ 從吾所好 종오소호 내가 좋아하는 것을 따르겠다. 從: 따르다. 所好: 좋아하는 것.

12. 재계(齊戒), 전쟁(戰爭)과 질병(疾病)을 조심해야 한다.

[해석 본문]

공자께서 조심하신 것은 (신명에게 정성을 다하는) 재계(齊戒), (백성의 생사와 국가의 운명
이 달린) 전쟁(戰爭)과 (개인의 고통과 생사가 걸린) 질병(疾病)이었다.

자 지 소 신   재 전 질
子之所愼은 **齊戰疾**이시다

[배경 설명]

공자의 신중한 행동 대상에 관한 것이다. 제사는 왕권의 정통성이나 백성의 단결을 유지시키
는 국가의 중요한 정치적 행사였다. 齊戒(재계)란 제사를 지내려 할 때에 몸과 마음을 가지런히
하여 신명(神明: 하늘과 땅의 신령)과 사귀는 일이다. 정성이 지극하고 지극하지 못함, 귀신이
흠향(歆饗: 신명이 제물을 받음)하고 흠향하지 않음은 다 재계(齊戒)에 달려있다.

전쟁은 여러 사람의 사생(死生)과 국가의 존망(存亡)이 달려있는 것이고, 질병(疾病)은 내 몸
이 사느냐 죽느냐와 편안과 고통이니, 모두 신중하지 않을 수 없다. 따라서 공자께서 조심하신
것은 신명에게 정성을 다하는 재계(齊戒), 백성의 생사와 국가의 운명이 달린 전쟁(戰爭), 그리
고 개인의 고통과 생사가 걸린 질병(疾病)이었다.

[단문 설명]

▶ **子之所愼** 자지소신 공자께서 조심하신 것. 之: 주격후치사. 所: 하는 것. 愼: 삼가다, 조심하다.

▶ **齊** 재 (신명에게 정성을 다하는) 재계(齊戒). 齋戒: 제사 전에 몸과 마음을 깨끗이 하는 것.

▶ **戰** 전 (백성의 생사와 국가의 운명이 달린) 전쟁(戰爭).

▶ **疾** 질 (개인의 고통과 생사가 걸린) 질병(疾病).

 13. 음악을 들으니 무아의 경지에 이르게 하는구나!

[해석 본문]

공자께서 제나라에 계실 적에 소악을 들으시고, 석 달 동안 고깃맛을 모르신 채 말씀하셨다. "음악이 이러한 경지에 이르게 될 줄은 생각하지 못했다."

　　자　재제문소　　　삼월　부지육미　　　왈　부도위악지지어사야
　子 在齊聞韶하시고 三月을 不知肉味하사 曰 不圖爲樂之至於斯也하니라

[배경 설명]

음악의 도취와 감상에 관한 평가와 감탄이다. 韶(소)는 순임금의 음악인 소악, 三月(삼월)은 오랫동안, 至於斯(지어사)는 이러한 경지, 이렇게 대단하다를 뜻한다.

소(韶)는 태평성세를 구가한 순(舜)임금 때의 악곡이다. 不知肉味(부지육미)는 고기 맛을 몰랐다는 것이니, 마음이 음악에 집중되어 다른 것에 미치지 못한 것이다. 공자께서는 석 달 동안 제나라에서 소를 들으셨는데, 이 음악이 너무 아름다워 고깃맛을 모르실 정도로 음악에 도취되셨다는 말씀이다. 따라서 공자께서 소악(韶樂)을 듣는 석 달 동안 고깃맛을 모르실 정도로 소악이 심오한 것에 대해 감탄하신 것이다.

[단문 설명]

▶ **子在齊聞韶** 자재제문소 공자께서 제나라에 계실 적에 소악(韶樂)을 듣다. 在: 있다. 齊: 제나라. 聞: 듣다. 韶: 순(舜)임금 때의 악곡.

▶ **三月不知肉味** 삼월부지육미 석 달 동안 고깃맛을 모르다. 三月: 석 달 동안. 肉味: 고깃맛.

▶ 不圖 爲樂之至於斯也 부도 위악지지어사야 음악이 이러한 (경지에) 이르게 될 줄은 생각하지
못했다. 圖: 생각하다. 爲: 되다. 之: 주격후치사. 至: 이르다. 於: ~에. 斯: 여기. 也: 서술종결사.

14. 인의를 갖추지 않은 위나라 군주인 첩(輒)을 돕지 않으실 것이다.

[해석 본문]

염유가 물었다. "선생님께서 위나라 군주를 도우실까요?" 이에 자공이 말하였다. "좋다. 내가
장차 이것을 여쭈어보겠다." 자공이 들어가서 물었다. "백이와 숙제는 어떠한 사람입니까?" 이
에 공자께서 대답하셨다. "옛날의 현인이시다." 또 다시 자공이 물었다. "후회하였습니까?" 공
자께서 대답하셨다. "인을 구하여 인에 도달했으니, 또 어찌 후회하였겠는가?" 이에 자공이 나
와서 대답하였다. "선생님께서는 (위나라 군주를) 돕지 않으실 것이다."

염유왈 부자 위위군호　자공　왈 낙　오장문지　입왈 백이숙제
冉有曰 夫子 爲衛君乎아? 子貢이 曰 諾이다 吾將問之하니라 入曰 伯夷叔齊는
하인야　왈 고지현인야　왈 원호　왈 구인이득인　우하원
何人也인고? 曰 古之賢人也니라 曰 怨乎인고? 曰 求仁而得仁이니 又何怨이오?
출왈 부자 불위야
出曰 夫子 不爲也시리라

[배경 설명]

위나라 군주인 출공(出公)의 정사를 도울 것인가에 대한 제자들의 질문과 답변이다. 夫子(부
자)는 공자, 선생님. 爲(위)는 돕다, 諾(낙)은 대답하는 말, 예, 怨(원)은 후회하다, 원망하다, 得
(득)은 도달하다를 뜻한다.

冉有(염유)는 공문십철(孔門十哲)의 한 사람으로 이름은 구(求), 자는 자유(子有)이다. 그는
재예가 뛰어났으나 성격은 나약하고 소극적이며 소심했다. 子貢(자공)은 공문십철(孔門十哲)
의 한 사람으로 성은 단목(端木), 이름은 사(賜), 자는 자공(子貢)이다. 그는 정치와 언어에 뛰어
났고, 노나라와 위나라의 재상이 되었다.

영공과 그의 부인 남자, 영공의 아들 과외, 과외의 아들 첩 간의 왕위 찬탈 전에 관한 내용이
다. 위나라 영공은 어리석고, 부인 남자(南子)는 남색을 즐기고 음탕했다. 영공의 아들 괴외(蒯

聵)는 남자를 죽이려다 실패하여 송나라로 망명했다. 영공이 죽은 뒤 남자는 괴외가 아니라 괴외의 아들인 첩(輒)을 왕으로 세웠는데, 그가 출공(出公)이다. 출공은 덕망이 높은 공자를 등용하여 부자상극(父子相剋)의 쟁란(爭亂)으로 이반된 민심을 수습하려고 했다. 출공은 아버지인 괴외로부터 왕위를 찬탈하였으나 괴외가 위나라로 돌아오자 왕위를 내놓고 노나라로 망명했다.

출공의 왕위찬탈은 백이와 숙제가 서로 왕위를 사양하여 주나라로 도망간 것과 대조적이었다. 위나라 사람들은 첩(輒)이 아버지인 괴외에게 죄를 지었고, 적손인 괴외가 왕위를 잇는 것이 당연하다고 여겼다. 이러한 상황을 잘 아는 염유는 공자가 왕위를 찬탈한 출공을 보필할 것인지를 의아하여 자공에게 물은 것이다.

백이(伯夷)와 숙제(叔齊)는 고죽군(孤竹君)의 두 아들이다. 고죽군이 숙제를 왕으로 세웠으나 숙제는 형인 백이에게 왕위를 양보하였다. 그러나 백이는 아버지의 명을 거역할 수 없다며 도망가니 이에 숙제도 도망갔다. 그 뒤에 무왕(武王)이 주왕(紂王)을 정벌하려고 하자, 백이와 숙제는 정벌을 간하였다. 그런데 무왕이 은나라를 멸망시키자, 백이와 숙제는 주(周)나라의 녹을 먹는 것을 부끄럽게 여기고, 주나라를 떠나 수양산에 숨어 살다가 끝내 굶어 죽었다.

숙제는 비록 아버지의 뜻을 어기고 형인 백이에게 왕위를 양보하려 하였으나 아버지와 형제가 함께 살 수 있는 길을 택한 것이니, 인(仁)을 얻은 것이다. 괴외는 계승권을 주장하며 진(晋)나라의 원조를 얻어 위나라로 돌아오려고 하였으나 아들인 첩은 군대를 보내 그를 저지하였다. 부자 간에 왕위를 쟁탈한 것이다. 괴외는 아버지인 영공의 뜻을 어기고 아들과 왕위를 다투었으니, 아버지의 뜻을 거역한 것이다. 첩은 조부인 영공의 뜻을 받들었다 하나 왕위에 대한 욕심으로 아버지인 괴외를 배척하였으니, 천륜을 저버린 것이다. 권력욕에 눈이 어두워 모두 천륜을 저버렸으니, 어찌 공자가 그들을 도울 수 있겠는가?

공자는 백이와 숙제가 인을 행하였고, 부자 간이나 형제 간에도 원망이 없었다고 생각하였고, 인륜을 중시하여 왕위 때문에 부자가 다투는 일을 악으로 보았으므로 출공(出公)의 정당성을 인정하지 않았다. 군자는 어떤 나라에 머무를 때에는 그 지방의 대부 읍재(邑宰)를 비난하지 않는데, 하물며 군주를 비난하겠는가? 따라서 자공이 위나라 군주를 탓하지 않고 백이와 숙제를 들어 질문을 한 것인데, 공자는 인의를 중시한 사람이므로 인의를 갖추지 않은 위나라 군주인 첩(輒)을 돕지 않으실 것이라고 자공은 염유에게 전달했다.

[단문 설명]

▶ **爲衛君乎?** 위위군호? 위나라 군주를 도우실까요? 爲: 돕다. 乎: 의문종결사.

▶ 諾 吾將問之 낙 오장문지 좋다. 내가 장차 이것을 여쭈어보겠다. 諾: 좋다. 吾: 내가. 將: 장차.
問: 묻다. 之: 염유가 한 말.

▶ 入曰 입왈 들어가서 말하다. 入: 들어가다. 曰: 말하다.

▶ 何人也? 하인야? 어떠한 사람입니까? 何: 의문사, 어떤. 也: 서술종결사.

▶ 古之賢人也 고지현인야 옛날의 현인이시다. 古之: 옛날의. 賢人: 현인. 也: 이다.

▶ 怨乎? 원호? 후회하였습니까? 怨: 후회하다, 원망하다. 乎: 의문종결사.

▶ 求仁而得仁 구인이득인 인을 구하여 인에 도달했다. 而: 순접. 得: 도달하다.

▶ 不爲也 불위야 (위나라 군주를) 돕지 않으실 것이다. 爲: 돕다.

 15. 거친 음식을 먹고 물을 마시며 팔을 베고 누었어도 즐거움은 또한 그 가운데 있다.

[해석 본문]

공자께서 말씀하셨다. "변변치 못한 음식을 먹고 물을 마시며, 팔을 베고 누었어도 즐거움은
또한 그 가운데 있도다. 의롭지 못하고서 부하고 귀한들 나에게 뜬구름과 같구나."

　　자 왈　반 소 사 음 수　　　곡 굉 이 침 지　　　낙 역 재 기 중 의　　불 의 이 부 차 귀　　어 아
　　子曰 飯疏食飲水하고 曲肱而枕之라도 樂亦在其中矣니 不義而富且貴는 於我에
　여 부 운
　如浮雲이라

[배경 설명]

청빈하고 의로운 삶에서 행복을 찾는 안빈낙도(安貧樂道)에 관한 교훈이다. 飯(반)은 먹다,
疏食(소사)는 잡곡으로 지은 거친 밥, 曲(곡)은 굽히다, 肱(굉)은 팔뚝, 枕(침)은 눕다를 뜻한다.

뜬 구름은 쓸모 없고 사라지기 쉬운 것이 덧없는 세상일이다. 의롭지 못하면서 부귀하다면
옳지 않으니 뜬 구름처럼 가볍게 여긴다. 변변치 못한 음식을 먹고 물을 마시며, 팔을 베개 삼아
눕고 가난하더라도 도리에 맞게 생활한다면, 그 속에 즐거움이 있는 것이다. 의롭지 못한 부귀
를 구하는 것이 아니며 비록 가난하게 살더라도 불안하지 않고 늘 평온하니, 이러한 청빈낙도
속에서 즐거움이 있는 것이다. 따라서 의롭지 못한 부귀는 마치 뜬구름과 같이 허황되고 사라

지기 쉬운 것이니, 이에 마음이 끌리지 말아야 한다.

[단문 설명]

▶ 飯疏食 飲水 반소사 음수 변변치 못한 음식을 먹고 물을 마시다. 飯: 먹다. 疏食: 거친 밥, 잡곡으로 지은 거친 밥, 변변치 못한 음식.

▶ 曲肱而枕之 곡굉이침지 팔을 베고 눕다. 曲: 굽히다. 肱: 팔뚝. 枕: 눕다. 之: 肱

▶ 樂亦在其中矣 낙역재기중 즐거움은 또한 그 가운데 있다. 樂(낙): 즐거움. 亦: 또한. 在: 있다. 其中: 그 가운데. 矣: 서술종결사.

▶ 不義 而富且貴 불의 이부차귀 의롭지 못하고서 부하고 귀하다. 義: 의롭다. 而: 순접접속사, ~하면서. 富: 부하다. 且: 병렬접속사, 와, 과. 貴: 귀하다.

▶ 於我 如浮雲 어아 여부운 나에게 있어 뜬구름과 같다. 於: 에게. 如: 와 같다. 浮: 뜨다. 雲: 구름.

16. 학문은 끝이 없다.

[해석 본문]

공자께서 말씀하셨다. "(하늘이) 나에게 몇 년을 더 (살게) 해주어 쉰 살이 되어서 주역을 배운다면 큰 허물이 없을 것이다."

자 왈 가 아 수 년　　　오 십 이 학 역　　　가 이 무 대 과 의
子曰 加我數年하여 五十以學易이면 可以無大過矣니라

[배경 설명]

공자가 주역을 학습하는 즐거움과 세월의 아쉬움을 표현한 것이다. 공자는 만년에 주역을 공부하기 시작했는데 재미있기도 하고 어렵기도 하였다고 한다. 주역(周易)은 또는 역경(易經)은 천지만물이 끊임없이 변화하는 자연현상의 원리를 설명하고 풀이한 점서이다. 이것은 경(經)과 전(傳)으로 구성되어 있는데 경은 점서, 전은 경에 대한 해설이다.

주역(周易)을 배우면 길흉(吉凶: 좋은 일과 나쁜 일), 소장(消長: 흥망성쇠)의 이치와 진퇴(進退) 존망(存亡)의 도(道)에 밝아지니, 허물이 없어질 것이다. 위편삼절(韋編三絶)은 공자가 책

211

을 맨 가죽 끈이 세 번이나 끊어질 정도로 여러 차례 반복하여 읽었다는 데에서 유래되었다. 따라서 성인(聖人)이 주역의 무궁함을 깊이 관찰하시고 주역을 배우지 않으면 안 되는데, 주역이 어려워 쉽게 배울 수 없음을 말씀하신 것이다.

[단문 설명]

▶ **加我數年** 가아수년 (하늘이) 나에게 몇 년을 더 (살게) 해주다. 加: 더하다.
▶ **五十以學易** 오십이학역 쉰 살이 되어서 주역(周易)을 배운다. 以: 순접접속사(而). 易: 주역.
▶ **可以無大過矣** 가이무대과의 큰 허물이 없을 것이다. 可以: 할 수 있다. 無: 없다. 大: 크다. 過: 허물, 과오. 矣: 서술종결사.

17. 정확한 소통과 전통존중을 위해 표준어를 사용한다.

[해석 본문]

공자께서 (공식적인 대화에서는) 아언으로 말씀하셨는데, 시경과 서경을 (강의하시고), 예를 집행할 때 모두 아언이었다.

> 자 소 아 언   시 서 집 례   개 아 언 야
> **子 所雅言**은 **詩書執禮**니 **皆雅言也**이다

[배경 설명]

공자께서는 소통과 전통을 위해 표준어인 아언을 사용하셨다. 공자 시대 에는 제후국 간에는 사투리가 심하여 공식적인 의례 때는 모두 주나라 왕실의 언어를 사용했다. 아언(雅言)은 洛邑(낙읍)의 표준말이고, 공식적인 주나라 왕실의 언어이다. 공자는 노나라 방언으로 말하지 않고 표준어인 아언으로 말하였다. 주희의 주석과 정현의 주석이 엇갈린다. "공자께서 평소에 말씀하셨는데 시경, 서경과 집례이다. 모두 평소에 하시던 말씀이었다."는 주희의 주석이다. 본서에서는 정현의 주석에 따라 해설한 것이다.

시경(詩經)은 인간의 본성을 다스리고, 서경(書經)은 정사(政事)를 말하고, 예기(禮記)는 예절을 다루니, 모두 생활에서 절실하다. 시경은 춘추시대의 민요를 모은 시집이고, 서경은 요임

금 시대부터 중국 고대 성왕들의 언행과 행적을 기록한 경전이다. 예기는 왕조의 제도, 상복, 동작의 규칙, 예의 해설, 예악의 이론 등을 담고 있다.

공자는 노나라 사람이므로 평소 생활할 때에는 노나라 말을 사용했으나 시경과 서경을 강의하거나 예를 집행할 때에는 낙읍의 표준말인 아언을 썼다. 따라서 공자께서는 소통을 정확하게 하시고, 전통과 관례를 존중하기 위해 표준어를 사용하셨다.

[단문 설명]

▶ 子所雅言 자소아언 공자께서 (공식적인 대화에서는) 아언으로 말씀하셨다. 雅言: 낙읍의 표준말.

▶ 詩書執禮 시서집례 시경과 서경을 (강의하시고), 예를 집행할 때 執: 집행하다.

▶ 皆雅言也 개아언야 모두 아언이었다. 皆: 모두. 也: 서술종결사.

18. 학문의 즐거움은 식사도, 근심도, 늙어가는 것조차 잊게 한다.

[해석 본문]

섭공이 자로에게 공자에 대해 물었으나 자로가 대답하지 않았다. 공자께서 말씀하셨다. "(학문에) 분발하면 식사를 잊고, (학문하는) 즐거움으로 근심을 잊으며, 장차 늙어가는 것조차 모른다는 그의 사람됨을 너는 어찌 말하지 않았는가?"

섭공 문공자어자로 자로부대 자왈 여해불왈 기위인야 발분망식
葉公이 問孔子於子路이나 子路不對하다 子曰 女奚不曰 其爲人也 發憤忘食하며
낙이망우 부지노지장지운이
樂以忘憂하며 不知老之將至云爾오?

[배경 설명]

공자 자신이 학문하는 즐거움에 대한 평이다. 공자는 자로에게 자신을 항상 학문을 좋아하는 사람이라고 평한다. 對(대)는 대답하다, 女(여)는 너, 奚(해)는 어찌, 發憤(분발)은 분발하다, 힘쓰다, 忘(망)은 잊다, 憂(우)는 근심, 云爾(운이)는 조차를 뜻한다.

213

섭공(葉公)은 초(楚)나라 섭현(葉縣)의 수장으로 이름은 심제량(沈諸梁), 자는 자고(子高)이다. 공(公)은 애공(哀公), 위령공(衛靈公)과 같이 제후국의 군주를 칭하나 초나라가 주(周)의 법제를 따르지 않고 초의 대부인 섭현도 분수에 맞지 않게 공(公)이라 칭한 것이다.

공자 학단이 채(蔡)에 머물 때는 재정적으로 상당한 어려운 시기였다. 이 시기에 공자가 초나라 현인으로 알려진 섭공을 만나러 섭현을 방문하였다. 수행하던 자로가 먼저 섭공에게 공자께서 오셨다고 하니, 섭공이 자로에게 공자에 대해서 물었으나 자로는 대답하지 않았다. 섭공이 공자를 잘 알지 못하여 자로가 대답하지 않은 것이다. 돌아와서 공자께 이를 보고하니, 공자께서 자로에게 왜 대답하지 않았냐고 하시고, 자신에 대해 스스로 평하신 내용이다. 따라서 공자께서는 자신은 학문을 좋아하는 사람이라고 생각하시고 있어, 학문에 분발하면 먹는 것, 근심, 늙는 것도 잊는 사람이라고 말씀하신 것이다.

[단문 설명]

▶ 問孔子於子路 문공자어자로 자로에게 공자에 대해 묻다. 於: ~에게.

▶ 子路不對 자로부대 자로가 대답하지 않았다. 對: 대답하다.

▶ 女奚不曰? 여해불왈? 너는 어찌 말하지 않았는가? 女: 너. 奚: 의문부사, 어찌. 曰: 말하다.

▶ 其爲人也 기위인야 그의 사람됨은. 其: 공자. 爲人: 사람됨. 也: 주격후치사.

▶ 發憤忘食 발분망식 (학문에) 분발하면 식사를 잊다. 發憤: 분발하다, 힘쓰다. 忘: 잊다.

▶ 樂以忘憂 낙이망우 (학문하는) 즐거움으로 근심을 잊다. 樂以: 以樂의 도치. 憂: 근심.

▶ 不知 老之將至云爾? 부지 노지장지운이? 장차 늙어가는 것조차 모른다. 不知: 모른다. 老之: 늙음. 將至: 장차 이르다. 云爾: 한정종결사, 조차, 뿐.

19. 옛것을 좋아하고 재빠르게 탐구한 사람이다.

[해석 본문]

공자께서 말씀하셨다. "나는 나면서부터 아는 사람이 아니라, 옛것을 좋아하여 재빠르게 옛것을 탐구한 사람이다."

자 왈 아 비 생 이 지 지 자   호 고 민 이 구 지 자 야
子曰 我非生而知之者라 **好古敏以求之者也**니라

[배경 설명]

제자들에게 면학을 촉구하기 위해 자신의 학문과 학문의 중요성에 대해 평한 것이다. 好(호)는 좋아하다, 古(고)는 옛것, 敏(민)은 민첩하다, 재빠르다, 求(구)는 탐구하다를 뜻한다.

生而知之者(생이지지자)는 나면서부터 아는 사람으로 타고난 재능과 기질이 특출하여 배우기를 기다리지 않고도 저절로 아는 사람이다. 그러나 공자께서는 나면서부터 아는 사람이 아니라 옛것을 좋아하고 탐구한 사람이라고 자평하신 것이다.

공자(孔子)는 나면서부터 저절로 학문을 안 것이 아니라 배우기를 좋아하고 옛것을 탐구해서 지식이 쌓여졌다고 말한 것이다. 예악(禮樂), 사물에 대한 명칭과 고금(古今)의 변화는 배운 뒤에 실제를 경험하고 알게 된 것이다. 따라서 공자의 학덕은 저절로 이루어진 것이 아니라 옛 문헌을 힘써 탐구하고 깊이 사고한 노력의 결과이다.

[단문 설명]

▶ **我非生而知之者** 아비생이지지자 나는 나면서부터 아는 사람이 아니다. 我: 나는. 非: 아니다. 生: 나다. 而: 순접접속사, ~하고 나서. 知之: 아는.

▶ **好古** 호고 옛것을 좋아하다. 好: 좋아하다. 古: 옛것.

▶ **敏以求之者也** 민이구지자야 재빠르게 옛것을 탐구하는 사람이다. 敏: 민첩하다, 재빠르다. 敏以: 以敏의 도치, 민첩하게. 求: 탐구하다. 之: 古.

 20. 괴설, 폭력, 문란과 미신에 관한 것을 말씀하지 않으셨다.

[해석 본문]

공자께서는 괴설, 폭력, 문란과 미신을 말씀하지 않으셨다.

자 불 어 괴 력 난 신
子 不語怪力亂神이시다

[배경 설명]

공자가 관심을 두지 않은 것에 대한 제자들의 기록이다. 怪(괴)는 비합리적인 괴설, 力(력)은 폭력, 亂(난)은 사회질서를 파괴하는 문란이나 반란, 神(신)은 주술적인 미신(迷信)을 뜻한다.

괴설(怪說), 폭력(暴力), 문란(紊亂)과 미신(迷信)은 바른 이치가 아니다. 괴상하고 이상한 말(怪異), 물리적인 폭력(勇力), 도덕과 사회질서를 타락하는 문란과 혹세무민(惑世誣民)하는 잡귀는 모두 다 인간의 정도가 아니다. 공자께서는 괴이한 일과, 물리적인 힘을 쓰는 일, 문란한 일과 귀신에 관한 일은 모두 상도(常道)에서 벗어난 일이니, 말씀하지 않으신 것이다.

공자께서는 떳떳한 일을 말씀하시되 괴이한 일을 말씀하시지 않으며, 덕(德)을 말씀하시되 힘을 말씀하지 않으시며, 정도를 말씀하시되 불의를 말씀하지 않으시며, 인간의 일을 말씀하시되 귀신의 일을 말씀하지 않으셨다. 따라서 괴설이 아닌 이치와 사리에 맞는 언어를 사용하고, 폭력이 아니라 대화로 해결하고, 불법이 아니라 정의를 따르고, 현학이나 잡귀로 도덕과 질서를 어지럽히지 않을 때 이상사회가 이루어지는 것이다.

[단문 설명]

▸ **不語怪力亂神** 불어괴력난신 괴설, 폭력, 문란과 미신을 말씀하지 않으셨다. 語: 말하다. 怪: 괴상한 말, 괴설. 力: 폭력. 亂: 문란. 神: 미신.

21. 세 사람이 길을 가면 나의 스승이 있다.

[해석 본문]

공자께서 말씀하셨다. "세 사람이 (함께) 길을 가면 거기에는 반드시 나의 스승이 있으니, 그 중에 선한 자를 가려서 따르고, 선하지 못한 자를 (가려서) (나의) 잘못을 고쳐야 한다."

子曰 三人行이면 必有我師焉이니 擇其善者而從之하고 其不善者而改之니라

[배경 설명]

관계와 교우의 사회적 학습에 관한 장점을 평한 것이다. 三人行(삼인행)은 세 사람이 함께 길

을 가는 것으로 그 중의 한 사람은 나 자신이고, 나머지 두 사람 가운데 한 사람은 선하고 다른 한 사람은 악할 것이다. 선한 사람의 선행을 보고 따르고, 악한 사람의 악행을 보고 이를 경계하고 잘못을 고쳐야 하는 것이니, 이것은 이 두 사람이 모두 나의 스승이 되는 것이다. 따라서 선한 행동을 본보기로 하고, 악한 행동을 보고 자신에게 없는지를 돌아본다면, 선행자(善行者)와 악행자(惡行者)가 모두 나의 스승일 것이다.

[단문 설명]

▶ **三人行** 삼인행 세 사람이 (함께) 길을 가다. 三人: 세 사람. 行: 가다.

▶ **必有我師焉** 필유아사언 거기에는 반드시 나의 스승이 있다. 必有: 반드시 있다. 師: 스승. 焉: 於是, 그곳에, 於(三人行).

▶ **擇其善者而從之** 택기선자이종지 그 중에 선한 자를 가려서 따른다. 擇: 가리다, 택하다. 而: 순접접속사. 從: 따르다. 之: 善者.

▶ **其不善者 而改之** 기불선자 이개지 선하지 못한 자를 (가려서) (나의) 잘못을 고쳐야 한다. 其不善者: 앞에 擇 생략. 改: 고치다. 之: 不善.

22. 하늘이 준 운명은 반드시 어긋나게 할 수 없다.

[해석 본문]

공자께서 말씀하셨다. "하늘이 나에게 덕을 주었으니, 환퇴가 장차 나를 어찌하겠는가?"

子曰 天生德於予시니 桓魋 其如予何리오?
(자 왈 천 생 덕 어 여 / 환 퇴 기 여 여 하)

[배경 설명]

환퇴가 공자를 죽이려 하자 제자들을 안심시키는 말씀이다. 공자는 선왕의 도를 전하는 것이 하늘이 준 덕이라고 생각하여 환퇴가 해치지 않을 것이라고 안심하였다.

환퇴(桓魋)는 송(宋)나라 경공 때에 군정을 주관하는 사마(司馬: 현 국방장관)에 있던 관원이다. 공자가 송(宋)에 들어와서 환퇴의 동생인 자우(子牛)가 공자의 제자가 되었으니, 군권과 동생의 공자학당 입학이 공자와의 갈등이 되었다.

환퇴는 송의 군주 경공이 공자를 등용하면, 군권을 갖고 있는 자신의 위치가 좁아질 것을 우려해 공자학당을 찾아갔다. 공자가 제자들과 함께 커다란 나무 밑에서 예를 연습하고 있을 때 환퇴는 그 나무를 뽑아 공자를 죽이려고 했다. 이에 제자들이 공자에게 빨리 피할 것을 요청하자 공자께서 "하늘이 나에게 덕을 주었으니, 환퇴가 장차 나를 어찌하겠는가?" 하셨다. 이는 반드시 하늘의 뜻을 어기고 자신을 해칠 수 없음을 말씀한 것이다. 따라서 공자는 도를 실천하라는 하늘이 준 사명을 반드시 실천하겠다는 의지를 피력한 것이다.

[단문 설명]

▶ 天生德於予 천생덕어여 하늘이 나에게 덕을 주었다. 生: 이루다, 주다. 於: ~에게.

▶ 桓魋其如予何? 환퇴기여여하? 환퇴가 장차 나를 어찌하겠는가? 其: 장차 ~하려고 하다. 如~何: ~를 어찌하는가?

23. 항상 제자들이 스스로 살피지 못했을 뿐이다.

[해석 본문]

공자께서 말씀하셨다. "너희들은 내가 숨기는 것이 있다고 여기는가? 나는 너희들에게 숨기는 것이 없다. 내가 행하고서 너희들에게 보여주지 않은 것이 없는 자가 바로 나이다."

> 자 왈 이 삼 자 이 아 위 은 호 오 무 은 호 이 오 무 행 이 불 여 이 삼 자 자
> 子曰 二三子는 以我爲隱乎아? 吾無隱乎爾로다 吾無行而不與二三子者
> 시 구 야
> 是丘也니라

[배경 설명]

공자의 학문이 심오하고 박학하여 공자가 자신이 알고 있는 것을 숨기고 제자들에게 가르치지 않는다고 생각하는 제자들에 대한 답변이다. 二三子(이삼자)는 너희들, 隱(은)은 숨기다, 與(여)는 보여주다(示)를 뜻한다.

제자들은 공자의 도가 높고 깊어서 배우면서도 거의 따라갈 수가 없어 공자가 다 가르쳐 주

지 않고 숨기는 것이 있는 것이 아닌가 하고 의심하였다. 공자께서는 자신의 지식을 숨기시고 제자들에게 지식의 일부만 가르치신 것이 아니라 제자의 수준에 맞게 교육하셨을 뿐이다. 따라서 공자께서는 지식을 숨기지 않으시고 제자들의 수준에 따라 교육했다고 말씀하신 것이다.

[단문 설명]

▶ 二三子 以我爲隱乎? 이삼자 이아위은호? 너희들은 내가 숨기는 것이 있다고 여기는가? 二三子: 너희들, 여러분. 以~爲~: ~을 ~라고 여기다. 隱: 숨기다, 감추다. 乎: 의문종결사.

▶ 吾無隱乎爾 오무은호이 나는 너희들에게 숨기는 것이 없다. 乎: ~에게. 爾: 너희.

▶ 吾無行 而不與二三子者 오무행 이불여이삼자자 내가 행하고서 너희들에게 보여주지 않는 것이 없다. 與: 보여주다(示). 不(부/불): ㄷ, ㅈ음 앞에서 부, 이외는 불.

▶ 是丘也 시구야 이것이 나(구)이다. 是: 이것. 丘: 공자. 也: 이다.

 24. **공자의 교육은 학문, 행실, 충성과 신의였다.**

[해석 본문]

공자께서 네 가지를 가르치셨으니, (그것은) 학문, 행실, 충성과 신의였다.

子以四敎하시니 文行忠信이니라

[배경 설명]

공문의 네 가지 교과목은 학문, 행실, 충성과 신의이다. 문(文)은 학문, 행(行)은 행실, 충(忠)은 충성, 신(信)은 신의이다. 文은 제자들에게 가르친 학문, 行은 仁義禮智信을 행하는 행실. 忠은 봉건체제에서 임금에 대한 충성, 信은 올바른 교우와 사회적 관계에 필요한 신의이다. 따라서 군자는 마땅히 학문을 배우고, 인의예지신을 수양하고, 나라에 충성스럽고 정직하고, 사람들로부터 믿음을 얻을 수 있어야 한다.

[단문 설명]

▶ 子以四敎 자이사교 공자께서 네 가지를 가르치셨다. 以: 직접 목적어 전치사.

▶ 文行忠信 문행충신 (그것은) 학문, 행실, 충성과 신의였다.

 25. 있는 체, 가득한 체, 넉넉한 체하면 항심이 어렵다.

[해석 본문]

공자께서 말씀하셨다. "성인을 내가 볼 수 없을 테니, 군자다운 사람만이라도 볼 수 있으면 좋겠다." 또 공자께서 말씀하셨다. "선인을 내가 볼 수 없으니, 나는 항심이 있는 사람이라도 볼 수 있으면 좋겠다. 없으면서 있는 체하며, 비었으면서 가득한 체하며, 가난하면서 넉넉한 체하면 항심을 갖기 어렵구나!"

子曰 聖人을 吾不得而見之矣이니 得見君子者면 斯可矣니라 子曰 善人을
吾不得而見之矣이니 得見有恒者이면 斯可矣니라 亡而爲有하며 虛而爲盈하며
約而爲泰면 難乎有恒矣니라!

[배경 설명]

성인, 군자, 선인, 유항자와 달리 가식자는 항심을 갖기 어렵다는 교훈이다. 可(가)는 좋다, 亡(무)는 없다, 恒(항)은 항상, 爲(위)는 체하다, 虛(허)는 비다, 盈(영)은 가득차다, 約(약)은 가난하다, 泰(태)는 넉넉하다를 뜻한다.

聖人은 덕과 학문이 뛰어나고 백성을 구한 인물이고, 君子는 덕과 학문이 높아 도덕적으로 완성된 인격자이며, 善人은 착하고 어진 마음을 가지고 있으나 덕과 학식이 높은 경지에 아직 이르지는 못한 사람이다. 恒心(항심)은 인간이 항상 가지고 있는 떳떳한 마음이다. 有恒者(유항자)는 선을 하려고 꾸준히 노력하나 선인으로 칭하기에는 다소 부족한 사람이다.

성인과 군자는 덕과 학문으로, 선인, 유항자와 가식자는 인품으로 구분한 것이다. 성인은 그 경지에 이르기도 어렵지만 만나기도 어렵다. 공자는 제자들에게 군자의 도를 터득하도록 가르

친 것이다. 선인(善人)은 인(仁)에 뜻을 두어 악한 일을 하지 않는다. 有恒者(유항자)는 마음이 항상 일정하여 착한 마음을 가지고 있어서 마음이 떳떳하다. 그러나 없으면서 있는 체하며, 비었으면서 가득한 체하며, 가난하면서 넉넉한 체하는 것은 모두 가식적이거나 허황된 것이다. 이런 가식자는 반드시 항심을 지킬 수 없다. 따라서 공자께서는 마음이 한결같이 변함없는 항심(恒心)을 깨달으라고 말씀하신 것이다.

[단문 설명]

▶ 聖人 吾不得而見之矣 성인 오부득이견지의 성인을 내가 볼 수 없다. 聖人: 목적어를 문두에 제시. 得而: 할 수 있다(得以). 見: 보다. 之: 聖人. 矣: 서술종결사.

▶ 得見君子者 斯可矣 득견군자자 사가의 군자다운 사람만이라도 보면 좋겠다. 得: 할 수 있다. 君子: 군자답다. 명사가 형용사로 전용. A斯B: A이면 B이다. 可: 좋다. 矣: 서술종결사.

▶ 善人 吾不得而見之矣 선인 오부득이견지의 선인을 내가 볼 수 없다. 善人: 목적어 문두 제시.

▶ 得見有恒者 斯可矣 득견유항자 사가의 항심이 있는 사람이라도 볼 수 있으면 좋겠다. 得見: 볼 수 있다. 有恒者: 항심이 있는 사람.

▶ 亡而爲有 무이위유 없으면서 있는 체하며. 亡: 없다. 而: ~하면서. 爲: 체하다. 有: 있다.

▶ 虛而爲盈 허이위영 비었으면서 가득한 체하며. 虛: 비다. 盈: 가득차다.

▶ 約而爲泰 약이위태 가난하면서 넉넉한 체하면. 約: 가난하다. 泰: 넉넉하다.

▶ 難乎 有恒矣! 난호 유항의! 항심을 갖기는 어렵구나! 難: 어렵다. 乎: 감탄종결사. 有恒矣: 항심을 갖다. 矣: 서술종결사.

 26. 작은 고기까지 낚시하지 않고, 잠자는 새를 잡지 않는다.

[해석 본문]

공자께서는 낚시질을 하시되 그물질을 하지 않으시며, 주살질을 하시되 잠자는 (새를) 쏘아 잡지 않으셨다.

자　　조 이 불 강　　익 불 사 숙
子는 釣而不網하시며 弋不射宿이시다

[배경 설명]

미물에 대해서도 도와 인에 어긋난 행동을 하지 않고 자연을 사랑하는 공자의 인물평이다. 釣(조)는 낚시질하다, 綱(강)은 그물질하다, 弋(익)은 주살질하다, 射(사)는 쏠 사와 맞힐 석, 宿(숙)은 잠자다를 뜻한다.

釣而不綱(조이불강)은 낚시질은 하지만 그물질은 하지 않는다를 뜻하는데, 이는 필요한 만큼 물고기를 잡고 최소한으로 살생한다는 공자의 자연보호 사상이다. 弋(익)은 주살질하는 것으로 화살의 끝에 실을 달아서 쏜 화살을 회수하여 다시 사용할 수 있다.

공자가 젊었을 적에 가난하여 부모를 봉양하고, 조상의 제사에 바치기 위해 낚시질과 주살질을 하였다. 그러나 큰 그물로 물고기를 모조리 잡거나 잠자는 새를 쏘아 새를 잡지는 않았다. 미물(微物)을 대하거나 사람을 대하는 공자의 사람됨을 알 만하다. 따라서 공자께서는 필요한 만큼만 자연에서 얻고 자연을 사랑하셨다.

[단문 설명]

▶ **釣而不綱** 조이불강 낚시질을 하시되 그물질을 하지 않으셨다. 즉, 무차별적으로 낚시하지 않는다. 釣: 낚시질하다. 而: 순접. 綱: 그물질하다.

▶ **弋不射宿** 익불사숙 주살질을 하시되 잠자는 (새를) 쏘아 잡지 않으셨다. 즉, 잔인한 방법으로 새를 잡지 않는다. 弋(익): 주살질을 하다. 射(사): 쏘아 잡다. 宿: 자다.

27. 지식축적은 많이 듣고 많이 보고, 좋은 것을 택하여 기억하는 것이다.

[해석 본문]

공자께서 말씀하셨다. "아마 잘 알지도 못하면서 (함부로) 창작하는 사람이 있다. 나는 이러한 일이 (결코) 없다. 많이 듣고 그 좋은 것을 택하여 그것을 본받으며, 많이 보고 그 (좋은) 것을 기억해 둔다면, (이것은) 지식을 쌓는 차선의 방법이다."

자 왈 개 유 부 지 이 작 지 자　　아 무 시 야　　다 문　　택 기 선 자 이 종 지
子曰 蓋有不知而作之者이니라 **我無是也**로다 **多聞**하고 **擇其善者而從之**하며
다 견 이 식 지　지 지 차 야
多見而識之 知之次也니라

[배경 설명]

지식을 쌓은 방법에 관한 교훈이다. 蓋(개)는 아마, 作(작)은 창작하다, 擇(택)은 선택하다, 從(종)은 본받다, 識(지)는 기억하다, 次(차)는 한 단계 못한 것, 차선의 방법을 뜻한다.

공자는 이치를 잘 알지 못하면서 함부로 창작하지 않는다. 많이 듣고, 많이 들은 것 중에서 그 좋은 것을 택하여 그것을 본받고, 많이 보고 그것을 기억해 둔다면, 이것은 지식을 쌓는 차선의 방법이다. 따라서 이러한 학습법은 처음에는 이치를 잘 알지 못하더라도 태어나면서부터 아는 사람이나 알고 있는 사람의 다음은 될 수 있다.

[단문 설명]

▶ **蓋有不知 而作之者** 개유부지 이작지자 아마 잘 알지도 못하면서 (함부로) 창작하는 사람이 있다. 蓋: 아마. 有: 있다. 而: 순접. 作: 창작하다. 之: ~하는. 者: 사람.

▶ **我無是也** 아무시야 나는 이러한 일이 (결코) 없다. 無: 없다. 是: 不知而作之.

▶ **多聞 擇其善者 而從之** 다문 택기선자 이종지 많이 듣고 그 좋은 것을 택하여 그것을 본받다. 聞: 듣다. 擇: 선택하다. 其善者: 그 좋은 것. 而: 순접. 從: 본받다, 따르다. 之: 其善者.

▶ **多見而識之 知之次也** 다견이식지 지지차야 많이 보고 그것을 그 (좋은) 것을 기억해 둔다면 (이것은) 지식을 쌓는 차선의 방법이다. 見: 보다. 識: 기억하다. 之: 多見.

 28. 교육의 기회는 출신 성분이나 과거의 행실에 관계 없이 평등해야 한다.

[해석 본문]

호향 사람들과는 함께 대화하기 어려우셨는데, 한 아이가 (공자를) 뵙자 문인들이 의아하게 여겼다. 공자께서 말씀하셨다. "나는 그 아이가 발전하는 것을 인정하지만 퇴보하는 것은 인정하지 않는데, 오직 (그 아이에게만) 어찌 심한가? 사람이 자신의 (행실을) 바르게 하고서 발전하려고 할 때 그의 바른 (행실을) 인정하는 것이 그의 과거를 (모두) 믿는 것은 아니다."

호향 난여언 동자현 문인 혹 자왈 여기진야 불여기퇴야
互鄕은 **難與言**인데 **童子見**하니 **門人**이 **惑**하다 **子曰 與其進也**하나 **不與其退也**한데
유하심 인 결기이진 여기결야 불보기왕야
唯何甚이리오? **人**이 **潔己以進**할새 **與其潔也**니 **不保其往也**니라

[배경 설명]

　마을의 풍속이 좋지 않은 호향의 아이에게 교육을 허락한 이유를 설명하는 글이다. 與(여)는 인정하다, 進(진)은 발전하다, 退(퇴)는 퇴보하다, 潔(결)은 바르다, 保(보)는 믿다를 뜻한다.

　호향(互鄕) 사람들은 당시에 같이 교류할 수 있는 풍습, 행실과 언행이 좋지 않다고 알려져 있다. 이에 대해 제자들이 마을의 풍속이 좋지 않은 호향의 아이들에게 교육을 허락한 것에 대해 의아하게 생각하자 공자가 제자들에게 그 이유를 설명한 것이다.

　사람이 자신의 행실을 바르게 하고 찾아오면 행실을 바르게 한 것을 인정할 뿐이지, 지난 날의 선악을 믿는 것은 아니며, 다시 불선(不善)하는 것을 허락하는 것이 아니다. 지난 날의 풍속이나 잘못을 추론하여 미래를 예측하지 않으니 미래의 발전을 위해 차별 없는 교육의 기회가 제공되어야 한다. 따라서 배우고자 하는 사람이라면 출신 성분이나 과거의 행실에 관계 없이 평등하게 기회를 주겠다는 성인의 넓은 도량이시다.

[단문 설명]

▶ **互鄕難與 言** 호향난여 언 (공자께서는) 호향 사람들과는 함께 대화하기 어렵다. 互鄕: 지명, 호향 사람들. 難: 어렵다. 與: 함께, 與互鄕의 도치.

▶ **童子見** 동자현 한 아이가 (공자를) 뵙다. 見(뵐 현): 뵙다, 뒤에 목적어 공자가 생략되었다.

▶ **門人惑** 문인혹 문인들이 의아하게 여겼다. 惑: 의아하게 여기다.

▶ **與其進也** 여기진야 그 아이가 발전하는 것을 인정하다. 與: 인정하다. 其: 童子. 進: 발전하다, 진보하다. 也: 서술종결사.

▶ **不與其退也** 불여기퇴야 그 아이가 퇴보하는 것은 인정하지 않다. 退: 퇴보하다.

▶ **唯何甚?** 유하심? (그 아이에게만) 어찌 심한가? 唯: 오직, 만. 何: 어찌. 甚: 심하다.

▶ **人潔己以進** 인결기이진 사람이 자신의 (행실을) 바르게 하고서 발전하려고 하다. 人: 사람. 潔: 바르다. 己: 자기. 以: ~하고서. 進: 발전하다.

▶ **與其潔也** 여기결야 그의 바른 (행실을) 인정하는 것이. 與: 인정하다. 潔: 바르다. 也: 주격.

▶ **不保其往也** 불보기왕야 그의 과거를 (모두) 믿는 것은 아니다. 保: 믿다. 往: 지나간 일, 과거. 也: 서술종결사.

29. 인을 행하는 것은 자신에게 달려 있다.

[해석 본문]

공자께서 말씀하셨다. "인이 멀리 있는가? 내가 인을 하고자 하면 인이 곧 나에게 다가온다."

자 왈 인 원 호 재　　아 욕 인　　사 인　지 의
子曰 仁遠乎哉아? **我欲仁**이면 **斯仁**이 **至矣**니라

[배경 설명]

인(仁)을 실천하는 것이 인의 경지에 이르는 방법이라고 교훈한다. 遠(원)은 멀다, 我(아)는 나, 欲(욕)은 하고자 하다, 斯(사)는 여기, 나에게, 至(지)는 다가오다를 뜻한다.

인을 행하는 것은 자기 자신이니, 인을 실천하고자 하면 곧 인에 이르게 되는 것이다. 인이란 마음의 덕이니, 밖에 있는 것이 아니라 자기 자신 안에 있다. 인을 찾지 않고 멀리 있다고 여기는 자가 있으나 인을 찾는다면 인은 곧 자기 자신 안에 있는 것이다. 따라서 인을 행하는 것은 자신에게 달려 있다.

[단문 설명]

▶ **仁遠乎哉?** 인원호재? 인이 멀리 있는가? 遠: 멀다. 乎哉: 강한 반어종결사.
▶ **我欲仁** 아욕인 내가 인을 하고자 하다. 我: 나. 欲: 하고자 하다, 바라다.
▶ **斯仁至矣** 사인지의 인이 나에게 다가온다. 斯: 나에게. 至: 다가오다. 矣: 서술종결사.

30. 다른 나라 사람 앞에서 그 나라의 임금을 비호해주는 것이 도리이다.

[해석 본문]

진나라 사패가 물었다. "소공은 예를 아십니까?" 이에 공자께서 말씀하셨다. "예를 아셨다." 공자께서 물러가시니 (사패가) 무마기에게 읍(揖)하고 그에게 다가가서 말하였다. "내가 군자는 편들지 않는다고 들었는데, 군자도 역시 편듭니까? (노나라) 임금은 오나라에서 아내를 맞이

하여 동성되니, (그것을 숨기기 위해) 그녀를 오맹자라고 불렀습니다. (오나라) 임금께서 예를
아신다면 누가 예를 알지 못하겠습니까?"

진사패문 소공지례호 공자왈 지례 공자퇴 읍무마기이진지왈
陳司敗問 昭公知禮乎리오? **孔子曰 知禮**시니라 **孔子退**하시니 **揖巫馬期而進之曰**

오문군자부당 군자 역당호 군 취어오 위동성 위지오맹자
吾聞君子不黨인데 **君子**도 **亦黨乎**아? **君**이 **取於吳**하니 **爲同姓**이니 **謂之吳孟子**라

군이지례 숙부지례
君而知禮면 **孰不知禮**리오?

무마기가 (이것을) (공자에게) 아뢰자 공자께서 말씀하셨다. "나는 행복하구나. 만일 (내게)
잘못이 있으면 다른 사람들이 반드시 (나에게) 잘못을 알려주는구나!"

무마기이고 자왈 구야 행 구유과 인필지지
巫馬期以告하자 **子曰 丘也 幸**이로다 **苟有過**이면 **人必知之**로다!

[배경 설명]

공자는 노나라의 사람으로서 노나라 임금 소공을 비판하기 어려워 소공이 예를 안다고 대답
하였으나 사패의 지적에 잘못을 시인하는 내용이다. 揖(읍)은 가슴에 두 손을 모으고 인사하는
격식이다. 黨(당)은 편들다, 取(취)는 아내를 맞이하다, 苟(구)는 만일을 뜻한다. 司敗(사패)는
사구(司寇)라고도 하며, 진나라에서 형벌을 담당한 관직의 이름이다.

오(吳)나라는 주나라의 선조인 태왕(太王)의 아들 태백(太伯)이 세운 나라로 주(周)나라 무
왕의 동생 주공이 세운 노(魯)나라와 동성(同姓)인 희(姬)씨였다. 오나라에서 시집온 소공의
부인은 吳姬(오희)이므로 희(姬)는 오나라 제후의 성이다. 소공(昭公)도 희(姬)씨이고, 예를
잘 안다는 노나라 임금이었으나 실상은 예를 속였다. 동성과는 결혼하지 않는 것이 예인데도
소공은 동성인 희(姬)씨를 아내로 맞아들인 후 동성을 감추기 위하여 그녀를 오맹자(吳孟子)
라고 불렀다. 부인의 호칭은 출신국의 이름 뒤에 자신의 성을 덧붙여 쓰게 되어 있었고, 당시
의 예법은 동성불혼이므로 소공이 동성이 아닌 것으로 위장하기 위해 오맹자라고 호칭했다.

소공이 불미스러운 일을 숨긴 것이라고 공자는 말할 수도 없고, 동성에게 장가든 것을 예라
고 할 수도 없었다. 그리하여 공자는 자기 나라의 임금을 비난하는 것이 도리가 아니라고 생각
하여 예를 안다고 대답했는데 진나라 사패가 공자의 이러한 태도를 비판하였다.

무마기(巫馬期)는 공자의 제자이다. 사패(司敗)가 무마기에게 읍(揖)하여 앞으로 다가갔다.
사패가 군자는 편든다는 말에 부자께서 인정하시고 자신의 잘못으로 삼으셨으니, 부자의 성대

한 덕인 것이다. 그러나 비호할 말한 이유를 바로 말씀하지 않아, 애당초 오맹자(吳孟子)의 일을 알지 못한 것처럼 하셨으니, 이는 만세의 법이 될 만하다. 따라서 공자는 다른 나라 사람 앞에서 그 나라의 임금을 비호해주는 것이 도리라고 여겼다.

[단문 설명]

▶ 陳司敗問 진사패문 진나라 사패가 물었다. 司敗: 형벌 관직. 問: 묻다.

▶ 昭公 知禮乎? 소공 지례호? 소공은 예를 아십니까?

▶ 孔子曰 知禮 공자왈 지례 이에 공자께서 "(소공은) 예를 아셨다."라고 대답하셨다.

▶ 孔子退 공자퇴 공자께서 물러가시다. 退: 물러가다.

▶ 揖巫馬期 而進之曰 읍무마기 이진지왈 (사패가) 무마기에게 읍하고 그에게 다가가서 말하였다. 揖: 인사하는 예. 進: 다가가다. 之: 巫馬期.

▶ 吾聞 君子不黨 오문 군자부당 내가 군자는 편들지 않는다고 들었는데. 聞: 듣다. 黨: 편들다.

▶ 君子亦黨乎? 군자역당호? 군자도 역시 편듭니까? 乎: 의문종결사.

▶ 君取於吳 군취오 (노나라) 임금은 오나라에서 아내를 맞이하다. 君: 임금. 取: 아내를 맞다.

▶ 爲同姓 위동성 동성(同姓)되다. 爲: 되다, 이다.

▶ 謂之吳孟子 위지오맹자 (그것을 숨기기 위해) 그녀를 오맹자라고 불렀습니다. 謂: 말하다. 之: 그.

▶ 君而知禮 군이지례 (오나라) 임금께서 예를 안다면. 而: 가정접속사.

▶ 孰不知禮? 숙부지례? 누가 예를 알지 못하겠습니까? 孰: 누가.

▶ 巫馬期以告 무마기이고 무마기가 (이것을) (공자에게) 아뢰다. 以: 之 생략. 之: 아내를 오맹자라고 불렀다는 사실.

▶ 丘也幸 구야행 나는 행복하구나. 丘: 공자. 也: 주격후치사.

▶ 苟有過 구유과 만일 (내게) 잘못이 있으면. 苟: 만일. 有過: 잘못이 있다.

▶ 人必知之! 인필지지! 다른 사람들이 반드시 (나에게) 잘못을 알려주는구나! 人: 다른 사람. 之: 過.

31. 사소한 일에서도 배울 기회를 놓치지 않는다.

[해석 본문]

공자께서는 다른 사람과 함께 노래를 불러 (그 사람이 노래를) 잘하면, 반드시 (그에게) 노래를 다시 부르게 하시고, 그런 다음 그를 따라 부르셨다.

자　여 인 가 이 선　　　필 사 반 지　　　이 후 화 지
子 與人歌而善이면 **必使反之**하시고 **而後和之**시다

[배경 설명]

　일상 생활에서도 배우는 기회를 활용하라는 훈계를 제자들에게 주신 것이다. 反(반)은 반복하다, 善(선)은 잘 부르다, 和(화)는 화답하다, 따라 부르다를 뜻한다.

　악(樂)은 자유로운 하늘의 기운을 표현한 것이나 예(禮)는 땅의 기운으로 악을 통제하는 절제의 기운이다. 예(禮)와 악(樂)은 덕(德)을 이루고, 천하를 조화롭게 다스리는 국가 통치의 근간이다.

　공자는 다른 사람에게 반드시 반복하여 노래를 부르게 한 것은 그 사람으로부터 배우려고 하는 것이고, 뒤에 따라 부른 것은 세밀한 것을 알고서 기뻐하고, 그의 좋은 점을 인정해 준 것이다. 이는 성인(聖人)의 기상이 높고 원대하고 성의가 지극하며, 겸손하고 자상하여 남의 좋은 점을 익히는 것이다. 공자께서는 일상 생활에서도 배우는 기회를 놓치지 않으시고 배우셨다. 따라서 사소한 일에서도 배우는 기회를 놓치지 않으시는 태도를 제자들에게 훈계하신 것이다.

[단문 설명]

▶ **與人歌而善** 여인가이선　다른 사람과 함께 노래를 불러 (그 사람이 노래를) 잘하면. 與: 함께. 歌: 노래를 부르다. 而: 순접접속사. 善: 잘 부르다.
▶ **必使反之** 필사반지　반드시 (그에게) 노래를 다시 부르게 하시고. 之: 歌.
▶ **而後和之** 이후화지　그런 다음 그를 따라 부르셨다. 和: 따라 부르다. 之: 人.

 32. 군자의 도를 몸소 실천하는 것을 게을리하지 말라.

[해석 본문]

　공자께서 말씀하셨다. "학문은 내가 다른 사람과 같은 경지가 아니겠는가? 군자의 (도를) 몸소 실천할 수 있는 경지에는 나는 아직 이르지 못했다."

^{자 왈 문 막 오 유 인 야} ^{궁 행 군 자} ^{즉 오 미 지 유 득}
子曰 文莫吾猶人也아? 躬行君子는 則吾未之有得이라

[배경 설명]

학문의 경지가 선대의 현자에 비하여 동일한 수준이라는 겸손한 평가이다. 猶(유)는 같다, 躬 (궁)은 몸소, 行(행)은 실천하다, 得(득)은 이르다를 뜻한다.

공자는 학문에서는 남보다 낫지는 못하나 그래도 남과 같다고 생각한 것이다. 즉, 학문에서 는 남에게 뒤지지 않는다. 이 시대에 남아있는 훌륭한 현자로 선대의 훌륭한 현자에 비해서도 학문에 있어서 자신이 뒤떨어지지는 않는다는 뜻이다.

군자는 군자로서의 덕행을 몸소 실천하는 것인데, 군자의 덕행을 행하여 세상을 바르게 이끌 어야 한다. 공자가 노(魯)·제(齊)·위(衛)·채(蔡) 등에서 자신의 정치적 이상을 실현하기 위 해 노력했으나 등용되지 못해 제대로 역할을 못해 봤다는 아쉬움을 말한 것이다. 따라서 학문 은 성인의 경지에 이르렀으나 실천은 아직 그러한 경지에 이르지 못했다는 자평이시다.

[단문 설명]

▶ 文莫吾猶人也? 문막오유인야? 학문은 내가 다른 사람과 같은 경지가 아니겠는가? 文: 학문. 莫: 의문부사, 어찌 ~하지 않겠느냐? 猶: 같다. 也: 반어종결사.

▶ 躬行君子 궁행군자 군자의 (도를) 몸소 실천하다. 躬: 몸소. 行: 실천하다.

▶ 吾未之有得 오미지유득 나는 아직 그 경지에는 이르지 못했다. 未: 아직 ~못하다. 之: 君子의 경 지. 得: 이르다.

 ## 33. 배우기를 싫어하지 않으며, 남을 가르치는 일을 게을리하지 않는다.

[해석 본문]

공자께서 말씀하셨다. "성인과 인자와 같은 (도)로 말하자면 내가 어찌 감히 할 수 있겠느냐? 그러나 성인과 인자의 도를 배우기를 싫어하지 않고, 남을 가르치는 일을 게을리하지 않는다면 그렇게 말할 수 있을 따름이다." 공서화가 말하였다. "바로 (이것이) 제자들이 모방할 수 없는 것입니다."

자 왈 약 성 여 인　　즉 오 기 감　　　억 위 지 불 염　　　회 인 불 권
子曰 若聖與仁은 則吾豈敢이리오? 抑爲之不厭하며 誨人不倦이면

즉 가 위 운 이 이 의　　　공 서 화 왈　정 유 제 자　불 능 학 야
則可謂云爾已矣니라 公西華曰 正唯弟子 不能學也니이다

[배경 설명]

　성인과 인자의 도를 배우고 가르치는 일을 제자들이 모방할 수 없다는 공서화의 평가이다. 正(정)은 바로, 唯(유)는 ~이다, 爲(위)는 배우다, 厭(염)은 싫어하다, 誨(회)는 가르치다, 倦(권)은 게으르다, 學(학)은 모방하다를 뜻한다.

　公西華(공서화)는 노나라 사람으로 공자의 제자인 공서적(公西赤)이다. 도를 배우기를 싫어하지 않고, 가르치는 것을 게을리하지 않는 것은 인자와 성인의 도가 없으면 할 수 없는 것이다. 공자를 성인이자 인자라고 일컫는 자가 있었으나 이를 사양하신 것이다. 따라서 부자께서 비록 성인이자 인자를 자처하지는 않으셨으나 반드시 인을 행하기를 싫어하지 않고 남을 가르치기를 게을리하지 않으니, 공서화가 부자의 뜻을 깊이 알고 존경하여 감탄하였다.

[단문 설명]

▶ **若聖與仁則** 약성여인즉　성인과 인자와 같은 (도)로 말하자면. 若: 같다. 則: ~로 말하자면.

▶ **吾豈敢?** 오기감?　내가 어찌 감히 할 수 있겠느냐? 豈: 어찌. 敢: 감히 하다.

▶ **抑爲之不厭** 억위지불염　그러나 성인과 인자의 도를 배우기를 싫어하지 않다. 抑: 역접, 그러나 아니면. 爲: 배우다. 之: 성인과 인자의 도. 厭: 싫어하다.

▶ **誨人不倦** 회인불권　남을 가르치는 일을 게을리하지 않다. 誨: 가르치다. 倦: 게으르다.

▶ **可謂云爾已矣** 가위운이이의　그렇게 말할 수 있을 따름이다. 謂: 말하다. 云: 그렇게 하다. 爾已矣: 한정종결사, 따름, 뿐.

▶ **正唯弟子 不能學也** 정유제자 불능학야　바로 (이것이) 제자들이 모방할 수 없는 것입니다. 正: 바로. 唯: 이다. 學: 모방하다, 흉내내다.

 34. 공자는 귀신을 믿지 않아 귀신에게 빌 마음이 없었다.

[해석 본문]

　공자께서 병환이 위중하여 자로가 기도할 것을 요청하였다. 공자께서 물으셨다. "그런 일이

있었느냐?" 자로가 대답하였다. "그런 일이 있었습니다. 기도문에 '너를 (위해) 위로는 하늘의 신과 아래로는 땅의 신에게 빌었다.'라는 기록이 있습니다." 이에 공자께서 말씀하셨다. "나는 기도한 지가 오래되었다."

子 疾病하여 子路 請禱니이다 子曰 有諸아? 子路 對曰 有之하니 誄에 曰
禱爾于上下神祇니이다 子曰 丘之禱 久矣니라

[배경 설명]

공자가 병을 앓게 되자 자로가 기도할 것을 요청하는 공자와의 대화이다. 病(병)은 병이 위중하다, 禱(도)는 귀신에게 빌다, 誄(뢰)는 죽은 이의 생전의 공덕을 칭송하고 명복을 비는 기도문, 上下(상하)는 하늘과 땅, 神祇(신기)는 천신과 토지신을 뜻한다.

자로는 스승인 공자가 심하게 아프자 기도할 것을 청하는데, 공자가 자로에게 무슨 근거가 있는지를 물었고, 자로는 誄(뢰)의 내용을 그 근거로 들었다. 誄(뢰)는 원래 어떤 공이 있는 사람이 죽었을 때, 죽은 자보다 지위가 높은 사람이 조문을 행하는 애도사이다.

잘못이 없다면 빌 필요가 없는 것이다. 성인(聖人)은 일찍이 잘못이 없어 빌 일이 없으므로 공자께서는 "나는 기도한 지가 오래되었다."라고 말씀한 것이다. 예기(禮記) 사상례(士喪禮)에 의하면 병이 위독하면 오사의 신에게 기도를 한다. 오사(五祀)의 신(神)은 호신(戶神: 집의 신), 조신(竈神: 부엌신), 중류신(中霤神: 토지신), 문신(門神: 대문의 신)과 정신(井神: 우물신)이다. 따라서 공자는 귀신을 믿지 않아 귀신에게 빌 마음이 없었고, 귀신에게 떳떳하다고 생각하여 기도한 지가 오래되었다는 말로써 자로의 요청을 완곡하게 거절한 것이다.

[단문 설명]

▶ **子疾病** 자질병 공자께서 병환이 위중하다. 疾: 병. 病: 위중하다, 위독하다.

▶ **子路請禱** 자로청도 자로가 기도할 것을 요청하였다. 請: 요청하다. 禱: 기도하다.

▶ **有諸?** 유저? 그런 일이 있었느냐? 諸: 의문종결사, 之乎. 之: 禱.

▶ **有之** 유지 그런 일이 있었습니다. 有: 있다. 之: 그런 일, 禱.

▶ **禱爾于上下神祇** 도이우상하신기 너를 (위해) 위로는 하늘의 신과 아래로는 땅의 신에게 빌었다. 禱: 빌다. 爾: 너. 神: 하늘의 신. 祇: 땅의 신.

231

▶ **丘之禱 久矣** 구지도 구의 나는 기도한 지가 오래되었다. 丘: 공자. 之: 주격후치사. 禱: 빌다. 久:
오래. 矣: 서술종결사.

 35. 사치하면 공순하지 못하고 검소하면 고루하다.

[해석 본문]

공자께서 말씀하셨다. "사치하면 공순하지 못하고, 검소하면 고루하니, 공순하지 못한 것보
다는 차라리 고루한 것이 더 낫다."

자 왈　사 즉 불 손　　검 즉 고　　여 기 불 손 야　　영 고
子曰 奢則不孫하고 **儉則固**니 **與其不孫也**는 **寧固**니라

[배경 설명]

예(禮)에 관한 공자의 견해이다. 奢(사)는 분에 넘치게 낭비하니 오만하다. 고루(固陋)하면
식견이 좁아 쓸데없이 고집이 세고 새로운 것을 잘 받아들이지 않는다.

예는 지켜야 할 규범과 법도가 있으니 이에 맞추어 따르는 것이 좋으나 사회가 용인하는 기
준보다 사치스럽거나 너무 검소할 경우 모두 폐해가 있다. 사치와 검소는 모두 중도(中道)를 잃
은 것이나 사치가 검소보다 더 해롭다. 사람이 지나치게 검소하면 옹졸해 보이나 없으면서도
사치하면 더욱 나쁘다. 따라서 공자께서는 사람들이 사치하고 공손하지 못한 사회적 병폐를 시
정하시려고 하신 훈계이다.

[단문 설명]

▶ **奢則不孫** 사즉불손 사치하면 공순하지 못하다. 奢: 사치하다. 則: ~하면. 孫: 공손하다(遜).

▶ **儉則固** 검즉고 검소하면 고루하다. 儉: 검소하다. 固: 고루하다.

▶ **與其不孫也 寧固** 여기불손야 영고 공순하지 못한 것보다는 차라리 고루한 것이 더 낫다. 與其
~寧~: ~하느니 차라리 ~하는 것이 더 낫다.

36. 군자는 평온하고 관대하나 소인은 근심하고 두려워한다.

[해석 본문]

공자께서 말씀하셨다. "군자는 (마음이) 평온하고 관대하나 소인은 (마음이) 늘 근심하고 두려워한다."

자 왈 군 자　　탄 탕 탕　　소 인　　장 척 척
子曰 君子는 坦蕩蕩이나 小人은 長戚戚이니라

[배경 설명]

군자와 소인의 심리적 특성을 비교하여 설명한 것이다. 坦(탄)은 평온하다, 蕩蕩(탕탕)은 걸림이 없으니 마음이 넓고 관대하다, 長(장)은 늘, 戚(척)은 근심하고 두려워하다를 뜻한다.

군자(君子)는 천리(天理)와 의(義)를 따르므로 항상 몸과 마음이 평온하고 태연하나 소인(小人)은 외물(外物)과 명리(名利)에 집착하여 근심과 두려움이 많다. 따라서 군자는 마음이 평온하고 관대하나 소인은 늘 근심하고 두려워한다.

[단문 설명]

▷ **君子 坦蕩蕩** 군자 탄탕탕 군자는 (마음이) 평온하고 관대하다. 坦: 평온하다. 蕩: 관대하다.
▷ **小人 長戚戚** 소인 장척척 소인은 (마음이) 늘 근심하고 두려워한다. 長: 늘, 항상. 戚: 근심하다.

 37. 온화하시나 엄숙하시며, 위엄이 있으시나 사납지 않으셨다.

[해석 본문]

공자께서는 온화하시나 엄숙하시며, 위엄이 있으시나 사납지 않으시며, 공손하시나 편안하셨다.

자 온 이 려　　위 이 불 맹　　공 이 안
子 溫而厲하시며 威而不猛하시며 恭而安이시다

[배경 설명]

공자의 내면과 외면에 대한 제자들의 평이다. 溫(온)은 온화하다, 厲(려)는 엄숙하다, 威(위)는 위엄이 있다, 猛(맹)은 사납다, 恭(공)은 공손하다, 安(안)은 편안하다를 뜻한다.

사람의 타고난 기질은 한쪽으로 치우치지 않은 자가 드물다. 오직 성인은 전체가 원만하고 덕성(德性)이 중용(中庸)을 잃지 아니하는데, 이러한 기상이 용모에 흐른다. 공자는 겉으로는 엄숙하고 위엄이 있고 사납지 않고 공손하나 내면으로는 온화하고 공손하고 편안하다. 따라서 지나치게 엄숙하거나 사나우면 대하기가 어려우나 공자는 편안하게 대할 수 있었다.

[단문 설명]

▶ **子溫而厲** 자온이려 공자께서는 온화하시나 엄숙하시다. 溫: 온화하다. 厲: 엄숙하다.

▶ **威而不猛** 위이불맹 위엄이 있으시나 사납지 않으시다. 威: 위엄이 있다. 猛: 사납다.

▶ **恭而安** 공이안 공손하시나 편안하셨다. 恭: 공손하다. 安: 편안하다.

☞ **以의 다양한 용법**

- 도구, 수단, 방법: ~으로, ~으로써, ~을 가지고
- 자격: ~으로서
- 원인: ~때문에, ~로 인하여
- 목적: ~을, ~를
- 순접(시간상 선후관계): ~하여
- 목적어 강조: 목적어를 以 앞에 위치
- 숙어

  以A爲B: A를 B라고 여기다(생각하다), A를 B로 삼다.

  所以: ~인 까닭

  可以~, 足以~: ~을 할 수 있다.

第八篇

泰伯(태백)

나라에 도가 있는데도 가난하고 천한 것은 수치이다.

泰伯篇(태백편)은 증자의 언행을 기록한 것이다. 공자의 인(仁) 사상이 증자의 효(孝) 사상, 자사의 성(誠)과 맹자의 인의(仁義) 사상으로 발전하였다. 주요 내용으로는 공지, 도덕, 효도, 임종, 질문, 의인, 군자, 학문, 학습, 국난, 입신, 정의, 부귀, 통치, 문화, 조직과 검소가 있다. 용모는 예의에 맞게 하고, 얼굴빛은 바르게 하고, 말은 비루함과 도리에 어긋나지 않아야 한다. 묻는 것을 수치스럽게 생각하지 말고 상대방이 예를 범하여도 따지지 않는 것이다. 백성들이 용맹하고 가난하고 불선자를 미워하면 난이 일어날 것이다.

1. 백성들이 은밀하게 왕위를 사양한 것을 알지 못하여 태백을 칭찬할 수 없었다.
2. 예가 없으면 수고롭고, 두렵고, 난폭하고, 급박하다.
3. 살아있을 때 몸을 온전히 보전해야 한다.
4. 새는 죽을 때에 구슬프고, 사람은 착하다.
5. 묻는 것을 수치스럽게 생각하지 말고 예를 범하여도 따지지 않는다.
6. 군자다운 사람은 국가의 안위를 당해서도 절개를 빼앗을 수 없는 사람이다.
7. 선비는 도량이 넓고 의지가 굳세지 않으면 안 된다.
8. 시, 예와 음악을 통하여 학문을 완성한다.
9. 도를 따르게 할 수는 있어도 그 이치를 알게 할 수는 없다.
10. 백성이 용맹하고, 가난하고, 불선자를 미워하면 난이 일어날 것이다.
11. 재예가 훌륭하더라도 덕이 없이 교만하고 인색하다면 참다운 학문이 아니다.
12. 학문을 벼슬길에 오르는 수단으로만 생각하면 안 된다.
13. 나라에 도가 있는데 가난하고 천한 것은 수치이다.
14. 지위에 있지 않으면 다른 사람의 일을 간여하지 않는다.
15. 관저(關雎)의 마지막 악곡은 아름답고 성대하여 귀에 가득하구나!
16. 진취적이나 정직하지 않고, 미련하나 성실하지 않고, 어리석으나 미덥지 않다.
17. 배우기 전에는 예습하고, 배운 후에는 복습한다.
18. 순임금과 우임금은 정사를 어진 신하에게 맡기고 관여하지 않으셨다.
19. 요임금의 공적인 예악과 법도는 위대하고 찬란하구나.
20. 무왕은 열 사람의 신하로 나라를 다스렸다.
21. 간소한 음식, 검소한 의복, 낮은 궁실, 치수 진력 등 우임금은 비방할 데가 없다.

1. 백성들이 은밀하게 왕위를 사양한 것을 알지 못하여 태백을 칭찬할 수 없었다.

[해석 본문]

공자께서 말씀하셨다. "태백은 지극한 덕이 (있는 인물)이었다고 말할 만하다. 세 번 천하를 사양하였으나 백성들이 (이것을) 알지 못하여 그를 칭찬할 수 없었다."

자 왈 태 백　　기 가 위 지 덕 야 이 의　　삼 이 천 하 양　　민 무 득 이 칭 언
子曰 泰伯은 其可謂至德也已矣로다 三以天下讓하되 民無得而稱焉이니라

[배경 설명]

태백이 왕위를 사양한 사실을 백성들이 알 수 없어 칭송하지 못한 것이다. 謂(위)는 말하다, 至(지)는 지극하다, 讓(양)은 사양하다, 得(득)은 알다, 稱(칭)은 칭찬하다를 뜻한다.

주(周)나라 태왕(大王)은 세 아들이 있었는데, 장자(長子)는 태백(泰伯), 차자(次子)는 중옹(仲雍), 삼자(三子)는 계력(季歷)이었다. 태백이 태왕의 뜻을 따르지 않고 왕위를 거절하였다.

태왕 때에 상(商)나라는 점차 쇠약해지고 주나라는 날로 강해졌다. 태왕은 상나라를 칠 생각이 있었는데 장자인 태백이 따르지 않으니, 태왕은 마침내 왕위를 계력에게 물려주고, 계력의 아들 창(昌)이 이어가도록 하였다. 태백은 중옹과 함께 형만 지방으로 도망갔다. 창(昌)은 문왕(文王)이 되어 천하의 삼분의 이를 소유했다. 문왕이 죽고 아들 발(發)이 즉위하여 무왕(武王)이 되어 마침내 상나라를 멸망시키고 주나라 왕조를 이루었다.

태백은 덕이 있어 제후들의 지지를 받고 천하를 소유할 수 있었는데도 결국 왕위를 버렸으나 그 사양한 자취마저 없어졌다. 그 마음은 바로 백이와 숙제가 무왕의 말고삐를 잡고 상나라 정벌을 간하던 심정과 같으니, 부자께서 탄식하고 찬미하시는 것은 당연하다. 따라서 태백이 왕위를 사양하고 숨어살았으니, 이러한 태백을 사람들이 알지 못한 것을 공자는 탄식한 것이다.

[단문 설명]

▶ 其可謂 至德也已矣 기가위 지덕야이의 지극한 덕이 (있는 인물)이었다고 말할 만하다. 其: 아마. 可: 할 만하다. 謂: 말하다. 至: 지극하다. 也已矣: 강한 서술종결사.

▶ 三以天下讓 삼이천하양 세 번 천하를 사양하였다. 以: 직접 목적어 전치사. 讓: 사양하다.

▶ 民無得 而稱焉 민무득 이칭언 백성들이 (이것을) 알지 못하여 그를 칭찬할 수 없었다. 無: 없다.

得: 알다. 稱: 칭찬하다. 焉: 於是. 是: 泰伯.

 2. 예가 없으면 수고롭고, 두렵고, 난폭하고, 급박하다.

[해석 본문]

공자께서 말씀하셨다. "공손하되 예가 없으면 수고롭고, 신중하되 예가 없으면 두렵고, 용감하되 예가 없으면 난폭하고, 강직하되 예가 없으면 급박하다. 군자가 친척에게 돈독하면 백성들에게 인이 일어나고, 옛 친구를 버리지 않으면 백성들의 (인심이) 각박해지지 않는다."

자왈 공이무례즉로 신이무례즉시 용이무례즉란 직이무례즉교
子曰 恭而無禮則勞하고 愼而無禮則葸하고 勇而無禮則亂하고 直而無禮則絞니라

군자 독어친즉민흥어인 고구 불유즉민불투
君子 篤於親則民興於仁하고 故舊를 不遺則民不偸니라

[배경 설명]

예절의 폐단에 관한 교훈이다. 勞(노)는 수고롭다, 愼(신)은 신중하다, 葸(시)는 두려워하다, 勇(용)은 용감하다, 亂(난)은 난폭하다, 直(직)은 강직하다, 絞(교)는 급박하다, 篤(독)은 돈독하다, 遺(유)는 버리다, 偸(투)는 각박하다를 뜻한다.

너무 지나치거나 너무 부족하면 안 된다. 예(禮)는 행동을 절제하고 사욕을 억제하며 사람들과의 관계를 조화시킨다. 예를 통제하지 못하면 네 가지의 폐단이 저절로 나타난다. 수고롭고, 두렵고, 난폭하고, 급박하다. 네 가지 폐단을 절제하는 덕목은 공손·신중·용감·강직(恭愼勇直)이니, 행동을 절제하지 못하고 지나치게 되면 그 폐해가 수고·공포·난폭·급박(勞葸亂絞: 노시난교)으로 나타나게 된다.

위정자가 친척들에게 돈독하면 백성들도 감화되어 그들의 친척들에게 돈독하고, 마을 사람들은 서로 인정이 두터워지고 인이 일어난다. 위정자가 옛 친구를 잊지 않을 때 백성들도 교화되어 인심이 두터워진다. 따라서 위정자가 공손해도 수고롭지 않고, 신중해도 두렵지 않고, 용감해도 난폭하지 않고, 강직해도 급박하지 않아야 백성들이 교화되어 덕이 후해질 것이다.

[단문 설명]

▶ 恭而無禮 則勞 공이무례 즉로 공손하되 예가 없으면 수고롭다. 恭: 공손하다. 無: 없다. 而: 역접. 勞: 수고롭다.

▶ 愼而無禮 則葸 신이무례 즉시 신중하되 예가 없으면 두렵다. 愼: 신중하다, 언행을 조심하다.

▶ 勇而無禮 則亂 용이무례 즉란 용감하되 예가 없으면 난폭하다. 勇: 용감하다. 亂: 난폭하다.

▶ 直而無禮 則絞 직이무례 즉교 강직하되 예가 없으면 급박하다. 直: 강직하다. 絞: 급박하다.

▶ 君子篤於親 군자독어친 군자가 친척에게 돈독하면. 君子: 군자, 위정자. 篤: 돈독하다. 於: 에.

▶ 民興於仁 민흥어인 백성들에게 인이 일어나다. 興: 일어나다.

▶ 故舊不遺 則民不偸 고구불유 즉민불투 옛 친구를 버리지 않으면 백성들의 (인심)이 각박해지지 않는다. 故舊: 옛 친구. 遺: 버리다. 偸: 각박하다.

 3. 살아있을 때 몸을 온전히 보전해야 한다.

[해석 본문]

증자가 병을 앓자 제자들을 불러 말씀하였다. "(이불을 걷고) 나의 발과 손을 꺼내보아라. 시경에 이르기를 '두려워 경계하고 삼가는 것이 마치 깊은 연못에 서 있는 듯하고, 엷은 얼음을 밟는 듯하다.'고 하였으니, 이제부터 나는 (몸을 다칠까 하는 근심에서) 벗어나게 되었음을 알겠구나. 제자들아!"

증자유질 소문제자왈 계여족 계여수 시운 전전긍긍 여림심연
曾子有疾이니 召門弟子曰 啓予足하며 啓予手하라 詩云 戰戰兢兢이 如臨深淵하며

여리박빙 이금이후 오지면부 소자
如履薄氷하니 而今而後에야 吾知免夫이라 小子아!

[배경 설명]

살아있을 때는 신체발부를 조심해야 하나 죽으면 신체 훼손을 걱정할 필요가 없다는 증자의 효에 관한 사상이다. 疾(질)은 병을 앓다, 啓(계)는 꺼내보다, 戰戰(전전)은 두려워하다, 兢兢(긍긍)은 경계하고 삼가다, 如(여)는 마치 ~듯하다, 履(리)는 밟다, 薄(박)은 엷다, 氷(빙)은 얼음, 免(면)은 벗어나다를 뜻한다.

증자(曾子)는 노나라 사람으로 효경(孝經)을 지은 공자의 제자이고, 성은 曾(증), 이름은 參(삼)이다. 공자는 증자를 노둔하다고 한 적이 있지만 그는 형식에 구애 받지 않고 행동하는 광자(狂者)의 기질이 있었고, 공자의 충서(忠恕)의 도를 실천하려고 노력했다.

증자는 신체는 부모에게 받았으니, 감히 훼손할 수 없다고 말하였다. 제자들에게 이불을 걷고 자신의 손과 발을 보게 한 것이다. 즉, 부모께서 주신 육신이 온전한지 살펴보라는 뜻이다.

「시경(詩經)」 소민편(小旻篇)의 戰戰兢兢(전전긍긍) 如臨深淵(여림심연) 如履薄氷(여리박빙)을 인용하였다. 즉, 자신의 신체가 손상될까 두려워하고 경계하고 삼가는 것이니, 연못에 빠질까 두려워하는 것과 같다. 살아 있을 동안에는 부모님으로부터 받은 신체발부를 조심해야 하나 죽고 나면 이제부터는 신체 훼손을 걱정할 필요가 없어진다. 따라서 증자는 신체가 손상될까 평생 근심하였으나 이제 신체 손상 없이 죽음을 맞게 되어 기쁘다고 감회를 밝힌 것이다.

[단문 설명]
▶ 曾子有疾 증자유질 증자가 병을 앓다. 曾子: 공자의 제자 증삼. 疾: 병을 앓다.
▶ 召門弟子曰 소문제자왈 제자를 불러 말씀하였다. 召: 부르다. 門弟子: 제자. 曰: 말하다.
▶ 啓予足 啓予手 계여족 계여수 (이불을 걷고) 나의 발과 손을 꺼내보다. 啓: 꺼내보다. 予: 나.
▶ 詩云 시운 시경에 이르기를. 詩: 시경(詩經) 소민편(小旻篇).
▶ 戰戰兢兢 전전긍긍 두려워 경계하고 삼가다. 戰戰: 두려워하다. 兢兢: 경계하고 삼가다.
▶ 如臨深淵 여림심연 마치 깊은 연못에 서 있는 듯하다. 如: 마치 ~듯하다. 深淵: 깊은 연못.
▶ 如履薄氷 여리박빙 엷은 얼음을 밟는 듯하다. 履: 밟다. 薄: 엷다. 氷: 얼음.
▶ 而今而後 이금이후 지금 이후, 이제부터. 今: 지금.
▶ 吾知免夫 오지면부 나는 (몸을 다칠까 하는 근심에서) 벗어나게 되었음을 알겠구나. 免: 면하다, 벗어나다. 夫: 감탄종결사.

 4. 새는 죽을 때에 구슬프고, 사람은 착하다.

[해석 본문]

증자가 병이 나니 맹경자가 그를 문병했다. 이 때 증자가 말하였다. "새는 장차 죽을 때에는 그 울음소리가 구슬프고, 사람은 장차 죽을 때에는 그 말이 착하다. 군자는 도에 있어서 귀중하게 여기는 것이 셋이다. 용모를 (예의에 맞게) 하여 난폭하고 오만한 행동을 멀리하고, 얼굴빛을 바르게 하여 믿음에 가깝게 하고, 말을 할 때는 비루함과 (도리에) 어긋나는 것을 멀리한다. 제기를 다루는 일은 유사가 관리한다."

증자유질　맹경자문지　증자언왈 조지장사　기명야애　인지장사
曾子有疾이니 孟敬子問之니라 曾子言曰 鳥之將死에 其鳴也哀하고 人之將死에

기언야선　군자 소귀호도자삼　동용모　사원포만의　정안색
其言也善이니라 君子 所貴乎道者三이니라 動容貌하여 斯遠暴慢矣며 正顔色하여

사근신의　출사기　사원비패의　변두지사　즉유사존
斯近信矣며 出辭氣에 斯遠鄙倍矣니라 籩豆之事는 則有司存이니라

[배경 설명]

임종이 임박한 증자가 노나라의 대부 맹경자에게 당부한 말이다. 問(문)은 문병하다, 暴(폭)은 난폭, 慢(만)은 오만, 鄙(비)는 비루하다, 倍(배)는 이치에 어긋나다, 存(존)은 관리하다를 뜻한다. 籩豆(변두)는 제물을 담는 그릇이며, 有司(유사)는 일을 처리하는 관원이다.

맹경자(孟敬子)는 노나라 삼환의 하나인 숙손(叔孫)으로 이름은 첩(捷), 자는 의(儀), 시호는 경자(敬子)이다. 공자 시대에는 삼환이 노의 공실(公室)을 어느 정도 인정하였으나 공자 사후 애공 말년에는 인정하지 않고, 계손, 맹손, 숙손의 삼환이 노나라의 실권을 행사하였다.

새는 죽음이 두려워 울음소리가 애처롭고, 사람은 다른 도리가 없으니 근본으로 돌아가므로 말이 착하다. 증자는 맹경자에게 선을 기억하도록 격언을 인용한 것이다. 증자는 병을 앓는 중에 대부의 신분에 맞는 고급 대자리를 깔고 누워 있었으나 임종 때는 신분에 맞지 않음을 깨닫고 대자리를 바꿔 죽는 순간까지 도를 지키면 令終(영종)하였다. 令終(영종) 또는 考終命(고종명)은 오복(五福) 중의 하나로 제명대로 다 살다가 편안하게 죽는 것이다.

도에는 군자가 귀중히 여기는 세 가지 일이 있다. 첫째, 動容貌(동용모)는 용모를 예의에 맞게 하여 난폭하고 오만한 행동을 멀리하는 것이다. 둘째, 正顔色(정안색)은 얼굴빛을 바르게 하여 반드시 믿음에 가깝게 하고, 셋째, 말을 할 때에는 비루함과 도리에 어긋나지 않게 하는 것이다. 제사를 지낼 때 제기의 갯수나 위치 등을 정한다. 따라서 증자가 문병 온 맹경자에게 군자가 지켜야 할 세 가지 덕목을 남긴 것이다.

[단문 설명]

▶ 曾子有疾 증자유질 증자가 병이 나다. 有疾: 병이 나다.

- ▶ 問之 문지 그를 문병했다. 問: 문병하다. 之: 曾子.
- ▶ 鳥之將死 조지장사 새는 장차 죽을 때에는. 鳥: 새. 之: 주격후치사. 將: 장차. 死: 죽다.
- ▶ 其鳴也哀 기명야애 그 울음소리가 구슬프다. 其: 鳥. 鳴: 울음소리. 也: 주격후치사. 哀: 구슬프다.
- ▶ 人之將死 인지장사 사람은 장차 죽을 때에는. 人: 사람. 之: 주격후치사.
- ▶ 其言也善 기언야선 그 말이 착하다. 其: 人. 言: 말. 也: 주격후치사.
- ▶ 所貴乎道者三 소귀호도자삼 도에 있어서 귀중하게 여기는 것이 셋이다. 貴: 귀중히 여기다. 乎: 에. 者: ~라는 것. 三: 셋이다.
- ▶ 動容貌 동용모 용모를 (예의에 맞게) 하여. 動: 하다. 容貌: 얼굴과 몸매.
- ▶ 斯遠暴慢矣 사원포만의 난폭하고 오만한 (행동을) 멀리하고. 斯: ~하여. 遠: 멀리하다. 暴: 난폭하다. 慢: 오만하다. 矣: 서술종결사.
- ▶ 正顔色 정안색 얼굴빛을 바르게 하여. 正: 바르게 하다. 顔色: 얼굴빛.
- ▶ 斯近信矣 사근신의 반드시 믿음에 가깝게 하고. 斯: ~하여. 近: 가깝게 하다. 信: 믿음.
- ▶ 出辭氣 출사기 말을 할 때는. 出: 내놓다, 말을 하다. 辭氣: 말씨, 말과 얼굴빛, 말하는 태도.
- ▶ 斯遠鄙倍矣 사원비배의 비루함과 (도리에) 어긋나는 것을 멀리한다. 鄙: 비루하다. 倍: 어긋나다.
- ▶ 籩豆之事 변두지사 제기를 다루는 일. 籩豆: 제기. 籩: 대나무로 만든 과일 담는 제기. 豆: 나무로 만든 밥 담는 제기.
- ▶ 則有司存 즉유사존 유사가 관리한다. 有司: 일을 주관하는 관원. 存: 관리하다, 관장하다.

 5. 묻는 것을 수치스럽게 생각하지 말고 예를 범하여도 따지지 않는다.

[해석 본문]

증자가 말씀하였다. "재능이 있으면서도 재능이 없는 사람에게 묻고, (학식이) 많은 사람이면서 (학식이) 적은 사람에게 묻고, (학식이) 있어도 (학식이) 없는 듯하고, (학식이) 가득해도 (학식이) 빈 듯하며, (다른 사람이 예를) 범하여도 따지지 않는다. 옛적에 내 벗(안회)이 일찍이 이런 일을 따랐다."

증 자 왈　이 능　　문 어 불 능　　이 다　문 어 과　　유 약 무　　실 약 허
曾子曰 以能으로 問於不能하고 以多로 問於寡하고 有若無하고 實若虛하고

^{범 이 불 교} ^{석 자 오 우} ^{상 종 사 어 사 의}
犯而不校니라 昔者吾友 嘗從事於斯矣니라

[배경 설명]

증자가 덕행과 학식이 깊은 군자의 모습을 요약하여 제자들을 교육한 것이다. 많고 적고, 있고 없고, 가득하고 비어있고의 대상은 학식이다. 昔者(석자)는 옛날에, 교(校)는 따지다를 뜻한다.

증삼(曾參)이 스승인 공자에게 들었던 내용을 모방하여 제자들에게 이상적인 군자의 모습을 교육한 내용이다. 재능이 있으면서도 재능이 없는 사람에게 묻고, 학식이 많은 사람이라도 학식이 적은 사람에게 묻는다. 스승인 공자가 위나라 대부인 공문자에 대해 不恥問(불치하문)했다고 한 내용을 인용해서 설명한 표현이다.

있어도 없는 듯하고, 가득해도 빈 듯한데, 그 대상은 학식, 지식, 덕, 인이나 재산일 수도 있다. 옛적에 내 벗이 일찍이 이런 일을 따랐는데 그 벗은 안연(顏淵)이다. 따라서 묻는 것을 수치스럽게 생각하지 말고, 상대방이 예를 범하여도 따지지 않는다는 증자의 교훈이다.

[단문 설명]

▶ 以能問於不能 이능문어불능 재능이 있으면서도 재능이 없는 사람에게 묻다. 以: ~면서(而). 能: 재능. 於: ~에게. 不能: 재능이 없는 사람.

▶ 以多問於寡 이다문어과 (학식이) 많은 (사람)이면서 (학식이) 적은 사람에게 묻다.

▶ 有若無 유약무 (학식이) 있어도 (학식이) 없는 듯이 하다. 若: 같다. ~듯이 하다.

▶ 實若虛 실약허 (학식이) 가득해도 (학식이) 빈 듯이 하다. 實: 가득하다. 虛: 비다.

▶ 犯而不校 범이불교 (다른 사람이 예를) 범하여도 따지지 않는다. 犯: 범하다. 校: 따지다.

▶ 昔者 吾友 석자 오우 옛적에 내 벗(안회)이. 昔者: 옛날. 者: 시간 접미사. 友: 안연.

▶ 嘗從事於斯矣 상종사어사의 일찍이 이런 일을 따랐다. 嘗: 일찍이. 從: 따르다. 斯: 以能問於不能~犯而不校. 矣: 서술종결사.

 6. 군자다운 사람은 국가의 안위를 당해서도 절개를 빼앗을 수 없는 사람이다.

[해석 본문]

증자가 말씀하였다. "어린 임금을 맡길 만하고, 작은 나라의 명운을 맡길 만하며, (나라의) 중

대한 일을 당해서도 (그 절개를) 빼앗을 수 없다면 군자다운 사람인가? 군자다운 사람이로다!"

증자왈　가이탁육척지고　　가이기백리지명　　임대절이불가탈야
曾子曰 可以託六尺之孤하고 **可以寄百里之命**하고 **臨大節而不可奪也**면

군자인여　군자인야
君子人與아? **君子人也**니라!

[배경 설명]

　　지조를 변경하지 않는 이상적인 군자는 세 가지 덕목을 지킨다는 교육이다. 託(기)는 맡기다, 臨(임)은 당하다, 大節(대절)은 중차대한 일, 奪(탈)은 빼앗다를 뜻한다.

　　육척지고(六尺之孤)는 키가 육 척으로 작고 어린 임금을 뜻하는데 후한 시대의 기준으로는 138cm에 불과한 작은 키이다. 孤(고)는 아버지를 여의고 왕위에 오른 어린 임금이다. 백리지명(百里之命)은 사방 백리의 영토가 되는 작은 나라의 명운(命運)이다. 주공(周公)은 성이 희(姬), 이름이 단(旦), 시호가 문공(文公)으로 주공단(周公旦)이라고 한다. 주공은 제후의 관명인데 영지가 주(周) 지역이라서 붙여진 이름이다. 주공(周公)은 주(周)나라 초기의 정치가로 노나라의 시조이고 문왕(文王)의 아들이며 무왕(武王)의 동생이다.

　　주나라 무왕이 즉위 2년 여 만에 사망하자 그 장자인 성왕이 즉위하였는데 그 때 나이가 열 셋이었다. 주공은 무왕을 도와 은(殷)나라를 멸망시키고 주왕조를 강화하였으며, 예악, 법도를 정비하고 역경을 완성하고, 주례를 지었다고 한다. 그는 무왕의 왕위를 계승한 어린 성왕을 섭정으로 잘 보좌하고 7년 후 정권을 돌려주었다. 공자는 주공을 이상적인 인물로 추앙하여 성인의 한 사람으로 떠받들었다.

　　대절(大節)은 생사와 존망의 상황에서 죽음을 무릅쓰고 지키는 절개이니 이와 같은 중대한 일을 뜻한다. 주공이 성왕을 섭정하는 시기에 대규모의 반란이 있어서 주공의 목숨이 위협받아도 굴복하지 않고 진압하고 절개를 지켜냈다. 주공은 성왕을 보필하여 소임을 마친 모범적인 재상으로 평가받는다. 군자다운 사람이란 재능이 있어 나이 어린 군주를 보필할 수 있고, 국정을 대행할 만하고, 국가의 안위를 당해서도 절개를 빼앗을 수 없는 사람이다. 따라서 군자다운 사람은 덕행, 재능과 절개를 겸비한 사람이다.

[단문 설명]

▶ **可以託 六尺之孤** 가이탁 육척지고 어린 임금을 맡길 만하다. 可以: ~할 만하다. 託: 맡기다. 六尺: 여섯 자. 孤: 어린 임금.

▶ 可以寄 百里之命 가이기 백리지명 작은 나라의 명운을 맡길 만하다. 寄: 맡기다. 百里: 국토의 넓이가 사방 백 리인 작은 나라. 命: 명운.

▶ 臨大節 而不可奪也 임대절 이불가탈야 (나라의) 중대한 일을 당해서도 (그 절개를) 빼앗을 수 없다면. 臨: 당하다. 大節: 중대한 일. 奪: 빼앗다. 也: 가정, 만약.

▶ 君子人與? 君子人也! 군자인여? 군자인야! 군자다운 사람인가? 군자다운 사람이로다! 君子: 군자답다. 與: 의문종결사. 也: 감탄종결사.

 7. 선비는 도량이 넓고 의지가 굳세지 않으면 안 된다.

[해석 본문]

증자께서 말씀하셨다. "선비는 (도량이) 넓고 (의지가) 굳세지 않으면 안 되니, (이는) 책임이 막중하고 (갈) 길이 멀기 때문이다. (선비는) 인으로써 자기의 책임을 삼으니 또한 막중하지 않은가? 죽은 뒤에야 (책임이) 끝나는 것이니, 또한 멀지 않은가?"

증자왈 사불가이불홍의   임중이도원   인이위기임   불역중호
曾子曰 士不可以不弘毅니 任重而道遠이니라 仁以爲己任이니 不亦重乎아?
사 이 후 이   불 역 원 호
死而後已니 不亦遠乎아?

[배경 설명]

선비의 이상적인 자세에 관한 교훈이다. 弘(홍)은 넓다, 毅(의)는 굳세다, 任(임)은 책임, 중(重)은 막중하다, 已(이)는 끝나다, 遠(원)은 멀다를 뜻한다.

선비가 넓은 도량이 아니면 막중한 책임을 감당하지 못하고, 굳센 의지가 아니면 먼 곳에 이를 수 없다. 반드시 몸소 인을 힘써 행하고자 한다면 책임이 막중하다고 할 만하다. 목숨이 아직 남아있는 동안에는 인을 행하는데 게을리하지 않아야 한다. 따라서 선비는 도량이 넓고 의지가 굳센 뒤에야 막중한 책임을 감내하면서 인에 이를 수 있다.

[단문 설명]

▶ 士不可以不弘毅 사불가이불홍의 선비는 (도량이) 넓고 (의지가) 굳세지 않으면 안 된다. 不可

以不: ~하지 않으면 안 되다. 弘: 넓다. 毅: 굳세다.

▶ **任重而道遠** 임중이도원 (이는) 책임이 막중하고 (갈) 길이 멀기 때문이다. 任: 책임. 重: 막중하다. 而: 순접. 道: 길. 遠: 멀다.

▶ **仁以爲己任** 인이위기임 (선비는) 인으로써 자기의 책임을 삼다. 仁以: 以仁의 도치. 己: 자기. 爲: 삼다. 任: 책임.

▶ **不亦重乎?** 불역중호? 또한 막중하지 않은가? 不: ~하지 않다. 重: 막중하다. 乎: 의문종결사.

▶ **死而後已** 사이후이 죽은 뒤에야 (책임이) 끝나는 것이다. 死: 죽다. 已: 끝나다.

▶ **不亦遠乎?** 불역원호? 또한 멀지 않은가? 遠: 멀다.

 8. **시, 예와 음악을 통하여 학문을 완성한다.**

[해석 본문]

공자께서 말씀하셨다. "시에서 (감흥을) 일으키고, 예에서 (법도를) 확립하고, 음악에서 (학문을) 완성했다."

자 왈 흥 어 시 입 어 례 성 어 악
子曰 興於詩하며 **立於禮**하며 **成於樂**이니라

[배경 설명]

교육의 단계인 시, 예, 음악에 관한 교훈이다. 시(詩)를 통해 감흥을 일깨우고, 예를 통해 행동을 절제하고, 음악을 통해 내면의 조화를 이루어 인격을 완성하는 교육의 단계이다.

시(詩)는 사람의 본성을 근본으로 삼고, 이를 읊는 사이에 사람을 감동시키니, 선을 좋아하고 악을 미워하는 마음을 일으키는 것은 시(詩)에서 오는 것이다.

예(禮)는 공경하고 사양하는 것을 근본으로 삼고, 절문(節文: 예절에 관한 규정이나 문장)과 정도가 있어 사람의 정신과 신체를 견고하게 결합할 수 있다. 이 때문에 말이나 행동이 점잖고, 무게가 있고, 사물에 흔들리고 않는다. 예(禮)가 많이 쇠약해져 인륜이 어둡고, 가정과 나라를 다스리는 데 법도가 확립되지 못한 것이다.

악(樂)에는 소리와 율동이 있는데, 선창하고 화답한다. 음악은 간사하고 더러운 것을 깨끗이

씻어내고, 잔재를 말끔히 정화시켜 사람의 착한 본성을 함양한다. 따라서 수양과 학문의 세 가지 단계는 시를 통하여 감흥을 일으키고, 예로써 법도를 확립하고, 음악을 통하여 학문을 완성하는 것이라고 공자께서 가르치신다.

[단문 설명]

▶ **興於詩** 흥어시 시에서 (감흥을) 일으키다. 興: 감흥을 일으키다. 於: ~에서. 詩: 시경의 시.

▶ **立於禮** 입어례 예에서 (법도를) 확립하다. 立: 확립하다. 禮: 예법과 제도.

▶ **成於樂** 성어악 음악에서 (학문을) 완성했다. 成: 완성하다. 樂: 음악.

9. 도를 따르게 할 수는 있어도 그 이치를 알게 할 수는 없다.

[해석 본문]

공자께서 말씀하셨다. "백성에게 (도를) 따르게 할 수는 있어도 그 (이치를) 알게 할 수는 없는 것이다."

자 왈 민　　가 사 유 지　　불 가 사 지 지
子曰 民은 可使由之오 不可使知之니라

[배경 설명]

공자 시대 의 우민정책(愚民政策)이다. 由(유)는 따르다, 知(지)는 알다를 뜻한다. 백성으로 하여금 당연한 도리를 따르게 할 수는 있어도 그 이치를 알게 할 수는 없는 것이다. 정자(程子)가 말씀하였다. "성인이 가르침을 베푸는 것은 사람에게 깨우쳐 주려고 하는 것이다. 그러나 그 진리를 모두 알게 할 수는 없고, 다만 따르게 할 뿐이다. 따라서 백성들에게 군주의 정책을 일일이 다 알게 할 수는 없는 만큼 위정자가 백성들이 믿고 따를 수 있게 해야 한다.

[단문 설명]

▶ **民可使由之** 민가사유지 백성에게 (도를) 따르게 할 수는 있다. 民: 백성, 피지배자. 可: 할 수 있다. 使: 하게 하다. 由: 따르다. 之: 道.

▶ **不可使知之** 불가사지지 그 (이치를) 알게 할 수는 없는 것이다. 知: 알다. 之: 이치.

 10. **백성이 용맹하고, 가난하고, 불선자를 미워하면 난이 일어날 것이다.**

[해석 본문]

공자께서 말씀하셨다. "(백성이) 용맹을 좋아하고 가난을 싫어하면 난(亂)을 일으킬 것이며, 백성이 어질지 못한 것을 너무 미워하면 난(亂)을 일으킬 것이다."

자 왈 호 용 질 빈　　난 야　　인 이 불 인　　질 지 이 심　　난 야
子曰 好勇疾貧이 **亂也**오 **人而不仁**을 **疾之已甚**이 **亂也**니라

[배경 설명]

난을 일으키는 사람들의 공통적인 특성에 관한 교훈이다. 疾(질)은 싫어하다, 미워하다, 貧(빈)은 가난하다, 亂(난)은 난을 일으키다, 已(이)는 너무, 甚(심)은 심하다를 뜻한다.

용기를 절제하고 이를 의로운 일에 사용한다면 훌륭한 미덕이나 절제하지 못하면 난의 원인이 된다. 백성이 용맹을 좋아하고 자신의 분수를 편안히 여기지 못하면 반드시 난(亂)을 일으키며, 어질지 못한 사람을 미워하고 용서하지 못하면 반드시 난을 일으키니, 이 두 가지는 선악(善惡)이 비록 다르나 난을 일으키는 것은 마찬가지이다. 따라서 백성이 용맹하고 가난을 싫어하거나 어질지 못한 사람을 미워하는 경우에 난이 일어날 것이다.

[단문 설명]

▶ **好勇疾貧 亂也** 호용질빈 난야 (백성이) 용맹을 좋아하고 가난을 싫어하면 난을 일으킬 것이다. 好: 좋아하다. 勇: 용맹. 疾: 싫어하다. 貧: 가난. 亂: 난을 일으키다. 也: 서술종결사.
▶ **人而不仁** 인이불인 백성이 어질지 못하다. 人: 백성.
▶ **疾之已甚** 질지이심 그것을 너무 미워하다. 之: 人而不仁. 已: 너무. 甚: 심하다.

11. 재예가 훌륭하더라도 덕이 없이 교만하고 인색하다면 참다운 학문이 아니다.

[해석 본문]

공자께서 말씀하셨다. "주공의 훌륭한 재능을 갖고 있더라도 교만하고 인색하다면, 그 나머지는 볼 것조차 없을 것이다."

　　　자 왈　여 유 주 공 지 재 지 미　　사 교 차 린　　기 여　　부 족 관 야 이
　　子曰 如有周公之才之美도 使驕且吝이면 其餘는 不足觀也已니라

[배경 설명]

교만과 인색의 폐단에 관한 교훈이다. 才美(재미)는 훌륭한 재능, 驕(교)는 기운이 차 있어 교만하다, 吝(린)은 기운이 부족하여 인색하다를 뜻한다.

주공(周公)은 노나라의 시조로 공자가 가장 존경하는 사람 중의 하나이다. 주공은 성왕을 보필하여 소임을 마친 모범적인 재상이다. 주공은 덕이 있어 교만하고 인색하지 않았다. 교만한 사람은 인색하나 덕이 있는 사람은 그렇지 않다. 따라서 재능이 훌륭하더라도 덕이 없이 교만하고 인색하다면 참다운 학문의 자세가 아니다.

[단문 설명]

▶ 如有 周公之才之美 여유 주공지재지미 주공의 훌륭한 재능을 갖고 있더라도. 如: 가정부사, ~하더라도. 有: 주어가 뒤에 오는 동사. 才: 才能. 美: 훌륭하다.

▶ 使驕且吝 사교차린 교만하고 인색하다면. 使: 가정부사, 하다면. 驕: 교만하다. 吝: 인색하다.

▶ 其餘 不足觀也已 기여 부족관야이 그 나머지는 볼 것조차 없다. 其餘: 그 나머지. 足: 할 만하다. 觀: 보다. 也已: 조차.

 12. 학문을 벼슬길에 오르는 수단으로만 생각하면 안 된다.

[해석 본문]

공자께서 말씀하셨다. "삼 년 동안 배우고 벼슬에 뜻이 없는 자를 쉽게 만나지 못할 것이다."

자왈　삼년학　　부지어곡　　불이득야
子曰 三年學에 不至於穀을 不易得也니라

[배경 설명]

벼슬에만 뜻을 두고 학문하는 것을 경계한 말씀이다. 穀(곡)은 녹봉(祿), 벼슬, 至(지)는 뜻을 두다(志), 得(득)은 만나다를 뜻한다.

벼슬에 뜻을 두지 않는 자가 없다. 삼 년 동안 배우면 벼슬로 나가고자 하는 제자만 있고, 진정 배움에 몰입하는 제자를 만나기는 쉽지 않다. 학문을 하는 것은 녹을 받고 부귀영화를 누리기 위한 것만은 아니다. 덕과 인을 행하기 위해 학문을 할 때 부귀영화도 누릴 수 있는 것이다. 그런데 학문을 하고서 벼슬을 찾는 사람들이 대부분이다. 따라서 공자께서 제자들이 학문을 벼슬하는 수단으로 생각하고 덕과 인을 행하지 않음을 한탄하신 것이다.

[단문 설명]

▶ 三年學 삼년학 삼 년 동안 배우다. 여러 해 동안 학문에 전념하다.

▶ 不至於穀 부지어곡 녹봉에 이르지 않다. 즉, 벼슬에 뜻이 없다. 穀: 녹으로 받는 곡식.

▶ 不易得也 불이득야 쉽게 만나지 못할 것이다. 易: 쉽게. 得: 만나다.

 13. 나라에 도가 있는데 가난하고 천한 것은 수치이다.

[해석 본문]

공자께서 말씀하셨다. "학문을 굳게 믿고 배우기를 좋아하며, 목숨을 걸고 훌륭한 도를 지킨다. 위험한 나라에는 들어가지 않고, 난이 일어난 나라에는 살지 않는다. 천하에 도가 있으면 나타나 (벼슬을 하고), 도가 없으면 (벼슬을 버리고) 숨어야 한다. 나라에 도가 있는데 가난하고 천한 것은 수치이나 나라에 도가 없는데도 부하고 귀한 것도 수치이다."

자왈　독신호학　　　수사선도　　　위방불입　　　난방불거　　　천하유도즉현
子曰 篤信好學하며 守死善道니라 危邦不入하고 亂邦不居니라 天下有道則見하고
무도즉은　　　방유도　　빈차천언　　치야　　방무도　　부차귀언　　치야
無道則隱이니라 邦有道에 貧且賤焉이 恥也오 邦無道에 富且貴焉이 恥也니라

[배경 설명]

학문을 굳게 믿고 즐기는 자세와 현명하고 강직한 처세에 관한 교훈이다. 독(篤)은 굳게 힘쓰다, 亂(난)은 난이 일어나다, 見(현)은 세상에 나타나 벼슬을 하다, 隱(은)은 벼슬하지 않고 숨다, 貧(빈)은 가난하다, 賤(천)은 천하다를 뜻한다.

군자는 학문을 굳게 믿고 학문을 좋아해야 한다. 守死善道(수사선도)는 목숨을 걸고 도를 잘 행하는 것이다. 도에 목숨을 걸 정도가 되어야 도를 좋아한다고 말할 수 있다.

危邦(위방)은 난이 일어날 조짐을 보이는 위태로운 나라, 亂邦(난방)은 난이 일어나 정의가 실현되지 않는 나라이다. 난방(亂邦)은 난이 일어나 신하가 임금을 죽이고, 자식이 부모를 죽이는 나라이다. 난이 일어날 조짐이 있는 위태로운 나라에는 들어갈 생각을 말아야 하고, 만일 난이 일어난 나라에 머무르고 있다면 한시도 지체하지 말고 떠나야 한다.

세상에 도가 있는 나라에서는 능력을 발휘할 수 있지만 도가 없는 나라에서는 화만 초래할 수 있으니 은거하여 학덕에 힘쓴다. 이는 오직 독실하게 학문을 믿고, 배우기를 좋아하고, 죽음으로써 지키면서도 도를 잘 행하는 자만이 할 수 있는 것이다.

나라에 훌륭한 도가 있어 기강(紀綱)이 있는데도 가난하고 천하다면 자신의 학문과 재능이 부족한 것이나 나라에 도가 없는데도 부귀하면 이는 부정과 부패가 가득한 것이다. 따라서 군자는 배우기를 좋아하고, 도가 있으면 벼슬하는 강직한 신념을 가져야 한다.

[단문 설명]

▶ 篤信好學 독신호학 학문을 굳게 믿고 배우기를 좋아한다. 篤: 굳게, 견실하게. 信: 믿다.

▶ 守死善道 수사선도 목숨을 걸고 훌륭한 도를 지킨다. 守: 지키다. 善: 훌륭하다.

▶ 危邦不入 위방불입 위험한 나라에는 들어가지 않는다. 危: 위험하다. 邦: 나라. 入: 들어가다.

▶ 亂邦不居 난방불거 난이 일어난 나라에는 살지 않는다. 亂: 난이 일어나다. 居: 살다.

▶ 有道則見 유도즉현 도가 있으면 나타나 (벼슬을 한다). 則(즉): ~하면 즉. 見(현): 나타나다.

▶ 無道則隱 무도즉은 도가 없으면 (벼슬을 버리고) 숨어야 한다. 隱: 숨다.

▶ 邦有道 방유도 나라에 도가 있는데.

▶ 貧且賤焉 빈차천언 가난하고 천하다. 貧: 가난하다. 且: 또. 賤: 천하다. 焉: 서술종결사.

▶ 邦無道 방무도 나라에 도가 없는데.

▶ 富且貴焉 恥也 부차귀언 치야 부하고 귀한 것도 수치이다. 富: 부하다. 貴: 귀하다. 恥: 수치.

14. 지위에 있지 않으면 다른 사람의 일을 간여하지 않는다.

[해석 본문]

공자께서 말씀하셨다. "그 지위에 있지 않으면 그 정사(政事)를 꾀하지 말라."

자 왈 부 재 기 위   불 모 기 정
子曰 不在其位이면 不謀其政이니라

[배경 설명]

지위 밖의 일에 대하여 의견이나 간언을 내지 말라는 교훈이다. 즉, 주제넘게 다른 사람의 일에 간여하지 않는다. 位(위)는 지위, 謀(모)는 꾀하다, 도모하다. 政(정)은 정사를 뜻한다.

不在其位(부재기위)는 그 지위에 있지 않다는 뜻으로 자신이 맡고 있지 않은 직무이다. 지위에 있지 않은 사람은 비전문가이거나 자신이 갖고 있는 정보가 제한적일 수 있고, 정사에 책임을 지지 않을 수 있기 때문에 간과하거나 일을 경솔하게 판단할 수 있다. 不謀其政(불모기정)은 정사를 도모하지 말라는 뜻이니, 자신의 의견이 있더라도 지위 외의 논의에 개입하지 말라는 것이다. 이는 지위에 있는 사람에게 심한 견제와 비난을 받을 수 있기 때문이다. 따라서 지위에 있지 않은 사람은 군주나 대부가 물으면 주제넘게 정사를 의논하지 않아야 한다.

[단문 설명]

▸ 不在其位 부재기위 그 지위에 있지 않다. 在: 있다. 位: 지위.
▸ 不謀其政 불모기정 그 정사(政事)를 꾀하지 말라. 謀: 꾀하다, 도모하다. 政: 정사.

 15. 관저(關雎)의 마지막 악곡은 아름답고 성대하여 귀에 가득하구나!

[해석 본문]

공자께서 말씀하셨다. "악사장 지(摯)가 처음 (연주하던) 관저의 마지막 악곡은 아직까지도 아름답고 성대하여 귀에 가득하구나!"

자 왈　사 지 지 시　　관 저 지 란　　양 양 호 영 이 재
子曰 師摯之始에 關雎之亂이 洋洋乎盈耳哉라!

[배경 설명]

노나라 음악인 정악이 훌륭했다고 감탄하신 내용이다. 師(사)는 악관(樂官)의 장으로 악사장(樂士長), 摯(지)는 노나라 악사의 이름, 始(시)는 처음 연주하다, 洋(양)은 아름답고 성대하다, 盈(영)은 가득차다, 耳(이)는 귀를 뜻한다.

關雎(관저)는 물수리 새 암수가 서로 부부로 생활하는 특성이 있는 새이나 「시경(詩經)」 국풍(國風) 주남(周南)의 시작부에 있는 곡이다. 亂(란)은 악(樂)의 마지막 장(章)이다. 關雎之亂(관저지란)은 관저의 마지막 악곡이다. 洋洋(양양)은 바다가 한이 없이 넓듯이 음악이 아름답고 성대하다는 뜻이다.

공자께서 위나라에서 노나라로 돌아와 악(樂)을 바로잡으셨는데, 이때 마침 악사인 지(摯)가 악관(樂官)에 임명된 초기였다. 악사(樂師) 지(摯)가 관저의 마지막 악장인 난(亂)을 연주하였는데 공자는 이를 듣고서 그 음악이 아름답고 성대함을 알게 되었고, 세월이 흐른 뒤에도 그 연주가 귀에 넘쳐 흐르는 것을 느꼈다.

정악(正樂)은 아름답고 성대했다. 정악은 속되지 아니한 정통 음악으로 시경(詩經)의 관저(關雎)가 있고, 음란한 음악은 남녀 간의 정을 풍자한 시로 시경(詩經)의 정풍(鄭風)과 위풍(衛風)이 유명하다. 따라서 공자께서는 정악인 관저의 아름다움을 찬양하고, 우회적으로 음란한 음악인 정풍이나 위풍을 폄하하신 것이다.

[단문 설명]

▶ **師摯之始** 사지지시 악사장 지(摯)가 처음 (연주하던) 관저의 마지막 악곡(樂曲)은. 師: 악사장(樂士長). 摯: 노나라의 악사의 이름. 始: 처음 연주하다.

▶ **關雎之亂** 관저지란 관저의 마지막 악곡(樂曲). 關雎: 시경의 첫 부분. 亂: 악곡의 끝 곡.

▶ **洋洋乎盈耳哉!** 양양호영이재! 아직까지도 아름답고 성대하여 귀에 가득하구나! 洋洋: 아름답고 성대하다. 乎: 형용사형 접미사. 盈: 가득차다. 耳: 귀. 哉: 감탄종결사.

16. 진취적이나 정직하지 않고, 미련하나 성실하지 않고, 어리석으나 미덥지 않다.

[해석 본문]

공자께서 말씀하셨다. "진취적인 듯하나 정직하지 않고, 미련한 듯하나 성실하지 않고, 어리석은 듯하나 미덥지 않은 사람을 나는 알지 못하겠구나."

> 자 왈 광 이 부 직 　　　 동 이 불 원 　　　 공 공 이 불 신 　　 오 부 지 지 의
> 子曰 狂而不直하며 侗而不愿하며 悾悾而不信이 吾不知之矣로다

[배경 설명]

인성의 장점과 이에 대비되는 단점에 관한 교훈이다. 狂(광)은 진취적, 直(직)은 정직하다, 侗(동)은 미련하다, 愿(원)은 성실하다, 悾(공)은 어리석다를 뜻한다.

하늘이 만물을 낳았으나 그 기질이 일정치 않다. 인성의 장점이 있다고 해서 모두 좋은 점만 있는 것이 아니고, 단점이 있다고 해서 모두 나쁜 점만 있는 것은 아니다. 뜻이 진취적인 자는 대개 정직하고, 미련한 자는 성실하고, 어리석은 자는 신의가 있다. 따라서 공자께서 진취적이면서 정직하지 않고, 미련하면서 성실하지 않고, 어리석으면서 미덥지 않은 사람이 되어서는 결코 안 된다고 훈계하신 것이다.

[단문 설명]

▸ 狂而不直 광이부직 진취적인 듯하나 정직하지 않다. 狂: 진취적. 直: 정직하다.
▸ 侗而不愿 동이불원 미련한 듯하나 성실하지 않다. 侗: 미련하다. 愿: 성실하다.
▸ 悾悾而不信 공공이불신 어리석은 듯하나 미덥지 않다. 悾: 어리석다.
▸ 吾不知之矣 오부지지의 나는 그런 사람을 알지 못하겠구나. 之: 狂而不直 ~ 悾悾而不信. 矣: 한정종결사.

17. 배우기 전에는 예습하고, 배운 후에는 복습한다.

[해석 본문]

공자께서 말씀하셨다. "배울 때에는 따라가지 못할까 하여 (미리 예습해야 하고), (배운 후에는) 오히려 배운 것을 잊을까 염려하여 (복습해야 한다.)"

　　　자 왈　학 여 불 급　　　유 공 실 지
　　　子曰　學如不及이오　猶恐失之니라

[배경 설명]

학습하는 단계에서 예습과 복습의 중요성에 관한 교훈이다. 不及(불급)은 따라가지 못하다. 失之(실지)는 배운 것을 잊다. 학습하는 단계는 배우고 복습하는 것이다. 사람이 배울 때에는 언제나 예습하여 미리 내용을 파악하고, 그런 후 배운 것을 잊지 않도록 복습한다.

예습과 복습은 학습의 기본 원리이다. 배울 내용을 미리 알아야 잘 배울 수 있고, 배운 것은 잊기 때문에 잊지 않기 위해 복습하는 것이다. 즉, 배울 때에는 따라가지 못할까 여기면서도 열심히 예습해야 하며, 배운 후에는 배운 것을 잊지 않도록 복습해야 한다. 따라서 배우는 사람은 언제나 예습하고 복습하는 것을 학습의 원리로 명심해야 한다.

[단문 설명]

▶ **學如不及** 학여불급 배울 때에는 따라가지 못할까 하여 (미리 예습해야 하고). 如: ~와 같이 하다, ~할까 하다. 不及: 따라가지 못하다.

▶ **猶恐失之** 유공실지 (배운 후에는) 오히려 배운 것을 잊을까 염려하여 (복습해야 한다.) 猶: 오히려. 恐: 염려하다. 失: 잊다. 之: 學, 배운 것.

 18. 순임금과 우임금은 정사를 어진 신하에게 맡기고 관여하지 않으셨다.

[해석 본문]

공자께서 말씀하셨다. "위대하시다! 순임금과 우임금은 천하를 차지하시고도 (정사에는) 관여하지 않으심이여!"

자 왈　외 외 호　순 우 지 유 천 하 야　이 불 여 언
子曰　巍巍乎라!　舜禹之有天下也　而不與焉이여!

[배경 설명]

　순임금과 우임금의 통치를 숭상하고 칭송한 글이다. 이들은 정사를 신하들에게 맡기고 정사에 관여하지 않았다. 巍(외)는 위대하다, 有(유)는 차지하다, 與(여)는 관여하다를 뜻한다.

　순(舜)임금과 우(禹)임금은 신하의 지위에서 천자의 자리에 오른 왕이고, 태평성대를 이룬 성군(聖君)이다. 순임금이 덕행과 능력이 뛰어나 요임금은 순임금에게 임금의 왕위를 선양하였다. 선양(禪讓)은 왕위를 세습하지 않고 덕 있는 사람에게 물려주는 것이나 혁명은 천명이 바뀌고 왕의 일족이 이동하는 것이다. 요임금은 순임금에게, 순임금은 우임금에게 선양하였다.

　순임금과 우임금은 나라를 직접 다스리지 않고 대신 훌륭한 인재를 등용하여 그들에게 정사를 맡겼다. 따라서 덕행과 능력으로 왕권을 선양받은 순임금과 우임금은 정사를 어진 신하들에게 맡기고 정사를 관여하지 않은 것을 위대하다고 공자께서 평하신 것이다.

[단문 설명]

▶ 巍巍乎! 외외호! 위대하시다! 巍: 위대하다, 높고 크다. 乎: 감탄종결사.

▶ 舜禹之 有天下也 순우지 유천하야 순임금과 우임금은 천하를 차지하다. 之: 주격후치사. 有: 차지하다. 也: 서술종결사.

▶ 而不與焉! 이불여언! 정사에는 관여하지 않으시다! 而: 순접, ~하고. 與: 관여하다. 焉: 감탄 종결사, 於是. 是: 정사.

 19. 요임금의 공적인 예악과 법도는 위대하고 찬란하구나.

[해석 본문]

　공자께서 말씀하셨다. "훌륭하도다! 요의 임금됨이여! 위대하시다! 오직 하늘만이 광대하지만, 오직 요임금만이 하늘을 본받으셨도다! (그 공덕이) 넓고 넓도다! 백성들은 (그의 공덕이 너무 넓어) 달리 형언할 수 없구나! 위대하시다! 그가 이룬 공적이여! 찬란하도다! 그 예악과 법도가 있음이여!"

子曰 大哉라! 堯之爲君也여! 巍巍乎! 唯天爲大이나 唯堯則之하도다! 蕩蕩乎!
자 왈 대 재   요 지 위 군 야   외 외 호   유 천 위 대   유 요 칙 지   탕 탕 호
民無能名焉이로다! 巍巍乎! 其有成功也여! 煥乎! 其有文章이여!
민 무 능 명 언   외 외 호   기 유 성 공 야   환 호   기 유 문 장

[배경 설명]

요임금의 통치방식 및 업적에 대하여 평하고, 요의 성군됨을 하늘에 빗대어 찬양한 글이다. 大(대)는 훌륭하다, 巍(외)는 위대하다, 則(칙)은 본받다, 煥(환)은 찬란하다, 蕩(탕)은 넓다, 成功(성공)은 공덕, 文章(문장)은 예악과 법도를 뜻한다.

사물 중에 하늘보다 더 높고 큰 것은 없는데, 요임금의 덕은 하늘과 견줄 수 있고, 그 덕의 넓고 원대함은 또한 하늘과 같아서 말로 달리 칭송할 수 없다고 말씀한 것이다. 오직 요임금만이 하늘을 본받아서 천하를 다스렸다. 따라서 백성들이 요임금의 덕을 말로는 다 칭송할 수 없으나 그 공덕과 문장은 위대하고 찬란하다.

[단문 설명]

▶ 大哉! 堯之爲君也! 대재! 요지위군야! 훌륭하도다! 요의 임금됨이여! 大: 훌륭하다. 哉: 감탄종결사. 之: 주격후치사. 爲君: 임금됨이. 爲: ~이 되다, ~이다. 也: 감탄종결사.

▶ 巍巍乎! 외외호! 위대하시다! 巍: 위대하다. 乎: 감탄종결사.

▶ 唯天爲大 유천위대 오직 하늘만이 광대하다. 唯: 오직. 爲: 뒤 형용사와 결합하여 ~하다.

▶ 唯堯則之 유요칙지 오직 요임금만이 하늘을 본받다. 則(칙): 본받다. 之: 天.

▶ 蕩蕩乎! 탕탕호! (그 공덕이) 넓고 넓도다! 蕩: 넓다. 乎: 감탄종결사.

▶ 民無能名焉! 민무능명언! 백성들은 (그의 공덕이 너무 넓어) 달리 형언할 수 없구나! 名: 형언하다. 焉: 감탄종결사, 於是. 是: 그의 공덕이 너무 넓음.

▶ 其有成功也! 기유성공야! 그가 이룬 공적이여! 其: 堯. 成功: 이룬 공적. 也: 감탄종결사.

▶ 煥乎! 其有文章! 환호! 기유문장! 찬란하도다! 그 예악과 법도가 있음이여! 煥: 빛나다, 찬란하다. 文章: 예악과 법도. 乎: 감탄종결사.

20. 무왕은 열 사람의 신하로 나라를 다스렸다.

[해석 본문]

순임금은 신하 다섯 사람이 있었는데 (이들이) 천하를 다스렸다. 무왕이 말하였다. "나는 (나라를) 다스리는 신하 열 사람이 있었노라."

순　　유　신　오　인　이　천　하　치　　　무　왕　왈　여　유　난　신　십　인
舜이 有臣五人而天下治이니라 武王曰 予有亂臣十人이라

공자께서 말씀하셨다. "인재를 (얻기가) 어렵다고 하니, 그렇지 아니한가? 요순 시대 이후로 (주나라에) (인재가) 많았다. (이 나라를 다스리는 신하 열 사람 중) 부인이 끼어 있었으니 아홉 명뿐이었다. 천하를 삼분하여 그 중 둘을 차지했으면서도 은나라를 복종하고 섬겼으니 주나라의 덕은 지극한 덕이라 할 만하다!"

공　자　왈　재　난　　불　기　연　호　　당　우　지　제　어　사　위　성　　　유　부　인　언　　　구　인　이　이
孔子曰 才難이 不其然乎아? 唐虞之際 於斯爲盛하니라 有婦人焉이니 九人而已니라
삼　분　천　하　　유　기　이　　이　복　사　은　　　주　지　덕　　기　가　위　지　덕　야　이　의
三分天下에 有其二하니 以服事殷하시니 周之德은 其可謂至德也已矣로다!

[배경 설명]

요순(堯舜)의 치세(治世)에 대한 평가이다. 亂(난)은 다스리다, 才(재)는 인재, 爲盛(위성)은 융성하다, 인재가 많다, 可(가)는 ~할 만하다, 謂(위)는 말하다를 뜻한다. 唐(당)은 요임금이 다스리던 시대, 虞(우)는 순임금이 다스리던 시대를 말한다.

순임금은 치수, 농정, 민정, 사법, 수렵을 다스리는 믿을 수 있는 유능한 다섯 신하가 있었으며, 무왕은 주나라를 세운 임금으로 열 신하가 있었다. 부인은 무왕의 어머니인 태사(太姒)이다. 아홉 신하는 외치를 담당하고, 부인은 내전을 담당했다. 당우(唐虞)와 주나라 왕실에 인재가 많았지만 다른 나라는 인재를 얻기가 어려웠다. 따라서 주나라 무왕은 천하를 삼분하여 그 둘을 소유하시고도 은나라를 섬기셨으니, 그의 덕은 지극한 덕이라 말할 만하다.

[단문 설명]

▶ 舜 有臣五人 而天下治 순 유신오인 이천하치 순임금은 신하 다섯 사람이 있었는데 이들이 천하

를 다스렸다. 治: 다스리다.

▶ 予有亂臣十人 여유란신십인 나는 (나라를) 다스리는 신하 열 사람이 있었다. 亂: 다스리다.

▶ 才難 不其然乎? 재난 불기연호? 인재를 (얻기가) 어렵다고 하니, 그렇지 아니한가? 才: 인재.
難: 어렵다. 不~乎: ~아니한가? 其然: 그렇다.

▶ 唐虞之際 於斯爲盛 당우지제 어사위성 요순 시대 이후로 주보다 (인재가) 많았다. 唐虞: 요순
시대. 際: 뒤, 이후. 於: 비교전치사, 보다. 斯: 주. 爲盛: 융성하다, 인재가 많다.

▶ 有婦人焉 유부인언 (이 나라를 다스리는 신하 열 사람 중) 부인이 있다. 焉: 之於, 亂臣十人.

▶ 九人而已 구인이이 아홉 명뿐이었다. 而已: 뿐이다.

▶ 三分天下 有其二 삼분천하 유기인 천하를 삼분하여 그 둘을 차지했다.

▶ 以服事殷 이복사은 은나라를 복종하고 섬기다. 以: 역접접속사. 服: 복종하다. 事: 섬기다.

▶ 周之德 其可謂 至德也已矣 주지덕 기가위 지덕야이의 주나라의 덕은 지극한 덕이라 할 만하다.
其: 아마. 可: 할 만하다. 謂: 말하다. 이르다. 也已矣: 뿐, 따름.

 21. 간소한 음식, 검소한 의복, 낮은 궁실, 치수 진력 등 우임금은 비방할 데가 없다.

[해석 본문]

공자께서 말씀하셨다. "우임금은 내가 비난할 데가 없으시다. 음식은 간소하게 드시면서도
귀신에게 효성을 다하시고, 의복은 검소하게 입으시면서도 예복과 예모는 지극히 좋게 하시고,
궁궐은 초라하게 하시면서도 치수에는 힘을 다하셨다. 우임금은 내가 비난할 데가 없으시다."

자 왈 우   오무간연의   비음식 이치효호귀신   악의복
子曰 禹는 吾無間然矣로다 非飮食 而致孝乎鬼神하시며 惡衣服
이치미호불면   비궁실 이진력호구혁   우   오무간연의
而致美乎黻冕하시며 卑宮室 而盡力乎溝洫하시다 禹는 吾無間然矣로다!

[배경 설명]

검소하고 선정을 베푼 우임금에 대한 칭송이다. 間(간)은 비난하다, 菲(비)는 간소하다, 衣服
(의복)은 평상복, 黻(불)은 제례 때 입는 수놓은 의복, 冕(면)은 구슬이 달린 관, 黻冕(불면)은

제사 지낼 때 쓰는 예복과 예모를 뜻한다.

우(禹)임금은 이름이 문명(文命)으로 중국 역사상 최초의 왕조 국가였던 하(夏)나라의 시조이다. 그는 민첩하고 의지가 강하며 매우 근면했고, 순임금의 명을 받아 홍수를 해결했다. 물길이 자연스럽게 흐르도록 통로를 마련했고, 강 바닥을 낮춰 원활한 흐름을 유도했다. 작은 물줄기가 모여 넓은 강으로 자연스레 흘러 들도록 물길을 터줬다. 치수 사업이 성공하여 홍수에도 물길은 순해졌고, 이로 인하여 백성들은 물 걱정을 하지 않게 됐다.

귀신에게 효성을 다한다는 것은 선조에게 제사 지낼 때에 제물을 풍성하고 깨끗하게 하는 것이다. 구혁(溝洫)은 전답 사이의 물길이니, 경계를 바르게 하여 가뭄과 장마를 대비한 것이다. 우임금은 백성들에게 풍부하게 하고 자신에게는 검소하게 하여, 비난할 만한 데가 없다. 따라서 공자께서는 우임금이 검소하면서도 백성을 위해서는 정성을 다한 것을 칭송하였다.

[단문 설명]

▶ 禹 吾無間然矣 우 오무간연의 우임금은 내가 비방할 데가 없으시다. 間: 비난하다. 矣: 서술종결사.

▶ 菲飮食 而致孝乎鬼神 비음식 이치효호귀신 음식은 간소하게 드시면서도 귀신에게 효성을 다하시다. 菲: 엷다, 간소하다. 飮: 먹다. 食: 음식. 致: 다하다.

▶ 惡衣服 而致美乎黻冕 악의복 이치미호불면 의복은 검소하게 입으시면서도 예복과 예모는 지극히 좋게 하시다. 惡(악): 검소하다. 衣: 입다. 服: 옷. 致美: 지극히 좋게 하다. 黻冕: 제사 지낼 때 쓰는 예복과 예모.

▶ 卑宮室 而盡力乎溝洫 비궁실 이진력호구혁 궁궐은 초라하게 하시면서도 치수에는 힘을 다하셨다. 卑: 초라하다. 宮室: 궁궐. 盡力: 다하다. 溝洫: 치수(治水).

☞ 也의 다양한 용법

• 서술(은 ~이다): 문장의 끝에 오며 서술의 뜻이다.

• 원인 · 이유(하기 때문이다): 문장의 끝에 오며 원인, 이유를 설명한다.

• 의문 · 반어 · 감탄(가? 느냐? 도다! ~구나!): 문장의 끝에 오며 의문 · 반어 · 감탄의 뜻이다.

• 명령 · 금지(하라, 하지 마라): 문장의 끝에 오며 명령금지의 뜻이다.

• 가정 · 조건(만약): 문장의 가운데에 오며 가정 조건의 뜻이다.

- 강한 긍정 · 단정 · 확신 語氣

- 어기 · 정지 · 주의 환기: 문장 가운데 위치(단문), 앞 절 끝에 위치(복문)

- 호격(야): 인명 뒤에 위치하여 호격의 뜻이다.

- 也와 矣의 차이

  也는 확정적 상황에서 단정적 서술어, 矣는 유동적 상황에서 가정적, 추상적 서술어

第九篇

子罕(자한)

꽃은 피었으나 열매를 맺지 못하는구나.

子罕篇(자한편)은 공자의 학문관, 인(仁)과 예(禮)의 실천을 다루고 있다. 주요 내용으로는 공리, 운명, 전문, 순응, 경험, 교육, 기회, 신중, 출사, 개혁, 학문, 세속, 경쟁, 개선, 교류, 탐욕과 의지가 있다. 지혜로운 사람은 미혹되지 않고, 어진 사람은 근심하지 않고, 용기 있는 사람은 두려워하지 않는다. 남들이 하찮게 여기는 일이라도 전문적으로 영역을 개발하고, 학문을 배우며, 도를 행하고, 덕을 쌓는 일에 쉬지 말고 정진하면 전문가가 될 수 있다. 날씨가 추워진 뒤에야 소나무와 잣나무가 다른 나무보다 뒤늦게 시듦을 알 수 있다.

1. 공자께서는 利, 命과 仁을 별로 언급하지 않으셨다.
2. 다른 사람들이 하찮게 여기는 일이라도 전문적으로 하라.
3. 예에 맞는다면 세속을 따르겠다.
4. 공자는 사의(私意), 기필(期必), 고집(固執), 이기(利己)가 없으셨다.
5. 광(匡)땅 사람들이 반드시 하늘의 뜻을 어기고 공자를 해칠 수 없을 것이다.
6. 공자는 등용되지 못했기 때문에 여러 가지 재능이 있다.
7. 질문의 양단을 완전하게 파악한 후 온 힘을 다하여 가르쳐주셨다.
8. 도를 펼칠 기회가 없구나!
9. 공자께서는 애도, 공경과 연민이 있으셨다.
10. 공자의 도를 따르려고 해도 따라갈 수 없을 따름이다.
11. 말과 행동에 있어 비록 하찮은 것이라도 삼가지 않을 수 없다.
12. 합당한 출사와 예우를 받지 못하면 출사할 수 없다.
13. 사는 환경이 아무리 누추하더라도 도를 실천하여 개선하면 된다.
14. 노나라의 잘못된 악(樂)을 바로잡아 정리하였다.
15. 공경을 섬기고, 부형을 섬기고, 상사(喪事)를 충실히 한다.
16. 학문을 배우며, 도를 행하고, 덕을 쌓는 일에 쉬지 말고 정진하라.
17. 색보다 덕을 좋아하는 사람이 드물다.
18. 학문의 중단이나 시작은 모두 자신에 달려있다.
19. 배우기를 끝까지 멈추지 말고 나아가라.
20. 학문에 정진하던 제자 안회가 죽고 없음을 탄식한 것이다.
21. 싹은 돋았으나 꽃이 피지 않고, 꽃은 피었으나 열매를 맺지 못하는구나.
22. 젊은 후배들은 두려워할 만한 대상이다.
23. 기뻐하되 실마리를 찾고, 바른 말을 따르되 잘못을 고쳐야 한다.
24. 충신을 준수하고, 자기보다 나은 자와 교류하고, 잘못은 즉시 고쳐야 한다.
25. 필부(匹夫)의 굳은 뜻은 빼앗을 수 없다.
26. 남을 해치지 않으며, 남의 것을 탐하지 않는다.
27. 날씨가 추워진 뒤에야 소나무와 잣나무가 다른 나무보다 뒤늦게 시듦을 알 수 있다.
28. 지자는 미혹되지 않고, 인자는 근심하지 않고, 용자는 두려워하지 않는다.
29. 함께 배운다고 해서 함께 일을 적절하게 처리할 수는 있는 것은 아니다.
30. 아직 그리워하지 않은 것이지 집이 어찌 먼 것이 문제인가?

1. 공자께서는 利, 命과 仁을 별로 언급하지 않으셨다.

[해석 본문]

공자께서는 이(利)와 명(命)과 인(仁)을 드물게 말씀하셨다.

子는 罕言利與命與仁이시다

[배경 설명]

공자께서는 공리와 운명을 싫어하시어 이를 별로 언급하지 않으셨다. 이(利)를 추구하면 의(義)를 해치며, 의를 해치면 인이 멀어진다. 이(利)는 이기심을 갖고 남보다 먼저 자신만을 생각하는 것이며, 명(命)은 인간의 의지대로 할 수 없는 하늘의 도리이며, 인(仁)은 이기심을 버리고 남과 조화를 이루는 것이다. 이(利)는 사욕이나 명은 하늘의 이치요 인은 인간의 이치이다.

인은 이기심을 버리고 남을 사랑하는 인간의 도리, 자신이 하고자 하지 않는 것을 남에게 시키지 않는 것(己所不欲 勿施於人)이다. 인은 사랑으로 인간이 가지는 도덕적 능력이므로 인은 바로 사람과 사람 곁에 있는 것이다. 따라서 공자께서는 이익을 추구하는 것, 인간의 의지대로 할 수 없는 운명, 남을 사랑하는 인(仁)을 드물게 말씀하셨다.

[단문 설명]

▶ 罕言利與命與仁 한언이여명여인 이(利)와 명(命)과 인(仁)을 드물게 말씀하셨다. 罕: 드물다.

 2. 다른 사람들이 하찮게 여기는 일이라도 전문적으로 하라.

[해석 본문]

달항 마을 사람이 말하였다. "위대하구나! 공자여! (그러나) 박학하였으나 (어느 한 가지로) 명성을 이룬 것이 없구나!" 공자께서 이를 들으시고 제자들에게 말씀하셨다. "나는 무엇을 전공할까? 말 몰기를 전공할까? 활쏘기를 전공할까? 나는 말 몰기를 전공하겠다."

達^달巷^향黨^당人^인이 日^왈 大^대哉^재라! 孔^공子^자여! 博^박學^학而^이無^무所^소成^성名^명이로다! 子^자聞^문之^지하시고 謂^위門^문弟^제子^자日^왈

吾^오何^하執^집고? 執^집御^어乎^호아? 執^집射^사乎^호아? 吾^오執^집御^어矣^의로다

[배경 설명]

달항 마을 사람들이 공자를 조롱하는 것에 대해 명성이 중요한 것이 아니라고 교육한다. 達巷(달항)은 마을 이름, 執(집)은 전문으로 하다, 名(명)은 이름을 내다, 御(어)는 육예 중에서 가장 신분이 낮은 사람이 하는 말 몰기를 뜻한다.

달항 마을 사람들이 공자가 박학하나 실제로는 특정 분야에서 한 가지도 잘하는 것이 없어 명성을 이룬 것이 없다고 조롱하는 말을 공자가 듣고는 제자들에게 명성을 아루는 것이 중요한 일이 아니라고 가르치는 내용이다. 주자는 공자가 박학은 하나 무언가 명성을 이룬 것이 없는 것을 애석하게 여겨 한 말이라고 주장한다. 따라서 제자들에게 군자로서 명성을 이루기 위해 한 가지 재주만을 익혀서는 안 된다는 점을 강조한 것이다.

[단문 설명]

▶ 達巷黨人日 달항당인왈 달항 마을 사람이 말하다. 達巷黨人: 달항 마을 사람.

▶ 大哉! 孔子! 대재! 공자! 위대하구나! 공자여! 大: 위대하다. 哉: 감탄종결사.

▶ 博學而無所成名! 박학이무소성명! (그러나) 박학하였으나 (어느 한 가지로) 명성을 이룬 것이 없구나! 博學而: 박학하면서. 無所: ~것이 없다. 成名: 명성을 이루다.

▶ 吾何執? 오하집? 나는 무엇을 전공할까? 何: 무엇. 執: 하나에 집념하다, 전공하다.

▶ 執御乎? 집어호? 말 몰기를 전공할까? 御: 말을 몰다. 乎: 의문종결사.

▶ 執射乎? 집사호? 활쏘기를 전공할까? 射: 활을 쏘다.

▶ 吾執御矣 오집어의 나는 말 몰기를 전공하겠다.

3. 예에 맞는다면 세속을 따르겠다.

[해석 본문]

공자께서 말씀하셨다. "삼베로 만든 관을 (쓰는 것이) 예이지만 지금은 명주로 만든 관을 (쓰

니) 간편하여 나는 대중을 따르겠다. (대청) 아래에서 절하는 것이 예인데, 지금은 (대청) 위에
서 절하니, 이는 교만하다. 나는 비록 사람들과 다르더라도 (대청) 아래에서 (절하겠다)."

자왈 마면 예야 금야순 검 오종중 배하 예야
子曰 麻冕이 **禮也**이나 **今也純**하니 **儉**이라 **吾從衆**하리라 **拜下 禮也**인데

금배호상 태야 수위중 오종하
今拜乎上하니 **泰也**라 **雖違衆**이나 **吾從下**하리라

[배경 설명]

시대가 변하면 사회도 변하고, 사회를 지탱하는 예법도 변한다. 변하는 제례에 관한 공자의
감회이다. 麻冕(마면)은 검정 베로 만든 관, 純(순)은 명주로 만든 관, 儉(검)은 간편하다, 泰(태)
는 교만하다. 違(위)는 다르다, 從(종)은 따르다를 뜻한다.

제사는 삼베로 만든 치포관(緇布冠)을 쓰나 제작하는 것이 복잡하여 명주로 만든 순면(純冕)
을 쓰니 재료와 제작 공정을 절약하여 간편하고 예의 본질에도 부합된다.

신하가 임금에게 먼저 대청 아래에서 절을 하고 나서 또 대청 위에 올라가서 다시 절을 하는
것이 예이다. 단지 임금이 이를 사양하면 대청 위로 올라가서 절을 한다. 그런데 대청 아래에서
절하는 것을 생략하고 대청 위에서 절하니, 이는 교만하고 예에 어긋나므로 따를 수 없다. 따라
서 예의 본질에 맞으면 따르겠으나 어긋난다면 따르지 않겠다.

[단문 설명]

▸ **麻冕禮也** 마면예야 삼베로 만든 관을 (쓰는 것이) 예이다. 麻冕: 삼베로 만든 관.

▸ **今也純儉** 금야순검 지금은 명주로 만든 관을 (쓰니) 간편하다. 今: 지금. 純: 명주로 만든 관을
쓰다. 儉: 간편하다, 절약하다.

▸ **吾從衆** 오종중 나는 대중을 따르겠다. 從: 따르다. 衆: 대중.

▸ **拜下禮也** 배하예야 (대청) 아래에서 절하는 것이 예이다. 拜: 절하다. 下: 대청 아래(乎堂下).

▸ **今拜乎上 泰也** 금배호상 태야 지금은 (대청) 위에서 절하니, 이는 교만하다. 拜乎上: 拜乎堂上
의 생략형. 泰: 교만하다.

▸ **雖違衆 吾從下** 수위종 오종하 나는 비록 사람들과 다르더라도 (대청) 아래에서 (절하겠다). 雖:
비록. 違: 다르다. 衆: 대중. 從: 따르다.

4. 공자는 사의(私意), 기필(期必), 고집(固執), 이기(利己)가 없으셨다.

[해석 본문]

공자께서는 네 가지가 전혀 없으셨으니, (편향된) 생각이 없으셨고, 꼭 해야겠다는 (오기도) 없으셨고, (자신만 옳다는) 고집이 없으셨고, 자신만을 생각하는 (이기심)도 없었다.

자 절사 　　 무 의 무 필 무 고 무 아
子 絶四이시니 毋意 毋必 毋固 毋我이시다

[배경 설명]

공자께서는 자신이 하지 않는 네 가지 無行(무행)에 대한 설명이다. 사의(私意)는 이유나 근거가 없는 편향적인 생각, 기필(期必)은 꼭 해야겠다는 잘난 체하는 오기, 자신의 의견만 옳다는 고집(固執), 자신만을 생각하는 이기심이다.

일은 편향된 생각에서 시작되어, 반드시 행해야겠다는 기필하는 마음으로 이행되고, 자신의 의견을 고집하고, 마침내 이기적 자아를 추구하게 된다. 意와 必은 항상 일이 생기기 전에 있고, 固와 我는 항상 일이 생긴 뒤에 있다. 이러한 과정이 일을 할 때 반복 순환되면 오판하게 되어 후회하는 일이 생기는데 이를 경계해야 한다. 따라서 편향적인 생각, 반드시 해야 하는 마음, 자신의 의견만을 주장하는 고집, 자신만을 생각하는 이기심이 없으셨다.

[단문 설명]

▷ **子絶四** 자절사 공자께서는 네 가지가 전혀 없으셨다. 絶: 없다.

▷ **毋意毋必** 무의무필 (편향된) 생각이 없으셨고, 꼭 해야겠다는 (오기도) 없으셨고. 毋(무): 부정부사(無). 意: 私意. 必: 期必.

▷ **毋固毋我** 무고무아 (자신만 옳다는) 고집이 없으셨고, 자신만을 생각하는 (이기심)도 없었다. 固: 固執. 我: 利己.

5. 광(匡)땅 사람들이 반드시 하늘의 뜻을 어기고 공자를 해칠 수 없을 것이다.

[해석 본문]

공자께서 광(匡) 땅에 (계실 때) 두려워하시면서 말씀하셨다. "문왕이 이미 별세하셨으니, (그가 남긴) 文이 나에게 (전해져) 있지 않느냐? 하늘이 장차 이 文을 없애려 했다면 뒤에 죽을 사람(공자)이 이 文에 참여하지 못하였을 것이다. (그러나) 하늘이 아직 이 文을 없애지 않으셨으니, 광(匡) 땅 사람들이 장차 나를 어떻게 하겠는가?"

자 외 어 광　　　 왈 문왕 　기 몰　　　 문 부 재 자 호　　 천 지 장 상 사 문 야　　 후 사 자
子 畏於匡이시니 曰 文王이 旣沒하시니 文不在玆乎아? 天之將喪斯文也면 後死者

부 득 여 어 사 문 야　　　　 천 지 미 상 사 문 야　　　 광 인　 기 여 여　　 하
不得與於斯文也하니라 天之未喪斯文也하시니 匡人이 其如予에 何리오?

[배경 설명]

공자께서 위영공(衛靈公)과의 관계가 벌어지자 위(衛)를 떠나 진(陳)으로 가는 중에 광(匡) 땅 사람들에게 양호(陽虎)로 오인받아 포위당했을 때의 심정을 표현한 내용이다. 畏(외)는 두려워하다, 匡人(광인)은 광(匡) 땅 사람들, 沒(몰)은 죽다, 喪(상)은 없애다를 뜻한다

문왕(文王)은 주(周)나라의 기초를 닦은 명군(名君)으로 이름은 창(昌)이다. 그는 내적으로는 덕치에 힘썼고, 외적으로는 상나라와 화평하였으며 많은 제후들의 신뢰를 얻었다. 그는 유가로부터 이상적 군주로 칭송받았다. 특히 공자는 자신의 학문이 문왕의 도를 이어받았다고 했다. 문(文)은 문왕이 이룩해 놓은 예악과 제도로 선왕의 도(道)이다.

사기(史記)에 의하면 양호(陽虎)가 일찍이 광(匡) 땅에서 포악한 짓을 했었다. 공자가 위를 떠나 진으로 갈 때 광 땅을 지나게 되었다. 공자의 모습이 양호와 비슷하였고, 양호가 침공할 때 그를 수행했던 공자의 제자 안각(顔刻)이 공자를 모시고 다녔으므로 광(匡) 땅 사람들은 공자를 양호로 오해하여 닷새나 포위했다가 겨우 풀어줬다. 공자는 이러한 상황에서는 두려웠다.

문왕이 이미 별세했기 때문에 공자도 자신을 죽을 사람이라 한 것이다. 하늘이 문왕의 문을 없애려고 하셨다면 반드시 공자를 이 문에 참여하지 못하게 하였을 것이다. 그러나 지금 이미 이 문에 참여하였으니, 이는 하늘이 아직 이 문을 없애려고 하지 않으신 것이니, 광(匡) 땅 사람들이 하늘의 뜻을 어기지 않을 것이다. 따라서 광(匡) 땅 사람들이 하늘의 뜻을 어기고 자신을 해칠 수 없다고 말한 것은 제자들을 안심시키고 스스로도 위로를 받기 위한 말씀이었다.

[단문 설명]

▶ 畏於匡 외어광 광(匡) 땅에 (계실 때) 두려워하시다. 畏: 두려워하다. 匡: 읍 이름.

▶ 文王旣沒 문왕기몰 문왕이 이미 별세하셨다. 旣: 이미. 沒: 죽다.

▶ 文不在玆乎? 문부재자호? (그가 남긴) 文이 나에게 (전해져) 있지 않느냐? 文: 예악과 제도. 玆: 여기, 나 공자. 乎: 의문종결사.

▶ 天之 將喪斯文也 천지 장상사문야 만일 하늘이 장차 이 文을 없애려 했다면. 之: 주격후치사. 將: 장차. 喪: 없애다. 斯: 이. 也: 가정, ~하면.

▶ 後死者 후사자 뒤에 죽을 사람(공자)이. 後死者: 뒤에 죽을 사람(공자).

▶ 不得與 於斯文也 부득여 어사문야 이 文에 참여하지 못하였을 것이다. 不得與: 참여할 수 없다. 於: ~에. 斯: 이. 也: 서술종결사.

▶ 天之 未喪斯文也 천지 미상사문야 (그러나) 하늘이 아직 이 文을 없애지 않으셨다. 之: 주격후치사. 未喪: 아직 없애지 않다. 斯: 이. 也: 서술종결사.

▶ 匡人 其如予何? 광인 기여여하? 광(匡) 땅 사람들이 장차 나를 어떻게 하겠는가? 匡人: 광(匡) 땅 사람들. 其: 장차. 予: 나. 如 ~何: ~를 어떻게 하겠는가?

 6. 공자는 등용되지 못했기 때문에 여러 가지 재능이 있다.

[해석 본문]

태재가 자공에게 물었다. "공자께서는 성인이십니까? 어째서 그렇게 재능이 많으신가요?" 자공이 말하였다. "진실로 하늘은 선생님을 성인이 되게 하셨고, 또 선생님은 재능이 많으십니다."

태재 문어자공 왈 부자 성자여 하기다능야 자공 왈
大宰 問於子貢 曰 夫子는 聖者與아? 何其多能也오? 子貢이 曰
고 천종지장성 우다능야
固天縱之將聖이시고 又多能也니이다

공자께서 이 말을 들으시고 말씀하셨다. "태재가 나를 알아보는가? 나는 젊었을 때 미천했기 때문에 잡된 일을 잘 할 수 있었다. 군자는 (재능이) 많은가? 많지 않다." 이에 (제자인) 뢰(牢)가 말하였다. "선생께서 '나는 관직에 등용되지 못했기 때문에 재능이 있다.'고 말씀하셨다."

子 聞之曰 大宰 知我乎아? 吾 少也에 賤故로 多能鄙事하니라 君子는 多乎哉아?
不多也이라 牢 曰 子云 吾不試故로 藝하시니라

[배경 설명]

태재, 자공과 공자 간의 대화이다. 能(능)은 재능, 縱(종)은 ~하게 하다, 賤(천)은 미천하다, 鄙事(비사)는 잡된 일, 비천한 일, 試(시)는 등용되다, 藝(예)는 재능이 있다를 뜻한다.

大宰(태재: 클 태)는 국정을 총괄하는 관직의 이름으로 太宰(태재)와 같다. 여기서 태재는 오나라의 백비(伯嚭)일 것이다. 뢰(牢)는 공자의 제자로 성은 금(琴)이요, 자는 자개(子開)이다.

태재(大宰)는 재능이 많은 것을 성(聖)이라고 했다. 성(聖)은 통달하지 않은 것이 없으니, 재능이 많은 것은 물론이다. 공자는 젊어서 신분이 미천했기 때문에 재능이 많으나 그 재능은 천한 일들일 뿐이라고 말씀한 것이다. 또 재능이 많은 것은 사람들을 지도하는 것이 아니므로, 군자는 재능이 많지 않다고 말씀하신 것이다. 따라서 군자는 관직에 등용되어 백성을 인도하나 자신은 등용되지 못했기 때문에 여러 가지 잔재주가 있다는 겸손한 말씀이다.

[단문 설명]

▶ 聖者與? 성자여? 성인이십니까? 與: 의문종결사.

▶ 何其 多能也? 하기 다능야? 어째서 그렇게 재능이 많으신가요? 何: 어찌. 其: 그렇게. 能: 재능.

▶ 固天縱之將聖 고천종지장성 진실로 하늘은 선생님을 성인이 되게 하셨다. 固: 진실로. 縱: ~하게 하다. 將: ~이 되다. 之: 선생님, 공자. 聖: 성인.

▶ 又多能也 우다능야 또 재능이 많으시다. 又: 또. 多: 많다. 能: 재능. 也: 서술종결사.

▶ 大宰知我乎? 태재지아호? 태재(大宰)가 나를 알아보는가? 知: 알다. 乎: 의문종결사.

▶ 吾少也 賤 오소야 천 나는 젊었을 때 미천했다. 少: 젊다. 也: ~인 때에. 賤: 미천하다.

▶ 故多能鄙事 고다능비사 때문에 잡된 일을 잘 할 수 있다. 故: 때문에, 따라서. 多: 뛰어나다, 잘. 鄙事: 잡된 일, 비천한 일.

▶ 君子多乎哉? 군자다호재? 군자는 (재능이) 많은가? 乎哉: 반어종결사.

▶ 不多也 부다야 많지 않다. 多: 많다.

▶ 牢曰 뢰왈 이에 (제자인) 뢰(牢)가 말하였다. 牢: 공자의 제자

▶ 吾不試故藝 오불시고예 나는 관직에 등용되지 못했기 때문에 재능이 있다. 試: 등용되다. 藝: 재능이 있다.

7. **질문의 양단을 완전하게 파악한 후 온 힘을 다하여 가르쳐주셨다.**

[해석 본문]

공자께서 말씀하셨다. "내가 아는 것이 있는가? (나는) 아는 것이 없다. 그러나 어떤 촌사람이 나에게 물을 때, 비록 (그 질문이) 하찮은 것이라도 나는 그 양 끝을 캐물어 다 말해준다."

자 왈 오 유 지 호 재　　 무 지 야　　 유 비 부　문 어 아　　공 공 여 야　　　아
子曰 吾有知乎哉아? **無知也**로다 **有鄙夫 問於我**할새 **空空如也**라도 **我**
고 기 량 단 이 갈 언
叩其兩端而竭焉하노라

[배경 설명]

질문을 캐물어 상대방에 맞게 답변해 준다는 교육 자세이다. 鄙夫(비부)는 촌사람, 空空(공공)은 쓸데없다, 叩(고)는 묻다, 竭(갈)은 다하다, 兩端(양단)은 양끝, 모든 지식을 뜻한다.

성인은 도를 스스로 낮추지 않으면 사람들이 가깝게 여기지 않는다. 공자는 남에게 지식을 알려줄 때에는 상대방이 비록 지극히 어리석더라도 다 말해 준다고 하신다. 양단(兩端)이란 시종, 본말, 상하와 같은 모든 지식이고, 양단을 캐묻는 것은 상대의 눈높이에 맞추어 질문의 의도를 철저하게 파악한 후 답변하시기 위한 것이다. 따라서 공자께서는 아무리 하찮은 질문이라도 결코 소홀히 하지 않으시고 질문의 의도를 완전하게 파악한 후 온 힘을 다하여 가르쳐주셨다.

[단문 설명]

▷ **吾有知乎哉?** 오유지호재? 내가 아는 것이 있는가? 乎哉: 의문종결사.

▷ **無知也** 무지야 (나는) 아는 것이 없다.

▷ **有鄙夫 問於我** 유비부 문어아 어떤 촌사람이 나에게 묻다. 有: 어느, 어떤. 鄙夫: 촌사람.

▷ **空空如也** 공공여야 (그 질문이) 하찮은 것이라도. 空空: 하찮다. 如: 형용사 접미사. 也: 가정.

▷ **叩其兩端** 고기량단 그 양끝을 캐묻다. 叩: 묻다. 兩端: 양 끝.

▷ **竭焉** 갈언 그것을 다 말해준다. 焉: 그것, 양단. 竭: 다하다.

8. 도를 펼칠 기회가 없구나!

[해석 본문]

공자께서 말씀하셨다. "봉황새가 날아오지 않고, 황하에서 그림이 나오지 않으니, 나는 끝났구나!"

자 왈 봉 조 부 지　　하 불 출 도　　오 이 의 부
子曰 鳳鳥不至하며 河不出圖하니 吾已矣夫니라!

[배경 설명]

공자께서 이상적인 덕치를 이루지 못하고 세월이 흐른 말년을 한탄하신 것이다. 봉(鳳)은 순(舜)임금 때에 나타나서 춤을 추었고, 문왕(文王) 때에는 기산(岐山)에서 울었다고 전하는 신령스러운 새로서 태평성대의 상징이다. 하도(河圖)란 황하에서 나온 용마(龍馬: 모양이 용 같다는 상상의 말)의 등에 그려진 그림인데 복희(伏羲) 때에 나왔으니, 하도는 성왕(聖王)의 출현을 상징한다. 이 모두 성왕의 경사롭고 길한 징조이다.

봉황새가 날아오고, 하도가 나오면 문명이 경사롭고 길한 징조이나 복희, 순임금과 문왕과 같은 성왕의 길한 징조가 나타나지 않으니 공자의 예악과 제도가 행해지지 않았다. 봉황(鳳凰)새가 날아오지 않다는 것은 태평성대에 대한 기대가 무망하다는 뜻이다. 따라서 공자께서는 자신의 도를 펼칠 기회가 없음을 탄식하신 것이다.

[단문 설명]

▶ 鳳鳥不至 봉조부지 봉황새가 날아오지 않다. 鳳鳥: 봉황새. 至: 이르다, 오다.

▶ 河不出圖 하불출도 황하에서 그림이 나오지 않다. 河: 황하. 出: 나오다. 圖: 그림.

▶ 吾已矣夫! 오이의부! 나는 끝났구나! 已: 끝나다. 矣: 완료종결사. 夫: 감탄종결사.

9. 공자께서는 애도, 공경과 연민이 있으셨다.

[해석 본문]

공자께서는 상복을 입으신 상주, 예모와 예복을 입은 자와 맹인을 만날 때 (그들이) 비록 나이가 적더라도 반드시 일어나셨고, 그들을 지나실 때에는 반드시 종종걸음을 하셨다.

子 見齊衰者와 冕衣裳者와 與瞽者할새 見之에 雖少나 必作하시며
過之必趨하시다

[배경 설명]

공자의 평소 사람을 만날 때 예절에 관한 생활의 단면이다. 齊衰(재최)는 굵은 생베로 지은 상복, 冕(면)은 관(冠), 衣(의)는 상의, 裳(상)은 하복, 瞽(고)는 맹인, 作(작)은 일어나다, 趨(추)는 빨리 걸어가다를 뜻한다.

상복 착용 기간은 부모상에는 삼년, 조부모상에는 일년, 증조부모상에는 다섯 달, 고조부모상에는 석 달이다. 성인은 상(喪)을 당한 이를 슬퍼하고, 관직이 있는 이를 높이고, 불구자를 가엾게 여기신다. 앉아 있다가 일어나고, 종종걸음을 하신 것은 성인의 성실한 배려이다. 따라서 상주에게는 애도하고, 관복을 입은 관리에게는 공경을 지키고, 맹인을 불쌍히 여기셨다.

[단문 설명]

▶ 齊衰者 재최자 상복을 입은 상주. 齊衰: 상복.

▶ 冕衣裳者 與瞽者 면의상자 여고자 예모와 예복을 입은 자와 맹인. 冕: 예모. 衣裳: 예복. 瞽: 맹인.

▶ 雖少必作 수소필작 (그들이) 비록 나이가 적더라도 반드시 일어나셨다. 作: 일어나다.

▶ 過之必趨 과지필추 그들을 지나실 때에는 반드시 종종걸음을 하셨다. 過: 지나다. 之: 그들. 趨: 종종걸음을 하다.

 10. 공자의 도를 따라가려고 해도 따라갈 수 없을 따름이다.

[해석 본문]

안연이 크게 탄식하며 말하였다. "(공자의 도를) 우러러볼수록 더욱 높고, 뚫을수록 더욱 견고하며, (공자의 도를) 보면 앞에 있는 것 같은데 어느새 뒤에 있도다! 공자께서 사람을 정연하게 잘 이끄시어 학문으로써 나의 (지식을) 넓혀주시고, 예로써 나의 (행동을) 절제하게 해주셨다. (공부를) 그만두고자 해도 그만둘 수 없는 것은 이미 나의 재능을 다하게 하신다. (공자의 도가 내 앞에) 우뚝 서있는 듯하다. 비록 그것을 따라가려고 해도 따라갈 수 없을 따름이다."

顔淵이 喟然歎曰 仰之彌高하며 鑽之彌堅하며 瞻之在前이러니 忽焉在後로다! 夫子

循循然善誘人하사 博我以文하시고 約我以禮하시니라 欲罷不能이 旣竭吾才라

如有所立이 卓爾라 雖欲從之나 末由也已로다

[배경 설명]

　안연이 공자의 가르침을 감탄하면서 공자의 도에 이르지 못함을 탄식하는 내용이다. 喟(위)는 탄식하다, 仰(앙)은 우러러보다, 鑽(찬)은 뚫다, 彌(미)는 더욱, 堅(견)은 견고하다, 瞻(첨)은 보다, 忽(홀)은 어느새, 循(순)은 정연하다, 차례가 있다, 誘(유)는 이끌다, 博(박)은 넓히다, 約(약)은 절제하다, 罷(파)는 그만두다, 竭(갈)은 다하다, 卓(탁)은 높다, 뛰어나다, 爾(이)는 그러하다, 由(유)는 따르다를 뜻한다.

　안연이 공자의 도에 미칠 수 없어 우러러볼수록 더욱 높고, 도에 들어가려고 뚫을수록 더욱 견고하고, 도가 앞에 있다가 홀연히 뒤에 있다는 것은 황홀한 것이니, 안연이 공자의 도가 무궁무진하고, 또 방향과 형체가 없음을 깊이 알고 감탄한 것이다.

　문(文)으로써 지식을 넓혀주고, 예로써 행동을 절제하게 하는 것은 가르침의 순서이다. 공자의 도가 높고 오묘하나 사람들을 가르치는 데에는 순서가 있는 것이다. 문으로써 지식을 넓혀주었고, 예로써 나의 행동을 절제하게 해주었다.

　높고 견고하며 앞에 있다가 뒤에 있다는 것은 도의 본체이며, 우러러보고 뚫으며 바라보고 홀연히 뒤에 있는 것은 그 요체를 파악하지 못한 것이다. 공자께서 자상하게 잘 이끄시어 먼저 나를 학문으로써 박학하게 하시고, 나로 하여금 고금의 일들을 알고 일의 변화를 통달하게 해주셨다. 그런 뒤에 나의 행동을 예로써 절제하게 하시고 아는 것을 행하게 하셨다. 이 때문에 공부를 그만두고자 하여도 그만둘 수 없어 마음과 힘을 다하여 조금도 쉬지 않았다. 따라서 공자의 도가 우뚝하고, 비록 따르고자 하였으나 따라갈 수가 없었다.

[단문 설명]

▶ 喟然歎 위연탄 크게 탄식하다. 喟然: 탄식하다. 然: 부사형사 접미사.

▶ 仰之彌高 앙지미고 (공자의 도를) 우러러볼수록 더욱 높다. 仰: 우러러보다. 之: 공자의 도. 彌: 더욱, 널리. 高: 높다.

▶ 鑽之彌堅 찬지미견 (공자의 도를) 뚫을수록 더욱 견고하다. 鑽: 뚫다. 彌: 더욱. 堅: 견고하다.

▶ 瞻之在前 첨지재전 (공자의 도를) 보면 앞에 있는 것 같다. 瞻: 보다. 之: 공자의 도.

▶ 忽焉在後! 홀언재후! 어느새 뒤에 있도다! 忽: 어느새, 홀연히. 焉: 부사형 접미사(然).

▶ 循循然善誘人 순순연선유인 사람을 정연하게 잘 이끄시다. 循循然: 정연하게. 善: 잘. 誘: 이끌다.

▶ 博我以文 박아이문 학문으로써 나의 (지식을) 넓히다. 博: 넓히다. 以文: 학문으로써.

▶ 約我以禮 약아이례 예로써 나의 (행동을) 절제하게 해주셨다. 約: 절제하다.

▶ 欲罷不能 욕파불능 (공부를) 그만두고자 해도 그만둘 수 없다. 欲: 바라다. 罷: 그만두다.

▶ 旣竭吾才 기갈오재 이미 나의 재능을 다하게 하다. 旣: 이미. 竭: 다하다.

▶ 如有所立卓爾 여유소립탁이 (공자의 도가 내 앞에) 우뚝 서있는 듯하다. 如: 같다. 立: 서다. 卓: 높다. 爾: 그러하다, 부사형 접미사.

▶ 末由也已 말유야이 따라갈 수 없을 따름이다. 末: ~할 수가 없다. 由: 따르다, 의거하다. 也已: 한정종결사, 따름이다.

11. 말과 행동에 있어 비록 하찮은 것이라도 삼가지 않을 수 없다.

[해석 본문]

공자께서 병이 심해지니 자로가 문인들에게 가신 역할을 하게 했다. 병이 좀 차도가 있으시자 말씀하셨다. "오래되었구나! 유가 속였구나! (나는) 가신이 없으면서 가신이 있는 체하니, 내가 누구를 속였는가? 하늘을 속였구나! 또한 내가 가신의 손에서 죽기보다는 차라리 너희들 손에서 죽는 것이 더 낫지 않겠는가? 또한 내가 비록 성대한 장례를 받지 못한다 하더라도 내 (설마) 길거리에서 죽겠느냐?"

子 疾病이니 子路使門人으로 爲臣하니라 病間曰 久矣哉라! 由之行詐也여!
자 질병   자 로 사 문 인   위 신   병 간 왈 구 의 재   유 지 행 사 야

無臣而爲有臣하니 吾誰欺오? 欺天乎이로다! 且予 與其死於臣之手也는
무 신 이 위 유 신   오 수 기   기 천 호   차 여 여 기 사 어 신 지 수 야

無寧死於二三子之手乎아? 且予 縱不得大葬이나 予 死於道路乎아?
무 영 사 어 이 삼 자 지 수 호 차 여 종 부 득 대 장   여 사 어 도 로 호

[배경 설명]

공자가 말년에 병이 깊어 지자 자로가 가신(家臣)을 두어 공자의 수발을 들게 하였으나 분수에 맞지 않는 예절이었다. 間(간)은 차도가 있다, 詐(사)는 속이다, 爲(위)는 ~인 체하다, 大葬(대장)은 성대한 장례, 縱(종)은 비록을 뜻한다.

대부만이 가신(家臣)으로 하여금 장례를 치르게 하는 것이 예법이었다. 그런데 공자가 한때 노나라의 대부였으므로 자로가 공자의 문인들에게 가신을 두어 장례를 준비했던 것이다. 공자가 이미 벼슬에서 떠나 가신이 없었는데, 자로가 가신을 두어 공자의 상(喪)을 치르게 한 것은 성인을 높인 것이다. 그러나 현직 대부가 아니면 가신을 두어서는 안 된다. 이 때문에 거짓을 행하여 하늘을 속였으니, 군자는 말과 행동이 신중해야 한다고 자로를 훈계하신 것이다. 공자는 대부가 아닌데도 가신을 두어 격식을 높이고자 했으나 그런 일은 하늘을 속이는 것이다. 따라서 가신을 거두고 신분에 맞는 장례를 하도록 당부한 것이다.

[단문 설명]

▶ 子疾病 자질병 공자께서 병이 심해지다. 子: 공자. 疾病: 병이 심해지다.

▶ 使門人爲臣 사문인위신 문인들에게 가신 역할을 하게 했다. 使: ~하게 하다. 爲: 하다. 臣: 가신.

▶ 病間 병간 병이 좀 차도가 있다. 間: 차도가 있다.

▶ 久矣哉! 由之行詐也! 구의재! 유지행사야! 오래되었구나! 유가 속였구나! 久: 오래되다. 矣: 감탄종결사. 哉: 감탄종결사. 由: 자로. 之: 주격후치사. 詐: 속이다. 也: 감탄종결사.

▶ 無臣而爲有臣 무신이위유신 (나는) 가신이 없으면서 가신이 있는 체하다. 臣: 가신. 而: 순접, ~이면서. 爲: ~인 체하다(僞).

▶ 吾誰欺? 欺天乎! 오수기? 기천호! 내가 누구를 속였는가? 하늘을 속였구나! 誰: 누구. 欺: 속이다.

▶ 與其死 於臣之手也 여기사 어신지수야 가신의 손에서 죽기보다는. 與其 ~無寧: ~하기 보다는 ~차라리 ~하는 편이 더 낫다. 於: ~에. 臣: 가신.

▶ 無寧死 於二三子之手乎? 무영사 어이삼자지수호? 차라리 너희들 손에서 죽는 것이 더 낫지 않겠는가? 二三子: 너희들.

▶ 予縱不得大葬 여종부득대장 내가 비록 성대한 장례를 받지 못한다 하더라도. 縱: 비록 ~하더라도. 不得: 하지 못하다. 大葬: 성대한 장례.

▶ 予死 於道路乎? 여사 어도로호? 내 (설마) 길거리에서 죽겠느냐? 乎: 의문종결사.

12. 합당한 출사와 예우를 받지 못하면 출사할 수 없다.

[해석 본문]

자공이 말하였다. "여기에 아름다운 옥이 있다면 이것을 궤 속에 넣어 감추어 두시겠습니까? (아니면) 좋은 값을 찾아서 파실 겁니까?" 공자께서 대답하셨다. "팔아야지! 팔아야지! 나는 (좋은 값에) 살 사람을 기다리고 있네."

子貢이 曰 有美玉於斯하면 韞匵而藏諸리오? 求善賈而沽諸리오? 子曰 沽之哉! 沽之哉! 我는 待賈者也로라

[배경 설명]

출사하여 큰 일을 도모하지 않으신 이유에 대한 공자의 답변이다. 韞(온)은 감추다, 匵(독)은 물건을 담아두는 상자, 藏(장)은 감추다, 沽(고)는 팔다를 뜻한다. 玉(옥)은 학문과 도, 궤에 넣어 보관한다는 것은 出仕(출사)하지 않는다는 것을 비유한다.

자공은 공자가 높은 학덕을 지니고서도 출사하지 않고 초야에 머물러 있는 이유를 물은 것이다. 이에 공자는 자신의 학문과 도를 인정하는 군주를 통해서 자신의 이상을 세상에 펼칠 기회를 찾고 있다고 답변한다. 공자는 일찍이 벼슬하려고 하지 않은 것은 아니며, 도를 따르는 것을 싫어하지 않았다. 선비가 예우(禮遇)를 기다리는 것은 옥(玉)이 좋은 값을 기다리는 것과 같다. 공자께서는 진실로 팔아야겠으나 다만 좋은 값을 기다린다고 말씀하신 것이다. 따라서 공자는 좋은 값, 즉 합당한 출사와 예우를 찾고 있다고 말씀하신 것이다.

[단문 설명]

▶ 有美玉於斯 유미옥어사 여기에 아름다운 옥이 있다면. 有: 주어가 뒤에 오는 동사. 斯: 여기

▶ 韞匵而藏諸? 온독이장저? 이것을 궤 속에 넣어 감추어 두시겠습니까? 韞: 감추다. 匵: 궤, 상자. 藏: 감추다. 諸: 之乎.

▶ 求善賈而沽諸? 구선가이고저? (아니면) 좋은 값을 찾아서 파실 겁니까? 求: 구하다, 찾다. 善賈: 좋은 값. 沽: 팔다. 諸: 之乎.

▶ 我待賈者也 아대가자야 나는 (좋은 값에) 살 사람을 기다리고 있다. 待: 기다리다. 賈: 사다.

13. 사는 환경이 아무리 누추하더라도 도를 실천하여 개선하면 된다.

[해석 본문]

공자께서 동쪽 오랑캐들 땅에서 살려고 하셨다. 어떤 사람이 말하였다. "(그 곳은) 누추한데, 어떻게 사시겠습니까?" 이에 공자께서 대답하셨다. "군자가 사는데 어찌 누추함이 있겠는가?"

자 욕거구이　　혹왈 루　　여지하　　자왈 군자거지　　하루지유
子 欲居九夷하시다 或曰 陋한데 如之何인고? 子曰 君子居之인데 何陋之有리오?

[배경 설명]

도가 행하여지지 않는 중국에 대한 실망을 표현한 문장이다. 夷(이)는 중국의 동쪽에 있는 오랑캐의 나라, 居(거)는 살다, 陋(루)는 누추하다를 뜻한다.

중국인들은 중국을 세상의 중심에 두고, 주변 세력을 오랑캐로 일컬었다. 그들은 동쪽 민족을 夷(이), 서쪽 민족을 戎(융), 북쪽 민족을 狄(적), 남쪽 민족을 蠻(만)으로 불렀다. 구이족(九夷族)은 동쪽의 아홉 종족인데 시대로 보면 고조선에 해당한다.

공자가 중국에서 자신의 이상이 실현되지 않은 것에 대해 실망하고 대화한 것이다. 중국의 혼란스런 상황보다는 차라리 미개하더라도 군주를 섬기고 질서를 유지하는 동이(東夷)나 북적(北狄)에서 살겠다는 내용이다. 군자는 사는 환경이 아무리 누추하더라도 군자의 도를 실천할 수 있는 것이 더 중요하다. 따라서 공자께서는 중국 땅에서 도를 실현할 가망이 없으므로 동이국으로 가서 실현해보려는 생각을 가지셨다.

[단문 설명]

▶ **欲居九夷** 욕거구이 동쪽 오랑캐 땅에서 살려고 하셨다. 九夷: 동쪽의 아홉 오랑캐 땅. 九: 구체적인 숫자가 아니라 많은 수. 夷: 동쪽 오랑캐 땅.

▶ **陋如之何?** 루여지하? (그 곳은) 누추한데, 어떻게 사시겠습니까? 陋: 누추하다. 如~何: ~을 어찌 하는가? 之: 陋.

▶ **君子居之** 군자거지 군자가 사는데. 君: 군자. 居: 살다. 之: 거기, 九夷.

▶ **何陋之有?** 하루지유? 어찌 누추함이 있겠는가? 之: 주격후치사. 有: 있다.

14. **노나라의 잘못된 악(樂)을 바로잡아 정리하였다.**

[해석 본문]

공자께서 말씀하셨다. "내가 위나라로부터 노나라로 돌아온 뒤로 음악이 바르게 되어 (시경의) 아와 송이 각각 제자리를 찾게 되었다."

자 왈 오 자 위 반 로 연 후 악 정 아 송 각 득 기 소
子曰 吾自衛反魯 然後로 樂正하여 雅頌이 各得其所하니라

[배경 설명]

공자께서 위나라에서 노나라로 돌아와 시가(詩歌)를 정리하셨다. 反(반)은 돌아오다, 正(정)은 바르게 되다, 得(득)은 찾다를 뜻한다.

아송(雅頌)은 시경(詩經)에 있는 노래이다. 아(雅)는 조정에서 공식 연회 때 연주하던 정악(正樂)의 노래이고, 송(頌)은 종묘에서 조상을 제사지낼 조상의 공덕을 찬미하는 노래이다.

시경은 분류하는 방식을 시경(詩經)의 육의(六義)라 한다. 시의 내용에 따라 풍(風), 아(雅), 송(頌)으로 분류하고, 서술방식에 따라 흥(興), 부(賦), 비(比)로 나눈다. 풍은 풍자, 아는 궁정음악, 송은 종묘음악이다. 부는 사물을 상세하게 서술하여 직접 이야기를 하는 기교, 흥은 어떤 사실을 먼저 말하여 이야기하려는 것을 끌어내는 기교, 비는 사물을 비유하는 수사 기교이다.

공자께서 만년에 도가 끝내 행해질 수 없는 것을 아셨기 때문에 위나라로부터 노나라로 돌아오셨는데, 이때에 주나라의 예가 노나라에 남아 있었다. 공자께서 여러 나라들을 주류(周流)하시며 각 나라의 것들을 상고하고 조사하여 그 내용을 아시게 되었는데, 시와 음악이 많이 빠지고 순서가 틀려서 음악을 바로잡으신 것이다. 따라서 공자께서는 노나라로 돌아와 그 동안 쌓은 학문과 예악을 통하여 노나라의 잘못된 음악을 바로잡았다.

[단문 설명]

▶ **吾自衛反魯 오자위반로** 내가 위나라로부터 노나라로 돌아왔다. 自: ~부터. 反: 돌아오다.

▶ **然後 樂正 연후 악정** 그런 후 음악이 바르게 되었다. 然後: 그런 후. 正: 바르게 되다.

▶ **雅頌 各得其所 아송 각득기소** (시경의) 아와 송이 각각 제자리를 찾게 되었다. 得: 찾다, ~에 이르다. 各: 각각. 其所: 제자리, 적소.

15. 공경을 섬기고, 부형을 섬기고, 상사(喪事)를 충실히 한다.

[해석 본문]

공자께서 말씀하셨다. "(조정에) 나가서는 공경(公卿)을 섬기고, (집에) 들어와서는 부형(父兄)을 섬기고, 상사(喪事)는 정성을 다하고, 술 때문에 곤경에 처하지 않는 것, (이 중에) 어느 것이 나에게 있겠는가?"

> 자왈 출즉사공경
> 子曰 出則事公卿하고
> 입즉사부형
> 入則事父兄하며
> 상사
> 喪事를
> 불감불면
> 不敢不勉하며
> 불위주곤
> 不爲酒困이
>
> 하 유 어 아 재
> 何有於我哉오?

[배경 설명]

공자가 벼슬을 하지 못하고 가정을 충실하지 못한 자신에 대한 한탄이다. 出(출)은 조정에 나가다, 入(입)은 집에 들어오다를 뜻한다. 公(공)은 제후로 임명된 왕의 형제, 卿(경)은 왕이나 제후로부터 임명된 대부 위에 있는 벼슬이다. 不敢不勉(불감불면)은 감히 힘쓰지 않을 수 없다, 즉 정성을 다한다는 의미이다. 不爲酒困(불위주곤)은 술 때문에 곤경에 처하지 않다는 뜻이다.

조정에 나가서는 직분에 따른 상관을 섬기고, 집으로 돌아와서는 아버지와 형을 섬기고, 상사는 정성을 다하고, 술로 인해 문란해지지 않는 것은 평범한 군자의 일상이다. 이 가운데 어느 하나라도 내게 있는가? 그런 것들이 없다는 표현을 강조한 것이다.

공자는 일찍 아버지를 여의고, 십세 중반에 어머니까지 여의었으니, 부형(父兄)을 제대로 섬기지 못했고, 상사(喪事)를 제대로 이행하지 못했으며, 벼슬을 제대로 하지 못해 공경(公卿)을 제대로 섬기지 못했고, 술을 좋아해 고생하여 자신에게 이런 내용들이 갖추어져 있는지에 대한 반성이다. 따라서 공자께서 중요한 덕목에 미치지 못하셨다는 것을 한탄하신 것이다.

[단문 설명]

▸ 出則事公卿 출즉사공경 (조정에) 나가서는 공경(公卿)을 섬기다. 出: 나가다. 事: 섬기다.

▸ 入則事父兄 입즉사부형 (집에) 들어와서는 부형(父兄)을 섬기다.

▸ 喪事 不敢不勉 상사 불감불면 상사는 정성을 다하다. 不敢不勉: 정성을 다하다.

▶ **不爲酒困** 불위주곤 술 때문에 곤경에 처하지 않다. 酒: 술. 困: 곤경. 爲: 원인.

▶ **何有於我哉?** 하유어아재? 이 중에 어느 것이 나에게 있겠는가?

 16. 학문을 배우며, 도를 행하고, 덕을 쌓는 일에 쉬지 말고 정진하라.

[해석 본문]

공자께서 시냇가에 계시면서 말씀하셨다. "흘러가는 것이 이 (시냇물과) 같구나! 밤낮으로 흐르는구나!"

<blockquote>
자 재천상왈 서자 여사부　불사주야
子 在川上曰 逝者 如斯夫니라! 不舍晝夜로다!
</blockquote>

[배경 설명]

공자께서 제자들에게 학문을 쉬지 말고 계속하라는 훈계이시나 말년에 인생이 시냇물처럼 흘러가는 것에 대한 천상지탄(川上之歎)이다. 川上(천상)은 시냇가, 逝(서)는 가다, 舍(사)는 머물다, 쉬다를 뜻한다.

가는 것은 지나가고 오는 것은 이어져서 한 순간의 그침이 없는 것이 천지의 조화이다. 물은 흘러 끊임이 없고 다함이 없으니, 배우는 자들은 성찰하여 공부에 털끝 만한 빈틈도 없게 하고자 하신 것이다. 또 다른 해석으로는 덧없는 인생을 한탄한 것으로 볼 수 있다. 川上之歎(천상지탄)은 한번 지나가면 다시 돌아오지 않는 만물의 무상함을 탄식하는 것이다. 공자께서 시냇가에서 흐르는 물을 보고 무상함을 느끼셨다. 따라서 흘러간 세월이 허망한 것을 알면 남은 시간은 매우 귀중하니, 남은 기간을 허송세월 해서는 안 된다.

[단문 설명]

▶ **在川上曰** 재천상왈 시냇가에 계시면서 말씀하셨다. 在: 있다. 川上: 시냇가.

▶ **逝者 如斯夫!** 서자 여사부! 흘러가는 것이 이 (시냇물)과 같구나! 시간의 흐름이 빠르고 쉼 없음을 냇물에 비유한 것이다. 逝者: 가는 것. 如: 같다. 斯: 흘러가는 시냇물. 夫: 감탄종결사.

▶ **不舍晝夜** 불사주야 밤낮으로 흐르는구나! 舍: 머물다, 쉬다, 그치다.

17. 색보다 덕을 좋아하는 사람이 드물다.

[해석 본문]

공자께서 말씀하셨다. "나는 색을 좋아하는 것 같이 아직 덕을 좋아하는 자를 보지 못하였다."

　　　자 왈　오 미 견 호 덕　　　여 호 색 자 야
　　子曰 吾未見好德이 如好色者也니라

[배경 설명]

색을 좋아하면서도 덕을 실천하지 않는 세태를 한탄한 것이다. 아름다운 미인을 좋아하고 악취를 싫어하는 것은 사람들의 속성이니, 덕(德)을 좋아하기를 미인을 좋아하듯이 한다면 진실로 덕을 좋아하는 것이다. 공자께서 위나라에 계실 때에 영공(靈公)이 부인인 남자(南子)와 수레를 함께 타고 의기양양하게 저잣거리를 지나가자 공자께서 그를 추하게 여기셨다. 따라서 예를 어기지 않고 미인보다 덕을 좋아하는 사람이 드물다고 한탄하신 것이다.

[단문 설명]

▶ 吾未見好德 오미견호덕 나는 아직 덕을 좋아하는 사람을 보지 못했다. 未見: 아직 보지 못하다.
▶ 如好色者也 여호색자야 색을 좋아하는 사람과 같다. 如: 같다. 色: 색, 미인.

 18. 학문의 중단이나 시작은 모두 자신에 달려있다.

[해석 본문]

공자께서 말씀하셨다. "산을 만드는 것에 비유하면, (마지막) 흙 한 삼태기를 아직 (붓지 않아) (산을) 못 이루고서 멈춘 것도 내가 멈춘 것이고, (산을) 평평하게 하는 것에 비유하면, 비록 (처음) 흙 한 삼태기를 부어서 나아간 것도 내가 간 것이다."

　　자 왈　비 여 위 산　　미 성 일 궤　　　지　　오 지 야　　비 여 평 지　　수 복 일 궤　　진
　　子曰 譬如爲山이면 未成一簣하여 止도 吾止也며 譬如平地면 雖覆一簣도 進도

吾往也^{오 왕 야}니라

[배경 설명]

　　최종 한 단계를 다하지 못하여 일이 완성되지 못한 것은 자신의 탓이라는 교훈이다. 譬如(비여)는 비유하면, 簣(궤)는 삼태기, 平(평)은 평평하게 하다, 覆(복)은 덮다를 뜻한다.

　　서경(書經)에 "산을 아홉 길을 만드는데, 완성이 흙 한 삼태기 때문에 무너진다." 하였으니, 공자께서 이 말을 인용하신 것이다. 산이 거의 다 이루어졌는데 마지막 흙 한 삼태기가 모자란다고 해서 중지하면 자신이 중지하는 것이요, 평지에다가 산을 만드는데 흙 한 삼태기를 부어 나아갔다면 자신이 나아간 것이다. 공자께서 爲山(위산)과 平地(평지)는 학문에 비유하셨는데, 끝까지 일을 완성하지 못하면 자신이 멈춘 것이고, 조금이라도 시작했다면 자신이 나아간 것이다. 따라서 학문의 중단이나 시작은 모두 자신에 달려있다.

[단문 설명]

▶ **譬如爲山** 비여위산 산을 만드는 것에 비유하다. 譬如: 비유하면, 비유컨대. 爲: 만들다.
▶ **未成一簣** 미성일궤 (마지막) 흙 한 삼태기를 아직 (붓지 않아) (산을) 못이루다. 一簣: 한 삼태기.
▶ **止 吾止也** 지 오지야 멈춘 것도 내가 멈춘 것이다. 멈추다. 止: 멈추다.
▶ **譬如平地** 비여평지 (산을) 평평하게 하는 것에 비유하다. 平: 평평하게 하다.
▶ **雖覆一簣** 수복일궤 비록 (처음) 흙 한 삼태기를 부었다. 雖: 비록. 覆: 덮다.
▶ **進 吾往也** 진 오왕야 나아갔다면 내가 간 것이다. 進: 나아가다. 往: 가다.

🔵 **19.** 배우기를 끝까지 멈추지 말고 나아가라.

[해석 본문]

　　공자께서 말씀하셨다. "(학문을) 가르쳐주면 (실천을) 게을리 하지 않는 자는 아마 안회일 것이다!"

자 왈　어 지 이 불 타 자　　기 회 야 여
子曰 語之而不惰者는 其回也與이니라!

[배경 설명]

안회가 학문하는 태도에 대한 평이다. 惰(타)는 게으르다, 言(언)은 가르치다, 말하다, 論(논)은 주장하다, 曰(왈)은 언급하다는 의미로 다소 차이가 있다.

안회(顔回)는 덕행에서 가장 뛰어난 공자의 제자로 공자의 말씀을 들으면 이해하고 실천하여 항상 어긴 적이 없었다. 안회는 마치 만물이 단비를 만나 꽃을 피우고 점점 자라는 것처럼 학문을 부지런하였다. 따라서 공자께서 제자들에게 之(학문)를 가르쳐주면(語) 그 가르침 대로 게으르지 않고 성실하게 행하는 자가 바로 안회였다고 평한 글이다.

[단문 설명]

▶ 語之 而不惰者 어지 이불타자 (학문을) 가르쳐주면 (실천을) 게을리 하지 않다. 語: 가르치다. 之: 학문. 惰: 게으르다.

▶ 其回也與! 기회야여! 아마 안회일 것이다! 其: 아마. 與: 其와 함께 쓰여서 추측종결사.

 20. 학문에 정진하던 제자 안회가 죽고 없음을 탄식한 것이다.

[해석 본문]

공자께서 안연을 두고 평하셨다. "애석하구나! 나는 그가 (학문)을 전진하는 것만을 보았지, 아직 중지하는 것을 보지 못하였다."

자　위 안 연 왈　석 호　　오 견 기 진 야　　미 견 기 지 야
子 謂顔淵曰 惜乎라! 吾見其進也오 未見其止也니라

[배경 설명]

학문 정진에 충실했던 안회에 대한 인물평이다. 제자들 중에서 가장 총애하던 제자가 바로 안연이었다. 안연(顔淵)은 공문십철(孔門十哲) 중 한 사람으로 덕행에서 가장 뛰어난 공자의 제자이고, 자는 연(淵), 이름은 회(回)이다. 그는 가난하여도 성품이 어질고 학문을 좋아하였으

285

나 32세에 요절하였다. 공자는 안회가 가르침 대로 게으르지 않고 성실하게 행하였다고 칭찬하면서, 그가 열매를 맺지 못하고 일찍 죽어 안타깝게 생각했다. 따라서 공자께서 학문에 정진하던 제자 안회가 죽고 없음을 회고하신 것이다.

[단문 설명]

▶ 子謂顔淵 자위안연 공자께서 안연을 두고 평하셨다. 謂: 평하다.
▶ 惜乎! 석호! 애석하구나! 惜: 애석하다. 乎: 감탄종결사.
▶ 見其進也 견기진야 그가 (학문을) 전진하는 것만을 보았다. 見: 보다. 其: 학문. 進: 전진하다.
▶ 未見其止也 미견기지야 그가 아직 중지하는 것을 보지 못하였다. 止: 중지하다. 其: 학문.

21. 싹은 돋았으나 꽃이 피지 않고, 꽃은 피었으나 열매를 맺지 못하는구나.

[해석 본문]

공자께서 말씀하셨다. "싹은 돋았으나 꽃이 피지 않는 것도 있도다! 꽃은 피었으나 열매를 맺지 못하는 것도 있도다!"

자 왈　묘 이 불 수 자　유 의 부　　수 이 부 실 자　유 의 부
子曰　苗而不秀者　有矣夫니라!　秀而不實者　有矣夫니라!

[배경 설명]

안회의 단명으로 학문의 결실을 이루지 못한 아쉬움을 나타내신 글이다. 苗(묘)는 싹이 돋다, 秀(수)는 꽃이 피다, 實(실)은 열매를 맺다를 뜻한다.

곡식이 처음 나는 것을 묘(苗), 꽃이 피는 것을 수(秀), 곡식이 성숙된 것을 실(實)이라 한다. 학문에 정진하였으나 중도에 그만두거나 세상에서 일찍 요절하여 결실을 맺지 못한 안회(顔回)를 비유한 것이다. 학문에 뛰어났고 정진했던 제자 안회의 단명에 빗대어, 싹, 꽃과 열매로 비유하면서 안회가 학문을 이루지 못하고 요절한 것에 대해 공자는 아쉬움을 느꼈다. 따라서 군자는 학문에 스스로 힘쓰고, 중도에 그만두지 말고, 끝까지 있는 힘을 다해야 할 것이다.

[단문 설명]

▶ 苗 而不秀者 묘 이불수자 싹이 돋았으나 꽃이 피지 않는 것. 苗: 싹이 돋다. 秀: 꽃이 피다.

▶ 有矣夫! 유의부! 있도다! 夫: 감탄종결사.

▶ 秀 而不實者 수 이부실자 꽃은 피었으나 열매를 맺지 못하는 것. 實: 열매를 맺다.

22. 젊은 후배들은 두려워할 만한 대상이다.

[해석 본문]

공자께서 말씀하셨다. "젊은이들은 두려워할 만하다. 어찌 (그들의) 장래가 (우리들의) 현재보다 못하다고 생각하겠는가? (그러나) 사오십이 (되어도) 명성이 없으면 이것 역시 두려울 것이 없다."

자 왈 후 생　가 외　　언 지 래 자 지 불 여 금 야　　사 십 오 십 이 무 문 언
子曰 後生이 可畏니라 焉知來者之不如今也리오? 四十五十而無聞焉이면
사 역 부 족 외 야 이
斯亦不足畏也已니라

[배경 설명]

학문에 힘쓰는 젊은이들의 성장성을 존중하는 글이다. 後生(후생)은 젊은이, 可(가)는 할 만하다, 畏(외)는 두려워하다, 知(지)는 생각하다, 聞(문)은 세상에 명성을 내다를 뜻한다.

후생(後生)은 공부할 세월도 많고 정열도 강하므로 학문을 쌓아 기대할 것이 많으니, 그 성장세가 두려워할 만하다. 그러나 스스로 학문에 힘쓰지 않고 늙어 세상에 알려짐이 없다면 두려워할 것이 없으니, 사람들에게 때에 맞게 학문에 힘쓰게 하신 것이다. 젊어서 학문에 힘쓰지 않아 늙어서 세상에 알려짐이 없다면 세월만 허송세월 보낸 것이다. 두려워할 후생은 공자가 총애했던 안연일 것이다. 따라서 젊은 후배들은 두려워할 만한 대상이나 그들이 사오십이 되었는데도 명성이 들리지 않으면 두려워하지 않아도 된다.

[단문 설명]

▶ 後生可畏 후생가외 젊은이들은 두려워할 만하다. 後生: 젊은이. 可: 할 만하다. 畏: 두려워하다.

287

▶ 焉知來者之 不如今也? 언지래자지 불여금야? 어찌 (그들의) 장래가 (우리들의) 현재보다 못하다고 생각하겠는가? 知: 생각하다. 來者: 장래. 之: 주격후치사. 今: 우리들의 현재.

▶ 四十五十 而無聞焉 사십오십 이무문언 (그러나) 사오십이 (되어도) 명성이 없다. 無聞焉: 들리는 바가 없다, 명성이 없다. 焉: 之於.

▶ 斯亦不足畏也已 사역부족외야이 이것 역시 두려울 것이 없다. 不足畏: 두려울 것이 없다.

 23. 기뻐하되 실마리를 찾고, 바른 말을 따르되 잘못을 고쳐야 한다.

[해석 본문]

공자께서 말씀하셨다. "올바른 말로 하는 말을 따르지 않을 수 있겠는가? (잘못이 있으면) 그것을 고치는 것이 중요하다. 유순하고 온화한 말은 기뻐하지 않을 수 있겠는가? (그러나) 그 속뜻을 찾는 것이 중요하다. (올바른 말을 듣고) 기뻐하되 그 속뜻을 찾지 않으며, 따르되 잘못을 고치지 않는다면 나는 그를 어찌 할 수 없을 따름이다."

자 왈 법 어 지 언　능 무 종 호　개 지 위 귀　손 여 지 언　능 무 열 호
子曰 法語之言은 能無從乎아? 改之爲貴니라 巽與之言은 能無說乎아?
역 지 위 귀　열 이 불 역　종 이 불 개　오 말 여 지 하 야 이 의
繹之爲貴니라 說而不繹하며 從而不改면 吾末如之何也已矣니라

[배경 설명]

도리에 맞는 바른 말을 따르고 잘못을 고치라는 훈계이다. 法語(법어)는 올바른 말, 從(종)은 따르다, 改(개)는 고치다, 巽(손)은 유순하다, 與(여)는 온화하다, 說(열)은 기뻐하다, 繹(역)은 속뜻을 찾아내다를 뜻한다.

法語(법어)란 도리에 맞는 바른 말이요, 어떤 잘못을 바로 짚어주는 말이다. 巽與(손여)란 유순하고 온화하게 인도해 주는 말이니, 마음에 거슬리지 않아 기뻐한다. 繹(역)은 실마리를 찾는 것이니, 실마리를 찾지 않는다면 겉으로 드러나지 않아 속뜻을 알 수 없을 것이다.

법어(法語)는 듣는 사람들이 공경하고 반드시 따라야 하는 것이다. 잘못을 지적해 주는 도리에 맞는 말을 듣고 기뻐하기만 하고 속뜻을 찾지 않으면 안 된다. 말을 좋아하기만 해서는 안

되고 말 속에 담긴 뜻을 찾아내는 것이 중요하다. 잘못을 고치지 않는다면 겉으로만 따르는 것일 뿐이다. 따라서 말해주어 깨달았다면 자기의 잘못을 고치고, 숨은 속뜻을 찾아야 할 것이다.

[단문 설명]

▶ 法語之言 법어지언 올바른 말로 하는 말. 法語: 올바른 말, 도리에 맞는 바른 말.

▶ 能無從乎? 능무종호? 따르지 않을 수 있는가? 無: 不. 從: 따르다. 乎: 의문종결사.

▶ 改之爲貴 개지위귀 (잘못이 있으면) 그것을 고치는 것이 중요하다. 改: 고치다. 之: 잘못. 爲: 뒤의 형용사와 결합하여 ~하다. 爲貴: 중요하다.

▶ 巽與之言 손여지언 유순하고 온화한 말. 巽: 유순하다. 與: 온화하다.

▶ 能無說乎? 능무열호 기뻐하지 않을 수 있는가? 說: 기뻐하다, 좋아하다.

▶ 繹之爲貴 역지위귀 (그러나) 그 속뜻을 찾는 것이 중요하다. 繹: 실마리를 찾다, 속뜻을 찾아내다.

▶ 說而不繹 설이불역 (올바른 말을 듣고) 기뻐하되 그 속뜻을 찾지 않다. 說: 기뻐하다.

▶ 從而不改 종이불개 따르되 잘못을 고치지 않는다. 從: 따르다. 改: 고치다.

▶ 末如之何也已矣 말여지하야이의 그를 어찌 할 수 없을 따름이다. 末: ~할 수가 없다. 如~何: ~를 어찌하다. 也已矣: 한정종결사, 따름, 뿐.

---

24. 충신을 준수하고, 자기보다 나은 자와 교류하고, 잘못은 즉시 고쳐야 한다.

[해석 본문]

공자께서 말씀하셨다. "충성과 신의를 지키며, 자기보다 못한 자와 벗하지 말고, 잘못이 (있으면) 고치기를 꺼리지 말라."

자 왈 주 충 신　　무 우 불 여 기 자　　과 즉 물 개 탄
子曰 主忠信하며 毋友不如己者오 過則勿憚改니라

[배경 설명]

군자는 충성과 신의를 지키고 잘못은 고치라는 행동준칙이다. 학이편(學而編) 1-8과 중복된 구절이다. 主(주)는 주되다, 지키다, 過(과)는 잘못, 憚(탄)은 꺼리다, 改(개)는 고치다를 뜻한다.

忠(충)은 마음이 한쪽으로 편벽되지 않고 중심을 유지한다는 뜻이다. 信(신)은 사람(人)의 말(言)로 사람이 말을 하면 지켜야 한다는 신뢰를 뜻한다. 충성과 신의는 사람들이 지켜야 할 선이나 잘못과 위선은 버려야 할 악이다. 악은 행하기 쉽지만 선은 행하기는 어렵다.

벗이 자기보다 못하다면 유익이 없고 손해만 있을 것이다. 자신을 다스리지 못하면 악은 날로 자라난다. 허물이 있으면 두렵게 여기지 말고 선을 따라야 한다. 따라서 군자는 충신을 준수하고, 자기보다 나은 자와 교류하고, 잘못은 즉시 고쳐야 한다.

[단문 설명]

▶ 主忠信 주충신 충성과 신의를 지키다. 主: 주되다, 지키다.

▶ 毋友 不如己者 무우 불여기자 자기보다 못한 자와 벗하지 말라. 毋: 말라. 友: 벗하다. 不如: 못하다, 같지 않다. 不如己者: 자기보다 못한 자.

▶ 過則勿憚改 과즉물탄개 잘못이 (있으면) 고치기를 꺼리지 말라. 過: 잘못. 憚: 꺼리다. 改: 고치다.

25. 필부(匹夫)의 굳은 뜻은 빼앗을 수 없다.

[해석 본문]

공자께서 말씀하셨다. "삼군의 장수는 빼앗을 수 있으나 필부의 (굳은) 뜻은 빼앗을 수 없다."

자 왈 삼 군 가 탈 수 야 필 부 불 가 탈 지 야
子曰 三軍은 可奪帥也이나 匹夫는 不可奪志也니라

[배경 설명]

벼슬길에 나서는 자로에 대한 충고이다. 三軍(삼군)은 제후국의 대군이다. 춘추시대에 一軍은 12,500명으로 三軍(삼군)은 37,500명의 大軍이다. 삼군은 우익·중앙·좌익의 각 군을 총칭하는데, 中軍(중군)의 大將(대장)이 帥(수)이며 이 帥가 삼군 전체를 통솔했다.

대군은 수가 많더라도 군사의 마음이 단결되지 않으면 오합지졸에 불과하여 그 장수를 붙잡아 올 수 있다. 삼군의 장수를 힘으로 빼앗을 수는 있으나 필부라 하더라도 강한 지조를 갖고 있다면 힘으로 지조가 있는 필부의 굳은 뜻만은 빼앗는 것은 어렵다. 비록 강한 대군 수장의 목숨은 빼앗을 수 있어도 평범한 신분인 필부의 굳은 마음까지는 빼앗을 수 없다. 따라서 대군이 목숨을 위협하더라도 지조가 있는 필부의 굳은 뜻은 결코 굴복시키지는 못할 것이다.

[단문 설명]

▸ 三軍 可奪帥也 삼군 가탈수야 삼군의 장수는 빼앗을 수 있다. 三軍: 제후국의 대군. 可: 할 수 있다. 奪: 빼앗다. 帥: 장수. 也: 서술종결사.

▸ 匹夫 不可奪志也 필부 불가탈지야 필부의 (굳은) 뜻은 빼앗을 수 없다. 匹夫: 평범한 사람.

26. 남을 해치지 않으며, 남의 것을 탐하지 않는다.

[해석 본문]

공자께서 말씀하셨다. "해진 솜옷을 입고서 여우나 담비가죽으로 만든 갖옷을 입은 자와 같이 서 있으면서도 부끄러워하지 않는 자는 아마도 유(자로)일 것이다! (남을) 해치지 않으며, (남의 것을) 탐하지 않는다면 어찌 훌륭하지 않은가?" 자로가 늘 이 (시경의 구절을) 암송했다. 공자께서 말씀하셨다. "이 도만으로는 어찌 훌륭하다고 할 만하냐?"

자왈 의폐온포　　여의호학자　 입이불치자　기유야여　 불기불구
子曰 衣敝縕袍하여 與衣狐貉者로 立而不恥者는 其由也與니라! 不忮不求면

하용부장　　자로 종신송지　 자왈　시도야 하족이장
何用不臧이오? 子路 終身誦之니라 子曰 是道也 何足以臧이오?

[배경 설명]

자로에 대한 칭찬과 경계가 있는 교훈이다. 敝(폐)는 해지다, 縕(온)은 헌 솜, 袍(포)는 솜옷, 狐(호)는 여우, 貉(학)은 담비, 忮(기)는 해치다, 求(구)는 탐하다, 臧(장)은 훌륭하다, 誦(송)은 암송하다를 뜻한다.

縕袍(온포)는 해진 솜옷이니, 이는 천한 옷이다. 호학(狐貉)은 여우나 담비 갖옷이니, 이는 귀한 옷이다. 천한 옷을 입고도 고급 옷을 입은 사람과 함께 있으면서 부끄러워하지 않는 자가 자로이다. 자로는 재물에 동요되지 않고 도에 나아갈 수 있어 공자께서 칭찬하신 것이다.

강한 자는 부자를 해치고, 약한 자는 부자를 탐하기 쉬운데, 남을 해치지 않으며 재물을 탐하

지 않은 자로를 선하다고 말씀한 것이다. 「시경(詩經)」 위풍(衛風) 웅치편(雄雉篇)의 시구를 공자께서 인용하시어 자로를 칭찬하신 것이다. 따라서 공자께서 자로가 가난을 부끄럽게 여기지 않는 것을 칭찬하나 자만하지 않도록 경계하신 것이다.

[단문 설명]

▶ 衣敝縕袍 의폐온포 해진 솜옷을 입다. 衣: 입다. 敝: 해지다. 縕: 헌 솜. 袍: 솜옷.

▶ 與衣狐貉者立 여의호학자립 여우나 담비가죽으로 만든 갖옷을 입은 자와 같이 서다. 與: 같이. 狐: 여우. 貉: 담비. 狐貉: 여우나 담비가죽으로 만든 갖옷. 고급 외투. 立: 서다.

▶ 而不恥者 이불치자 부끄러워하지 않는 자. 恥: 부끄러워하다.

▶ 其由也與 기유야여 아마도 유(자로)일 것이다. 其: 아마. 由: 자로. 與: 其와 함께 추측조사.

▶ 不忮不求 불기불구 (남을) 해치지 않으며, (남의 것) 탐하지 않다. 忮: 해치다. 求: 탐하다.

▶ 何用不臧? 하용부장? 어찌 훌륭하지 않은가? 何用: 무엇 때문에, 어째서. 用: 원인 전치사, ~써 (≒以). 臧: 착하다, 훌륭하다.

▶ 子路 終身誦之 자로 종신송지 자로가 늘 이 (시경의 구절을) 암송하다. 終身: 늘, 평생. 誦: 암송하다, 외우다. 之: 이 시경의 구절

▶ 是道也 시도야 이 도만으로는. 是道: 不忮不求. 也: 주격후치사.

▶ 何足以臧? 하족이장? 어찌 훌륭하다고 할 만하냐? 足以: ~할 만하다. 臧: 좋다, 훌륭하다.

 27. 날씨가 추워진 뒤에야 소나무와 잣나무가 다른 나무보다 뒤늦게 시듦을 알 수 있다.

[해석 본문]

공자께서 말씀하셨다. "날씨가 추워진 뒤에야 소나무와 잣나무가 (다른 나무보다) 뒤늦게 시듦을 알 수 있다."

자 왈　세 한 연 후　　지 송 백 지 후 조 야
子曰　歲寒然後에　**知松栢之後彫也**니라

[배경 설명]

절개 있는 사람을 松栢(송백)에 비유하여 군자를 평하신 것이다. 彫(조)는 시드는 것이다. 松

(송)은 소나무이고, 栢(백)은 잣나무인데, 겨울에도 그 푸름을 잃지 않고, 시듦도 다른 나무보다 늦게 오는 나무로 절개 있는 사람으로 비유했다. 세한(歲寒)은 한 해 중 추운 겨울을 뜻하고, 이는 세상이 혼란스럽거나 어려운 상황에서 변절하지 않고 충성을 다하는 신하이다. 절개 있는 신하를 송백과 세한으로 비유한 것이다. 따라서 선비가 곤궁할 때에 절의(節義)를 알 수 있고, 신하는 세상이 어지러울 때에 충성을 알 수 있다.

[단문 설명]

▶ 歲寒然後 세한연후 날씨가 추워진 뒤에야. 歲寒: 한 겨울의 추운 날씨. 然後: 그런 뒤에야.
▶ 知松栢之後彫也 지송백지후조야 소나무와 잣나무가 (다른 나무보다) 뒤늦게 시듦을 알 수 있다. 松栢: 소나무와 잣나무. 之: 주격후치사. 後: 뒤늦게 彫: 시들다.

 28. 지자는 미혹되지 않고, 인자는 근심하지 않고, 용자는 두려워하지 않는다.

[해석 본문]

공자께서 말씀하셨다. "지혜로운 자는 미혹되지 않고, 어진 자는 근심하지 않고, 용기 있는 자는 두려워하지 않는다."

자왈 지자 불혹 인자 불우 용자 불구
子曰 知者는 不惑하고 仁者는 不憂하고 勇者는 不懼니라

[배경 설명]

가신으로 출사할 자로가 걱정되어 충고하신 것이다. 즉, 지혜와 미혹, 인자와 근심, 용기와 공포를 대비하여 말씀해 주신 자로에 대한 충고이다. 惑(혹)은 미혹되다, 憂(우)는 근심하다, 懼(구)는 두려워하다를 뜻한다.

명석하면 사리를 밝힐 수 있기 때문에 의혹되지 않는다. 지혜로운 자는 미혹(迷惑: 정신이 헷갈리어 갈팡질팡 헤맴)되지 않는데, 사물의 이치를 깨우쳐 알기 때문이다. 어진 자는 근심하지 않는데, 인자는 측은지심(惻隱之心: 불쌍히 여기는 마음)으로 자신보다는 남을 배려하여 슬퍼한다. 용기 있는 사람은 두려워하지 않는데, 두려우면 용기가 없는 것이다. 천리와 도의는 사욕을 이길 수 있기 때문에 근심하지 않는 것이다. 따라서 知(지), 仁(인), 勇(용)은 군자가 갖추어야 할 덕목이다.

[단문 설명]

▶ **知者不惑** 지자불혹 지혜로운 자는 미혹되지 않는다. 惑: 미혹되다.

▶ **仁者不憂** 인자불우 어진 자는 근심하지 않는다. 憂: 근심하다.

▶ **勇者不懼** 용자불구 용기 있는 자는 두려워하지 않는다. 懼: 두려워하다.

 29. 함께 배운다고 해서 함께 일을 적절하게 처리할 수는 있는 것은 아니다.

[해석 본문]

공자께서 말씀하셨다. "함께 배울 수는 있어도 아직 함께 도를 향하여 나아갈 수는 없으며, 함께 도를 향하여 나아갈 수는 있어도 함께 (뜻을) 세울 수는 없으며, 함께 (뜻을) 세울 수는 있어도 아직은 함께 일을 적절하게 처리할 수는 없다."

자 왈 가 여 공 학 　 미 가 여 적 도 　 가 여 적 도 　 미 가 여 립 　 가 여 립
子曰 可與共學어도 **未可與適道**며 **可與適道**어도 **未可與立**이며 **可與立**어도
미 가 여 권
未可與權이니라

[배경 설명]

학문의 성취 단계는 學·道·立·權이라고 가르치신다. 適(적)은 나아가다, 權(권)은 일을 적절하게 처리하다를 뜻한다. 권도(權道)는 형편에 따라 일을 적절하게 처리하는 방도이다.

함께 배운다고 해서 학문을 하는 목적이 같을 수 있는 것은 아니니, 배우는 자들의 학문 목적은 개인별로 다를 수 있다. 학문하는 목적이 같아도 학문의 성과가 같을 수 있는 것은 아니다. 배우는 자들의 개인적 자질과 노력에 따라 학문의 성취도가 다를 수 있기 때문이다. 학문의 성과가 같다고 해서 일을 적절하게, 융통성 있게 처리할 수 있는 것은 아니다. 개인들의 도와 인에 따라 일을 처리하는 방도가 다를 수 있기 때문이다. 따라서 함께 배운다고 하더라도 개인의 자

질이나 노력이 달라 함께 일을 처리하는 능력도 다르다.

[단문 설명]

▶ 可與共學 가여공학 함께 배울 수는 있다. 與共: 함께.

▶ 未可與適道 미가여적도 아직 함께 도를 향하여 나아갈 수 없다. 未: 아직. 適: 나아가다.

▶ 可與適道 가여적도 함께 도를 향하여 나아갈 수는 있다.

▶ 未可與立 미가여립 함께 (뜻을) 세울 수는 없다. 立: 세우다.

▶ 可與立 가여립 함께 (뜻을) 세울 수 있다.

▶ 未可與權 미가여권 아직은 함께 일을 적절하게 처리할 수는 없다. 權: 적절하게 처리하다.

 30. 아직 그리워하지 않은 것이지 집이 어찌 먼 것이 문제인가?

[해석 본문]

당체꽃이여! (바람에) 펄럭이네! 어찌 그대를 그리워하지 않으리오만 집이 정말로 멀구나! 공자께서 말씀하셨다. "아직 그리워하지 않는 것이니, (집이) 어찌 먼 것이 (문제)인가?"

<ruby>唐棣之華<rt>당 체 지 화</rt></ruby>여! <ruby>偏其反而<rt>편 기 반 이</rt></ruby>로다! <ruby>豈不爾思<rt>기 불 이 사</rt></ruby>리오만 <ruby>室是遠而<rt>실 시 원 이</rt></ruby>니라! <ruby>子曰 未之思也<rt>자 왈 미 지 사 야</rt></ruby>니

<ruby>夫何遠之有<rt>부 하 원 지 유</rt></ruby>리오?

[배경 설명]

남녀 간의 사랑을 인(仁)으로 비유한 시이다. 思(사)는 그리워하다, 華(화)는 꽃(花), 偏(편)은 꽃잎이 나부끼다, 反(반)은 흩날리다는 뜻이다.

이 구절은 시경에 없는 일시(逸詩)를 인용하고서, 공자는 위에서 말한 시의 내용은 거짓말이고 아직 사랑하지 않는다고 말한다. 사랑한다면서 거리가 멀어 만나러 가지 않는데, 이는 사랑하는 것이 아니다는 내용이다. 따라서 인이 결코 멀리 있는 것이 아닌데 사람들이 인을 먼 것으로 여기는 현실을 비유적으로 표현한 것이다.

[단문 설명]

▶ **唐棣之華** 당체지화 당체나무의 꽃, 산앵두나무 꽃.

▶ **偏其反而!** 편기반이! (바람에) 펄럭이네! 偏: 나부끼다. 反: 흩날리다. 其: 허사. 而: 감탄종결사.

▶ **豈不爾思** 기불이사 어찌 그대를 그리워하지 않다. 爾思: 부정문에서 도치(思爾). 爾: 너, 그대.

▶ **室是遠而!** 실시원이! 집이 정말로 멀구나! 室: 집. 是: 부사, 정말로. 而: 감탄종결사.

▶ **未之思也** 미지사야 아직 그리워하지 않았다. 之思: 부정문에서 도치. 思: 그리워하다

▶ **夫何遠之有?** 부하원지유? (집이) 어찌 먼 것이 (문제)인가? 夫: 발어사. 之: 주격후치사.

☞ **矣의 다양한 용법**

- **완료(했다)**: 문장의 끝에 오며 완료의 뜻이다.

- **감탄(구나!)**: 문장 중에 오며 감탄의 뜻이다.

- **의문(가?)**: 문장 끝에 오며 의문의 뜻이다. 의문사와 호응한다.

- **명령(하라)**: 문장 끝에 위치하며 명령의 뜻이다.

- **가정(하면)**: 문장 중에 오며 가정의 뜻이다.

- **상황 전달 · 예상 표현**: 문장 끝에 위치하며 현 상황 전달, 예상 표현의 뜻이다.

- **상황 변화**: 형용사 뒤에 위치하여 상황 변화

第十篇

鄕黨(향당)

벗 사이에는 재물을 함께 할 수 있는 의리가 있어야 한다.

鄕黨篇(향당편)은 학문과 사상을 벗어나 주로 공자의 일상 생활을 기술하고 있다. 주요 내용으로는 언어, 용모, 성격, 접대예절, 군주예절, 일상예절, 의복문화, 식사습관, 좌석예절, 공동체 생활, 생명존중, 교우관계와 조문예절이 있다. 공자께서 향당, 종묘와 조정에 계실 때 언어와 용모를 상황에 맞게 하셨고, 강직하고 온화하고 근엄하셨고, 자리가 바르지 않으면 앉지 않으셨다. 상복자, 관리, 맹인, 성찬, 우뢰와 비바람에게도 반드시 예모를 갖추셨다.

1. 언어와 용모를 상황에 맞게 하셨다.
2. 강직하고 분명하게, 온화하고 근엄하게 말씀하셨다.
3. 귀빈을 예법에 맞게 접대하여 귀빈은 만족하여 잘 돌아갔다.
4. 임금을 모실 때에는 걸음걸이, 안색이나 말에서 조심하고 공손해야 한다.
5. 얼굴은 평온하셨고, 개인적으로 만나보실 때에는 즐거워하셨다.
6.1. 평상복에는 감색과 붉은색으로 옷깃에 선을 두르지 않았다.
6.2. 여름에는 칡베로 만든 홑옷을 입으셨다.
6.3. 흰 옷에는 흰색 사슴가죽으로 갖옷을 입으셨다.
6.4. 평상시에 입는 갖옷은 길게 하되 오른쪽 소매는 짧게 하셨다.
6.5. 탈상한 뒤에는 패물을 착용하셨다.
7. 재계할 때에는 반드시 깨끗한 옷을 입는다.
8.1. 흰쌀밥과 가늘게 썬 회를 먹는다.
8.2. 상한 것, 빛깔이나 냄새가 나쁜 것, 미숙한 것은 먹지 않는다.
8.3. 모양이 반듯하고 간이 맞는 음식을 먹는다.
8.4. 술은 정신이 어지러울 지경까지는 마시지 않는다.
8.5. 제사 고기에 관한 식습관을 기록한 것이다.
8.6. 식사, 취침에 관한 습관을 기록한 것이다.
9. 자리가 바르지 않으면 앉지 않으셨다.
10. 노인을 보살필 줄 알고, 마을 행사에 참석하셨다.
11. 안부를 물으실 때에는 상대방을 공경하시고, 물건을 받으시면 신중하셨다.
12. 공자께서는 사람의 생명을 말보다 더 중시하셨다.
13.1. 하사한 음식에도 예를 갖추었다.
13.2. 식사 중에도 예를 갖추었다.
13.3. 문병받을 때도 예를 갖추었다.
13.4. 소명에도 예를 갖추었다.
14. 벗 사이에는 재물을 함께하는 의리와 조상에 대한 지극한 공경이 있었다.
15.1. 평상시에도 예모를 갖추셨다.
15.2. 상복자, 관리, 맹인에게도 반드시 예모를 갖추셨다.
15.3. 주인에게 예모를 갖추셨다.
16. 수레에 오르실 때에는 반드시 바르게 서서 끈을 잡으셨다.
17. 군자가 난세에 세상을 사는 것은 자유롭지 못하다.

1. 언어와 용모를 상황에 맞게 하셨다.

[해석 본문]

공자께서 마을에 계실 때에는 진실하여 말씀을 못하는 사람 같았다. (그러나) (공자께서) 종묘와 조정에 계실 때는 말씀을 잘하시되, 다만 삼가셨을 뿐이다.

공자 어향당 순순여야 사불능언자 기재종묘조정 변변언
孔子 於鄕黨에 恂恂如也하며 似不能言者하니라 其在宗廟朝廷에 便便言하시나

유근이
唯謹爾하시다

[배경 설명]

고향마을, 종묘와 조정에서 생활하던 공자의 언행을 기록하고 있다. 於(어)는 있다, 鄕黨(향당)은 종친이 모여 사는 고향마을, 恂(순)은 진실하다, 宗廟(종묘)는 사당, 便(변)은 말을 잘하다, 唯(유)는 다만, 謹(근)은 삼가다, 爾(이)는 뿐을 뜻한다.

말씀을 못하는 사람 같다는 것은 겸손하고 온순하여 어짊과 지혜로써 남에게 앞서려고 하지 않는 것이다. 종묘(宗廟)는 조상을 모시고 제사를 지내는 곳이니, 절차와 예법이 중요하여 엄숙하게 말씀하셨다. 조정(朝廷)은 정사를 하는 곳이니, 말을 명확히 하여 자세히 묻고 정성을 다할 수밖에 없는 곳이다. 종묘나 조정에서 일을 할 때는 편하게 말을 잘 하였지만 단지 신중하셨다. 따라서 공자께서 향당, 종묘와 조정에 계실 때 언어와 용모를 상황에 맞게 하셨다.

[단문 설명]

▶ 孔子於鄕黨 공자어향당 공자께서 마을에 계시다. 於: 있다, 존재하다. 鄕黨: 마을.

▶ 恂恂如也 순순여야 진실하다. 恂: 진실하다. 如: 형용사형 접미사. 也: 서술종결사.

▶ 似不能言者 사불능언자 말씀을 못하는 사람 같았다. 似: 같다. 不能言者: 말을 못하는 사람.

▶ 其在宗廟朝廷 기재종묘조정 (그러나) (공자께서) 종묘와 조정에 계시다. 其: 발어사. 在: 있다. 宗廟: 조상에게 제사를 지내는 사당. 朝廷: 정사(政事)하는 곳.

▶ 便便言 변변언 말씀을 잘하시다. 便: 잘하다.

▶ 唯謹爾 유근이 다만 삼가셨을 뿐이다. 唯: 다만. 謹: 삼가다. 爾: 뿐, 따름(而已).

2. 강직하고 분명하게, 온화하고 근엄하게 말씀하셨다.

[해석 본문]

조정에서 하대부와 말씀하실 때에는 강직하시며, 상대부와 말씀하실 때에는 온화하셨다. 임금이 있을 때에는 공손하고 삼가면서 근엄하셨다.

_{조 여하대부언}   _{간간여야}   _{여상대부언}   _{은은여야}   _{군재}
朝 與下大夫言에 **侃侃如也**하시며 **與上大夫言**에 **誾誾如也**하시다 **君在**에
_{축적여야}   _{여여여야}
踧踖如也하시며 **與與如也**하시다

[배경 설명]

임금이 조정에 오기 전에 미리 참석한 하대부와 상대부 간의 대화, 임금이 도착하여 조회가 시작된 후의 공자의 모습을 기록하고 있다. 侃(간)은 강직하다, 誾(은)은 온화하다, 踧(축)은 공손하다, 踖(적)은 삼가다, 與(여)는 근엄하다를 뜻한다.

주나라의 계급은 제후(諸侯), 경(卿), 하대부(下大夫), 사(士)가 있었다. 경(卿)은 상대부(上大夫)이다. 제후는 주나라 천자로부터 각 지역을 분봉받아 영내의 백성을 실질적으로 지배하는 권력가였다. 주나라 초기에 제후국은 71개국으로 이 중 주나라 왕실과 같은 희(姬)성을 가진 동성 제후는 53개국, 나머지는 전쟁에서 공을 세운 이성(異姓) 제후였다.

공자는 하대부였으니, 상대부보다 신분이 낮았다. 君은 제후로 定公(정공)일 것이다. 신하들이 해뜨기 전에 조정에 들어갔고, 군주는 해가 뜨면 입궐하여 조회를 했다. 종묘는 절차와 예법이 중요하여 말을 분명히 하였고, 조정은 자세히 묻고 정성을 다했다. 공자께서 조정에 계실 때에 신분에 따라 말씀이 같지 않았다. 따라서 공자께서는 하대부에게 강직하고, 상대부에게는 온화하고 기쁘게, 임금에게는 공손하고 격식 있게 말씀하셨다.

[단문 설명]

▶ **朝與下大夫言** 조여하대부언 조정에서 하대부와 말씀하다. 朝: 조정. 與: 와.

▶ **侃侃如也** 간간여야 강직하시다. 侃: 강직하다. 如: 형용사형 접미사.

▶ **與上大夫言** 여상대부언 상대부와 말씀하다.

▶ **誾誾如也** 은은여야 온화하셨다. 誾: 온화하다, 기쁘다.

▶ **君在** 군재 임금이 있다. 君在: 임금이 조회(朝會)를 볼 때.

▶ **踧踖如也** 축적여야 공손하고 삼가다. 踧: 공손하다. 踖: 삼가다.

▶ **與與如也** 여여여야 근엄하셨다. 與: 근엄하다.

 3. 귀빈을 예법에 맞게 접대하여 귀빈은 만족하여 잘 돌아갔다.

[해석 본문]

임금이 (공자를) 불러 귀빈을 (영접하게) 명하니, 안색이 변하고 발걸음이 빨라지셨다. 같이 서있는 (귀빈에게) 읍할 때에는 손을 좌우로 하셨는데, 옷의 앞과 뒤가 가지런하셨다. 빨리 나가실 때는 조심하시는 듯하셨다. 귀빈이 물러간 뒤에는 반드시 복명하셨다. "귀빈은 돌아보지 않고 (잘 갔습니다.)"

　　　　군　　소 사 빈　　　　색 발 여 야　　　　족 확 여 야　　　읍 소 여 립　　좌 우 수
君이 **召使擯**이시니 **色勃如也**하시며 **足躩如也**러시다 **揖所與立**에 **左右手**하시니

　　　의 전 후　첨 여 야　　　　추 진　　익 여 야　　　　　　빈 퇴　　　필 복 명 왈 빈 불 고 의
衣前後 襜如也하시다 **趨進**에 **翼如也**하시다 **賓退**어든 **必復命曰 賓不顧矣**하시다

[배경 설명]

임금의 명으로 사신을 접대하시고 보고하시는 복명의 모습이다. 召(소)는 부르다, 使(사)는 시키다, 擯(빈)은 접대하다, 勃(발)은 낯빛이 변하다, 躩(확/곽)은 바삐 가다, 揖(읍)은 두 손을 앞 가슴에 대고 머리 숙여 정중하게 인사하다, 襜(첨)은 가지런하다, 翼(익)은 삼가다, 顧(고)는 뒤돌아보다를 뜻한다.

공자께서 노나라 정공 때 외빈을 접대하는 일을 주로 하셨다. 제나라 경공(景公)은 공자를 대부로 등용하려 했으나 안영 등의 반대로 좌절되어 다시 노나라로 돌아왔다. 안영(晏嬰)은 제나라의 명재상으로 영공(靈公), 장공(莊公), 경공(景公)을 섬겼고 평소 검소하게 살았다.

客(객)은 단순한 손님이나 擯(빈)은 격을 갖추어 대접해야 할 손님이다. 낯빛이 변하고, 발자국을 마음대로 떼지 못하고 조심하는 것은 모두 임금의 명령을 공경하기 때문이다. 함께 서있

는 사람은 빈(擯)이다. 왼쪽 사람에게 읍(揖)할 때에는 손을 왼쪽으로 하고, 오른쪽 사람에게 읍(揖)할 때에는 손을 오른쪽으로 하는 것이다.

정공은 노나라로 돌아온 공자를 등용하였는데, 이때 공자가 외국 사신의 접대를 맡아 수행하던 모습을 제자들이 기술한 내용이다. 따라서 공자께서 귀빈을 예절에 맞게 접대하시고 무사히 돌아가게 했다는 것을 군주에게 보고하신 것이다.

[단문 설명]

▸ **君召使擯** 군소사빈 임금이 (공자를) 불러 귀빈을 (영접하게) 명하다. 召: 부르다. 使: 시키다. 擯: 접대하다. 儐(빈)과 같다.

▸ **色勃如也** 색발여야 안색이 변하다. 色: 얼굴빛. 勃: 낯빛이 변하다. 如: 형용사형 접미사.

▸ **足躩如也** 족확여야 발걸음이 빨라지셨다. 躩(확/곽): 바삐 가다.

▸ **揖所與立** 읍소여립 같이 서있는 (귀빈에게) 읍하다. 揖: 정중하게 인사하는 예절이다.

▸ **左右手** 좌우수 손을 좌우로 하셨다. 왼쪽을 향하여 읍하고 또 오른쪽을 향하여 읍하다.

▸ **衣前後 襜如** 의전후 첨여 옷의 앞과 뒤가 가지런하셨다. 襜: 가지런하다.

▸ **趨進 翼如也** 추진 익여야 빨리 나가실 때는 조심하는 듯하셨다. 趨: 빨리. 進: 나가다. 翼: 날개, 삼가다. 翼如: 조심하는 듯 하다.

▸ **賓退 必復命曰** 빈퇴 필복명왈 귀빈이 물러간 뒤에는 반드시 복명하셨다. 賓: 귀빈. 退: 물러가다. 復命: 복명하다. 명령을 집행하고 보고하다.

▸ **賓不顧矣** 빈불고의 귀빈은 돌아보지 않고 (잘 갔습니다.) 顧: 뒤돌아보다. 矣: 서술종결사.

 4. 임금을 모실 때에는 걸음걸이, 안색이나 말에서 조심하고 공손해야 한다.

[해석 본문]

(공자께서는) 대궐문에 들어가실 적에는 몸을 굽히듯 하여 (문이 좁아서) 들어가지 못하는 듯하셨다. 서 있을 때에는 문 가운데에 (서지) 않으시고, 다니실 때에는 문지방을 밟지 않으셨다. (임금이 있던 자리를) 지나실 적에는 안색이 변하시고, 발걸음은 빨라지셨으며 말씀은 삼가는 듯하셨다.

입공문 국궁여야 여불용 립부중문 행불리역 과위
入公門에 鞠躬如也하여 如不容이시다 立不中門하시며 行不履閾이시다 過位에

색발여야 족확여야 기언 사부족자
色勃如也하시며 足躩如也하시며 其言이 似不足者하시다

옷자락을 걷어올리고 대청에 오르실 적에 몸을 구부리시며, 숨을 죽이시어 숨쉬지 않는 듯하셨다. 나오시어 한 계단을 내려와서 얼굴의 (긴장을) 풀고 화평하게 하시며, 층계를 다 내려와서는 빨리 걸으시되 조심하는 듯하시며, 자기 자리에 돌아가서는 공손하시고 삼가셨다.

섭자승당 국궁여야 병기 사불식자 출강일등
攝齊升堂에 鞠躬如也하시며 屏氣하사 似不息者하시다 出降一等하시고

영안색 이이여야 몰계 추진익여야 복기위
逞顔色하시며 怡怡如也하시며 沒階하사 趨進翼如也하시며 復其位하시고

축척여야
踧踖如也하시다

[배경 설명]

조회에 참석하기 위해 궁궐을 출입하는 모습이다. 公門(공문)은 대궐문이다. 鞠(국)은 구부리다. 容(용)은 들어가다, 閾(역)은 문지방, 位(위)는 임금이 앉는 자리를 뜻한다.

鞠躬(국궁)은 존경의 표시로 몸을 약간 굽히는 것이다. 사대부가 대궐문을 출입할 때에는 문지방의 오른쪽을 사용하고, 몸을 약간 구부리고, 문지방을 밟지 않는다. 위(位)는 임금의 빈 자리인데, 문과 병풍의 사이에서 임금이 신하들을 기다리며 서 있는 곳이니, 임금이 있지 않더라도 그곳을 지날 때에는 공경해야 하고, 감히 빈 자리라고 해서 함부로 하지 않는다.

말은 부족한 듯이 한다는 것은 말을 감히 함부로 하지 않는 것이다. 당(堂)에 오를 때에는 두 손으로 옷자락을 잡아, 옷자락을 밟아 넘어져서 용모를 잃지 않도록 하기 위한 것이다. 지존(至尊)을 가까이 하므로 숨쉬는 모양을 엄숙하게 하는 것이다.

영(逞)은 긴장을 펴는 것이니, 높은 곳이 점점 멀어짐에 기운을 펴고 긴장되었던 얼굴을 펴는 것이다. 추(趨)는 빨리 걸어서 자기 자리로 나아가는 것이다. 자기 자리로 돌아와서 조심하는 것은 공경을 간직하는 것이다. 따라서 공자께서 조정(朝廷)에서 임금을 모시는 신하의 행동은 조심하고 공손해야 한다고 말씀하셨다.

[단문 설명]

▶ 入公門 입공문 (공자께서는) 궐문에 들어가실 적에는. 入: 들어가다. 公門: 대궐문.

▶ **鞠躬如也** 국궁여야 몸을 굽히듯 하여. 鞠: 구부리다. 躬: 몸. 如: 형용사형 접미사.

▶ **如不容** 여불용 (문이 좁아서) 들어가지 못하는 듯하셨다. 容: 들어가다.

▶ **立不中門** 립부중문 서 있을 때에는 문 가운데에 (서지) 않으시다. 立: 서다. 中: 가운데.

▶ **行不履閾** 행불리역 다니실 때에는 문지방을 밟지 않으셨다. 行: 가다. 履: 밟다. 閾: 문지방

▶ **過位** 과위 (임금이 있던) 자리를 지나실 적에는. 過: 지나다. 位: 임금이 앉는 자리.

▶ **色勃如也** 색발여야 안색이 변하시다. 色: 안색. 勃: 변하다.

▶ **足躩如也** 족확여야 발걸음은 빨라지셨다. 躩(확/곽): 바삐 가다.

▶ **其言似不足者** 기언사부족자 말씀은 삼가는 듯하셨다. 者: ~와 같다. 似不足: 부족하듯 하다.

▶ **攝齊升堂** 섭자승당 옷자락을 걷어올리고 대청에 오르실 적에. 攝: 걷다. 齊: 옷자락. 升: 오르다.

▶ **屛氣 似不息者** 병기 사불식자 숨을 죽이시어 숨쉬지 않는 듯하셨다. 屛: 숨을 죽이다. 似: 듯하다.
息: 숨쉬다. 者: ~와 같다.

▶ **出 降一等** 출 강일등 나오시어 한 계단을 내려오다. 出: 나오다. 降: 내려오다. 一等: 한 계단

▶ **逞顔色** 영안색 얼굴의 (긴장을) 풀다. 逞: 풀다. 顔色: 얼굴빛, 안색.

▶ **怡怡如也** 이이여야 화평하게 하시다. 怡: 화평하다, 즐거워하다.

▶ **沒階 趨進** 몰계 추진 층계를 다 내려와서는 빨리 걸으시다. 沒: 마치다, 끝나다. 趨進: 빨리 걷다.

▶ **翼如也** 익여야 조심하는 듯하시다. 翼: 조심하다, 삼가다.

▶ **復其位** 복기위 자기 자리에 돌아가다. 復: 돌아가다. 位: 자리.

▶ **踧踖如也** 축적여야 공손하고 삼가다. 踧: 공손하다. 踖: 삼가다.

 5. 얼굴은 평온하셨고, 개인적으로 만나보실 때에는 즐거워하셨다.

[해석 본문]

(공자께서) 규(圭)를 받으실 적에는 몸을 굽혀 무게를 못 이기는 듯하셨고, 들어올릴 때에는 읍(揖)하는 듯하셨고, 내릴 때에는 (물건을 남에게) 주는 듯하셨는데, 안색이 변하여 두려워하는 듯하셨으며, 발걸음이 종종걸음치고 뒤따라가시 듯하셨다. 예물을 바칠 때에는 얼굴은 평온하셨고, 개인적으로 만나실 때에는 즐거워하셨다.

집규　국궁여야　　여불승　　상여읍　　하여수　　발여전색
執圭에 鞠躬如也하사 如不勝하시며 上如揖하시고 下如授인데 勃如戰色하시며

족축축여유순　　향례　유용색　　사적　유유여야
足蹜蹜如有循하시다 享禮에 有容色하시며 私覿에 愉愉如也하시다

[배경 설명]

공자가 노나라 정공의 사신이 되어 이웃 제후국들을 방문했을 때 제후를 만나서 신용장인 규(圭)를 제출하고, 공적 예물과 사적 예물을 바칠 때의 모습을 기술한 것이다. 圭(규)는 천자가 제후를 봉할 때 내리던 신표(信標), 鞠(국)은 굽히다, 勝(승)은 이기다, 勃(발)은 변하다, 循(순)은 뒤따라가다, 色(색)은 평온하다, 愉(유)는 즐거워하다를 뜻한다.

공자께서 군주의 기구를 잡을 때 무게가 가볍더라도 무게를 이기지 못하듯이 해서 공경하고 조심하셨다. 규(圭)를 올리고 읍(揖)할 때는 손이 가슴과 나란히 해야 한다. 물건을 내릴 때 안색이 변하여 두려워하는 듯하셨으며, 앞꿈치를 들고 뒤꿈치를 끌고, 걸음이 땅에서 떨어지지 않아 마치 물건을 따르는 것과 같이 하셨다.

향례(享禮)는 예를 갖춰 인사드릴 때 상대방에게 주는 선물이다. 방문이 끝나고 연향(燕享: 국빈을 접대하는 잔치)을 베푸는데, 마당에 각종 예물(禮物)을 진열해 놓는다. 따라서 공자께서 외국 사신으로 가셨을 때 제후에 대한 예절을 기록한 것이다.

[단문 설명]

▶ **執圭** 집규 (공자께서) 규를 받으시다. 執: 잡다. 圭: 제후가 천자를 만나거나 제후끼리 회동할 때 또는 사신이 다른 나라의 제후를 만날 때 손에 들던 패.

▶ **鞠躬如也, 如不勝** 국궁여야 여불승 몸을 굽혀 (무게를) 못 이기는 듯하시다. 鞠: 굽히다. 躬: 몸.

▶ **上如揖** 상여읍 들어올릴 때에는 읍하는 듯하시다. 上: 들어올리다. 如: 듯하다. 揖: 읍하다.

▶ **下如授** 하여수 내릴 때에는 (물건을 남에게) 주는 듯하시다. 下: 내리다. 授: 주다.

▶ **勃如戰色** 발여전색 (안색이) 변하여 두려워하는 듯하시다. 勃: 변하다. 戰: 두려워하다

▶ **足蹜蹜如有循** 족축축여유순 발걸음이 종종걸음치고 뒤따라가시 듯하시다. 蹜: 종종걸음치다. 循: 뒤따라가다.

▶ **享禮有容色** 항례유용색 예물을 바칠 때에는 얼굴은 평온하셨다. 享禮: 사신이 방문국 제후에게 예물을 바치는 의례. 享: 드리다. 容: 얼굴. 色: 평온하다.

▶ **私覿愉愉如也** 사적유유여야 개인적으로 만나실 때에는 즐거워하셨다. 覿: 보다. 愉: 즐거워하다.

6.1. 평상복에는 감색과 붉은색으로 옷깃에 선을 두르지 않았다.

[해석 본문]

군자께서는 군청색과 붉은색으로 옷의 가장자리 선을 만들지 않으셨으며, 다홍색과 자주색으로 평상복을 만들어 (입지) 않으셨다.

군 자　　불 이 감 추　　식　　　 홍 자　　불 이 위 설 복
君子는 **不以紺緅**로 **飾**하시며 **紅紫**로 **不以爲藝服**하시다

[배경 설명]

군자의 의복 예법이다. 紺(감)은 군청색, 緅(추)는 붉은색, 飾(식)은 옷의 가선, 紅(홍)은 다홍색, 紫(자)는 자주색, 不以(불이)는 ~하지 않다, 爲(위)는 만들다, 藝服(설복)은 평상복을 뜻한다.

감색과 붉은색은 재계하거나 삼년상의 소상에 입는 연복의 장식이다. 군자의 평상복에는 감색과 붉은색으로 옷깃에 선을 두르지 않았다. 홍색(紅色)과 자색(紫色)은 간색(間色: 두 가지 이상의 색을 혼합한 색)으로 부인과 여자의 옷에 가까운 색깔이니, 군자가 설복(藝服), 즉 일상생활에 입는 복장에는 그 색깔의 천을 쓰지 않았다.

[단문 설명]

▶ **不以紺緅飾** 불이감추식 군청색과 붉은색으로 옷의 가장자리 선을 만들지 않으셨다. 不以: ~하지 않는다. 紺: 군청색. 緅: 붉은색. 飾: 동정이나 소매의 가장자리 선.

▶ **紅紫 不以爲藝服** 홍자 불이위설복 다홍색과 자주색으로 평상복을 만들어 (입지) 않으셨다. 紅: 다홍색. 紫: 자주색. 不以: ~하지 않다. 爲: 만들다. 藝服: 평상복.

 6.2. 여름에는 칡베로 만든 홑옷을 입으셨다.

[해석 본문]

더위를 만나면 칡베로 만든 홑옷을 입으셨고, 반드시 (다른) 겉옷을 입으시고 외출하셨다.

當暑하면 袗絺綌을 必表而出之하시다

[배경 설명]

여름철의 의복에 관한 말씀이다. 當(당)은 만나다, 暑(서)는 더위, 袗(진)은 홑옷을 입다, 絺(치)
는 고운 칡베 옷, 綌(격)은 굵은 칡베 옷, 表(표)는 겉옷을 입다, 出(출)은 외출하다를 뜻한다.

여름철에는 칡베로 만든 홑옷을 입고 집에서 생활하시다가 외출하실 때는 반드시 겉옷을 걸
치고 나갔다. 따라서 더울 때에도 평복과 외출복을 구분하셨다.

[단문 설명]

▶ **當暑 袗絺綌** 당서 진치격 더위를 만나면 칡베로 만든 홑옷을 입으셨다. 當: 만나다, 당하다. 暑:
더위. 袗: 홑옷을 입다. 絺: 고운 칡베로 만든 옷. 綌: 굵은 칡베로 만든 옷.

▶ **必表而出之** 필표이출지 반드시 (다른) 겉옷을 입고 외출하다. 表: 겉옷을 입다. 而: 순접. 出: 외
출하다. 之: 거기.

 6.3. 흰 옷에는 흰색 사슴가죽으로 갖옷을 입으셨다.

[해석 본문]

검은 옷에는 어린 양의 가죽으로 만든 갖옷을 (입고), 흰 옷에는 사슴 가죽으로 만든 갖옷을
(입고), 누런 옷에는 여우 가죽으로 만든 갖옷을 (입으셨다).

緇衣엔 羔裘오 素衣엔 麑裘오 黃衣엔 狐裘하시다

[배경 설명]

흰 옷에는 흰색 사슴 가죽으로 갖옷을, 누런 옷에는 누런색 여우 가죽으로 갖옷을 대어 입으
셨다. 천의 색상에 맞는 짐승의 가죽을 써서 그 색깔을 맞추었다. 따라서 옷의 조화를 이루셨다.

[단문 설명]

▶ 緇衣羔裘 치의고구 검은 옷에는 어린 양의 가죽으로 만든 갖옷을 (입다). 緇: 검은색. 羔: 새끼 양. 裘: 갖옷(짐승의 모피로 만든 옷).

▶ 素衣麑裘 소의예구 흰 옷에는 사슴 가죽으로 만든 갖옷을 (입다). 素: 흰. 麑: 사슴의 새끼.

▶ 黃衣狐裘 황의호구 누런 옷에는 여우 가죽으로 만든 갖옷을 (입다). 狐: 여우.

6.4. 평상시에 입는 갖옷은 길게 하되 오른쪽 소매는 짧게 하셨다.

[해석 본문]

　평상시에 입는 갖옷은 길게 하되 오른쪽 소매는 짧게 하셨다. 반드시 잠옷이 있었고, 길이가 한 몸 반이었다. 여우와 담비의 두꺼운 (갖옷을) (입으시고) 거처하셨다.

　　　　설구　　장　　단우메　　　필유침의　　　장　　일신유반　　　호락지후
　　褻裘는 長하되 短右袂하시다 必有寢衣이시고 長이 一身有半이다 狐貉之厚로
　이 거
　以居하시다

[배경 설명]

　집에서 입는 갖옷은 길게 입으셨지만, 활동을 편리하게 하기 위해 오른 쪽 소매는 짧게 하셨다. 잠잘 때 입는 잠옷이 있었는데, 그 길이는 한 몸 반이었다. 평상시에는 털이 두터운 가죽을 입으셨다. 따라서 보온과 활동에 맞는 옷을 입으셨다.

[단문 설명]

▶ 褻裘長 短右袂 설구장 단우메 평상시에 입는 갖옷은 길게 하되 오른쪽 소매는 짧게 하셨다. 褻裘: 평복. 長: 보온을 위해 길게 하다. 短: 일을 편리하게 하기 위해 짧게 하다. 袂: 소매.

▶ 必有寢衣 長一身有半 필유침의 장일신유반 반드시 잠옷이 있었고, 길이가 한 몸 반이었다. 寢衣: 잠옷. 長: 길이. 一身: 한 몸. 有: 그리고, 와. 半: 반.

▶ 狐貉之厚 以居 호락지후 이거 여우와 담비의 두꺼운 (갖옷을) (입으시고) 거처하셨다. 狐: 여우. 貉: 담비. 厚: 두껍다. 居: 거처하다, 앉다.

6.5. 탈상한 뒤에는 패물을 착용하셨다.

[해석 본문]

탈상한 뒤에는 패물을 착용하셨다. 예복이 아니면 반드시 옷을 줄여서 입으셨다. 어린 양 가죽으로 만든 갓옷과 검은 관을 (쓰고) 조문하지 않으셨다. 매월 초하룻날에는 반드시 조복(朝服)을 (입고) 조회에 나가셨다.

거 상　　　　무소불폐　　　　비유상　　　필쇄지　　　　고구현관　　　불이조
去喪엔　**無所不佩**하시다　**非帷裳**이면　**必殺之**하시다　**羔裘玄冠**으로　**不以弔**하시다
길 월　　　필조복이조
吉月에　**必朝服而朝**하시다

[배경 설명]

초상에는 흰 옷을 주로 착용하고, 제사에는 검은 옷을 주로 착용한다. 조문(弔問)할 때에 반드시 옷의 색깔을 바꾸는데, 이는 죽은 이를 슬퍼하기 위해서이다. 길월(吉月)은 매월 초하루이다. 초하루 조회 때는 벼슬 위계에 따라 정해진 조복(朝服)을 입으셨다.

[단문 설명]

▶ **去喪 無所不佩** 거상 무소불패 탈상한 뒤에는 패물을 착용하셨다. 去喪: 탈상하다. 無所: ~하는 바가 없다. 佩: 패물을 착용하다.

▶ **非帷裳 必殺之** 비유상 필쇄지 예복이 아니면 반드시 옷을 줄여서 (입으셨다). 帷裳: 조회나 제사 때 입는 예복. 殺: 줄이다, 덜다, 잘라내다.

▶ **羔裘玄冠 不以弔** 고구현관 불이조 어린 양 가죽으로 만든 갓옷과 검은 관을 쓰고 조문하지 않으셨다. 羔: 어린 양. 裘: 가죽옷. 玄冠: 검은 관. 不以: ~으로써 ~하지 않다. 弔: 조문하다.

▶ **吉月 必朝服而朝** 길월 필조복이조 매월 초하룻날에는 반드시 조복을 (입고) 조회에 나가셨다. 吉月: 매월 초하룻날. 朝服: 조복을 입다. 朝: 조회에 나가다.

7. 재계할 때에는 반드시 깨끗한 옷을 입는다.

[해석 본문]

재계하실 때에는 반드시 깨끗한 옷을 입으셨는데, 베로 (만든 옷)이었다. 재계하실 때에는 반드시 음식을 바꾸시고 거처하는 자리도 옮기셨다.

재 필 유 명 의　　　　 포　　 재 필 변 식　　　　 거 필 천 좌
齊必有明衣하시니 布니라 齊必變食하시며 居必遷坐하시다

[배경 설명]

공자께서 제(祭)를 올리기 전에 재계(齋戒)하시는 행동을 기술한 내용이다. 齊(재)는 재계하다, 明衣(명의)는 목욕한 후 입는 깨끗한 옷, 布(포)는 삼베를 뜻한다.

재(齋)는 제사하는 사람들이 제사 전에 음식이나 행동을 삼가고 심신을 청결히 하는 것으로 행동에 금기가 많기 때문에 제계(齊戒)라고도 한다. 목욕재계(沐浴齋戒)·정진결재(精進潔齋)는 모두 제사를 받들기 전에 경계를 게을리하지 않고 심신을 정결하게 하며 근신하는 것이다.

재계(齋戒)는 신과 사귀는 것으로 몸과 마음을 깨끗이 하고, 평상시의 옷을 바꾸고, 공경을 다하는 것이다. 재계할 때에는 반드시 목욕하고, 목욕이 끝나면 명의(明衣)를 입는데, 이는 몸을 청결하게 하는 것이다. 옷은 베로써 만들었다. 명의(明衣)는 깨끗한 옷으로 낮에 입는 옷과 밤에 입는 옷이 구별되었다. 변식(變食)은 술을 마시지 않고 마늘을 먹지 않는 것이요, 천좌(遷坐)는 별도로 마련된 자리로 옮긴다는 뜻이다. 따라서 공자께서는 베로 만든 명의를 입으시고, 술과 마늘을 드시지 않고, 거처하는 자리를 옮겨 귀신과 교류하는 재계 과정을 설명하셨다.

[단문 설명]

▶ 齊必有明衣 布 재필유명의 포 재계하실 때에는 반드시 깨끗한 옷을 입으셨는데, 베로 (만든 옷)이었다. 齊: 재계하다. 明衣: 목욕한 후 입는 깨끗한 옷. 布: 칡베 또는 삼베.

▶ 齊必變食 재필변식 재계하실 때에는 반드시 음식을 바꾸시다. 즉, 술·마늘·파·생강 등 냄새가 나는 음식을 먹지 않는다. 變: 바꾸다. 食: 음식.

▶ 居必遷坐 거필천좌 거처하는 자리도 옮기셨다. 즉, 안방에서 사랑방으로 옮겨 여자와 함께 지내지 않는다. 居: 거처하다. 遷: 옮기다. 坐: 자리, 座와 같다.

8.1. 흰쌀밥과 가늘게 썬 회를 먹는다.

[해석 본문]

(공자께서는) 밥은 곱게 찧은 흰 쌀밥을 싫어하지 않으시며, 회는 가늘게 썬 것을 싫어하지 않으셨다.

사 불 염 정　　　회 불 염 세
食不厭精하시며 **膾不厭細**하시다

[배경 설명]

공자의 식사 예절과 식습관을 기록한 것이다. 음식에 대한 예절을 지키는 것은 건강한 식습관을 길러서 생명을 건강하고 행복하게 하기 위한 것이다.

食(사)는 밥, 精(정)은 깨끗이 찧은 쌀이다. 膾(회)는 소, 양과 어물의 날고기를 썰어놓은 것이다. 곱게 찧은 흰 쌀은 사람에게 영양을 좋게 하나 회가 거칠면 건강을 해칠 수 있다. 따라서 공자께서는 흰 쌀밥과 가늘게 썬 회를 좋아하셨다.

[단문 설명]

▶ **食不厭精** 사불염정 밥은 곱게 찧은 흰 쌀밥을 싫어하지 않다. 食(밥 사): 밥. 厭: 싫어하다. 精: 쌀을 곱게 찧다, 정미하다.
▶ **膾不厭細** 회불염세 회는 가늘게 썬 것을 싫어하지 않으셨다. 膾: 회. 細: 가늘다.

8.2. 상한 것, 빛깔이나 냄새가 나쁜 것, 미숙한 것은 먹지 않는다.

[해석 본문]

밥이 쉬어 맛이 변한 것, 생선이 상한 것과 고기가 부패한 것을 잡수시지 않으셨으며, 빛깔이 나쁜 것을 잡수시지 않으시고, 냄새가 나쁜 것을 잡수시지 않으셨으며, 알맞게 익지 않은 것을 잡수시지 않으시고, 제때가 아니면 잡수시지 않으셨다.

사 의 이 애　　어 뇌 이 육 패　　불 식　　　색 악 불 식　　　취 악 불 식
食饐而餲와 魚餒而肉敗를 不食하시며 色惡不食하시며 臭惡不食하시며

실 임 불 식　　　불 시 불 식
失飪不食하시며 不時不食하시다

[배경 설명]

상한 음식은 건강에 해로우니 먹지 않는다. 饐(의)는 밥이 습기와 열에 상한 것이고, 餲(애)는 맛이 변한 것이다. 餒(뇌)는 생선이 상한 것, 敗(패)는 고기가 부패한 것이다. 飪(임)은 날 것과 익은 것을 알맞게 요리하는 것이다. 불시(不時)란 오곡이 여물지 않았거나 과일이 미숙(未熟)한 것이다. 이런 것들은 모두 건강을 해치게 할 수 있어 먹지 않는다. 따라서 쉬고, 변하고, 상하고, 부패하고, 색이 변하고, 냄새가 나거나 익지 않은 음식은 드시지 않으셨다.

[단문 설명]

▶ **食饐而餲** 사의이애 밥이 쉬어 맛이 변한 것. 食(밥 사): 밥. 餲(쉴 애): 쉬다. 맛이 변하다.

▶ **魚餒而肉敗 不食** 어뇌이육패 불식 생선이 상한 것과 고기가 부패한 것을 먹지 않으셨다. 餒: 생선이 썩다. 而: ~와. 敗: 육류가 썩다.

▶ **色惡不食** 색악불식 빛깔이 나쁜 것을 잡수시지 않으시다. 色: 빛깔. 惡: 나쁘다.

▶ **臭惡不食** 취악불식 냄새가 나쁜 것을 잡수시지 않으셨다. 臭: 냄새. 惡: 나쁘다.

▶ **失飪不食** 실임불식 알맞게 익지 않은 것을 잡수시지 않으시다. 失: 벗어나다. 飪: 익다. 失飪: 알맞게 익지 않은 것.

▶ **不時不食** 불시불식 제때가 아니면 잡수시지 않으셨다. 不時: 제때가 아니다. 과일이나 곡식이 아직 성숙하지 않다. 不~不: 아니면~아니하다.

8.3. 모양이 반듯하고 간이 맞는 음식을 먹는다.

[해석 본문]

자른 모양이 반듯하지 않으면 잡수시지 않으시고, 간이 맞지 않으면 잡수시지 않으셨다. 고기를 비록 많이 (잡수시더라도 고기 기운이) 밥 기운을 누를 정도까지는 잡수시지 않으셨다.

割不正^{할부정}이면 不食^{불식}하시며 不得其醬^{부득기장}이면 不食^{불식}하시다 肉雖多^{육수다}이라도 不使勝食氣^{불사승사기}하시다

[배경 설명]

자른 모양이 반듯하지 않은 것을 먹지 않음은 잠깐이라도 바름을 떠나지 않는다. 고기를 먹을 때에 간이 맞지 않으면 먹지 않는다. 이 두 가지는 사람에게 해는 없으나 다만 맛을 즐겁게 하여 단지 먹지 않을 뿐이다. 고기 기운이 밥 기운을 이기지 않도록 음식은 균형식을 한다.

[단문 설명]

▶ **割不正 不食** 할부정 불식 자른 모양이 반듯하지 않으면 잡수시지 않으시다. 割: 자르다, 자른 모양. 正: 반듯하다.
▶ **不得其醬 不食** 부득기장 불식 간이 맞지 않으면 잡수시지 않으셨다. 得: 알맞다, 적합하다. 醬: 장. 不得其醬: 간이 맞지 않다.
▶ **肉雖多** 육수다 고기를 비록 많이 (잡수시더라도). 肉: 고기. 雖: 비록.
▶ **不使勝食氣** 불사승식기 (고기 기운이) 밥 기운을 누를 정도까지는 잡수시지 않으셨다. 使: 사동사, ~하게 하다, 使 다음에 肉氣가 생략됨. 勝: 누르다, 능가하다. 食氣: 밥 기운.

 8.4. 술은 정신이 어지러울 지경까지는 마시지 않는다.

[해석 본문]

오직 술은 정해진 양이 없으셨는데, (정신이) 어지러울 지경까지는 (마시지) 않으셨다. 주점에서 산 술과 시장에서 산 포를 잡수시지 않으셨고, 생강을 그치지 않고 잡수셨으나 많이 잡수시지 않으셨다.

唯酒無量^{유주무량}한데 不及亂^{불급난}이시다 沽酒市脯^{고주시포}를 不食^{불식}하시며 不撤薑食^{불철강식}하시며
不多食^{부다식}이시다

[배경 설명]

술은 사람을 기쁘게 하므로 일정한 양을 정하지 않고 마시나 다만 취하지 않게 절도를 지킨다. 고(沽)와 시(市)는 모두 사는 것이다. 이는 정결하지 못하여 혹시라도 사람을 상하게 할까 두려워 먹지 않으나 생강은 신명(神明)과 통하고 더러움과 악취를 제거하므로 좋은 식품이다.

[단문 설명]

▸ **惟酒無量 不及亂** 유주무량 불급난 오직 술은 정해진 양이 없으셨는데, (정신이) 어지러울 지경까지는 (마시지) 않으셨다. 惟: 오직. 酒: 술. 量: 양. 及: 이르다. 亂: 어지럽다.

▸ **沽酒市脯 不食** 고주시포 불식 주점에서 산 술과 시장에서 산 포를 잡수시지 않으셨다. 沽: 사다. 市: 사다. 脯: 포(얇게 말린 고기).

▸ **不撤薑食 不多食** 불철강식 부다식 생강을 그치지 않고 잡수셨으나 많이 잡수시지 않으셨다. 撤: 치우다, 그치다. 薑: 생강. 食: 먹다.

8.5. 제사 고기에 관한 식습관을 기록한 것이다.

[해석 본문]

나라에서 제사지내고 (받은) 고기는 밤을 묵지 않으셨고, (집의) 제사에 (쓰인) 고기는 삼 일을 넘기지 않으셨으니, 삼 일을 넘기면 그것을 잡수시지 않으셨다.

제 어 공　　불 숙 육　　　제 육　　불 출 삼 일　　　출 삼 일　　불 식 지 의
祭於公에 **不宿肉**하시며 **祭肉**은 **不出三日**하시니 **出三日**이면 **不食之矣**니라

[배경 설명]

나라의 제사에 쓰인 고기는 돌아오는 즉시 나누어주고 밤을 넘기지 않으니, 신(神)의 은혜를 지체하지 않은 것이다. 집안의 제사에 쓰인 고기는 삼 일 안에 모두 나누어 주셨다. 삼 일이 지나면 고기가 반드시 부패해서 사람이 먹지 못한다.

[단문 설명]

▸ **祭於公 不宿肉** 제어공 불숙육 나라에서 제사지내고 (받은) 고기는 밤을 묵지 않으셨다. 祭: 제

사. 公: 나라, 군주. 宿: 묵다.

▶ **祭肉 不出三日** 제육 불출삼일 (집의) 제사에 (쓰인) 고기는 삼 일을 넘기지 않으셨다. 祭肉: 집의 제사에 쓰인 고기. 出: 나가다, 떠나다, 넘기다.

▶ **出三日 不食之矣** 출삼일 불식지의 삼 일을 넘기면 그것을 잡수시지 않으셨다. 出三日: 삼 일을 넘기다. 之: 삼 일이 넘은 고기.

8.6. 식사, 취침에 관한 습관을 기록한 것이다.

[해석 본문]

음식을 잡수실 때는 말씀하지 않으시며, 잠을 주무실 때는 말씀하지 않으셨다. 비록 거친 밥과 나물국이라도 반드시 제사하되, 반드시 엄숙하셨다.

식 불 어 　　　 침 불 언 　　　 수 소 사 채 갱 　　　 과 제 　　　 필 재 여 야
食不語하시고 **寢不言**이시다 **雖疏食菜羹**이라도 **瓜祭**하되 **必齊如也**이시다

[배경 설명]

식사 중이거나 취침 중에는 말하지 않고 엄숙하셨다. 祭(제)는 조상에게 먼저 음식을 바친 후 먹는다는 뜻이다. 음식을 먹기 전에 모든 음식을 조금씩 떠서 제기에 모은 다음 조상에게 먼저 바친 후에 먹는다. 공자께서는 비록 하찮은 음식이라도 엄숙하게 제(祭)하셨다.

[단문 설명]

▶ **食不語 寢不言** 식불어 침불언 음식을 잡수실 때는 말씀하지 않으시며, 잠을 주무실 때는 말씀하지 않으셨다. 食: 음식을 먹다. 寢: 잠을 자다.

▶ **雖疏食菜羹 瓜祭** 수소사채갱 과제 비록 거친 밥과 나물국이라도 반드시 제사(祭祀)하였다. 雖: 비록. 疏食: 거친 밥. 菜羹: 나물국. 瓜(오이 과)는 必(반드시 필)의 오자.

▶ **必齊如也** 필재여야 반드시 엄숙하셨다. 齊(재): 엄숙하다.

9. 자리가 바르지 않으면 앉지 않으셨다.

[해석 본문]

자리가 바르지 않으면 앉지 않으셨다.

석 부 정　　부 좌
席不正이면 不坐하시다

[배경 설명]

공자의 착석 예절에 관한 기록이다. 성인(聖人)은 마음이 반듯해야 편안하므로 자리가 바르지 않으면 비록 자리가 작은 것이라도 거처하지 않으신 것이다. 따라서 공자께서는 사소한 일이라도 바르지 않은 것을 용납하지 않으셨다.

[단문 설명]

▶ 席不正 석부정 자리가 바르지 않다. 席: 자리. 正: 바르다.
▶ 不坐 부좌 앉지 않다. 坐: 앉다.

10. 노인을 보살필 줄 알고, 마을 행사에 참석하셨다.

[해석 본문]

마을 사람들이 술을 마실 적에 지팡이를 짚은 분이 (먼저) 나가면 (그제야 따라) 나가셨다. 마을 사람들이 굿을 할 적에는 조복을 (입고) 동쪽 계단에 서 계셨다.

향 인 음 주　　장 자 출　　사 출 의　　향 인 나　　조 복 이 립 어 조 계
鄕人飮酒에 杖者出이면 斯出矣하시다 鄕人儺에 朝服而立於阼階하시다

[배경 설명]

공자께서 향당(鄕黨)에 거처하신 일을 기록한 것이다. 鄕人(향인)은 마을 사람, 杖(장)은 지

316

팡이, 儺(나)는 역귀(疫鬼)를 쫓는 굿, 阼階(조계)는 동쪽 계단이다.

향음주례(鄕飮酒禮)는 마을 사람들이 함께 모여 술을 마시는 의례로 매년 음력 십이월에 모든 신에게 지내는 제사인 납제(臘祭) 때 거행된다. 지팡이를 짚은 분은 노인이니, 오십 세는 집에서 지팡이를 짚고, 육십 세는 향당(鄕黨: 고향 마을)에서 지팡이를 짚는다. 노인이 먼저 나가면 그제야 뒤따라 나가는 것이다.

나례(儺禮)란 전염병을 퍼뜨리는 역귀(疫鬼)를 쫓아내기 위하여 연말에 거행하던 행사이다. 이것은 선조와 귀신을 놀라게 할까 두려워해서 신들을 편안케 하고자 함이다. 조복(朝服)은 조정에 나아갈 때 입는 의복이다. 조정에 나아갈 때는 조복을 입으시지만 나례(儺禮)를 동의하지 않더라도 마을 행사인 굿에는 적극적으로 참여하셨다. 마을 사람들이 굿을 할 때에 주인이 올라가는 동쪽 계단에 서 계신 것은 마을 행사에 적극적으로 참석하고, 친목, 경로와 공동체 의식을 갖고 계셨기 때문이다. 따라서 공자께서는 지팡이 짚은 노인을 보살필 줄 알고, 마을에서 행하는 의식에 참석하여 마을 사람들을 존중하셨다

[단문 설명]

▶ 鄕人飮酒 향인음주 마을 사람들이 술을 마시다. 鄕人: 마을 사람. 飮: 마시다. 酒: 술.

▶ 杖者出 斯出矣 장자출 사출의 지팡이를 짚은 분이 (먼저) 나가면 (그제야 따라) 나가셨다. 杖: 지팡이. 出: 나가다. 斯: 조건 접속사, ~하면. 矣: 서술종결사.

▶ 鄕人儺 향인나 마을 사람들이 굿을 하다. 儺: 굿을 하다.

▶ 朝服而立於阼階 조복이립어조계 조복(朝服)을 (입고) 동쪽 계단에 서 계셨다. 朝服: 조정에 나아갈 때 입는 의복. 阼階: 동쪽 계단, 주인이 堂에 올라가는 계단.

 11. **안부를 묻으실 때에는 상대방을 공경하시고, 물건을 받으시면 신중하셨다.**

[해석 본문]

사람을 다른 나라에 (보내어) 안부를 물으실 적에는, (가는 사람에게) 두 번 절하고 보내셨다. 계강자가 약을 보내오자, (공자께서) 절하시고 약을 받으면서 말씀하셨다. "나는 (이 약을) 알지 못하기 때문에 감히 먹을 수가 없구나."

문 인 어 타 방　　　재 배 이 송 지　　　강 자 궤 약　　　배 이 수 지 왈 구 미 달
問人於他邦하실새 再拜而送之하시다 康子饋藥하니 拜而受之曰 丘未達하니
불 감 상
不敢嘗하니라

[배경 설명]

　문안 인사와 감사 인사에 대한 예와 정직에 관한 내용이다. 사신을 다른 나라에 보내 문안 인
사를 하거나 지위가 높은 대부가 보낸 약을 받는 공자의 행동에 관한 기록이다. 送(송)은 보내
다, 饋(궤)는 보내다, 嘗(상)은 먹다, 未達(미달)은 알지 못하다를 뜻한다.

　강자(康子)는 가장 큰 세력을 가지고 있던 노나라의 대부 계강자(季康子)이다. 물건을 받을
때 제후에게는 두 번 절하고 받는 것이 예법이다. 강자는 제후가 아니므로 공자는 한 번 절하고
약을 받았고, 공자가 사신에게 두 번 절한 것은 그 대상이 다른 나라의 제후이기 때문이다.

　음식물을 주면 반드시 맛보고 절하는데, 약(藥)의 성분을 알지 못하면 감히 먹을 수 없고,
받고서 먹지 않으면 남이 주는 것을 헛되게 하는 것이다. 마실 수 있는 것을 마시면 예(禮)이
고, 마실 수 없는 것을 마시지 않는 것은 정직(正直)이다. 따라서 공자께서는 안부를 물으실
때에는 상대방을 공경하시고, 물건을 받으실 때에는 매우 신중하셨다.

[단문 설명]

▶ 問人於他邦 문인어타방 사람을 다른 나라에 (보내어) 안부를 묻다. 問: 묻다. 人: 사람. 於: 위치,
　장소 전치사, ~에. 他: 다른. 邦: 나라.

▶ 再拜而送之 재배이송지 (가는 사람에게) 두 번 절하고 그를 보내셨다. 送: 보내다. 之: 가는 사람.

▶ 康子饋藥 강자궤약 계강자가 약을 보내오다. 康子: 대부 계강자. 饋: 보내다.

▶ 拜而受之 배이수지 (공자께서) 절하시고 약을 받다. 受: 받다. 之: 약.

▶ 丘未達 구미달 나는 (이 약을) 알지 못한다. 丘: 공자. 未達: 알지 못하다.

▶ 不敢嘗 불감상 감히 먹을 수가 없다. 敢: 감히. 嘗: 먹다.

12. 공자께서는 사람의 생명을 말보다 더 중시하셨다.

[해석 본문]

마구간에 불이 났는데, 공자께서 조정에서 물러나오시자 "(불로) 사람이 다쳤느냐?" 하셨으나 말에 대해서는 묻지 않으셨다.

구 분　　　　자 퇴조왈　상인호　　　불문마
廄焚이어늘 **子 退朝曰 傷人乎**하시나 **不問馬**하시다

[배경 설명]

공자의 인간생명 존중에 관한 기록이다. 廄(구)는 마구간, 焚(분)은 불나다, 退(퇴)는 물러나다, 朝(조)는 조정, 傷(상)은 다치다를 뜻한다.

짐승보다 인간에 대한 존엄을 기록한 것이다. 마구간에 불이 났으니, 공자가 타는 말이 상했을 수 있는데도 공자는 불을 끄다가 사람이 다치지는 않았는지 물으셨다. 말을 사랑하지 않는 것은 아니나 사람이 다쳤을까 두려워하는 뜻이 많다. 가축보다는 사람을 귀히 여기는 것은 마땅한 도리(道理)이다. 따라서 공자께서는 사람의 생명을 중시하셨다.

[단문 설명]

▶ **廄焚 子退朝** 구분 자퇴조 마구간에 불이 났는데, 공자께서 조정에서 물러나오시다. 廄: 마구간(馬廄間). 焚: 불나다. 子: 공자. 朝: 조정.

▶ **傷人乎?** 상인호? (불로) 사람이 다쳤느냐? 傷: 다치다. 乎: 의문종결사.

▶ **不問馬** 불문마 말에 대해서는 묻지 않으셨다.

13.1. 하사한 음식에도 예를 갖추었다.

[해석 본문]

임금께서 음식을 주시면 반드시 자리를 바르게 하고 먼저 음식을 맛보시고, 임금께서 날고기

319

를 주시면 반드시 익혀서 조상께 올리시고, 임금께서 살아있는 것을 주시면 반드시 그것을 기르셨다.

^군 ^{사 식} ^{필 정 석 선 상 지} ^군 ^{사 성} ^{필 숙 이 천 지} ^군
君이 賜食하시면 必正席先嘗之하시고 君이 賜腥하시면 必熟而薦之하시고 君이
^{사 생} ^{필 휵 지}
賜生하시면 必畜之하시다

[배경 설명]

공자께서 임금을 섬기시는 예를 기록했다. 공자께서는 임금이 음식을 하사할 때, 임금의 문병을 받을 때나 임금이 부를 때 임금을 섬기는 극진한 예를 갖추시었다.

자리를 바르게 하고 먼저 맛보는 것은 임금을 직접 대면하는 것 같이 하는 신하의 자세이다. 성(腥)은 날고기이니, 익혀서 조상에게 올리는 것은 임금의 선물을 영화롭게 하는 것이다. 산짐승을 죽이지 않고 기르는 것은 임금의 은혜를 존경하는 것이다.

[단문 설명]

▶ **君賜食** 군사식 임금께서 음식을 주시다. 君: 임금. 賜: 주시다. 食: 음식.

▶ **必正席 先嘗之** 필정석 선상지 반드시 자리를 바르게 하고 먼저 음식을 맛보시다. 正: 바르게 하다. 席: 좌석. 先: 먼저. 嘗: 맛보다, 먹다. 之: 음식.

▶ **君賜腥 必熟而薦之** 군사성 필숙이천지 임금께서 날고기를 주시면 반드시 익혀서 조상께 올리시다. 腥: 날고기. 熟: 익히다. 薦: 올리다. 之: 익힌 고기.

▶ **君賜生 必畜之** 군사생 필휵지 임금께서 살아있는 것을 주시면 반드시 그것을 기르셨다. 生: 살아있는 것, 산 짐승. 畜(기를 휵): 기르다. 之: 산 짐승.

13.2. 식사 중에도 예를 갖추었다.

[해석 본문]

임금을 모시고 식사할 때에 임금께서 감사 제사를 드리면 먼저 시식하셨다.

^{시 식 어 군} ^{군 제} ^{선 반}
侍食於君에 **君祭**어시든 **先飯**이시다

[배경 설명]

君祭(군제)는 군주가 고수레로 음식의 일부를 먼저 조상에게 올리는 것이다. 先飯(선반)은 먼저 임금을 위하여 조금씩 시식(試食)하는 것이다. 임금은 매일 한 번씩 성찬을 드는데, 선부(膳夫: 음식 담당 관원)가 제사할 음식을 올리고 맛보면 그제야 임금이 먹는다. 따라서 임금을 모시고 먹는 신하는 임금이 제(祭)하면, 자기는 제(祭)하지 않고 먼저 밥을 먹는 것이다.

[단문 설명]

▶ **侍食於君** 시식어군 임금을 모시고 식사하다. 侍: 모시다. 食: 식사하다. 於: 직접목적어, 을, 를.
▶ **君祭先飯** 군제선반 임금께서 감사 제사를 드리면 먼저 시식하셨다. 祭: 제식하다. 先: 먼저. 飯: 먹다, 시식(試食)하다.

13.3. 문병받을 때도 예를 갖추었다.

[해석 본문]

병이 들었을 때에 임금이 문병오시면, 머리를 동쪽으로 두시고, 조복(朝服)을 몸에 걸치고 띠를 그 위에 걸쳐놓으셨다.

^질 ^군 ^{시 지} ^{동 수} ^{가 조 복 타 신}
疾에 **君**이 **視之**이시면 **東首**하시고 **加朝服拖紳**이시다

[배경 설명]

문병을 친히 오신 임금에게 대하는 예법에 관한 내용이다. 疾(질)은 병이 들다, 視(시)는 문안하다, 加(가)는 입다, 朝服(조복)은 조정 의복, 拖(타)는 걸쳐놓다, 紳(신)은 띠를 뜻한다.

머리를 동쪽으로 두는 것은 생기(生氣)를 받기 위함이다. 병들어 누워 있어서 옷을 입고 띠를 맬 수 없으며, 또 평상복으로 임금을 뵐 수 없으니 조복(朝服)을 몸에 걸치고 큰 띠를 그 위에 걸쳐놓은 것이다. 병들어 누워 있어도 임금을 보는 자리이니, 예복을 갖춰 입고 신하가 군주를

321

북에서 남으로 보지 않기 위해 머리를 동쪽으로 두고 누워서 임금을 맞이하였다.

[단문 설명]

▶ **疾君視之** 질군시지 병이 들었을 때에 임금이 문병오시다. 疾: 병이 들다. 視: 문안하다. 之: 병.

▶ **東首** 동수 머리를 동쪽으로 두시고.

▶ **加朝服拖紳** 가조복타신 조복을 몸에 걸치고 띠를 그 위에 걸쳐놓으셨다. 加: 입다, 덮다. 朝服: 조정(朝廷)에 나아갈 때 입는 의복. 拖: 끌다, 걸쳐놓다. 紳: 띠.

13.4. 소명에도 예를 갖추었다.

[해석 본문]

임금께서 명하여 부르시면 수레에 말을 매는 것을 기다리지 않고 바로 가셨다. 태묘에 들어가서 매사를 물으셨다.

군 명소 불사가행의 입태묘 매사 문
君이 **命召**이시면 **不俟駕行矣**하시다 **入太廟**하사 **每事**를 **問**하시다

[배경 설명]

임금의 소환에 대한 준비 태도를 기록한 것이다. 命(명)은 명하다, 召(소)는 부르다, 俟(사)는 기다리다, 駕(가)는 명에 매다, 行(행)은 가다를 뜻한다.

군자는 수레가 준비되는 것을 기다려 타고 외출한다. 그러나 임금이 공자에게 궁으로 들어오라는 명을 내리면 수레가 준비되기를 기다리지 않고 바로 걸어서 출발하였다. 수레를 타지 않고 급히 걸어가다가 수레가 뒤에 따라오면 그때 수레를 타고 간다.

태묘(太廟)는 태조의 사당이니, 노(魯)의 주공(周公) 단(旦)의 사당이다. 공자가 태묘에 들어가는 일은 노의 公室(공실)이 태묘에서 주공에게 체제사를 올리는데 참여하는 것이다. 대화 상황은 공자께서 노나라의 대부 자격을 지닌 노정공 시절이다. 따라서 공자께서는 제사를 주관하시는 제관이 아니니 제관에게 매사를 물어보시고 행동하셨다.

[단문 설명]

▶ 君命召 군명소 임금께서 명하여 부르시다. 命: 명하다. 召: 부르다.

▶ 不俟駕行矣 불사가행의 수레에 말을 매는 것을 기다리지 않고 (바로) 가셨다. 俟: 기다리다. 駕: 멍에 매다. 行: 다니다, 가다.

▶ 入太廟 每事問 입태묘 매사문 태묘에 들어가서 매사를 물으셨다. 太廟: 역대 제왕의 위패를 모시는 사당. 노나라에서 주공을 모시는 사당.

 14. **벗 사이에는 재물을 함께하는 의리와 조상에 대한 지극한 공경이 있었다.**

[해석 본문]

벗이 죽어서 의탁할 곳이 없으면 "내 (집에) 빈소를 차리라." 하셨다. 벗의 선물은 비록 수레와 말이라도 제사에 쓰인 고기가 아니면 절하지 않으셨다.

붕우사　　　무소귀　　　왈　어아빈　　　붕우지궤　　　수거마　　　비제육
朋友死하여 **無所歸**면 **曰 於我殯**하시다 **朋友之饋**는 **雖車馬**라도 **非祭肉**이면
불배
不拜하시다

[배경 설명]

붕우 간의 우정과 의리에 관한 교훈이다. 朋(붕)은 같은 스승에게 배운 친구, 友(우)는 세상을 살아가면서 뜻을 같이 하는 친구이다. 殯(빈)은 빈소를 차리다, 饋(궤)는 선물을 뜻한다.

벗이 죽어서 의탁할 곳이 없으면, 즉 죽은 사람을 장례치를 사람이 없으면 빈소(殯所)를 차려 준다. 유족이 없는 친구가 죽었을 경우 공자께서는 자신의 집에 빈소를 차리시고, 그 친구의 상을 치러 주시었다. 붕우 간에는 재물을 통하는 의리가 있어야 한다. 비록 수레와 말 같은 큰 물건을 받으면 절하지 않으나 제사에 사용된 고기를 주면 절하고 받는 것은 벗의 조상을 공경하기 때문이다. 따라서 공자께서는 우정과 조상에 대한 존중과 공경이 지극하셨다

[단문 설명]

▶ 朋友死 無所歸 붕우사 무소귀 벗이 죽어서 의탁할 곳이 없다. 歸: 의탁하다, 의지하다.

▶ **於我殯** 어아빈 내 (집에) 빈소(殯所)를 차리라. 於我: 내 집에. 殯 빈소를 차리다.

▶ **朋友之饋** 붕우지궤 친구의 선물은. 饋: 선물.

▶ **雖車馬** 수거마 비록 수레와 말이라도.

▶ **非祭肉 不拜** 비제육 불배 제사에 쓰인 고기가 아니면 절하지 않으셨다. 非祭肉: 제사에 쓰인 고기가 아니면. 不拜: 절하지 않다.

5.1. 평상시에도 예모를 갖추셨다.

[해석 본문]

잠을 잘 때에는 (몸을) 죽은 사람처럼 (반듯하게) 눕지 않으시며, 집에 있을 때에는 근엄한 표정을 짓지 않으셨다.

침 불 시 거 불 용
寢不尸하시며 **居不容**이시다

[배경 설명]

공자께서는 잠잘 때나 휴식 중에도 반드시 예의 있는 용모를 갖추셨다. 尸(시)는 뻗어 누워서 죽은 사람과 같이 반듯하게 눕는 것이다. 居(거)는 집에 거처하는 것이고, 容(용)은 모양을 꾸미는 것이다. 잠잘 때는 죽은 사람처럼 눕지 않고, 집에 거처할 때는 근엄한 표정을 짓지 않는다. 따라서 공자께서는 반듯하게 눕지 않으시고, 근엄한 표정을 짓지 않으셨다.

[단문 설명]

▶ **寢不尸** 침불시 잠을 잘 때에는 (몸을) 죽은 사람처럼 (반듯하게) 눕지 않다. 寢: 잠을 자다. 尸: 죽은 사람처럼 반듯하게 눕다.

▶ **居不容** 거불용 집에 있을 때에는 근엄한 표정을 짓지 않으셨다. 居: 집에 있다. 容: 꾸미다, 근엄한 표정을 짓다.

15.2. 상복자, 관리, 맹인에게도 반드시 예모를 갖추셨다.

[해석 본문]

상복을 입은 자를 만나시면 비록 절친한 사이라도 반드시 (근엄한 표정으로) 고치시고, 면류관을 쓴 자와 맹인을 만나시면 비록 사석이라도 반드시 예모를 갖추셨다. 상복 입은 사람에게 (수레 옆을 잡고) 경례하시고 지도와 호적을 짊어진 자에게 (수레 옆을 잡고) 경례하셨다.

견 자 최 자　　　　수 압　　　　필 변　　　　견 면 자 여 고 자　　　　수 설　　　　필 이 모
見齊衰者하시면 雖狎이나 必變하시며 見冕者與瞽者하시면 雖褻이라도 必以貌하시다
흉 복 자　　식 지　　　　식 부 판 자
凶服者를 式之하시며 式負版者하시다

[배경 설명]

상주, 관원이나 맹인에 대한 예의와 공경을 기록한다. 齊衰(자최)는 상복, 狎(압)은 절친하다, 褻(설)은 사석에서 보는 것, 貌(모)는 예모로 예절에 맞는 몸가짐을 뜻한다. 式(식)은 수레의 손잡이니, 몸을 굽혀 경례하는 것이다. 負版(부판)은 지도와 호적이다. 부판을 지는 사람을 공경하는 것은 백성을 중하게 여기신 것이다. 따라서 공자께서는 슬프거나 불행한 사람이나 나라의 중요한 일을 하는 관원들에게는 언제나 예의를 갖추시고 공경하시었다.

[단문 설명]

▸ 見齊衰者 견자최자 상복(喪服) 입은 자를 만나시다. 見: 만나다. 齊: 상복. 衰: 상복.

▸ 雖狎 必變 수압 필변 비록 절친한 사이라도 반드시 (근엄한 표정으로) 고치시다. 雖: 비록. 狎: 친하다. 變: 고치다, 근엄한 표정으로 고치다.

▸ 見冕者與瞽者 견면자여고자 면류관을 쓴 자와 맹인을 만나시다. 見: 만나다. 冕者: 면류관을 쓴 자, 관리. 與: 와. 瞽者: 맹인.

▸ 雖褻 必以貌 수설 필이모 비록 사석이라도 반드시 예모를 갖추셨다. 雖: 비록. 褻: 친하다, 사석(私席). 以: 가지다, 지니다. 貌: 禮貌(예절에 맞는 몸가짐).

▸ 凶服者式之 흉복자식지 상복 입은 사람에게 (수레 옆을 잡고) 경례하시다. 凶服: 喪服. 式: 경례하다(軾). 之: 凶服者

▶ **式負版者** 식부판자 지도와 호적을 짊어진 자에게 (수레 옆을 잡고) 경례하셨다. 負: 짊어지다.
版: 지도(地圖)와 호적(戶籍).

 15.3. 주인에게 예모를 갖추셨다.

[해석 본문]

성찬을 받으시면 반드시 표정을 (근엄하게) 고치시고 일어나셨다. 빠른 우뢰와 비바람이 세
차면 반드시 (근엄한 표정으로) 고치시었다.

유성찬 　　　필변색이작　　　신뢰풍렬　　필변
有盛饌하시면 **必變色而作**이시다 **迅雷風烈**에 **必變**이시다

[배경 설명]

성찬(盛饌)보다는 주인에 대한 예우(禮遇) 때문에 근엄한 표정을 지으신 것이다. 풍성하게
잘 차린 음식을 식사할 때, 반드시 얼굴색을 엄숙하게 바꾸시고, 일어나셔서 그 식사를 맞이 하
셨는데, 이는 주인의 성의를 공경한 것이지 성찬에 예를 표하는 것은 아니다. 빠른 우뢰와 비바
람이 세차면 하늘이 진노(震怒)하는 것이니, 낯빛을 근엄하게 고치셨다.

[단문 설명]

▶ **有盛饌** 유성찬 성찬(盛饌)을 받으시면. 盛饌: 풍성하게 잘 차린 음식.
▶ **必變色而作** 필변색이작 반드시 표정을 (근엄하게) 고치시고 일어나셨다. 變: 고치다. 作: 일어
나다.
▶ **迅雷風烈 必變** 신뢰풍렬 필변 빠른 우뢰와 비바람이 세차면 반드시 표정을 (근엄하게) 고치시
었다. 迅: 빠르다. 雷: 우뢰. 風: 바람. 烈: 세차다.

326

16. **수레에 오르실 때에는 반드시 바르게 서서 끈을 잡으셨다.**

[해석 본문]

수레에 오르실 때에는 반드시 바르게 서서 끈을 잡으셨다. 수레 안에서는 (이리저리) 돌아보지 않으시며, 빨리 말씀하지 않으시며, 직접 손가락으로 가리키지 않으셨다.

승거　필정립집수　거중　불내고　부질언　불친지
升車에 必正立執綏하시다 車中에 不內顧하시며 不疾言하시며 不親指하시다

[배경 설명]

수레에 오르는 공자의 모습을 기록한 것이다. 綏(수)는 붙잡고 수레에 오르는 끈, 顧(고)는 돌아보다, 疾(질)은 빨리, 親(친)은 직접, 指(지)는 가리키다를 뜻한다.

수레에 탈 때는 바르게 서서 손잡이 끈을 잡으면 마음과 몸이 바르게 되어 마음이 성실하며 용모가 엄숙하고 공손해진다. 군자는 씩씩하고 공경스런 기풍이 있으니, 수레에 오르면 이러한 기풍이 자연스럽게 나타나는 것이다. 따라서 공자께서는 수레에 오르거나 안에서 다른 사람에게 불편을 주지 않고 예의에 맞는 행동을 하셨다.

[단문 설명]

▸ **升車 必正立 執綏** 승거 필정립 집수 수레에 오르실 때에는 반드시 바르게 서서 끈을 잡으셨다.
　升: 오르다. 車: 수레. 正立: 바르게 서다. 執: 잡다. 綏: 편안하다, 끈.

▸ **車中 不內顧** 거중 불내고 수레 안에서는 (이리저리) 돌아보지 않으시다. 內顧: 안을 돌아보다.

▸ **不疾言 不親指** 부질언 불친지 빨리 말씀하지 않으시며, 직접 손가락으로 가리키지 않으셨다.
　疾: 빨리. 親: 직접. 指: 가리키다.

 17. **군자가 난세에 세상을 사는 것은 자유롭지 못하다.**

[해석 본문]

(꿩이) (사람의) 안색을 보면 곧 날아서 빙빙 돈 뒤에 다시 내려 앉았다. 공자께서 말씀하시기

를, "산골 다리 위의 까투리들은 좋은 때를 만났도다! 좋은 때를 만났도다!" 자로가 (공자께) 꿩을 (잡아) 바치자, (공자께서는) 세 번 냄새를 맡고는 일어나셨다.

색 사 거 의　　상 이 후 집　　왈　산 량 자 치　시 재　시 재　　자 로 공 지
色斯擧矣하여 **翔而後集**이니라 **曰 山梁雌雉 時哉! 時哉**도다! **子路共之**한대
삼 후 이 작
三嗅而作하시다

[배경 설명]

　군자가 난세를 등지고 은거하는 삶을 묘사한 것이다. 色(색)은 꿩을 잡을 것 같은 사람의 안색을 보다, 擧(거)는 날아가다, 翔(상)은 빙빙 돌아 날다, 集(집)은 여러 새들이 나뭇가지에 내려앉다, 雌(자)는 까투리, 共(공)은 바치다, 作(작)은 일어나다를 뜻한다.

　새가 사람의 안색을 살펴보면서 날아와서 주변을 빙빙 돌면서 관찰한 다음에 안전한 곳에 내려앉으니, 사람이 거처할 곳을 잘 살펴 선택하는 것과 같다.

　時哉(시재)는 "꿩이 물을 마시고 모이를 쪼아먹는 제 때를 얻었다."를 뜻하는데, 자로가 시물(時物: 제철에 알맞은 음식)이라 오해하여 꿩을 잡아 올리니, 공자께서 잡수시지 않으시고 세 번 그 냄새를 맡으시고 일어나셨다. 공자께서 한낱 미물도 때를 아는 재주가 있음을 감탄하였는데, 자로가 꿩을 잡아 바치자 자로의 성의를 무시할 수 없어서 냄새만 맡으신 것이다. 따라서 군자가 난세에 세상을 사는 것은 자유롭지 못하다는 교훈이다.

[단문 설명]

▷ **色斯擧矣** 색사거의 (꿩이) (사람의) 안색을 보면 곧 날아오르다. 色: 안색을 보다. 斯: 조건 접속사, ~하면 곧. 擧: 날아가다.

▷ **翔而後集** 상이후집 빙빙 돈 뒤에 다시 내려 앉았다. 翔: 빙빙 돌아 날다. 而後: 이후. 集: 여러 새들이 나뭇가지에 내려앉다.

▷ **山梁雌雉** 산량자치 산골 다리 위의 까투리들은. 梁: 다리. 雌: 암꿩, 까투리. 雉: 꿩.

▷ **時哉! 時哉!** 시재! 시재! 좋은 때를 만났도다! 좋은 때를 만났도다! 時: 때를 만나다.

▷ **子路共之** 자로공지 자로가 (공자께) 꿩을 (잡아) 바치다. 共: 바치다. 之: 꿩.

▷ **三嗅而作** 삼후이작 (공자께서는) 세 번 냄새를 맡고는 일어나셨다. 嗅: 맡다. 作: 일어나다.

☞ 乎의 다양한 용법

- 의문, 반문: ~는가? ~인가?

- 추측, 단정: ~이겠지

- 가정: ~하면, ~이면

- 영탄: ~구나! ~도다!

- 전치사: ~ 에, ~에서, ~을

- 비교: ~보다

- 선택: ~인가? 아니면 ~인가?

- 호격: 아, ~이여

- 접미사: 형용사나 부사를 만드는 상태 접미사로 단독으로 해석하지 않는다.

부록

1. 공자의 생애

공자 시대는 주(周)나라의 질서가 무너져 매우 극심하게 혼란스러웠던 춘추시대였다. 공자(孔子: BC 551~BC 479)는 노(魯)나라 사람으로 사상가·학자이고, 이름은 구(丘), 자는 중니(仲尼)이다. 공자는 숙량흘(叔梁紇)과 세 번째 부인 안징재(顔徵在)의 소생이다. 숙량흘은 60세, 어머니는 16세에 공자를 낳았으며, 3세 때에 아버지가 돌아가시고 또한 24세에 어머니마저 돌아가셨으니 어린 시절은 극히 어려운 생활을 할 수밖에 없었다.

공자는 어린 시절을 가난하게 보냈고 성장해서 창고지기로 지내거나 목장에서 일하기도 하면서 근면하게 공부하였고, 드디어 주나라에 유학하여 예를 배워 스승이 되었다. 공자는 30세에 교육을 시작하고 35세에 자신의 정치이념을 실현하기 위해 노나라에서 제나라에 갔다가 다시 노나라로 돌아와 이십여 년 동안 제자들을 가르쳤다. 51세에 출사하여 재상에 올랐으나 55세에 벼슬에서 물러나고 노나라를 떠나 정치이념의 실현을 위해 14년 간 70여 나라를 주유했다. 그러나 공자는 많은 군주들에게 정치에 대해 자문을 해주었지만, 애석하게도 제대로 정치할 기회를 얻지 못하였다. 결국 68세에 고국으로 다시 돌아와 시경과 서경 등의 중국 고전을 정리하였고 후진양성에 전념하다 73세로 세상을 떠나셨으니, 성인의 서거는 인류에게 크나 큰 슬픔이었으나 성인의 업적은 후세에 길이 남을 영광이었다.

2. 연령의 명칭

나이	명칭	의미
10세	삼척동자(三尺童子)	10살이 채 안 된 아이, 주(周)나라의 척도에 1척(尺)은 두 살 조금 지난 아이의 키
15세	지학(志學)	학문에 뜻을 두는 나이
	六尺(육척)	
16세	과년(瓜年)	과(瓜)자를 파자(破字)하면 八八, 여자 나이 16세(8+8), 옛날에는 결혼 정년기
20세	약관(弱冠)	남자 나이 스무 살
	방년(芳年)	20세를 전후한 여자 나이, 꽃다운(芳) 나이(年)
30세	이립(而立)	학문의 기초를 세우는 나이
40세	불혹(不惑)	세상 일에 흔들리지 않을 나이
50세	지천명(知天命)	천명을 아는 나이
60세	이순(耳順)	말을 순응해 받아들이는 나이

61세	환갑(還甲)	환갑(還甲), 회갑(回甲)은 태어난 해의 간지(干支)로 돌아간다. 화갑(華甲)은
	회갑(回甲)	화(華)자를 파자(破字)하면 십(十)자 여섯 번과 일(一)자가 되어 61세
62세	진갑(進甲)	환갑 다음 해의 생일날로 새로운 갑자(甲子)로 나아간다(進).
64세	파과(破瓜)	瓜자를 破字하면 八八이 되는데 남자는 8×8로 64세, 퇴임할 때
70세	종심(從心)	마음대로 하여도 도리에 어긋나지 않는 나이
	고희(古稀)	인생 칠십은 예로부터 드문 일
71세	망팔(望八)	71세가 되면 80세까지 바라본다.
77세	희수(喜壽)	희(喜)자를 초서(草書)로 쓸 때 七十七처럼 쓰는 데서 유래
80세	산수(傘壽)	산(傘)자의 약자가 위에는 八, 아래는 十에서 유래
88세	미수(米壽)	미(米)자를 파자(破字)하면 八十八이 되는 데서 유래
90세	졸수(卒壽)	졸(卒)의 속자(俗字)가 九자 밑에 十자로 사용하는 데서 유래
91세	망백(望百)	91세면 백세를 바라본다.
99세	백수(白壽)	일백 백(百)에서 한일자를 빼면 흰 백자(白)가 되어 99세
100세	중수(中壽)	장수하는 인간의 중간 층
108세	다수(茶壽)	차 마시는 사람은 건강하다. 茶에서 ++변을 十으로 간주하면 열십자가 두 개인 20이 되고, 두개의 八변을 합하면 88이 된다. 20+88은 108이 된다.
111세	황수(皇壽)	황제(皇帝)의 나이
120세	상수(上壽)	하늘이 내린 수명, 천수(天壽)

3. 한문의 품사

　한문의 품사에는 실사와 허사가 있다. 실사(實辭)는 명사, 대명사, 동사, 형용사와 부사처럼 단독으로 어휘적 의미가 있지만, 허사(虛辭)는 단지 문법적 의미만 나타내고 단독으로는 어휘적 의미를 갖지 못한다. 허사는 고유한 뜻이 없이 문장 안에서 다른 말에 뜻을 도와주거나 이어주거나 끊어주는 역할을 한다. 실사는 실제로 해석되나 허사는 어감(語感)을 표시하거나 조사처럼 실사의 앞 뒤를 연결한다.

- **실사**: 명사, 대명사, 동사, 형용사, 부사
- **허사**: 접속사, 개사, 종결사, 감탄사

[표 1] 품사의 종류

명사(名詞)	보통명사, 고유명사, 추상명사, 수량명사, 불완전명사
대명사(代名詞)	인칭대명사, 지시대명사, 의문대명사
동사(動詞)	타동사, 자동사, 조동사

형용사(形容詞)	서술형용사, 수식형용사
부사(副詞)	의문부사, 한정부사, 시제부사, 가정부사, 강조부사, 반어부사, 발어사
접속사(接續詞)	단어와 단어, 구와 구 연결
개사(介詞)	전치사, 후치사
종결사(終結詞)	서술, 의문, 반어, 추측, 한정, 시제, 명령, 감탄
감탄사(感歎詞)	부름, 느낌, 놀람이나 응답을 나타내는 단어

1) **명사**: 사물이나 개념의 이름을 나타내는 품사
   - **보통명사**: 사물의 이름(水·土·木·花·江·山)
   - **고유명사**: 인명, 지명, 국명(孔子·江華·韓國·美國·柳舜根)
   - **추상명사**: 추상적 관념(仁·義·禮·智·信)
   - **수량명사**: 사물의 수량이나 차례(一·二·三·十·百)
   - **불완전명사**: 수식어가 필요한 명사(者·所: ~하는 것, ~하는 사람, ~하는 바)

2) **대명사**: 사람이나 사물, 장소 및 상태나 동작 등을 대신하는 품사
   (1) **인칭대명사**
   - **1인칭대명사**: 나, 자기, 과인, 짐(吾·我·余·予·己·小子·不肖·寡人·朕)
   - **2인칭대명사**: 너, 당신, 그대(汝·女·子·君·若·爾·之·乃·公·先生)
   - **3인칭대명사**: 그 사람, 저 사람(彼·夫·其·之·他)
   - **부정칭대명사**: 누구, 어떤 사람, 아무개(誰·孰·或·某)

   (2) **지시대명사**
   - **근칭대명사**: 이, 이것(此·是·斯·茲·之·諸·焉)
   - **중칭대명사**: 그, 그것(其·厥)
   - **원칭대명사**: 저, 저것(彼·夫)

   (3) **의문대명사**
   - 누구, 무엇, 어디, 어느, 어떤(誰·孰·何·安·惡·焉·奚)

3) **동사**: 사람이나 사물의 동작이나 행위를 나타내는 품사
   (1) **타동사**: 목적어가 필요한 동사(臣事君: 신하는 임금을 섬긴다.)
   (2) **자동사**: 목적어가 필요하지 않은 동사(花開: 꽃이 피다.)
   (3) **조동사**
   - **가능조동사**: 할 수 있다(可·能·得·足·可以·足以·得以)
   - **부정조동사**: 않다, 하지 않다, 못하다, 아니다(不·弗·未·莫·非)

335

- **금지조동사**: 하지 마라(毋 · 無 · 勿 · 莫 · 不)
- **사역조동사**: 하여금 ~하게 하다(使 · 令 · 敎 · 俾)
- **피동조동사**: 하게 되다, 당하다(被 · 見 · 爲 · 於 · 于 · 乎 · 爲 ~所)
- **소망조동사**: 하고자 하다(欲 · 願 · 請)
- **당위조동사**: 당연하다, 마땅하다, 모름지기 ~하다(當 · 宜 · 應 · 須 · 要)

4) **형용사**: 사람이나 사물의 성질이나 상태를 나타내는 품사
- **서술형용사**: 山**高**水**長**(산고수장): 산은 높고 물은 길다.
- **수식형용사**: **知**者**不**惑(지자불혹): 지혜로운 자는 미혹되지 않는다.
- **특수형용사**: 難 · 易 · 多 · 少 · 寡 · 鮮 등이 술어인 경우 보어가 오며, 보어는 주어처럼 해석한다.

5) **부사**: 동사나 형용사 또는 다른 부사를 수식하는 품사
- **의문부사**: 어찌(豈 · 安 · 惡 · 焉 · 曷 · 寧 · 奚 · 胡 · 何), 의문종결사 乎와 호응
- **한정부사**: 다만, 오직(但 · 只 · 惟 · 唯 · 獨 · 直 · 須 · 徒 · 必), 한정종결사 耳와 호응
- **시제부사**
  - **과거**: 이미, 일찍이(旣 · 已 · 嘗 · 曾)
  - **현재**: 바야흐로, 이제, 비로소, 마침내(方 · 今 · 正 · 時 · 卽)
  - **미래**: 장차(將 · 且 · 次)
- **가정부사**: 만약(若 · 如 · 雖 · 縱 · 苟 · 微 · 誠), 접속사 則과 호응
- **강조부사**: 하물며, 또한, 오히려, 반드시(況 · 亦 · 猶 · 尙 · 必 · 又)
- **반어부사**: 마땅히, 도리어(反 · 却 · 顧 · 敢 · 還 · 總)
- **정도부사**: 매우, 극히, 심히, 더욱, 한층, 가장(甚 · 至 · 極 · 益 · 太 · 最 · 畢)
- **범위부사**: 다, 각, 모두, 온통(皆 · 悉 · 共 · 各 · 盡 · 擧 · 咸 · 都)
- **발어부사**: 무릇, 대개, 대체로(夫 · 凡 · 槪 · 蓋)

6) **개사**: 명사(류)나 대명사(류) 등 앞에서 서술어와 연결해 주는 품사
(1) **전치사**
- **처소 · 대상**: ~에, ~에게(於 · 于 · 乎)
- **비교**: ~보다(於 · 于 · 乎)
- **목적**: ~을, ~를(於 · 乎)
- **피동**: 당하다(於 · 于 · 乎)
- **시발 · 유래**: ~부터(自 · 由 · 從)
- **동반**: 더불어(與)
- **원인**: 때문에, 이유(因 · 以 · 爲)
- **도구**: ~로써(以 · 用)
- **시간**: ~에(以)

(2) **후치사**: 명사 뒤에 위치하여 주격, 관형격과 목적격 역할

- **관형격**: ~의, ~하는, ~한(之)

  積善之家 必有餘慶(적선지가 필유여경): 선행을 쌓은 집안은 반드시 뒤에 경사가 있다.

- **주격**: 은, 는, 이, 가(之 · 者 · 也 · 也者)

  不患人之不己知也(불환인지부기지야): 남이 자기를 알아주지 않는 것을 근심하지 않는다.

  鳥之將死 其鳴也哀(조지장사 기명야애): 새는 장차 죽을 때에는 그 울음소리가 구슬프다.

- **목적격**: ~을, ~를(之)

  天命之謂性(천명지위성): 하늘이 명하는 것을 성이라 이른다.

- **부사격**: 부사어 강조(也 · 乎)

  必也使無訟乎(필야사무송호): 반드시 송사가 없도록 하겠다.

- **호격**: 야, 아(也 · 乎)

  參乎 吾道一以貫之(삼호 오도일이관지): 삼아, 나의 도는 하나로 꿰뚫느니라.

7) **접속사**: 단어와 단어, 어구와 어구, 문장과 문장 등을 연결해 주는 품사

- **병렬**: 와, 과, 및, 또한(與 · 及 · 且 · 若)
- **순접** 그리고, 그래서, 그렇다면, 그런 뒤, 이후, 이에(而 · 則 · 以 · 然則 · 然後 · 以後 · 乃)
- **역접**: 그러나, 그렇지만, 아니면(而 · 然 · 抑 · 但 · 況)
- **양보**: 비록, 아무리 ~하여도, ~일지라도(雖 · 縱)
- **가정**: ~하면, ~이면(而 · 則 · 卽 · 之 · 若 · 苟 · 如 · 使)
- **인과**: 그러므로, 때문에, 까닭으로, 이에(故 · 因 · 乃 · 由 · 以 · 便 · 是以 · 是故 · 以故 · 於是 · 則)

8) **종결사**: 문장의 끝에 붙어 서술, 의문, 반어, 한정, 시제, 명령, 감탄 등을 나타내는 품사

- **서술종결사**: 이다, 있다, 하다(也 · 矣 · 焉 · 已)
- **의문종결사**: 냐? 가?(乎 · 耶 · 哉 · 與 · 歟 · 諸 · 也 · 矣 · 焉)
- **반어종결사**: 냐? 가?(乎 · 耶 · 哉 · 與 · 歟 · 諸 · 也 · 矣 · 焉)
- **추측종결사**: ~일 것이다(乎 · 耶 · 哉 · 與 · 歟 · 諸 · 也 · 矣 · 焉)
- **한정종결사**: ~일 뿐이다(耳 · 已 · 爾 · 耳矣 · 而已 · 而已矣)
- **시제종결사**: 과거(矣), 미래(焉)
- **명령종결사**: 하라(矣)
- **감탄종결사**: 하도다! 로다! 하구나! 하노라! 여!(焉 · 夫 · 哉 · 乎 · 與 · 兮)

9) **감탄사**: 문장의 밖에 독립적으로 놓이는 품사

- **아!**: 惡(오), 於(오), 嗚呼(오호), 噫(희), 於乎(오호), 嗟乎(차호)

10) **품사의 전용**: 본래의 품사가 다른 품사로 사용된다.

- **전성명사**: 다른 품사가 명사로 사용

  형용사(靑) → 명사: 靑出於藍(청출어람): 푸른 색이 쪽에서 나왔다.

- **전성형용사**: 다른 품사가 형용사로 사용

  조동사(可) → 형용사: 朝聞道夕死**可**矣(조문도석사가의): 아침에 도를 들어 깨달으면 저녁에 죽어도 좋다.

- **전성동사**: 다른 품사가 동사로 사용

  명사(君子) → 동사: 其爭也**君子**(기쟁야군자): 활쏘기에서의 다툼은 군자답다.

- **전성부사**: 다른 품사가 부사로 사용

  명사(何) → 부사: **何**以伐爲(하이벌위): 어찌 정벌할 수 있겠는가?

11) **문맥 상의 가정문**: 본래의 품사가 다른 품사로 사용된다.

- **문맥 상 가정문**

  朝聞道 夕死可矣(조문도 석사가의): 아침에 도를 들어 깨달으면 저녁에 죽어도 좋다.

  食淡精神爽 心淸夢寐安(식담정신상 심청몽매안): 음식이 담백하면 정신이 상쾌하고, 마음이 맑으면 꿈과 잠이 편안하다.

- **조건부정문**: 조건접속사(則)나 조건부사(若)가 생략되고 不, 無, 微로 유도되는 가정문

  幼而**不**學 老**無**所知(유이불학 노무소지): 어려서 배우지 않으면 늙어서 아는 것이 없다.

  人**無**遠慮 必有近憂(인무원려 필유근우): 사람이 멀리 생각하지 않으면 반드시 가까운 데서 근심이 있는 것이다.

  不經一事 **不**長一智(불경일사 부진일지): 한 가지 일을 겪지 아니하면 한 가지 지혜가 자라지 않는다.

  知足**不**辱 知止**不**殆(지족불욕 지지불태): 만족을 알면 욕되지 않고, 그칠 줄 알면 위태롭지 않다.

4. 문장의 성분

문장의 성분(成分)은 한 문장을 구성하는 요소로 주어, 서술어, 목적어, 보어, 관형어, 부사어, 독립어 등이 있다.

1) **주어**

주어(主語)는 문장의 주체가 되는 말로 명사나 대명사가 있다. '~은, ~는, ~이, ~가' 등의 주격조사를 붙여 해석한다.

- **君子**質而已矣(군자질이이의): 군자는 바탕일 뿐이다.
- **文**猶質也(문유질야): 꾸밈은 바탕과 같다.

2) **서술어**

서술어(敍述語)는 한 문장 속에서 주어의 동작, 성질, 상태 등을 서술하는 말로 동사나 형용사나 명사가 해당된다.

- 知者樂水(지자요수): 지혜로운 자는 물을 좋아한다.
- 天高馬肥(천고마비): 하늘은 높고 말은 살찐다.

3) 목적어

목적어(目的語)는 문장에서 동사의 동작의 대상이 되는 말이다.

- 信而好古(신이호고): 옛것을 믿고 좋아한다.

4) 보어

보어(補語)는 술어의 의미를 보충하는 말이다.

- 可以爲成人矣(가이위성인의): 완전한 인간이 될 수 있다.

5) 관형어

관형어(冠形語)는 체언 앞에서 체언의 뜻을 꾸며 주는 말이다.

- 少之時 血氣未定(소지시 혈기미정): 젊을 때엔 혈기가 안정되지 않았다.

6) 부사어

부사어(副詞語)는 술어 앞에 와서 술어를 수식하는 말이다.

- 知過必改(지과필개): 허물을 알면 반드시 고쳐라.

7) 독립어

독립어(獨立語)는 문장의 첫머리에 독립적으로 위치해서 문장 전체에 작용하는 말로 감탄, 호격, 응답이 해당한다.

- 嗚呼! 痛哉!(오호! 통재!): 아아! 슬프구나!

 5. 문장의 구조

한문 문장은 주어와 서술어의 결합이다. 서술어는 동사, 형용사, 명사이다.

- **기본 구조**: 주어+서술어
- **보조 구조**: 전치사+명사

[표-2] 문장의 구조

① 주술 문형	주어+서술어
② 주술보 문형	주어+서술어+보어
③ 주술목 문형	주어+서술어+목적어

1) 주술 문형: 주어+서술어

- 春來(춘래) 봄이 온다.
- 月明(월명): 달이 밝다.
- 天高馬肥(천고마비): 하늘이 높고 말이 살찐다.

2) 주술보 문형: 주어+ 서술어+보어

- 日出於東海(일출어동해): 해는 동해에서 떠오른다.
- 吾黨之直者異於是(오당지직자이어시): 우리 마을의 정직한 사람은 이와 다르다.
- 博學於文(박학어문): 학문을 널리 배우다.
- 孔子問老子以禮(공자문노자이례): 공자가 노자에게 예를 묻다.

3) 주술목 문형: 주어+서술어+목적어

- 知者樂水(지자요수): 지자는 물을 좋아한다.
- 德潤身(덕윤신): 덕은 몸을 윤택하게 한다.
- 溫故知新(온고지신): 예것을 익혀 새것을 안다.
- 我讀書於堂(아독서어당): 나는 집에서 책을 읽는다.
- 靑取之於藍 而靑於藍(청취지어람 이청어람): 청색은 그것을 쪽에서 취했지만 쪽보다 푸르다.

6. 성분의 도치

한문은 강조하거나 주의를 환기 위하여 성분의 순서를 바꾸는 경우가 많다.

1) 술어 도치: 주어와 서술어 도치

- **賢哉** 回也!(현재 안회!): 어질도다, 안회여! → 回也 賢哉!
- **善哉**問!(선재문!): 홀륭하구나, 네 질문이여! → 問善哉!

2) 목적어 도치: 목적어와 서술어 도치

- **何傷乎**?(하상호?): 무엇을 근심하는가? → 傷何乎?

- 不吾知也(불오지야) 나를 알아주지 않는다. → 不知吾也
- 己所不欲 勿施於人(기소불욕 물시어인): 자기가 원하지 않는 것을 남에게 시키지 말아라. → 勿施於人 己所不欲
- 恩義廣施 人生何處不相逢?(은의광시 인생하처불상봉?): 은혜와 의리를 널리 베풀어라. 인생 어느 곳에서 살든 서로 만나지 아니하랴?

3) 보어 도치: 의문대명사나 보어 강조
- 危邦不入 亂邦不居(위방불입 난방불거): 위험한 나라에 들어가지 말고 난이 일어난 나라에 살지 않는다. → 不入危邦 不居亂邦
- 子行三軍 則誰與?(자행삼군 즉수여?): 공자께서 삼군을 통솔하신다면 누구와 함께 하시겠습니까? → 與誰

4) 삽입 도치: 목적어 앞에 以, 목적어와 술어 사이 是·之 삽입
- 堯以天下與舜(요이천하여순): 요임금이 천하를 순임금에게 주었다.
- 過而不改 是謂過矣(과이불개 시위과의): 잘못을 저지르고도 고치지 않는 것을 잘못이라고 한다.
- 君臣是憂 惠之至也(군신시우 혜지지야): 임금이 신하들을 걱정하시니 은혜가 지극하다.
- 修道之謂敎(수도지위교): 도를 닦는 것을 가르침이라 한다.

7. 한문의 허사

허사(虛辭)는 실제적인 의미는 없으나 실사(實辭)를 도와서 문장의 어법 관계나 의미를 명료하게 하는 글자이다. 허사는 문장의 기능을 결정하고 어감(語感)을 표시하는 역할을 하고, 이에는 전치사, 후치사, 접속사와 종결사가 있다.

1) 於(=于, 乎): 於 뒤에 오는 말은 보어가 된다. 於, 于, 乎의 용법은 거의 같으나 乎는 때로 종결사로 쓰이는 것이 다르다.
- 처소: ~에, ~에서(於+장소)
  子路宿於石門(자로숙어석문): 자로가 석문에서 숙박했다.
- 시간: ~에, ~에서(於+시간)
  三歲之習 至于八十(삼세지습 지우팔십): 세 살 버릇이 여든까지 간다.
- 대상: ~에게, ~에
  己所不欲 勿施於人(기소불욕 물시어인): 자기가 하고 싶지 않은 것을 남에게 시키지 말라.

- **목적**: ~을, ~를

  三年無改於父之道(삼년무개어부지도): 삼 년 동안 부모의 도를 바꾸지 않아야 한다.

- **시발 · 유래**: ~에게, ~로부터

  出乎爾者 反乎爾(출호이자 반호이): 너에게 나온 것이 너에게로 돌아간다.

- **피동**: ~에게 ~를 당하다.

  禦人以口給 屢憎於人(어인이구급 누증어인): 말재주로 다른 사람을 막으면 자주 타인에게 미움 받는다.

- **비교**: ~보다

  苛政猛於虎(가정맹어호): 가혹한 정치는 호랑이보다 무섭다.

- **감탄**: 아!

  於戲 前王不忘(오희 전왕불망): 아! 전왕을 잊지 못하겠다.

2) **以**

- **도구 · 수단 · 방법**: ~으로, ~으로써, ~을 가지고

  孟母以刀 斷其織(맹모이도 단기직): 맹모는 칼로써 베를 잘라버렸다.

  君子以文會友(군자이문회우): 군자는 학문으로써 친구를 모은다.

- **자격**: ~으로서

  懷王以宋義爲上將(회왕이송의위상장): 회왕은 송의를 상장군으로 삼았다.

- **이유 · 원인**: ~때문에, ~로 인하여

  勿以惡小爲之(물이악소위지): 나쁜 짓은 아무리 작은 것이라 해도 하지 마라.

  一則以喜(일즉이희): 한편으로는 (오래 사셔서) 기쁘다.

- **목적**: ~을, ~를

  天子不能以天下與人(천자불능이천하여인): 천자는 천하를 남에게 주지 못한다.

- **순접**(시간상 선후관계): ~하여(以=而)

  殺身以成仁(살신이성인): 자신을 죽여 인(仁)을 이룬다.

- **시간 · 기간**: ~에, ~동안

  以十月祭天(이십월제천): 10월에 하늘에 제사지냈다.

- **동반**: ~와 더불어, ~을 거느리고

  庾信以兵進 而圍城(유신이병진 이위성): 유신이 병사를 거느리고 나가서 성을 포위하였다.

- **목적어 강조**: 목적어를 以 앞에 위치

  詩三百 一言以蔽之 曰 思無邪(시삼백 일언이폐지 왈 사무사): 시 300편은 한 마디로 개괄하면 생각에는 사악함이 없다는 것이다.

- **숙어**

  - **以A爲B**: A를 B라고 여기다(생각하다), A를 B로 삼다.

    天將 以夫子爲木鐸(천장 이부자위목탁): 하늘이 장차 선생님을 목탁으로 삼으실 것이다.

  - **所以**: ~인 까닭

敢問其所以異(감문기소이이): 감히 그것이 다른 까닭을 묻겠습니다.
- 可以~, 足以~: ~을 할 수 있다
俯不足以畜妻子(부부족이축처자): 아래로는 처자를 부양할 수 없다.

3) 之
- **소유격 후치사**: ~의
君子之德風 小人之德草(군자지덕풍 소인지덕초): 군자의 덕은 바람이고, 소인의 덕은 풀이다.
- **관형격 후치사**: ~하는, ~한
積善之家 必有餘慶(적선지가 필유여경): 선을 쌓는 집안에는 반드시 경사가 있다.
- **주격후치사**: 은, 는, 이, 가
鳥之將死 其鳴也哀(조지장사 기명야애): 새는 장차 죽을 때에는 그 울음소리가 구슬프다.
人之將死 其言也善(인지장사 기언야선): 사람은 장차 죽을 때에는 그 말이 착하다.
知松栢之後彫也(지송백지후조야): 소나무와 잣나무가 (다른 나무보다) 뒤늦게 시듦을 알 수 있다.
- **목적격 후치사**: ~을, ~를
道聽而塗說 德之棄(도청이도설 덕지기): 길에서 듣고 길에서 말하면 덕을 버리는 것이다.
- **동사**: 가다
之南之北(지남지북): 남으로 가고 북으로 가다.
- **지시대명사**: 그, 그것
結者解之 (결자해지): 맺은 사람이 그것을 풀어야 한다.
- **지시관형사**: 그(=其)
爲人後者 爲之子也(위인후자 위지자야): 남의 후사가 된 자는 그 사람 아들이 된다.
- **형식적 목적어**: (막연한) 어떤 것으로 굳이 해석하지 않는다
知之不如好之(지지불여호지): 아는 것은 좋아하는 것보다 못하다.
- **전치사**: ~보다(于)
目好之五色(목호지오색): 눈은 五色보다 좋아한다.
- **접속사**: ~와, ~과(與)
君立卿之宰(군립경지재): 왕은 경과 재를 임명하였다.

4) 而
- **순접접속사**: ~하고, ~하여, ~하면서
溫故而知新(온고이지신): 옛것을 복습하고 새것을 알다.
- **역접접속사**: 그러나, 그런데도
述而不作(술이부작): 옛것을 서술하되 새로운 것을 창작하지 않았다.
- **가정 · 조건접속사**: ~이면, ~하면
己欲立而立人(기욕립이립인): 자신이 서고자 하면 남도 서게 한다.

- **시간접미사**: 시간부사 뒤에 붙는다.

  今而(지금), 昨而(어제), 始而(비로소), 然而(그런데도), 旣而(이윽고, 드디어), 俄而(조금 있다가), 已而(얼마 지나서), 久而(오래도록), 時而(제때에), 五十而(오십에)

- **자격 · 신분 접속사**: ~로서

  人而無志 終身無成(인이무지 종신무성): 사람으로서 뜻을 세움이 없으면 종신토록 뜻을 이루지 못한다.

- **2인칭대명사**: 너, 그대, 당신

  夫差 而忘越人之殺而父耶?(부차 이망월인지살이부야?): 부차야, 너는 월나라 사람이 너의 아버지를 죽인 것을 잊었느냐?

- **한정종결사**: ~뿐

  忠恕而已矣(충서이이의): 충서일 뿐이다.

- **주어와 연결 접속사**: ~이면서

  君子而不仁者有矣夫(군자이불인자유의부): 군자이면서 어질지 못한 자가 있었다.

- **감탄종결사**: ~하구나! ~하도다!

  今之 從政者殆而!(금지 종정자태이!): 오늘날 정치하는 자들은 위태롭구나!

5) 則(즉)

- **가정접속사**: 만일 ~라면, ~하면, ~이면

  過則勿憚改(과즉물탄개): 잘못이 있으면 고치기를 꺼리지 말라.

- **순접접속사**: ~하고, ~하여

  入則事父兄(입즉사부형): (집에) 들어와서는 부형(父兄)을 섬기다.

  A則B: A이면 B이다, A하면 B하다.

  學而不思則罔(학이불사즉망): 배우기만 하고 생각하지 않으면 (지식이) 어둡다.

- **부사**: ~하자마자

  之一邦 則又曰(지일방 즉우왈): 어떤 나라에 가자마자 또 ~라고 말하다. 則: 부사, ~하자마자

- **주격조사**: 은, ~에 이르러서는

  今也則亡(금야즉무): 지금은 (그가) 없다.

  此則言者之過也(차즉언자지과야): 이것은 말한 사람의 과오이다.

  仁則吾不知也(인즉오부지야): 인은 나도 모르겠다.

- **부사 · 접속사**: 오히려, 그러나

  其餘則 日月至仁而已矣(기여즉 일월지인이이의): 다른 나머지 제자들은 오히려 하루나 한 달 동안 인에 미칠 뿐이다.

- **동사**: 법, 본받다

  唯堯則之(유요칙지): 오직 요임금만이 그것을 본받다. 則(칙): 본받다.

6) 也
- **서술**(은 ~이다): 문장의 끝에 오며 서술의 뜻이다.
  子産惠人也(자산혜인야): 자산은 자혜로운 사람이다.
- **원인 · 이유**(~하기 때문이다): 문장의 끝에 오며 원인 · 이유를 설명한다.
  不吾知也(불오지야): 나를 알아주지 않기 때문이다.
- **의문 · 반어 · 감탄**(인가? 하느냐? 하도다! 하구나!): 문장의 끝에 오며 의문 · 반어 · 감탄의 뜻이다.
  十世可知也(십세가지야): 열 세대 이후의 일을 알 수 있습니까?
  安求其能千里也(안구기능천리야): 어찌 하루에 천리를 달릴 수 있기를 바랄 수 있겠는가?
  何楚人之多也!(하초인지다야!): 어찌 초나라 사람이 많은가!
- **명령 · 금지**(하라, 하지 마라): 문장의 끝에 오며 명령 · 금지의 뜻이다.
  王如知此 則無望民之多於隣國也(왕여지차 즉무망민지다어린국야): 만약 왕이 이것을 안다면 백성이 이웃 나라보다 더 많아지는 것을 바라지 말라.
- **가정 · 조건**(만약): 문장의 가운데에 오며 가정 · 조건의 뜻이다.
  女與回也孰愈?(여여회야숙유?): 너와 회 가운데 누가 더 나은가?
- **강한 긍정 · 단정 · 확신 語氣**
  三軍可奪帥也 匹夫不可奪志也 (삼군가탈사야 필부불가탈지야): 삼군의 장수는 빼앗을 수 있으나 필부의 굳은 뜻은 빼앗을 수 없다.
- **어기 · 정지 · 주의 환기**: 문장 가운데 위치(단문), 앞절 끝에 위치(복문), 잠시 말을 정지하여 화자의 호흡을 조절하고 청자의 주의를 환기
  鳥之將死 其鳴也哀(조지장사 기명야애): 새는 죽으려 할 때 그 우는 소리가 애처롭다.
- **호격**(야): 인명 뒤에 위치하여 호격의 뜻이다.
  賜也 亦有惡乎?(사야 역유오호?): 사(賜)야, 미워하는 것이 있느냐?
- **也와 矣의 차이**
  也는 확정적 상황에서 단정적 서술어, 矣는 유동적 상황에서 가정적, 추상적 서술어

7) 矣
- **완료**(했다): 문장의 끝에 오며 완료의 뜻이다.
  吾必謂之學矣(오필위지학의): 내가 반드시 그를 평하여 배웠다.
- **감탄**(구나!): 문장 중에 오며 감탄의 뜻이다.
  久矣!(구의!): 오래되었구나!
- **의문**(가?): 문장 끝에 오며 의문의 뜻이다. 의문사와 호응한다.
  何如斯可謂之士矣?(하여사가위지사의?): 어찌해야 선비라고 할 수 있습니까?
- **명령**(하라): 문장 끝에 위치하며 명령의 뜻이다.
  來矣(래의): 오라.
- **가정**(하면): 문장 중에 오며 가정의 뜻이다.
  苟志於仁矣 無惡也(구지어인의 무악야): 참으로 인에 뜻을 둔다면 악한 짓을 하지 않는다

- **상황 전달·예상 표현**: 문장 끝에 위치하며 현 상황 전달, 예상 표현의 뜻이다.

  王無親臣矣(왕무친신의): 왕에게는 신임할 신하가 없어졌다.

  惑而不從師 其爲惑矣 終不解矣(혹이부종사 기위혹야 종불해의): 의문이 있으면서도 스승을 따르지 않는다면 그것이 의문이 되고 끝내 풀리지 않을 것이다.

- **상황 변화**: 형용사 뒤에 위치하여 상황 변화

  甚矣! 吾衰矣! 久矣吾不復夢見周公(심의! 오쇠의! 구의오부복몽견주공): 심하구나! 내가 몹시 노쇠해졌구나! 내가 다시 꿈속에서 주공을 못 보게 된 지도 오래 되었구나.

8) 焉

- **지시대명사**(於之, 於是): 앞 말의 지시 (거기에서, 그 가운데, 그로부터, 그보다)

  三人行 必有我師焉(삼인행 필유아사언): 세 사람이 길을 가면 거기에는 반드시 나의 스승이 있다.

  衆好之 必察焉(중호지 필찰언): 많은 사람이 그것을 좋아하더라도 반드시 그것을 살핀다.

- **의문대명사**: 누가, 어디, 무엇

  吾將焉致乎魯國?(오장언치호노국): 나는 장차 노나라를 누구에게 주어야 하나?

- **의문·반어부사**: 어찌, 어찌하여, 어떻게

  焉用牛刀(언용우도): 어찌 소 잡는 칼을 쓰겠는가?

  未知生 焉知死(미지생 언지사): 아직 삶도 모르는데, 어찌 죽음을 알겠는가?

  焉知賢才而舉之(언지현재이거지): 어떻게 현명한 인재를 알아 등용합니까?

- **의문종결사**: 의문사와 함께 사용

  旣庶矣 又何加焉?(기서의 우하가언?): 이미 (백성들이) 많으면 또 무엇을 더합니까?

- **서술종결사**: ~이다

  鄕黨稱弟焉(향당칭제언): 마을 사람들이 공손하다고 칭찬하는 것이다.

  過而能改 善莫大焉(과이능개 선막대언): 허물을 고친다면 선이 이보다 큼이 없다.

- **시간접미사**: ~에

  少焉 月出於東山之上(소언 월출어동산지상): 조금 뒤에 달이 동산 위에 뜨다.

- **형용사형·부사형 접미사**: ~한(然), ~하게

  瞻之在前 忽焉在後!(첨지재전 홀언재후!): (공자의 도를) 보면 앞에 있는 것 같은데 어느새 뒤에 있도다!

- **전차사와 대명사 겸사**: 이에·이보다·이것을

  必有我師焉(필유아사언): 거기에는 반드시 나의 스승이 있다.

9) 乎

- **처소·기점·대상**: ~에, ~에서, ~에게, ~을

  予無樂 乎爲君(여무락 호위군): 나는 임금 노릇하는 것에 즐거움이 없다.

  浴乎沂(욕호기): 기수에서 몸을 씻을 것이다.

攻乎異端 斯害也已(공호이단 사해야이): 이단을 전공하면 해로울 뿐이다.

觀乎天文 以察時變 觀乎人文 以化成天下(관호천문 이찰시변 관호인문 이화성천하): 천문을 관찰하여 사시의 변화를 살피고, 인문을 관찰하여 천하를 교화시켜 이룬다.

- **비교**: ~보다

  其諸異乎人之求之與?(기저이호인지구지여?): 아마 다른 사람이 구한 것과 다른 것입니까?

- **의문·반문**: ~한가? ~인가?

  不亦說乎?(불역열호?): 또한 기쁘지 아니한가?

  子見夫子乎?(자현부자호?): 선생님께서는 공자를 보셨습니까?

  王侯將相寧有種乎?(왕후장상영유종호?): 왕, 제후, 장수와 정승의 씨가 따로 있겠는가?

- **추측·단정**: ~이겠지

  必也 正名乎(필야 정명호!): 반드시 명분을 바로잡아야지!

- **가정**: ~하면, ~이면

  能以禮讓爲國乎 何有?(능이례양위국호 하유?): 예와 겸양으로써 나라를 다스리면 무슨 어려움이 있겠는가?

- **감탄**: ~하구나! ~하도다!

  中庸之爲德也 其至矣乎!(중용지위덕야 기지의호!): 중용이 덕됨이 지극하구나!

- **선택**: ~인가? 아니면 ~인가?

  事齊乎? 事楚乎?(사제허? 사초호?): 제나라를 섬겨야 합니까? 아니면 초나라를 섬겨야 합니까?

- **호격**: 아! ~이여!

  參乎! 吾道一以貫之(삼호! 오도일이관지): 삼아! 나의 도는 하나로 꿰뚫는다.

- **피동**: 전치사가 타동사를 피동으로 만든다.

  勞心者治人 勞力者治於人(노심자치인 노력자치어인): 마음을 쓰는 자는 남을 다스리고 힘을 쓰는 자는 남에게 다스림을 받는다.

- **접미사**: 형용사나 부사를 만드는 상태 접미사로 단독으로 해석하지 않는다.

  蕩蕩乎 民無能名焉(탕탕호 민무능명언!): 넓고 넓도다! 백성들은 달리 형언할 수 없구나!

  煥乎! 其有文章!(환호! 기유문장!): 찬란하도다! 그 예악과 법도가 있음이여!

10) 爲

- **이다**

  勤爲無價之寶(근위무가지보): 근면은 값을 매길 수 없는 보배이다.

- **되다**

  學則庶人之子 爲公卿(학즉서인지자 위공경): 배우면 천한 자가 공경이 될 수 있다.

  可以爲師矣(가이위사의): 남의 스승이 될 수 있다.

- **하다**

  見義不爲 無勇也(견의불위 무용야): 의로운 일을 보고도 행하지 않으면 용기가 없음이라.

- **여기다 · 삼다 · 생각하다**

  人以爲諂(인이위첨): 사람들이 아첨한다고 여기는구나. *以爲*: ~라고 여기다.

  天將以夫子爲木鐸(천장이부자위목탁): 하늘이 장차 선생님을 목탁으로 삼으실 것이다. *以A爲B*: A를 B로 삼다(여기다).

  士仁以爲己任(사인이위기임): 선비는 인(仁)으로써 자기의 책임을 삼는다.

- **말하다**

  知之爲知之(지지위지지): 아는 것을 안다고 말한다.

- **만들다**

  山積卑而爲高(산적비이위고): 산은 낮은 것을 쌓아서 높은 것을 만들었다.

- **돕다**

  夫子不爲衛君也(부자불위위군야): 선생님께서는 위나라 군주를 돕지 않으실 것이다.

- **체하다**

  亡而爲有(무이위유) 없으면서 있는 체하다.

- **배우다**

  抑爲道不厭(억위도불염): 그러나 도를 배우기를 싫어하지 않다.

- **피동: 당하다**

  好憎人者 亦爲人所憎(호증인자 역위인소증): 남을 미워하기를 좋아하는 자는 역시 남에게 미움을 당한다.

- **위하여**

  爲人謀而不忠乎(위인모이불충호): 남을 위해서 일을 도모하는데 성실하지 않았는가?

- **때문에 · ~에게 · ~에 대하여**

  吾弟爲我死(오제위아사): 내 동생이 나 때문에 죽었다.

  不爲酒困(불위주곤): 술 때문에 곤경에 처하지 않았다.

11) 與

- **접속사**: ~와, ~과

  富與貴 是人之所欲也(부여귀 시인지소욕야): 부와 귀는 사람들이 바라는 바이다.

- **전치사**: ~더불어, ~와 함께

  與民同樂(여민동락): 백성과 더불어 함께 즐긴다.

- **동사**: 참여하다, 주다

  吾不與祭 如不祭(오불여제 여불제): 내가 제사에 참여하지 않으면 제사지내지 않은 것과 같다.

- **의문 · 반어 · 감탄종결사**: ~인가? ~하는가? 하도다!

  仲由冉求可謂大臣與?(중유염구가위대신여): 중유와 염구는 대신이라 할 만합니까?

- **비교**: ~하기 보다는 차라리 ~이 낫다(하는 것만 못하다.).

  禮與其奢也 寧儉(예여기사야 영검): 예는 사치한 것보다는 차라리 검소한 것이 낫다.

- **대상**: ~에게, ~에

  能盡善與君(능진선여군): 임금에게 최선을 다 할 수 있다.

12) 是

- **지시대명사**: 이, 이것, 여기에

  是難能也(시난능야): 이것은 행하기 어렵다.

  是惑也(시혹야): 이것이 의혹이다.

  是聞也 非達也(시문야 비달야): 이것은 명성이지 통달이 아니다.

  今其人在是(금기인재시): 지금 그 사람이 여기에 있다.

- **연계동사**: ~이다.

  口是禍之門(구시화지문): 입은 화를 부르는 문이다.

- **이유**: 때문에

  其言不讓 是故哂之(기언불양 시고신지): 그의 말이 겸양하지 않았기 때문에 웃었다.

  刑罰罕用 罪人是希(형벌한용 죄인시망): 형벌을 사용한 적이 드무니, 죄인은 이 때문에 적었다.

- **부사**: 정말로

  善人是富(선인시부): 착한 사람들이 정말로 많은 것이다.

- **동사**: 옳다, 바르다

  論篤是與 君子者乎?(논독시여 군자자호?): 말이 독실한 사람을 옳게 여긴다면 군자다운 사람인가?

  誠哉是言也(성재시언야): 참으로 옳은 말이다.

13) 自

- **전치사**: ~로부터

  有朋自遠方來(유붕자원방래): 벗이 먼 곳에서부터 오다.

- **명사 · 대명사**: 자기, 자신

  知人者智 自知者明 知足者富(지인자지 자지자명 지족자부): 다른 사람을 아는 자는 지혜롭고, 자신을 아는 자는 현명하고, 만족할 줄 아는 자는 부유하다.

- **부사**: 스스로, 저절로

  酒不醉人 人自醉 色不迷人 人自迷(주불취인 인자취 색불미인 인자미): 술이 사람을 취하게 하는 것이 아니라 사람이 스스로 취하는 것이요, 색이 남자를 유혹하는 것이 아니라 남자가 스스로 유혹되는 것이다.

- **숙어**: 自A至B (A로부터 B까지)

  自江華至開城: 강화부터 개성까지

- **가정**: 만약

  自非聖人 不能無過(자비성인 불능무과): 만약 성인이 아니라면 잘못이 없을 수 없다.

14) 若

- **비교**: 같다

  浮生若夢(부생약몽): 덧없는 인생은 꿈과 같다.

  有若無 實若虛(유약무 실약허): 있어도 없는 듯이 하고, 가득해도 빈 듯이 하다.

- **가정**: 만약에 ~하다면

  貧若勤學 可以立身(빈약근학 가이입신): 가난하더라도 만약 부지런히 배운다면 출세할 수 있다.

- **2인칭대명사**: 너

  君子哉! 若人!(군자재! 약인!): (과연) 군자답도다! 이 사람이여!

- **접속 · 병렬**: 와, 과, 및

  大夫沒矣 卽稱諡若字(대부몰의 즉칭시약자): 대부가 죽으면 시호와 자를 부른다.

15) 如

- **비교형용사**: 같다(=若), 마치 ~와 같다.

  富且貴於我如浮雲(부차귀어아여부운): 부와 귀는 나에게 있어 뜬구름과 같다.

- **가정부사**: 만약(=若), 만약 ~이라면

  如有復我者 則吾必在汝上矣(여유복아자 즉오필재문상의): 만일 나를 다시 부르러 오는 사람이 있다면, 곧 나는 반드시 문수 가에 있겠습니다.

- **동사**: 가다(=之).

  二人如唐 爲武寧軍小將(이인여당 위무령군소장): 두 사람이 당나라에 가서 무령군 소장이 되었다.

- **의문 어구**

  如何? 如如? 如之何?(여하? 하여? 여지하?): 어떠하냐? 어찌하겠느냐?

  何如? 斯可謂之士矣(하여? 사가위지사의): 어떻게 하여야 선비라 할 수 있는가?

  桓魋其如予何?(환퇴기여예하?): 환퇴가 나를 어찌하겠는가?

16) 者: 수식어가 앞에 놓인다.

- **사람**: ~이라는 사람, ~하는 사람

  仁者樂山(인자요산): 어진 자는 산을 좋아한다.

- **사물 · 사실**: 것, ~라는 것, ~하는 것

  天地者 萬物之逆旅(천지자 만물지역려): 천지라는 것은 만물의 여관이다.

- **장소**: ~곳

  水淺者 大魚不遊(수천자 대어불유): 물이 얕은 곳은 큰 고기가 놀지 않는다.

- **가정접속사**: ~하면

  予所否者 天厭之(여소비자 천염지): 내가 만약 옳지 않은 짓을 했다면 하늘이 그를 미워할 것이다.

- **시간접미사**: 시기, 시간을 뜻하는 말 뒤에 붙어 부사어

  昔者, 近者, 嚮者(석자, 근자, 향자): 예전, 요즘, 지난 번

17) 所
- **불완전명사**: ~하는 사람, ~하는 것, ~하는 곳, ~하는 바

  朋友死 無所歸(붕우사 무소귀): 벗이 죽어서 의탁할 곳이 없다.

  七十而從心所欲 不踰矩(칠십이종심소욕 불유구): 일흔 살에 마음이 하고자 하는 바를 따라도 법도에 어긋나지 않았다.

- **이유 · 원인 · 까닭**

  視其所以(시기소이): 그 사람이 행동하는 이유를 본다.

- **장소**

  爲政以德 譬如北辰 居其所 而衆星共之(위정이덕 비여북신 거기소 이중성공지): 덕으로 정치하는 것을 비유하면 마치 북극성이 제자리에 있고, 뭇별들이 북극성을 향한다.

- **피동**

  身爲人所笑(신위인소소): 자신은 사람들에게 웃음거리가 되었다.

- **가정**

  所不此服 無能涉河(소불차복 무능섭하): 만일 이 원수를 갚지 않으면 황하를 건널 수 없다.

18) 合者

합자(合者): 한 개의 글자가 두 가지의 뜻을 갖는 품사
- **諸(저)**: 之於, 之乎(~에 그것을, 그것을 ~할까, 그것을 ~일까)

  擧直錯諸枉(거직조저왕): 곧은 것을 들어서 그것을 굽은 것 위에 놓다.

- **焉(언)**: 於之, 於是(여기에, ~이보다, 이것을)

  必有忠信如丘者焉(필유충신여구자언): 반드시 나처럼 충신한 사람이 그곳에 있을 것이다.

- **盍(합)**: 何 ~不(어찌 ~하지 않는가?)

  盍各言爾志(합각언이지): 어찌하여 각자 너희들의 생각을 말하지 않는가?

찾아보기

평생 읽는 이야기
論語해설 上篇

초 판 인 쇄	2023년 08월 25일	
초 판 발 행	2023년 09월 01일	

저　　　자	유순근
발 행 인	윤석현
발 행 처	박문사
책 임 편 집	최인노
등 록 번 호	제2009-11호

우 편 주 소	서울시 도봉구 우이천로 353 성주빌딩
대 표 전 화	02) 992 / 3253
전　　　송	02) 991 / 1285
전 자 우 편	bakmunsa@hanmail.net

ISBN 979-11-92365-41-1　　04150　　　　　　　　　정가 24,000원
　　　 979-11-92365-40-4　　(Set)